经典战史回眸 二战系列

辉煌与泥泞

洛林坦克战

★ 王法 著

武汉大学出版社
WUHAN UNIVERSITY PRESS

图书在版编目(CIP)数据

辉煌与泥泞:洛林坦克战/王法著. —武汉:武汉大学出版社,2017.6
经典战史回眸. 二战系列
ISBN 978-7-307-17456-6

Ⅰ.辉… Ⅱ.王… Ⅲ.第二次世界大战—坦克—战争史—史料
Ⅳ.①E195.2 ②E923.1

中国版本图书馆 CIP 数据核字(2017)第 067202 号

责任编辑:王军风　　责任校对:李孟潇　　版式设计:马　佳

出版发行:武汉大学出版社　　(430072　武昌　珞珈山)
（电子邮件:cbs22@whu.edu.cn　网址:www.wdp.com.cn）
印刷:湖北恒泰印务有限公司
开本:787×1092　1/16　印张:22　字数:527 千字
版次:2017 年 6 月第 1 版　　2017 年 6 月第 1 次印刷
ISBN 978-7-307-17456-6　　定价:68.00 元

版权所有,不得翻印;凡购我社的图书,如有质量问题,请与当地图书销售部门联系调换。

目 录

前言 ··· 001

第一章　战役背景 ·· 002
1. 战略背景 ·· 002
2. 美军战略态势与计划部署 ·· 003
　　盟军战略态势 ··· 003
　　盟军战略计划 ··· 004
　　燃料短缺与暂停进攻 ·· 009
3. 德军战略态势与计划部署 ·· 013
　　德军战略态势 ··· 013
　　德军战略计划 ··· 017
4. 洛林的地形地貌 ·· 019

第二章　对阵双方 ·· 023
1. 美军第3集团军 ··· 023
2. 洛林地区的德军部署 ·· 027
　　德军第1集团军 ·· 027
　　德军第5装甲集团军 ·· 028
　　德军第19集团军 ·· 029
3. 兵力对比 ·· 033
　　装甲兵 ·· 033
　　步兵 ··· 040

炮兵···045

筑垒地域···047

航空兵···055

第三章　沸腾的血河
——美军第20军方向···059

1. "遥远"的河··059

　　骑兵长驱直入···059

　　未知的堡垒···061

　　出师不利···064

2. 苦战桥头堡··069

　　多尔诺桥头堡···069

　　阿纳维尔桥头堡···076

　　梅斯以西的"地狱"···080

3. "老牌手"砸烂"统帅堂"···084

　　小试牛刀···085

　　渔阳鼙鼓动地来···086

　　"谢尔曼"激战"黑豹"···092

　　麦利之战···097

　　"统帅堂"之败···106

4. 攻坚遗恨··110

　　"老牌手"攻坚难···110

　　泥潭之战···116

　　惨烈的攻防战···121

　　强攻德里昂要塞群···126

第四章　进击的偏师
——美军第15军方向···130

1. 空虚的南翼··130

　　调兵遣将···130

"利剑"刺"软腹" ……………………………………………………… 132

2. 法兰西复仇记 …………………………………………………………… 136

　　蹩脚之"豹" ……………………………………………………… 136

　　复仇的"洛林十字" ……………………………………………… 141

　　遭遇劲敌 ………………………………………………………… 145

　　激战前夜 ………………………………………………………… 148

　　"狼獾"猎"豹" …………………………………………………… 152

　　"马叙"出击 ……………………………………………………… 155

　　困"豹"犹斗 ……………………………………………………… 159

　　后方遇险 ………………………………………………………… 164

　　解放栋派尔 ……………………………………………………… 168

　　双方损失比 ……………………………………………………… 171

3. 逐河而战 ………………………………………………………………… 174

　　跨越摩泽尔河 …………………………………………………… 174

　　挺进默尔特河 …………………………………………………… 176

　　冲向沃祖斯河 …………………………………………………… 179

第五章　钢铁的碰撞
——美军第12军方向 ……………………………………………… 183

1. 艰难的开局 ……………………………………………………………… 183

　　河岸受挫 ………………………………………………………… 183

　　南翼渡河之战 …………………………………………………… 188

　　北翼渡河之战 …………………………………………………… 198

2. 装甲狂飙 ………………………………………………………………… 202

　　突出重围 ………………………………………………………… 202

　　横扫千军 ………………………………………………………… 207

　　解放南锡 ………………………………………………………… 215

3. 阿拉库尔坦克战 ………………………………………………………… 219

　　百战沙场秋点兵 ………………………………………………… 220

　　山雨欲来风满楼 ………………………………………………… 221

黑云压城城欲摧 ·· 225
　　甲光向日金鳞开 ·· 236
　　寒声一夜传刁斗 ·· 249
　　杀气三时作阵云 ·· 264
　4. 阿拉库尔保卫战 ·· 267
　　金山西见烟尘飞 ·· 267
　　千磨万击还坚韧 ·· 273
　　旌旗十万斩阎罗 ·· 279
　　任尔东西南北风 ·· 285
　5. 步履维艰 ·· 288
　　迪耶于卢阿尔桥头堡 ·· 288
　　相看白刃血纷纷 ·· 294
　　格雷梅塞森林之战 ·· 299

第六章　总结 ·· 307
　1. 战绩与损失 ·· 307
　2. 战役评析 ·· 310
　　战场综述 ·· 310
　　美军指挥 ·· 311
　　德军指挥 ·· 313
　　兵种战术 ·· 315

第七章　战争纪念与遗迹 ·· 324

参考书目 ·· 341

后记 ·· 343

作者简介 ·· 345

前　言

1944年9月1日—12月18日，美军第3集团军执行的一系列作战行动，美国陆军的军事历史学家称其为"洛林战役"（Lorraine Campaign）。

实际上，"洛林战役"并非美军官方的标准称谓。在诸如"战役"这样的宏观军事行动中，往往要完成一个任务目标。相比之下，此时的第3集团军进行了多场任务目标各不相同的大规模军事行动。1950年，二战时期曾在第3集团军参谋部担任史官的休·科尔（Hugh Cole），在其著作《洛林战役》中表示，"洛林战役"并非精确的军事术语，但用这个清晰而简约的词汇，表述第3集团军进行的这场战役，才最符合常规。

洛林战役大致分为三个阶段：

第一阶段：1944年9月1日—10月1日，跨越摩泽尔河（Moselle）。

第二阶段：1944年10月2日—11月22日，围攻梅斯（Metz）要塞。

第三阶段：1944年11月18日—12月18日，挺进萨尔河（Saar）与"西部壁垒"（Westwall）。

第3集团军跨越萨尔河之际，德军在阿登（Ardennes）森林向第1集团军发起大规模攻势。第3集团军在萨尔河地区的行动戛然而止，兵锋向北进入比利时，对德军进行反击。第3集团军的北上，也标志着洛林战役的结束。

由于篇幅的限制，本书的内容只涉及洛林战役第一阶段，即1944年9月1日—10月1日之间，第3集团军1个月内的军事行动。

洛林地区的地形地貌，使洛林战役中的各场战斗，几乎泾渭分明地形成了以装甲兵为主的坦克战、以步兵与炮兵为主的渡河战、山地战、丛林战与要塞攻坚战。后世通常以"洛林坦克战"（The Lorraine Tank Battles）表述洛林战役第一阶段期间，德军调动装甲集群对第3集团军发起的大规模装甲攻势。当然，这并非表示，在洛林战役的后两个阶段没有发生坦克战。但后两个阶段的坦克战，规模要小得多。

作为本书的主要内容，笔者将尽可能详细地记述"洛林坦克战"战斗过程的细节。本书也将涉及洛林战役第一阶段的其他战斗，从而更全面地展现"洛林坦克战"的前因后果，以及与其他战斗之间的互动关系。同样限于篇幅，对其他场次战斗的记述，将更多是常规性记叙，而非详尽地描述战斗细节。

第一章　战役背景

1. 战略背景

1944年6月6日，盟军展开"霸王"行动，登陆法国诺曼底，开辟欧洲第二战场。

在登陆之后的很长时间里，盟军一直受困于诺曼底的"灌木篱墙"地带。在"剑"滩（Sword）、"金"滩（Gold）与"朱诺"滩（Juno）登陆的英军与加军，目标是诺曼底地区的交通枢纽——卡昂（Caen）。这导致德军B集团军群将70%的坦克与自行火炮集中于此，英军第21集团军群遭到德军的疯狂阻击与反复冲击，进展缓慢。在"犹他"滩（Utah）与"奥马哈"滩（Omaha）登陆的美军，在遍布的沼泽、狭窄的堤道间进退两难，且极不适应"灌木篱墙"地带的近距离战斗。英军与加军攻占卡昂，美军攻占瑟堡（Cherbourg）与圣洛（Saint-Lô）时，盟军已经付出了惨重的代价，却依然未能打破德军对诺曼底进行的包围所形成的僵局。

7月25日，在英军第21集团军群吸引住了德军装甲集群主力的情况下，美军展开"眼镜蛇"行动（Operation Cobra），成功打破了德军的封锁。8月1日，美军乔治·巴顿中将指挥的第3集团军加入战局，从阿夫朗什（Avranches）向5个方向进行突破。第8军向西，横扫布列塔尼（Brittany）半岛；第12军向东南，进攻昂热（Angers）；第15军向东与北，挺进勒芒（Le Mans）与阿让唐（Argentan）；第20军向南，直扑南特（Nantes）。

8月7日，为了对抗美军第3集团军产生的巨大威胁，希特勒命令西线德军集结3个装甲师、2个步兵师与5个战斗群，展开"列日"行动（Operation Lüttich），向莫尔坦（Mortain）发起反击，试图切断美军第3集团军的补给线，再将其摧毁。然而，德军一直未能攻占美军第1集团军第7军第30步兵师第120步兵团第2步兵营据守的314高地。在盟军航空兵的猛烈空袭与美军各路援兵的反击之下，德军土崩瓦解。实际上，德军在莫尔坦进行的反击，相当于自己主动钻进了盟军的包围圈。北上的美军与南下的英军，将在法莱斯（Falaise）合围德军第5装甲集团军与第7集团军。

8月15日，在法国南部的地中海沿岸，美军第6集团军群下辖的美军第7集团军与法军B集团军[①]展开"龙骑兵"行动（Operation Dragoon），迫使德军G集团军群向北撤退。至此，盟军已从法国的南北两个方向，对德军发起钳形

[①] 有大量文献，包括外文资料，都不加分辨地称其为"法军第1集团军"。实际上，1944年9月25日，法军B集团军才改编为法军第1集团军。

攻势。

8月21日,美军第12集团军群与英军第21集团军群,展开法莱斯围歼战。德军遭到重创,15000人阵亡、50000人被俘,损失500辆坦克与自行火炮。8月25日,在法国抵抗组织的支援下,法军第2装甲师与美军第4步兵师解放了法国首都巴黎。8月30日,"霸王"行动以盟军的胜利宣告结束。9月1日,第3集团军已经跨越了默兹河(Meuse),兵锋直指法国洛林的摩泽尔河。

2. 美军战略态势与计划部署

第3集团军进抵洛林与摩泽尔河时,巴顿将军的坦克一路高歌猛进的日子已经走向了尾声。在即将到来的洛林战役中,第3集团军遭遇了一连串的"硬仗"与"恶战",尤其是战役的第二阶段与第三阶段,美军的推进可谓步履维艰。第3集团军的战况之所以会发生如此急转直下的变化,是西北欧战区的整体战略形势导致的,主要的影响因素,甚至可以追溯到盟军登陆诺曼底之前。

盟军战略态势

诺曼底战役以来,战争的天秤明显向反法西斯阵营倾斜。

在东线,苏联红军的"巴格拉季昂"行动,痛击了白俄罗斯的德军中央集团军群;乌克兰的苏军越过了维斯瓦河(Vistula),将德军驱赶到了波兰;随后,苏军南下扫荡巴尔干半岛。希特勒的东线仆从国——芬兰、罗马尼亚、保加利亚与匈牙利,都纷纷倒戈。罗马尼亚的普洛耶什蒂(Ploesti)油田落入苏军之手。

在西线,欧洲战区盟军总司令艾森豪威尔上将指挥着3个集团军群。在法国北部,蒙哥马利元帅指挥的英军第21集团军群,下辖哈里·克里勒(Harry Crerar)中将指挥的加军第1集团军与迈尔斯·邓普西(Miles Dempsey)中将指挥的英军第2集团军,正从迪耶普(Dieppe)与亚眠(Amiens)地区,向佛兰德(Flanders)地区前进。在其东南方,布拉德利中将指挥的美军第12集团军群,下辖考特尼·霍奇斯(Courtney Hodges)中将指挥的第1集团军与巴顿中将指挥的第3集团军,前者正向东北方攻入比利时中央地带,后者正穿过阿戈讷(Argonne)森林,进抵洛林。在法国南部,雅各布·德弗斯(Jacob Devers)中将指挥的美军第6集团军群,下辖让·德·塔西尼(Jean de Tassigny)上将指挥的法军B集团军与亚历山大·帕奇(Alexander Patch)中将指挥的美军第7集团军,正沿着罗讷河(Rhône)河谷与瑞士边境,向贝尔福(Belfort)挺进。

1944年8月底,盟军在法国的进展,已经远远超出了其最初的计划与时间表。在诺曼底登陆之前,盟军估计9月初,他们才能抵达塞纳河(Seine)。然而,此时法国北部的盟军2个集团军群,已经越过了塞纳河241公里。法莱斯围歼战之后,德军呈现的溃败趋势,使很多盟军将领认为德国行将崩溃,并因此而欣喜不已。

盟军的确有理由对战局持乐观态度。9月1日,在法国北部,艾森豪威尔麾下有17个装甲师与23个步兵师,共38个师的兵力。其中,美军20个师、英军与加军16个师、法军1个师。5年的战争已经使英军与英联邦军的人力资源出现枯竭,兵员的补充最多只能保持现有各师维持满编状态。因此,更多补充而来的兵力只能是美军。西线德军有41个师与之对抗,但其中有5个师在英吉利海峡沿岸的要塞或岛屿上陷入包围，5个师正在赶往西线途中，2个师正从法国西部与西南部，沿着卢瓦尔河（Loire）向东撤退，还有1.5个师驻守在荷兰。正在前线作战的德军师，大多不满编，并损失了大量装备，尤其缺乏重型武器与运输车辆。盟军的火炮数量是德军的2倍，坦克数量是德军的20倍，技术兵器的规模形成了绝对优势。

美国陆军第9战术航空军、第19战术航空军与英国皇家空军第2战术航空军，仅战斗机、攻击机与轰炸机，就有13891架，尚不算各种侦察机、联络机与运输机。西线德军的第3航空队，只有573架各型飞机尚可起飞作战。整个德意志第三帝国的空军，此时只有6232架飞机，其中4507架尚可起飞作战。这些飞机已经包括所有型号，而且分布在德军的各个战区。盟军3个战术航空军的规模就已经超过了整个德国空军的2－3倍，形成了不可逆转的压倒性优势。

盟军战略计划

诺曼底登陆之前，艾森豪威尔与盟军最高司令部（SHAEF, Supreme Headquarters Allied Expeditionary Force），就非常认可盟军联合总参谋长联席会议（Combined Chiefs of Staff）制订的战略概念："执行作战的目标是攻占德国的心脏，并摧毁其武装力量。"

这里的"心脏"指的是政治中心，柏林。然而，盟军也认为，德国还有个经济"心脏"——鲁尔工业区。德军必然会死守这里，因此攻占鲁尔工业区，可以同时完成"消灭德国战争潜力"与"摧毁西线德军"的双重任务。

根据军事地形学，盟军认为有4条通道，能从法国北部突向鲁尔：

1. 在阿登山脉以北，向东北方前进，通过莫伯日（Maubeuge）与列日（Liége）。

2. 在阿登山脉以南，向东方前进，通过梅斯、萨尔布吕肯（Saarbrücken）与法兰克福（Frankfurt）。

3. 直接穿过阿登山脉，以东西走向为轴线，直扑鲁尔。

4. 通过佛兰德地区，再以大范围的迂回，包抄鲁尔。

盟军最高司令部认为，第三条路线山地崎岖、森林广袤，第四条路线河网纵横、沼泽密布，都不适于大规模机械化兵力行动。因此，只有第一条路线与第二条路线的可行性更高。

相比之下，第一条路线要比第二条路线更为平坦，交通更适合军事装备的同行，无论是履带车辆、轮式车辆，还是步行；其地形更适合设立机场，也是正威胁着英国本土安全的德军V-2式导弹发射基地所在区域；尽管同样河网纵横，但越过之后，就是开阔的北德平原；这里距离海岸更近，距离可以获得补给的港口也就更近。这条路线如此重要，历史上也一直是法国与德国之间的军事要冲。

第二条路线亦可用于进攻，但历史上通常是在卢森堡、比利时与荷兰处于中立状态时，才会选择这条路线。美军从这条路线发起进攻，攻入德国本土后，即将攻占的曼海姆（Mannheim）、达姆施塔特（Darmstadt）、法兰克福，都没有太大的军事价值。萨尔盆地有矿井，但军事上的重要程度远不如鲁尔。跨越莱茵河后，美军将面对中欧的丘陵地带，前进的路线将变得十分狭窄，地形也不适合建立太多机场。对以大量坦克与飞机为主力的现代化战争来说，第二条路线显然不是首选。

1944年5月3日，盟军最高司令部计划参谋部（Planning Staff）建议，应该以宽大正面的战线，以两条轴线发起进攻：从阿登山脉以北，直接向东北方进攻鲁尔，为主攻方向；从阿登山脉以南，通过梅斯与萨尔地区，进行迂回，为次要方向。艾森豪威尔首肯了这项计划。然而，第3集团军的进攻路线，正是作为次要方向的梅斯-萨尔。这也就意味着，盟军还没踏上法国时，美军进攻洛林军事行动的重要程度，就已经"降级"了。

"霸王"行动胜利之后，对下一步的行动计划，盟军内部产生了严重的分歧。盟军神速的进展出乎意料，后勤补给线越来越长，甚至跟不上盟军前锋推进的速度。在诺曼底登陆之前，盟军的空袭将法国的铁路系统炸得支离破碎。运输船在诺曼底滩头卸下物资，只能用卡车运往前线。如果盟军能攻占距离前线较近的港口，就能大大缓解后勤补给的问题。这个理想中的港口就是比利时的安特卫普，其正是蒙哥马利的英军第21集团军群所要攻占的目标之一。

蒙哥马利是最为质疑艾森豪威尔"宽大正面"战略的盟军高级将领。他表示，由于补给跟不上，艾森豪威尔的"宽大正面"战略已经成了泡影，以两路进攻的计划根本无法实现。他认为，盟军能从诺曼底滩头运抵前线的有限补给，应该集中配给英军第21集团军群，以"单路突击"战略，进军比利时与荷兰。显然，蒙哥马利也受到了当时盟军普遍乐观情绪的影响，认为德国就在崩溃的边缘，英军第21集团军群足以一路冲过莱茵河，摧毁鲁尔工业区。蒙哥马利的主张看似并未与艾森豪威尔或盟军最高司令部制订的计划相左，都是准备集中兵力向东北方前进。但是，艾森豪威尔只是肯定第一条路线的优先地位，他并不愿放弃向东挺进的第二条路线，也就是美军第3集团军的前进方向。蒙哥马利则认为，盟军应该彻底放弃第二条路线，并以美军第1集团军掩护英军第21集团军群侧翼，将更多的补给调配给巴顿是对资源的分散与浪费，第3集团军只要原地不动，起到牵制德军的作用就可以了。

这种完全将美军置于配角地位的计划，艾森豪威尔自然不会买账。他表示，英军第21集团军群正面的德军兵力薄弱，根本不需要美军第1集团军的增援。实际上，蒙哥马利与艾森豪威尔之争的本质，是英军在极力挽回自己在盟军中的主力地位。随着战争的发展，美军的重要性日益增强。在盟军阵营的总兵力中，英军与英联邦军的比例不断缩水。在这种情况下，蒙哥马利自然要极力维护英军的地位。

蒙哥马利的主张也引起了布拉德利与巴顿的不满。在诺曼底战役中，英军第21集团军群围绕卡昂展开的争夺与攻防，都显得拖沓而迟缓。美军高级将领怀疑蒙哥马利的动机，认为他不顾美军在盟军中所处的主力地位，一心想要让英军在解放欧洲的战争中扮演主角。当然，这种指责是有失偏颇的，毕竟诺曼底战役的大部分时间里，德军装甲集群的主力都集中在英军第21集团军群的防区。相比之下，美军面对的压力要小得多，但在"眼镜蛇"行动之前，却打得并不怎么样。然而，无论如何，蒙哥马利都没能在诺曼底战役中打出像巴顿那样广受舆论报道瞩目的效果。蒙哥马利"高筑墙、广积粮、缓称王"的战术风格，似乎更适于指挥防御战或防守反击，而不是现代的机械化进攻作战。作为长期以来"相互看不上"的"竞争对手"，蒙哥马利自然无法接受巴顿"抢走"了新闻媒体的眼球。

蒙哥马利与巴顿的矛盾，主要在于"荣誉"。他与布拉德利之间的争夺，则是实在的权力与职级。与飞扬跋扈的巴顿完全不同，布拉德利要谦虚与谨慎得多。即便如此，他也无法忍受蒙哥马利古怪的脾气。布拉德利出身步兵，信仰"有疑即停"，总是想在巴顿的脖子上套住绳索，以防止其冲得太快或太远。后世的研究多认为，布拉德利保守的战术思想，使美军多次错失歼灭德军的良机。不过，他也无法接受蒙哥马利打算将美军第12集团军群置于配角地位的计划，并极力反对蒙哥马利的"单路突击"战略。他一改"欲速则不达"的风格，希望巴顿能继续前进，穿过洛林，攻入德国本土，在莱茵河上抢占渡口。从纯粹的军事角度看，布拉德利也不能赞成蒙哥马利的计划。完全放弃向东挺进的第二条路线，意味着第3集团军与第6集团军群会师之前，就要停止前进。这会在第6集团军群与第12集团军群之间形成巨大的缺口，简直是给德军的大规模反攻敞开了大门。

艾森豪威尔工于人际关系与社交，想要在布拉德利与蒙哥马利之间进行不偏不倚的调停。然而，他却在中间受了"夹板气"——蒙哥马利公开蔑视艾森豪威尔的地面作战指挥能力，布拉德利则认为艾森豪威尔一味迁就蒙哥马利。在布拉德利的回忆录中，不难

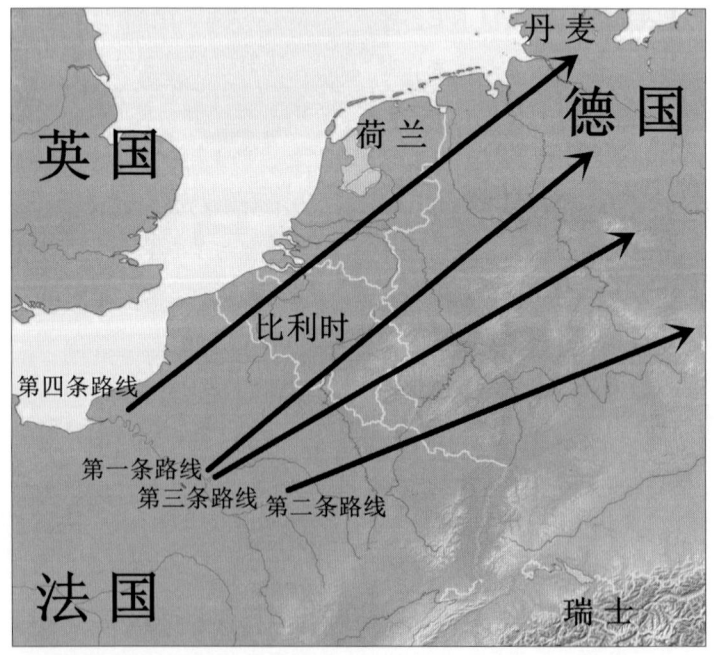

在盟军最高司令部制订的战略计划中，从法国北部突向德国本土的4条路线。其中，第二条路线是美军第3集团军的主攻方向。

发现他经常以酸溜溜的语气，冷嘲热讽地评论艾森豪威尔对蒙哥马利进行的妥协。如此看来，这位"儒将"的"温和"，究竟只是人际关系上的处世方法，还是本性使然，恐怕也是值得商榷的。

9月3日，蒙哥马利向布拉德利提出了"市场花园"行动（Operation Market Garden）的作战计划。他准备以3个空降师与1个空降旅，夺取荷兰几座重要的桥梁，英军第2集团军沿着公路前进，一路通过空降兵据守的桥梁，突破莱茵河下游，从北方包围鲁尔工业区。布拉德利反对这项计划，认为其不切实际且太过冒险。9月4日，蒙哥马利继续纠缠艾森豪威尔，提出要"强大而气贯长虹地突向柏林"。艾森豪威尔则搬出"宽大战线"战略，强调盟军将兵分两路，同时进攻鲁尔工业区与萨尔工业区，允许第3集团军跨越摩泽尔河，继续挺进莱茵河。不过，这种许诺缺乏实际意义。当天，英军攻占了安特卫普，为蒙哥马利的要求增添了有效的砝码。艾森豪威尔拒绝了蒙哥马利"唱独角戏"的要求，却不得不批准盟军补给优先配给英军第21集团军群的提议。

此时，盟军补给线的运输负荷已达极限。盟军确实要面对在保持东北方为主攻方向的同时，是否还能兼顾向东进军的问题。从这个角度来看，蒙哥马利的预言倒是没有错。在运抵前线的物资有限的情况下，艾森豪威尔在纸面上对战略原则的坚持，并不能保证第3集团军能有足够的补给维持向东的攻势。

9月7日，盟军联合总参谋长联席会议，申请艾森豪威尔明确盟军进一步的行动目标。艾森豪威尔重申了"宽大战线"战略，并指出德军的抵抗已经越来越顽强，形势恐怕不会像"速胜论"描述的那样乐观了。他说道："突破'齐格菲'防线（Siegfried Line）①，在莱茵河上建立渡口。在此计划中，我军左翼兵力将担任主攻任务。随后，我们将囤积后勤物资，或直接深远地突入德国本土的纵深……一旦攻占了鲁尔与萨尔，就掐断了德军的两个主要工业区，将严重削弱德军继续进行战争的能力。在进军鲁尔与萨尔期间，我们将开辟几个深水港，例如勒阿弗尔（Le Havre）、安特卫普与鹿特丹，以维持必要的补给。如果后勤补给的状况允许，我

更希望在所有方向上都能发起进攻。目前，以我军海峡港口与铁路运输的状况来看，后勤补给已经紧张到了极点。从这个角度出发，我军正在准备利用德军组织混乱的状态，一举突破'齐格菲'防线的行动，实际上是冒着风险的。"

在艾森豪威尔的建议之下，盟军联合总参谋长联席会议进一步规定：

1. 利用西线北部的优势，进攻德国本土，而不是在西线的南部展开行动。

2. 必须在恶劣天气来临之前，使英吉利海峡沿岸的港口投入使用，尤其是安特卫普与鹿特丹。

9月10日，在盟军举行的军事会议上，蒙哥马利再次不依不饶地提出，要率领英军第21集团军群执行"单路突击"战略。在安特卫普恢复航运之前，艾森豪威尔根本不会同意这项计划。不过，本着向东北方进军的第一条路线压倒一切的优先原则，他还是批准了蒙哥马利的"市场花园"行动，并命令美军第1集团军予以侧翼掩护。在艾森豪威尔看来，至少"市场花园"行动不像"单路突击"战略那么空想，风险也要小得多。

---

① 盟军通常将德军"西部壁垒"称为"齐格菲"防线。实际上，这种称谓并不准确，详见后文。

欧洲战区盟军总司令艾森豪威尔（中），英军第21集团军群司令蒙哥马利（左）与美军第12集团军群司令布拉德利（右）。二战时期，他们之间的关系始终很微妙。

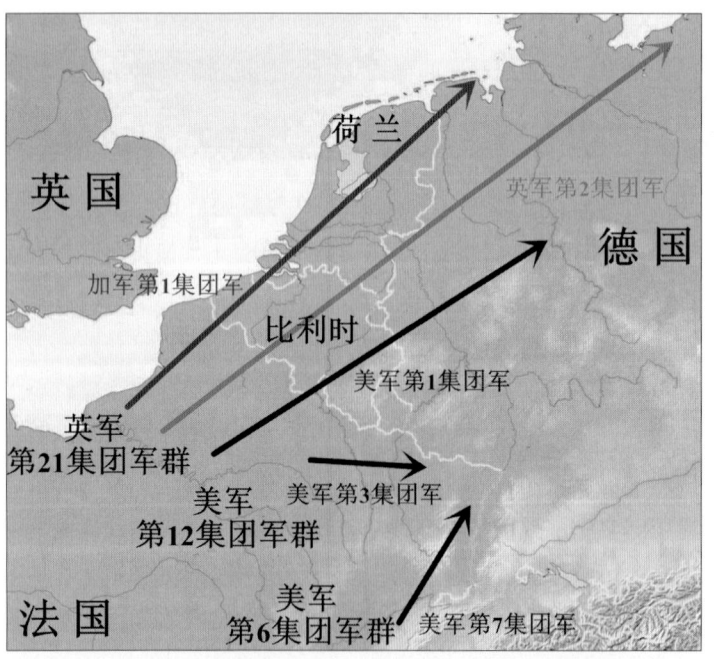

蒙哥马利主张的"单路突击"战略计划，英军第21集团军群担任主攻，美军第12集团军群完全沦为了配角。艾森豪威尔斥其为"蒙哥马利的计划很简单，就是将所有资源都给他"。

艾森豪威尔对"市场花园"行动的批准，影响了整个西线盟军在9月的行动计划。盟军看似坚持了"宽大战线"战略，但有限的补给运输量与对英军第21集团军群的优先补给，却达成了蒙哥马利想要的"单路突击"战略的效果。盟军高层关于"单路突击"战略与"市场花园"行动的争论，也使他们忽略了斯海尔德河（Schelde）河口的清剿行动。英军已经攻占安特卫普，但德军依然据守着斯海尔德河河口处的半岛与岛屿。德军岸防炮的存在，使盟军运输船根本无法驶入通往安特卫普的航道。蒙哥马利专注于"市场花园"行动，英军第21集团军群没有足够的物资，亦没有及时扫清斯海尔德河河口。最终，"市场花园"行动以失败而告终。同时，直到1944年11月底，安特卫普也未能恢复航运与补给装卸，可谓"赔了夫人又折兵"。

盟军联合总参谋长联席会议对盟军进一步行动目标的规定，艾森豪威尔对"宽大战线"战略的坚持与对"市场花园"行动的批准，蒙哥马利对安特卫普深水港的攻占，顿时意义全无。这也是1944年秋季，盟军犯下的最大战略失误。如果"市场花园"行动能够成功，那么艾森豪威尔对第3集团军的限制，也算有其意义所在。现实却是巴顿忠实地执行了牵制德军装甲集群主力的任务，蒙哥马利却依然未能因此而拔得头功，还葬送了第3集团军从次要的第二条路线长驱直入德国本土的可能。

巴顿认为，盟军将主要的补给物资用于支援英军第21集团军群与美军第1集团军，是"战争中最大的错误"。他表示："最初，我以为这只是为了让第3集团军的前进速度放缓下来的间接手段。后来，我发现并非如此——原来，是因为盟军最高司令部更改了战略方针。我认为，这都是蒙哥马利捣的鬼。"

蒙哥马利确实"捣了鬼"。但是，艾森豪威尔从未更改过战略方针。他一直坚持着"宽大战线"战略与东北方为主攻方向的原则。第3集团军无法获得充足补给的根本原因，是第3集团军的进攻路线，从未成为过盟军的主攻方向。盟军最高司令部的第一条路线方案与蒙哥马利"软磨硬泡"争取来的作战方案，的确是为了解决盟军的补给问题。但是，德军当然也知道此条路线的重要性，必然会集结重兵进行拦阻。后来，无论英军第21集团军群，还是美军第1集团军，在这条路线上都打得异常艰难。如果当初盟军将主攻方向设定在巴顿第3集团军的东方，能否出奇制胜，从东南方更迅速地迂回鲁尔？当然，历史不能假设，这种争论已经没有意义了。

燃料短缺与暂停进攻

1944年6—7月，德军以顽强的抵抗与不停的反击，将盟军封锁在了诺曼底的灌木篱墙地带。盟军防区面积的限制，使其不可能无限地向滩头运送补给物资，更无法向前铺设补给装置与设备。在这种情况下，陆地运输能力的局限问题，尚没有凸显出来。8月，盟军取得了决定性的胜利，德军一溃千里。盟军的机械化与摩托化水平都非常高，使物资的装卸、运输管线的铺设、前线补给仓库的建造，都跟不上推进的速度。美国财大气粗，后勤保障水平较高，并不缺乏物资。然而，盟军运输船将物资卸载到滩头后，堆积的物资与人员、车辆拥挤在了一起。在诺曼底登陆之前，盟军航空兵将塞纳河以西的铁路炸得七零八落。盟军攻占塞纳河以西的地区后，也无法迅速修复铁路。唯一有效的运输方法，就是使用卡车，通过公路进行运输。然而，盟军没有足够的车辆完成运输。各集团军的补给都是朝不保夕，甚至无法建立大规模的作战储备。

对第3集团军来说，补给困难的问题尤其明显。1944年8月底，第3集团军已经抵达了盟军原计划中1945年4月才能抵达的区域，提前8个月完成任务。巴顿的狂奔，攻占了辽阔的区域，也加大了第3集团军的补给困难。盟军其他集团

1944年7月，诺曼底，美军第3集团军司令巴顿（左）、美军第12集团军群司令布拉德利（中）与英军第21集团军群司令蒙哥马利（右）。尽管表面上堆满了笑容，但实际上他们之间矛盾重重。

军下辖的各军，进攻方向相对集中。第3集团军却同时向多个方向发起进攻，使其形成了整个法国北部盟军的右翼，战线长达724公里。马不停蹄的前进迅速消耗了大量燃料，第3集团军的汽油已经见底。巧妇难为无米之炊，猛将难打缺油之仗。巴顿曾命令第3集团军，要"一直打到坦克开不动，再爬出来步行"。这种极富个性的演说，自然非常适于鼓舞官兵的士气，但完全不可能付诸实践。在机械化战争时代，一旦没有燃料，甚至步兵也不可能继续步行前进，只能原地不动。因为，没有燃料，支援步兵的野战炮兵、架桥设备、弹药与补给，就无法跟进。

为了解决第3集团军的燃料补给困难，美军采取了多种手段，包括"红球特快"（Red Ball Express）行动、铺设燃料管线、铁路运输与空运。

8月25日，美军开始"红球特快"运输行动。每辆运输补给物资的卡车，每次往返诺曼底滩头的补给物资堆积处到第3集团军防区，需要3天时间。在"红球特快"行动的公路上，每天都有900辆卡车夜以继日地开进。尽管如此，盟军90%的物资仍然堆积在诺曼底滩头。第3集团军平均每天能接收到7000吨补给品，但仍然无法满足其"无底洞"般的消耗。同时，"红球特快"行动中的车辆，平均每天也要消耗30万加仑燃料。

8月27日，美军将输油管线铺设到了阿朗松（Alençon），但对前线的需求量来说，其供应量可谓杯水车薪。

8月28日，第3集团军获得了10万加仑燃料。这看似很可观的数字，实际上只够美军1个装甲师1天的越野作战消耗量。实际上，第3集团军平均每天要消耗40万加仑燃料，预计一旦抵达摩泽尔河，每天将消耗45万加仑。当天，布拉德利主动找到巴顿，讨论了目前紧张的补给形势。布拉德利还是表示，"如果明智而可行的话"，第3集团军可以继续向默兹河推进。巴顿从未想过要在默兹河停止前进，命令第12军在圣米耶勒（Saint-Mihiel）与科梅尔西（Commercy）跨越默兹河，第20军在凡尔登（Verdun）建立桥头堡。

8月29日，盟军赋予了第3集团军优先获得空运燃料的优先权，但运抵的燃料，也只够第3集团军日常消耗量的50%。当天，巴顿前往第12集团军群司令部，向布拉德利拍桌子。面对暴跳如雷的巴顿，布拉德利只能无奈地告诉他，在9月3日之前，第3集团军都得不到足够的燃料。

8月30日，第3集团军接收了31975加仑燃料，与日均消耗量相比，还缺368025加仑。当时，第3集团军的燃料储备，尚且足够其跨越默兹河。只不过，这种"足够"是如此勉强，以至于需要巴顿命令美军前锋从75%的坦克中抽出剩余的汽油，供给25%的坦克继续前进，不惜一切代价越过默兹河。

8月31日，第12集团军群司令部通知第3集团军，囤积的燃料不要超过1天的消耗量。第3集团军没好气地回复，第3集团军已经没有任何燃料储备了。巴顿向布拉德利咆哮："该死的，只要给我40万加仑汽油，我2天内就能打到德国本土。"然而，布拉德利也爱莫能助。当天，在拉瓦勒（Laval），美军架设了1座铁路桥，使铁路可以从瑟堡港一直延伸到沙特尔（Chartres）。第1集团军与第3集团军各获得了1条铁路线，但火车并没有及时开动。9月6日，首趟开往第3集团军防区的军列才出发。

第3集团军的补给运输以燃料为优先，导致其弹药储备

1944年9月5日，阿朗松，美军第783宪兵营的查尔斯·约翰逊（Charles Johnson）下士正在为"红球特快"运输行动指挥交通。

开始吃紧。此时，德军正处于溃退状态。美军的主要任务是追击，而非战斗，弹药供应跟不上的问题，尚且不明显。食品物资的运量只占总补给运量的很小比例，没有任何问题。此时，第3集团军官兵主要吃的是C型与K型军粮。在兰斯（Reims），第3集团军发现了很多德军仓库，缴获了大量德军来不及运走或销毁的食品，包括牛肉、泡菜、鱼罐头。二战时期，各国官兵普遍认为"敌军的食品更好吃"。这是通行的规律，即使后勤保障水平最高的美军也不例外。这些德军食品很快就成了"抢手货"，不仅极大地调剂了第3集团军的饮食，也让更多用于运输食品的卡车，得以暂时改运燃料与弹药。

8月31日，在科梅尔西、默兹河畔蓬（Pont-sur-Meuse）与凡尔登，第4装甲师与第7装甲师，都以迅雷不及掩耳之势，攻占了完好无损的桥梁，在默兹河以东建立桥头堡。同时，美军机械化骑兵渡河，向东、北、南三个方向，寻歼溃退的德军。9月2日，第3集团军接收到的燃料，达到了整个燃料匮乏期的最低点——25390加仑。在汽油告罄的情况下，无法继续前进的报告涌入第3集团军司令部。

第3集团军在默兹河以东建立桥头堡，标志着巴顿"8月狂飙"的结束。正如前文所述，盟军总体战略计划，对东北方路线的侧重，以及蒙哥马利提出的新作战计划，导致巴顿无法获得更多燃料。8月26日-9月2日，第3集团军平均每天接收202382加仑汽油。同时，负责掩护英军第21集团军群右翼的美军第1集团军，平均每天接收435851加仑汽油。

此外，盟军近期作战目标的更新，也导致第3集团军无法继续前进。9月1日，盟军情报估计，在加来海峡以西，拉昂（Laon）与色当以北，德军集结了相当于2个装甲师、8-10个步兵师的兵力。艾森豪威尔希望盟军能在跨越莱茵河之前，就将其歼灭。英军第21集团军群难以独自完成这个任务，艾森豪威尔不得不从第1集团军调了2个军北上，向安特卫普与根特（Ghent）进军，从而在蒙斯（Mons）包围德军。

9月2日，在格朗维尔

（Granville），艾森豪威尔召集布拉德利、霍奇斯、巴顿与第9航空军新任司令霍伊特·范登堡（Hoyt Vandenberg）少将，一起制订未来的作战计划，以及第3集团军将扮演的角色。第1集团军2个军北上，导致第3集团军主力远离第12集团军群的重心。艾森豪威尔宣布，在第1集团军调走的2个军完成任务之前，第1集团军与第3集团军总体保持不动；直到有了足够的补给，第1集团军第5军与第3集团军，才可以继续挺进"西部壁垒"。这当然不是巴顿想要的，但至少要比一直坐在原地，看着蒙哥马利向前冲要好。在当天的日记中，巴顿写道："对我们取得的战绩，艾森豪威尔没有丝毫感谢与祝贺的话语。"巴顿一直给人夸夸其谈、自吹自擂与自信心极度膨胀的印象，然而他的日记表明，其实他的内在是敏感而脆弱的"玻璃心"。

此时，盟军上下依然处于极度的乐观情绪中。跨越莱茵河几乎志在必得，甚至已经唾手可得。艾森豪威尔也要到5天后，才会公开表示战局并不像想象的那样乐观。布拉德利准备将从第3集团军调离的第15军的2个师——法军第2装甲师与美军第79步兵师，再次配属给第3集团军。一向小心谨慎的布拉德利，都轻松愉快地认为，在进攻"西部壁垒"之前，第3集团军用不上第79步兵师。

在燃料入不敷出的情况下，第3集团军只能绞尽脑汁地采取其他手段。一路缴获的德军汽油，既不记录，也不上报，迅速下发使用；在巴黎像土匪一般"劫掠"运输燃料的补给车队，连人带车一起"抢"到第3集团军的防区；

1944年9月，美军C-47"空中列车"（Skytrain）式运输机，为美军第3集团军空运急需的汽油。护士艾琳·斯蒂芬斯（Irene Steffens）独自拎着重达36公斤的两桶汽油。

冒充第1集团军的官兵去友军油库偷油；将缴获的美酒送给为第3集团军空运燃料的飞行员，使美军飞行员争先恐后地要为第3集团军运送燃料。巴顿也经常坐上油箱几乎干涸的吉普车到第12集团军群司令部，向布拉德利"哭穷"，临走时不忘顺手牵羊地加满油箱。

9月4日，第3集团军的燃料供应开始改善，接收到了240265加仑汽油。这只比布拉德利向巴顿的保证迟了1天时间。9月5—7日，第3集团军接收到了1396710加仑汽油。9月10日，第3集团军已经熬过了最为严峻的燃料匮乏期。

此时，艾森豪威尔已经意识到，接下来的路似乎不会像8月一样好走了。这种情绪似乎并未传染到第3集团军。在重新发起进攻之前，巴顿与他的参谋部、各军长与师长，甚至基层官兵，都认为在摩泽尔河流域不会遭遇德军顽强抵抗。巴顿表示，第3集团军当面的德军有可能会在"西部壁垒"负隅顽抗，不过无所谓——反正美军强大的装甲攻势，也将瓦解他们的抵抗。他以一如既往的乐观精神，鼓励第3集团军的机械化骑兵，越过摩泽尔河，向莱茵河进军。他甚至已经为第3集团军攻入洛林后的作战行动，制订好了"两步走"计划——第一步，在摩泽尔河以东建立桥头堡；第二步，在莱茵河以东建立桥头堡。

巴顿还不知道，他从摩泽尔河到莱茵河的"两步"，将走得多么艰辛。

3.德军战略态势与计划部署

盟军高级将领之间的矛盾与争夺，只是造成了战略上的"失误"。相比之下，德军指挥系统内部，已经出现了"巨大的灾难"。盟军对下一步行动计划的争执，与德军面临的崩溃局面相比，可谓"小巫见大巫"。不过，就像盟军走过了从极端乐观、因缺乏燃料而暂停前进，到意识到前景不妙的过程一样。德军也逐渐从诺曼底战役的颓势中恢复了过来，不仅筑起了坚固的防线，甚至还策划起了对美军第3集团军的大规模反攻。

德军战略态势

1944年，随着东西两线局势的不断倾颓，希特勒对军事指挥的干涉越来越严重。在他看来，世界上只有两种观点：一种是他的观点，另一种是错误的观点。在得到希特勒或德军最高司令部（OKW，Oberkommando der Wehrmacht）的批准之前，即使像西线德军总司令格尔德·冯·伦德施泰特（Gerd von Rundstedt）元帅这样极具资历与声望的老将，也无法调动任何1个军，哪怕只移动几公里。

7月2日，希特勒解除了伦德施泰特的职务，命令金特·冯·克卢格（Günther von Kluge）元帅，担任西线德军总司令。7月17日，B集团军群司令隆美尔元帅遭遇空袭而负伤。7月19日，克卢格也接过了B集团军群的指挥。7月20日，在东普鲁士的拉斯滕堡（Rastenburg），德军部分军官展开"女武神"行动（Operation Valkyrie），试图刺杀希特勒。行动失败后，德军秘密警察组织"盖世太保"大肆搜捕并屠杀密谋推翻希特勒统治的人员。

新上任的西线德军总司令，并未能挽救西线的局势。8月17日，在莫尔坦反击失败后，希特勒又解除了克卢格的职务，换上了号称"德军防御战专家"的瓦尔特·莫德尔（Walter Model）元帅。8月19日，在已经牵扯进了密谋推翻希特勒的行动，且认定希特勒会迁怒于他的情况下，克卢格服用氰化物自杀身亡。

"7·20"事件后,希特勒对德军高级将领的信任已经降低到了极点。在德军最高司令部中,只有德军最高司令威廉·凯特尔(Wilhelm Keitel)元帅与作战部部长阿尔弗雷德·约德尔(Alfred Jodl)大将,能说得上话。然而,他们也只能提供技术上的建议,很少有自决的权力。理论上或名义上,西线德军司令部自然要听命于德军最高司令部。然而,当时二者的关系极为恶劣。希特勒与德军最高司令部的高级将领,都对前线指挥官持怀疑态度。一旦有高级将领战败,他们就会竭力寻找其"叛国"的罪证。前线指挥官往往惶惶不可终日,担心自己会命丧盖世太保之手。他们每次奉命前往德军最高司令部,都会感受到那里冷淡的气氛与漠视他们的态度。德军最高司令部对前线的真实状况知之甚少,也没有去进行了解的心情。怀疑与猜忌已经腐蚀了前线德军高级将领的责任感。他们指挥作战时不敢发扬主动性,一切都只能听从德军最高司令部的命令。德军最高司令部的命令,往往是在只字未改的情况下,机械地逐级下达的。

诺曼底战役以来,希特勒屡屡命令西线德军官兵死守阵地,动不动就要求他们"战至最后一人"、"不胜利、毋宁死"。在东线战场初期与中期战役取得的胜利中,希特勒发现这种"不许后退"命令往往很管用。当时,即使德军遭到包围,也能坚持作战,屡次挫败苏军进攻,从包围圈中杀出一条血路。此时,希特勒完全不顾西线德军官兵所面临的绝境,将东线的经验生搬硬套到了西线。

莫德尔刚接过西线德军司令部与B集团军群的指挥时,还是比较乐观的。就像所有从东线来到西线的德军将领一样,他们往往认为在地狱般的东线拼杀了4年的作战经验,完全可以在西线对抗初出茅庐的美军或"陆战水平拙劣"的英军。然而,没过多久,莫德尔就意识到西线的德军已经兵败如山倒。他十万火急地催促约德尔,要求把自己的报告呈送给希特勒本人。8月24日,莫德尔报告,盟军61个师已经登陆法国,而且全部是摩托化或机械化师;盟军有16400架飞机用于支援,在任何时段,至少能出动其中的三分之一。8月29日,他再次向德军最高司令部报告,西线德军正在撤退,重型武器所剩无几,绝大多数只装备着步枪;替换或补充的兵员,新出厂的武器装备,都非常匮乏;德军11个装甲师,平均每个师只有5-10辆坦克与1个炮兵连尚能作战,应该全部撤到后方休整,补充兵员与武器装备;德军步兵师主要以畜力牵引车辆为主,根本无法与全摩托化或机械化的盟军对抗,平均每个步兵师只撤出了1-2门火炮;盟

1944年8月,莫德尔元帅(右)出任西线德军总司令与B集团军群司令。

1944年9月4日，伊西尼（Isigny），美军在诺曼底战役中缴获的德军装甲战斗车辆。上图中可分辨的有"黑豹"式中型坦克、4号中型坦克、Sdkfz 251半履带式装甲运兵车，安装了火箭发射器的法制"雷诺"（Renault）UE式牵引车等。下图中距离镜头由远及近的是3辆"黑豹"式中型坦克，1辆改装自法制"洛林"37L式履带运输车的"黄鼠狼"1式75毫米自行反坦克炮，1辆改装自法制R-35"雷诺"式轻型坦克的Pz 35R（f）式47毫米自行反坦克炮，但已经移除了炮塔。

军坦克与飞机的数量已呈压倒性优势；B集团军群与G集团军群之间，已经出现了巨大的缺口。

更让人意想不到的是，作为曾在东线屡次挫败苏军大规模攻势的"防御战专家"，莫德尔已经表示，对同时担任西线德军总司令与B集团军群司令，已经感到力不从心。他身兼两职，但并不能很好地协调B集团军群与G集团军群之间的关系。B集团军群的溃败使莫德尔焦头烂额，他已经无暇顾及G集团军群，以及两个集团军群之间的缺口。

9月1日，莫德尔向德军最高司令部求援，希望能得到3个新组建的步兵师，以填补B集团军群与G集团军群之间，位于吕内维尔（Lunéville）－贝尔福的缺口。经过一番讨价还价，德军最高司令部答应了他的请求。9月2日，莫德尔再次报告，吕内维尔－贝尔福缺口已经不是最主要的危险——必须调动大军支援整个西线，否则通往德国本土的大门将彻底敞开。他呼吁应该将在德国本土执行防空任务的部分高射炮调往西线，用于抵御盟军坦克的进攻。德军最高司令部否决了他的要求。9月3日，莫德尔请求从东线调来3个装甲师，再次遭到德军最高司令部的拒绝。

同时，希特勒命令伦德施泰特前往东普鲁士，准备让他重新接管西线德军的指挥权。此时，西线德军司令部的参谋长是金特·布鲁门特里特（Günther Blumentritt）步兵上将。希特勒认为他实战经验不足，缺乏战争进行到此阶段时必要的冷酷精神。他解除了布鲁门特里特的职务，命令西格弗里德·韦斯特法尔（Siegfried Westphal）中将予以接任。韦斯特法尔曾在北非与意大利担任阿尔贝特·凯塞林（Albert Kesselring）元帅的参谋长，对抗盟军的经验非常丰富。

9月4日，莫德尔苦苦哀求约德尔，将他的报告原原本本地呈送给希特勒。在这篇报告中，他冒着被斥为失败主义的风险，向希特勒描绘了极为灰暗的图景。莫德尔估计，德军B集团军群下辖的3个集团军，实际战斗力只相当于3.75个装甲师或装甲掷弹兵师，10个步兵师；B集团军群最少需要补充5－6个装甲师与25个新组建的步兵师；这还不包括已经分崩离析的G集团军群。

莫德尔发出的警报，终于起了作用。当天，德军最高司令部再次计划增援西线。此时，即使是仍然对战局保持乐观态度的德军军官，也都不得不承认，德国的坦克生产能力根本无法与美国相比。希特勒命令优先生产具有质量优势的坦克，企图以此战胜美军坦克的数量优势。同时，德军步兵师开始缩编，新成立的国民掷弹兵师规模也更小，只不过装备了更多的自动武器。为了弥补其重型火力上的不足，希特勒命令组建12个摩托化炮兵旅、10个火箭炮兵旅、10个装甲歼击营与12个20毫米机关炮营。德军最高司令部命令，所有新出厂的牵引式火炮与自行火炮，都应该送往西线。同时，巴尔干半岛上的德军炮兵，也开始向西线转移。然而，与第一次世界大战时期的德军高级指挥层不同，希特勒与德军最高司令部的参谋们，缺乏充分利用德军占领区内的铁路，在东西两线之间来回调动兵力的能力。东西两线的持续压力，也使其无法偏重一方。盟军航空兵对中欧铁路系统的空袭，更阻碍了德军大规模兵力的调动。

9月5日下午，在科布伦茨（Koblenz），伦德施泰特接管了西线德军司令部。名义上，西线德军司令部应该统辖整个西线的全部德军。实际上，西线的德国空军、海军与党卫军，以及各种政治岗位上的军官，都具有相当大的独立性。

希特勒的亲信与德军最高司令部对其充满猜忌，以极权主义惯用的手法，对其分而治之。

此时，德军已经停止撤退。但是，从大西洋的北海到瑞士边境之间，长达644公里长的战线上，德军依然没有形成有效协同、连贯或兵力部署匀称的防线。伦德施泰特接管西线指挥权时，西线德军理论上有48个步兵师、14个装甲师与4个装甲旅。其中，只有13个步兵师、3个装甲师与2个装甲旅接近满编；4个步兵师位于盟军后方，陷入包围；12个步兵师、2个装甲师与2个装甲旅缺编，但尚有作战能力；14个步兵师与7个装甲师打得只剩下了空架子；9个步兵师与2个装甲师已经撤到后方，正在休整与重建。新抵达的替换或补充兵力很少，现有兵力疲惫不堪、士气低落。不过，他们已经退入了遍布河流、山脉与筑垒地域的地区。虽然组成的防线称不上坚不可摧，但至少有利于德军防御。

在伦德施泰特看来，西线德军存在3个方向上的威胁。首先，盟军正向鲁尔工业区的方向前进，亚琛（Aachen）与当地地段的"西部壁垒"，将首当其冲。其次，在贝尔福，德军B集团军群与G集团军群之间的缺口，需要及时封堵；最后，他同意莫德尔曾提出的观点，盟军还有大规模的空降兵没有动用，其很可能会突袭"西部壁垒"后方或莱茵河以东地区。

9月7日，伦德施泰特将他对西线形势的估计，发往德军最高司令部，对莫德尔充满悲观情绪的报告予以肯定。他认为，在法国与比利时，盟军有45个师，全部为摩托化师或机械化师；还有30个师驻扎在英国，包括6个空降师；西线德军全部处于重压之下，缺乏反坦克炮与榴弹炮，且精疲力竭；B集团军群只有100辆坦克尚能作战，盟军装甲兵具有压倒性优势。他强调，西线德军的预备队有名无实，唯一的装甲预备队，只有已经虚弱不堪的第9装甲师、2个突击炮旅与1个突击炮营，其全部在赶往亚琛的路上；西线至少还需要5个步兵师，最好能派来10个步兵师，适当地装备突击炮与重型反坦克炮；还需要几个装甲师，更多的坦克与坦克歼击车，以抵御亚琛地区出现的美军坦克群。

德军战略计划

希特勒叫嚣要对巴顿进行"装甲反击"，但德军的当务之急是重建西线防御，迫使美军停止前进，否则任何"装甲反击"都没有出发阵地。8月28日，约德尔建议，西线德军应该进攻特鲁瓦（Troyes）地区，随后在塞纳河与马恩河（Marne）之间向北迂回。然而，这项计划刚提出，就已经失去了意义，因为美军第3集团军已经抵达默兹河。

8月29日，第3集团军进抵默兹河时，德军正处于崩溃状态。巴顿的攻势摧枯拉朽，美军前锋的进攻速度，甚至超过了德军溃兵的撤退速度。法国抵抗组织的游击队四处猎杀德军散兵游勇，迫使他们争先恐后地向美军投降。根据对德军战俘的审讯获得的情报，巴顿意识到，当面的德军根本无法阻挡美军的前进，"西部壁垒"无人防守。只要第3集团军继续前进，就能将法莱斯围歼战中的德军漏网之鱼一网打尽。据此，他酝酿了单枪匹马突入德国本土的计划——抢在德军进驻之前，第3集团军一举突破空虚的"西部壁垒"，随后杀入德国本土，直抵莱茵河河畔。看来，巴顿并非完全反对"单路突击"计划。只不过，他希望由他执行这项计划，而不是蒙哥马利。

巴顿的判断是正确的，当时"西部壁垒"确实是空荡荡的。钢筋混凝土防御工事之间杂草丛生；很多要塞炮都转移到了"大西洋壁垒"（Atlantic Wall），弹药库空空如也；地下炮兵掩体的大门上锁，甚至连钥匙都不知所踪。韦斯特法尔认为，此时"西部壁垒"根本挡不住美军的前进。在科布伦茨的西线德军司令部，伦德施泰特听到铁链的响声，都会开玩笑地问，是不是巴顿的坦克已经打到这里来了？

这个自嘲的玩笑，带有几分"破罐子破摔"的无奈，却真实反映了洛林地区德军兵力的空虚。就在关键时刻，盟军将主要的补给配发给了蒙哥马利，巴顿的坦克耗尽汽油，美军的攻势戛然而止。利用第3集团军停止前进的短暂5天，西线德军迅速向"西部壁垒"增调兵力，尤其是岌岌可危的洛林地区。增调来的兵力素质参差不齐，也不乏老弱病残，但至少他们的出现与对防线的修补与加固，使"西部壁垒"重新恢复了功能。当时，很多德军高级将领都对这些老旧的防御工事能起多大作用表示怀疑，第3集团军也对其颇不以为然。巴顿甚至这样评价"西部壁垒"："固定防御工事是人类愚蠢的纪念碑。"然而，在随后的3个月里，巴顿与第3集团军，将在这块"人类愚蠢的纪念碑"上，撞得头破血流。

随着洛林德军防线的稳固，希特勒朝思暮想的反攻计划，也要提上日程。在制订作战计划时，希特勒越来越凭借直觉，而不是对现实战术条件的专业化评估。此时，他仍然看不起盟军，认为只要进行一次猛烈的反攻，盟军就会彻底失控。

9月3日，在德军最高司令部，希特勒亲自接见了伦德施泰特与韦斯特法尔。希特勒自信满满地表示，盟军很快就会耗光补给，不得不停止前进，因此没必要担心西线的局势；德军的反击将彻底消灭盟军前锋，阻止其继续东进；德军将进攻法国北部盟军的南翼，兰斯是歼灭盟军前锋的最佳地点。他还强调了"西部壁垒"的重要性，声称其固若金汤、坚不可摧。他向伦德施泰特传达了口头命令："尽快挡住盟军的前进；守住荷兰全境与比利时斯海尔德河北部地区；在南锡（Nancy）－讷沙托（Neufchâteau）地区展开行动，向兰斯方向发起进攻。"

希特勒命令德军最高司令部，对第3集团军南翼发起大规模反攻。根据他的计划，西线德军的右翼与中央将进行防御战，分别挡住英军第21集团军群与美军第1集团军。在左翼，德军装甲集群在集结于孚日山脉（Vosges）以西集结，完成以下任务：掩护撤退的德军第19集团军，守住孚日山脉以西地区，以保持必要的机动空间；当第3集团军进抵摩泽尔河时，进攻其暴露的南翼，从后方包抄美军几个师的兵力。

从战略上来看，这项计划是为了防止美军第3集团军与第6集团军群会合。从战术上来看，在孚日山脉以西地区，此时德军仍然在图勒（Toul）以南的摩泽尔河西岸，据守着坚固的桥头堡——讷沙托。在拿破仑战争时期，讷沙托就是重要的通信中心。1914年，法军第2集团军司令部就设在这里，以指挥洛林西部与阿尔萨斯（Alsace）北部的作战行动。讷沙托还有通往沙尔姆（Charmes）的公路。从讷沙托出发，对第3集团军的南翼进行迂回的路线，也是最直接与最易于同行的。

德军第5装甲集团军司令部，将负责指挥这次大规模反攻。希特勒亲自挑选了即将配属第5装甲集团军的兵力，包括：第11装甲师、第21装甲师、第130装甲教导师、第3装甲掷弹兵师、第15装甲掷弹兵师、党卫军第17装甲掷弹兵师、第106装甲旅、第107装甲旅、第108装甲旅、第111装甲

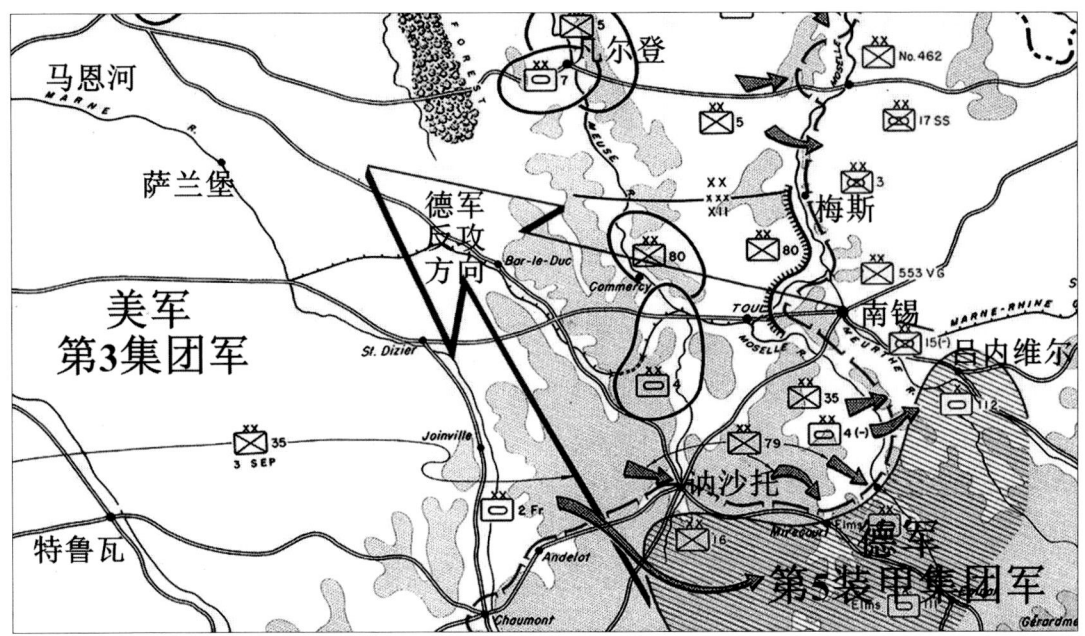

希特勒与德军最高司令部制订的"洛林装甲反攻"计划示意图。

旅、第112装甲旅与第113装甲旅。

当然,这项计划肯定不是希特勒动动嘴皮子就能完成的。他下达命令时,这些兵力还分散在广阔的区域,编制的完整状况也各不相同。有的已经与美军展开交战,有的在法国东部,有的在德国本土,还有部分兵力在比利时。从法来斯围歼战中逃出来的师,都处于严重缺编状态,在未经补充与休整之前,几乎没有战斗力。最终,上述兵力也未能全部投入洛林的反攻行动中。西线的各处都在起火,原本用于洛林反攻的兵力,只能调往别处。就像莫尔坦反击那样,德军没有足够的兵力完成这项计划。希特勒是在完全不顾前线将领的建议与现有武器装备能力的情况下,制订了歼灭第3集团军的计划。

9月7日,伦德施泰特将那份肯定了莫德尔观点的报告发往德军最高司令部,几乎未能起到任何作用。希特勒反复强调,必须进攻美军第3集团军,而且必须如期进行。在伦德施泰特看来,这次反攻简直就是在赌博,并警示德军最高司令部,德军兵力的集结,最早也要到9月12日才能完成。韦斯特法尔也认为,完成这项任务的可能性非常渺茫。但是,这项计划总比约德尔制订的命令——"不惜一切代价地守住阵地",要好得多。在西线,这种荒唐的命令已经不起任何作用了。

4. 洛林的地形地貌

法国的行政区域划分,分为"大区"、"省"与"市镇"。洛林大区,下辖默兹省、摩泽尔省、摩尔特-摩泽尔省(Meurthe-et-Moselle)与孚日省。当然,实际上默兹河西段与赴日山脉南麓,已经延伸到了洛林大区以外。在地理学上,法国的地理学家对洛林的自然边界,也莫衷一是。总体来看,洛林是片高原,平均海拔180-396米。其西部边界,有地理学家认为是摩泽尔河河谷,有地理学家认为是默兹高地（Meuse Heights）。从军事地理学的角度看，其东部边界为萨尔河，北部边界为卢森堡与德国西部山脉，东南部边界为孚日山脉。

军事地形学认为，几个世纪以来，洛林都是中欧与西欧之间的军事要冲。美军从法国北部平原或称"巴黎盆地"（Paris basin）向西进发，要面对洛林西部边界上一系列升起的陡斜坡。阿戈讷森林、默兹高地与摩泽尔高原（Moselle Plateau），都位于陡斜坡上。陡斜坡向东延伸，不断升高，随后在摩泽尔河河谷陡然下降。美军发起进攻，不仅要在陡斜坡上行进，一旦抵达制高点，还需要跨越很深的河谷。摩泽尔河的流速很高，渡口处丛林密布，河岸陡峭。大多数渡口的东岸，都有可以俯瞰渡口的高地。梅斯要塞的德军炮兵可以覆盖摩泽尔河北部，使其成为了最危险的渡河区域。德军据守这道天堑，无疑占尽了地利。

在越过摩泽尔河天堑之前，美军还要面对德军的2条防线，也是洛林德军的前哨阵地。在摩泽尔河北部，是梅斯－蒂永维尔筑垒地域（Metz-Thionville Stellung）。普法战争之前，法军修筑了这条防线。在普法战争中，普军占领了这条防线。1914年前夕，蒂永维尔以北的伊朗格（Illange）与科埃尼格斯马克（Kœnigsmacker），德军又修筑了2座新的防御工事，扩展了梅斯－蒂永维尔筑垒地域，加强了其向西的防御能力。1940年，德军再次占领了这条防线。这样的结果，就是防线上最现代化的要塞，都面向西方，也就是美军来袭的方向。

梅斯以南48公里处，是南锡。与梅斯不同，法军从未将南锡进行过现代化的要塞化改造。法军只依靠南锡附近的自然障碍与庞大的兵力，进行卫戍。法军将南锡作为桥头堡，可以从此向东进发。在南锡以东，有带护城壕沟的旧式棱堡，称为格朗库罗讷（Grand Couronne）。在南锡以西，是一片三角形的崎岖高原，覆盖着茂密的森林，称为艾耶山（Massif de Haye），拱卫着南锡的西入口。再向西，是摩泽尔河的河套地区。河套的拐弯处是图勒，镇守着南锡的西入口与艾耶山，并成为了摩泽尔河东岸的桥头堡。图勒地区有法军修建的旧式要塞，以及环形防御阵地。1940年之前，法军对图勒的部分防御工事，进行了现代化改造。

图勒与埃皮纳勒（Epinal）之间东南方64公里处，法军称为"沙尔姆地槽"（Trouée de Charmes）或"沙尔姆缺口"（Charmes Gap），是可以攻入洛林的通道。这意味着美军可以从此对梅斯－蒂永维尔筑垒地域与南锡－艾耶山进行侧翼迂回。1914年之前，法军对此地区的防御计划，是将其作为不设防的缺口，诱使德军深入，从而对其进行包围。1914年8月24-26日，在沙尔姆地槽战役中，法军击败了德军。1940年，德军第1集团军仍然从这里通过，迂回包围了南锡。根据德军的防御计划，第19集团军应该在沙尔姆缺口修筑"基青格"防线（Kitzinger Line）。实际上，第19集团军却没来得及建立任何防线。

即使通过沙尔姆地槽绕过了南锡，美军也还要面对3条河流——摩泽尔河、莫尔塔涅河（Mortagne）与默尔特河。在梅斯以西，摩泽尔河河谷较窄，但转向北方后变得很宽。在梅斯与蒂永维尔之间，宽度为6.4-8公里。在卢森堡的雷米希（Remich），摩泽尔河进入狭窄而蜿蜒的河谷，最终在德国的科布伦茨，诸如莱茵河中游。

美军越过摩泽尔河河谷后，将面对一片向东延伸的高原。其海拔低于摩泽尔河西岸，但仍然具有重要的战术价值。南锡与梅斯附近，临近尼德河（Nied）河谷与塞耶河（Seille）河谷的地区，称为"洛林平原"（Lorraine plain）。这是片富庶的农耕区，溪流交错，点缀着树林与山丘，横亘着几条山脊线平整的山岭。平原上有着洛林地区典型的村落，小而紧凑，有大量石质建筑与围墙。

在洛林南部，有马恩－莱茵运河（Marne-Rhine Canal），宽15－18米，起于维特里－勒弗朗索瓦（Vitry-le-François），终结于阿尔萨斯的斯特拉斯堡，最终汇入莱茵河。在萨尔堡（Sarrebourg）以西，是乌耶德拉萨尔运河（Canal des Houillères de la Sarre），连接着萨尔河与马恩－莱茵运河。这片区域遍布森林与沼泽，大规模兵力难以机动，只能通过狭窄的迪约兹（Dieuze）走廊开进。在迪约兹以西，有两条与走廊平行的山岭，从萨兰堡（Château-Salins）一直延伸到莫朗日（Morhange）的台地。越过莫朗日，是通往萨尔格米讷（Saareguemines）的通道。这条走廊宽25.7公里，遍布湖泊与池塘，是摩泽尔河以东最开阔的地区。在走廊北方，地形极为崎岖，森林密布，萨尔河附近更是如此。在更远的北方，萨尔河汇入摩泽尔河，并在此折向东北方。萨尔河与摩泽尔河的交汇处，形成了"死胡同"。洛林高原东部狭窄的入口，孚日山脉与德国西部山脉，环绕着两条河流交汇成的三角形区域。其空间足够1个现代化的集团军以宽正面前进。然而，其越过摩泽尔河后，萨尔河与山地将阻挡其东进的道路，使之不自觉地转向东北方，进攻正面也越来越窄。

在洛林东北方的萨尔河流域，从左到右分别为萨尔路易（Saarlautern）、萨尔布吕肯与茨韦布吕肯（Zweibrücken）。越过萨尔河，向德国本土进发，任何大规模兵力的机动，都会受到洪斯吕克（Hunsrück）台地与哈尔特山（Hardt）的阻挡，导致其无法进军莱茵河河谷与普法尔茨高原（Pfaelzer Bergland）。曼海姆、达姆施塔特与法兰克福都位于此。这里也是欧洲的军事要冲之一。1814年，反法同盟军曾占领萨尔路易，从而获得了能迅速攻入法国的出发阵地，以对抗拿破仑。1870年，在普法战争中，普军主力从此跨越萨尔河，进军梅斯要塞。二战初期，在法国战役之前，希特勒也命令在此修筑"西部壁垒"最为坚固的段落，与法军"马奇诺"防线最为坚固的段落相对峙。

洛林有2条干线公路。一条沿着古罗马时期修筑的道路，从梅斯通往萨尔布吕肯，抵达曼海姆。另一条是从南锡穿过孚日山脉，抵达斯特拉斯

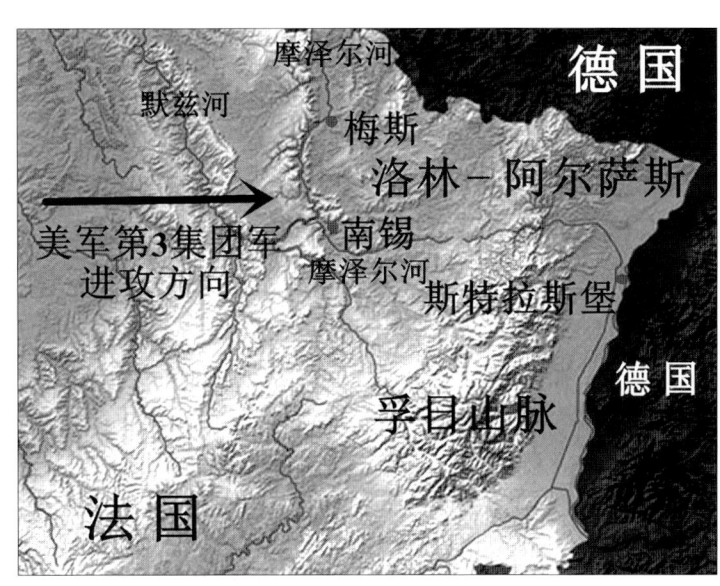

法国洛林地区地形要图。

堡。摩泽尔河以东地区，公路网尚且发达，大部分都是硬质路面，从梅斯、南锡与吕内维尔向四面八方延伸。主要铁路与公路平行。在萨尔布吕肯与萨尔格米讷，铁路延伸向德国。在萨尔堡，铁路延伸向东方与南方。

秋季来临后，洛林的气候变得极为潮湿泥泞。强劲的西风带着大西洋的水气，越过巴黎盆地以东的高原，才开始降雨。这导致洛林地区的降雨量，是洛林以西香槟（Champagne）地区的2－3倍。9月开始，洛林开始变得潮湿。10月，洛林的降雨量达到最高峰。9－11月，通常降雨量为61－76毫米。1944年秋，降雨量却达到了往年的2－3倍。11月，其降雨量达到了177毫米。

第二章　对阵双方

1. 美军第3集团军

作为鼎鼎大名的装甲兵将领，巴顿一向以热血与豪胆的形象闻名于世。后世的影视与传记文学作品，也都有口皆碑地渲染他硬朗而凌厉的作战风格——以一往无前的大无畏精神，发起气贯长虹的攻势，狂飙突进、长驱直入、所向披靡。然而，这种脸谱化的印象，往往掩盖了他的深谋远虑。巴顿与麦克阿瑟，都是极具"表现欲"与"表演能力"的将领，其夸张程度甚至要超过他们的指挥能力。实际上，巴顿并非人们想象中的"猛张飞"，他狂热推崇的进攻精神，往往是建立在准确的情报与对战机的敏锐判断之上，而不是因为鲁莽的天性。同样，人们往往会认为，巴顿这样的将领必然独断专行。实际上，巴顿并不事必躬亲，也不会干涉太多细节。具体的任务，仍然是下属完成的。在他的领导下，第3集团军的参谋部与各级指挥官形成了高效而紧密的有机体。只不过，这些都被巴顿耀武扬威的个性掩盖了。

显然，如果只有巴顿自己叫嚷"进攻！进攻！再进攻！"那是没用的。第3集团军之所以成为盟军攻势中的"枪尖矛头"，还因为有与之相匹配的参谋班底与指挥官。第3集团军司令部的参谋长、副参谋长、情报参谋、作训参谋与后勤参谋，几乎全部具有骑兵或装甲兵的兵种背景。从美军登陆法属北非的"火炬"行动开始，他们就跟随巴顿南征北战，从北非一路杀到西西里岛。在制订作战计划时，这群骑兵指挥官自然有着与巴顿相似的狂热，强调进攻精神与机动作战。长期的密切配合，也使他们对彼此的风格谙熟于心。这远远不是洛林地区的德军临时东拼西凑而来的指挥官与参谋人员所能比拟的。

第3集团军参谋部制订的那些注重高速机动与充满进攻精神的作战计划，到了具体执行作战任务的军长手中，则可能呈现出其他风格。第8军军长米德尔顿少将是步兵出身，喜欢稳扎稳打，作战风格保守谨慎。这自然与巴顿的想法充满了矛盾。在横扫布列塔尼半岛时，就进攻的速度与节奏问题，巴顿与米德尔顿数次产生分歧。布拉德利的军事思想与米德尔顿很相似，并一起制订过进攻布列塔尼半岛的作战计划，因此力挺米德尔顿的意见。这导致第8军反复接到矛盾的命令，耽搁了宝贵的时间，未能在德军残兵撤入布雷斯特（Brest）之前将其攻克。后来，美军付出了惨重的代价，才拿下了这座港口城市。第12军军长埃迪少将也是步兵出身，对高速机动作战充满疑虑。他总是忧心忡忡地盯着可能暴露的侧翼，经常干涉麾下第4装甲师的行动，担心其

1944年9月1日，美军第3集团军司令部与参谋部，主要成员名单

姓名	军衔	职务	备注
乔治·巴顿（George Patton）	中将	集团军总司令	出身骑兵，后转装甲兵
特洛伊·米德尔顿（Troy Middleton）	少将	第8军军长	出身步兵
曼顿·埃迪（Manton Eddy）	少将	第12军军长	出身步兵
韦德·海斯利普（Wade Haislip）	少将	第15军军长	出身步兵
沃尔顿·沃克（Walton Walker）	少将	第20军军长	出身步兵，后转装甲兵
休·加菲（Hugh Gaffey）	少将	集团军参谋长	出身炮兵，后转骑兵、装甲兵
霍巴特·盖伊（Hobart Gay）	准将	集团军副参谋长	出身骑兵，后转装甲兵
保罗·哈金斯（Paul Harkins）	上校	集团军副参谋长	出身骑兵，后转装甲兵
弗雷德里克·马修斯（Frederick Matthews）	上校	人事参谋（G1）	出身步兵
奥斯卡·科克（Oscar Koch）	上校	情报参谋（G2）	出身骑兵，后转装甲兵
哈利·马多克斯（Halley Maddox）	上校	作训参谋（G3）	出身骑兵，后转装甲兵
沃尔特·马勒（Walter Muller）	上校	后勤参谋（G4）	出身步兵，后转装甲兵
尼古拉斯·坎帕诺尔（Nicholas Campanole）	上校	策略参谋（G5）	出身步兵
罗伯特·卡明斯（Robert Cummings）	上校	总司令副官	
爱德华·威廉（Edward Williams）	上校	炮兵司令	
弗雷德里克·张伯伦（Frederick Chamberlain）	上校	高射炮兵司令	
约翰·康克林（John Conklin）	上校	工兵司令	
爱德华·沃林顿（Edward Wallington）	上校	化学战司令	
埃尔顿·哈蒙德（Elton Hammond）	上校	通信兵司令	
约翰·麦克唐纳（John MacDonald）	上校	宪兵司令	
肯尼思·范巴斯柯克（Kenneth Van Buskirk）	中校	特种勤务司令	
托马斯·尼克松（Thomas Nixon）	上校	军械司令	
埃弗里特·布施（Everett Busch）	上校	军需司令	
克拉伦斯·帕克（Clarence Park）	上校	总监察官	
查尔斯·奇弗（Charles Cheever）	上校	军法检察官	
托马斯·赫尔利（Thomas Hurley）	上校	军医总长	
詹姆斯·奥尼尔（James O'Neill）	上校	随军牧师长	
查尔斯·米利肯（Charles Milliken）	中校	财政官	

1944年7月7日，下诺曼底（Basse-Normandie），巴顿将军（右）与第3集团军参谋长加菲少将（左）。

冲得太快太远。一旦遭遇猛烈反击，甚至会萌生退意。巴顿对此感到恼火，第4装甲师也不待见这位上级。相比之下，同样是步兵出身的第15军军长海斯利普却从不囿于步兵"安全第一"的窠臼，崇尚高速机动作战。第20军军长沃克少将也是步兵出身，但后来转入了装甲兵，其作战风格也更接近巴顿。当然，勇猛或激进的作战风格未必百战百胜，稳健或保守的作战风格也未必一无是处。哪种作战风格更能起作用，更多还要取决于战场环境与双方态势。

8月底，第3集团军与下辖的4个军，建制内共有314818人。9月1日，第8军在布列塔尼半岛围攻布雷斯特；第12军与第20军已经跨越了默兹河，兵锋直指摩泽尔河；第15军刚从第1集团军调回，正在巴黎以东的罗宰昂布里（Rozay-en-Brie）进行集结，尚未展开行动。显然，第8军与第3集团军主力的进攻方向完全相反，无论战术上还是补给上，都已经处于独立地位。9月5日，第8军调离第3集团军，归于第9集团军建制。布拉德利承诺，一旦第94步兵师与第95步兵师就位，第8军下辖的第6装甲师与第83步兵师将迅速重返第3集团军。这意味着，在第15军投入作战之前，巴顿只有2个军可供调遣。在洛林战役的第一阶段，第3集团军只有第12军、第15军与第20军。9月29日－10月10日，第15军调入第7集团军之后，第3军从第9集团军调入第3集团军之前，巴顿再次出现了只有两个军可供使用的尴尬局面。

正如前文所述，第3集团军已经构成了整个法国北部盟军的右翼。第3集团军以南282公里处，第7集团军正在里昂（Lyon）作战，一路驱赶着德军向北撤退，准备在欧坦（Autun）－第戎（Dijon）－朗格勒（Langres）地区，与第3集团军会师。这282公里之间的区域，都是德军控制区。第3集团军的兵力正分散在极为广阔的区域里。其整个南翼或右翼，从圣纳泽尔（Saint-Nazaire），经过布列塔尼半岛，一直延伸到默兹河，总长度达到了惊人的724公里。同时，第12军与第20军还要维持着向东144公里宽的战线。第3集团军进抵摩泽尔河时，整个南翼的兵力会变得更为薄弱。布拉德利反复表示，非常担心第3集团军，同时也是整个第12集团军群暴露的南翼。埃迪也很焦虑，认为第12军的右翼与后方没有足够的兵力掩护。

就在这种情况下，巴顿说出了那句几乎违反了最基本军事教义的狂言："我要求你们记住，不要去担忧什么该死的侧翼。我们必须对侧翼进行警戒，但不要因此而裹足不前。我们第3集团军不会这样，让德军担心他们的侧翼去吧！"

对巴顿"冒天下之大不韪"的军事思想，谨小慎微的布拉德利瞠目结舌。后世也曾展开过对巴顿"不要侧翼"军事思想的讨论。前文曾提到过，巴顿是极富表演能力的将领，"语不惊人死不休"几乎是他的天性。实际上，他当然没有"不要侧翼"，而是他知道第3集团军的侧翼非常安全。

此时，第3集团军已经一路高歌猛进地抵达摩泽尔河。在"眼镜蛇"行动之前，第3集团军下辖的各师，大部分没有参加过诺曼底令人气馁的灌木篱墙之战。只有第35步兵师与第90步兵师经历过较为惨烈的战斗，其他各师都是崭新的生力军，官兵的凝聚力、训练与士气都处于极佳状态。相比之下，第3集团军以南的德军正处于崩溃中。

巴顿只以少量兵力镇守南翼的卢瓦尔河，并不意味着其就是一捅就破的"窗户纸"。美军第19战术航空军持续不断地监视着卢瓦尔河，及时空袭任何敢于集结的德军。在巴顿的要求下，法军玛丽-皮埃尔·柯尼希（Marie-Pierre Kœnig）上将命令法国抵抗组织游击队增援第3集团军侧翼，沿着卢瓦尔河巡逻。他们看似组织涣散且武器装备落后，实际上却发挥了重要作用——既能向美军提供预警与情报，镇守桥梁与仓库，还能四处围捕德军掉队的散兵游勇，骚扰撤退中的德军大规模兵力。8月底，在第3集团军第2特种兵分队队长鲍威尔（Powell）中校的协调下，有25000多名法国抵抗组织游击队员，与第3集团军一起行动。在美军第19战术航空军与法国抵抗组织游击队的掩护之下，第3集团军得以高枕无忧地向东狂奔，巴顿更可以大放厥词地叫嚷"不要侧翼"。

当然，如果第3集团军准备东进摩泽尔河，就不能继续"不要侧翼"了。9月5日，巴顿命令第15军行军240公里，

1944年9月1日，美军第3集团军作战序列		
军	师	师长
第12军	美军第4装甲师	约翰·伍德（John Wood）少将
	美军第6装甲师	罗伯特·格罗（Robert Grow）少将
	美军第35步兵师	保罗·巴德（Paul Baade）少将
	美军第80步兵师	霍勒斯·麦克布赖德（Horace McBride）少将
第15军	法军第2装甲师	雅克·勒克莱尔（Jacques Leclerc）少将
	美军第79步兵师	艾拉·威奇（Ira Wyche）少将
第20军	美军第7装甲师	林赛·西尔韦斯特（Lindsay Silvester）少将
	美军第5步兵师	斯塔福德·欧文（Stafford Irwin）少将
	美军第90步兵师	雷蒙德·麦克莱恩（Raymond McLain）少将

前出至蒙塔日（Montargis），掩护第3集团军南翼。9月8日，在得到了戴高乐将军的同意后，法军第2装甲师离开巴黎的盛大庆典，加入第15军，前往蒙塔日与马恩河之间的区域。美军第79步兵师齐装满员，从比利时赶来，在法军第2装甲师以东的茹安维尔（Joinville）附近集结。

至此，第3集团军基本形成了洛林战役第一阶段的作战序列。其自西向东发起进攻，战线从北到南：第20军位于最北端，濒临第1集团军第5军，首要目标是梅斯；第12军位于正中央，首要目标是南锡；第15军位于最南端，负责掩护第3集团军南翼，濒临法军B集团军第2军。

2. 洛林地区的德军部署

9月1日，洛林地区的德军主要为B集团军群的第1集团军与G集团军群的第19集团军。B集团军群的防线从北海一直延伸到洛林的南锡，其下辖的4个集团军中，只有第1集团军位于洛林。在洛林，G集团军群的兵力只有7个师与少量零散的战斗群。其战线尚不明确，任务是在孚日山脉以西，南锡-瑞士边境地区布防。9月8日，为了更有利于洛林的防御指挥，西线德军司令部将第1集团军，从B集团军群调入G集团军群。美军第3集团军的进攻正面，主要针对第1集团军与G集团军群北翼部分。

德军第1集团军

在诺曼底战役的崩溃后，库尔特·冯德尔·舍瓦勒雷（Kurt von der Chevallerie）步兵上将指挥的德军第1集团军，争先恐后地向西撤退。第1集团军撤过默兹河时，只剩9个步兵营、2个野战炮兵连、3个高射炮兵连、10辆坦克与10门75毫米反坦克炮。这些兵力给巴顿塞牙缝都不够，德军不得不调遣兵力予以增援。

祸不单行的是，美军第3集团军的逼近，使摩泽兰大区（Gau Moselland）区长古斯塔夫·西蒙（Gustav Simon）感到风声鹤唳，屁滚尿流地从卢森堡逃之夭夭。德国难民乱哄哄地拥入洛林，阻碍了德军援兵的抵达。政府文职机构毫无秩序地征用车辆进行撤退，使整个洛林的德军补给体系陷入危机。德军91辆履带式牵引车与1500立方米的燃料，原计划用于牵引火炮，却在这种崩溃的局势中"不翼而飞"了。

舍瓦勒雷已经焦头烂额，德国秘密警察组织"盖世太保"首脑与预备役集团军司令海因里希·希姆莱又来搅局。他禁止第1集团军司令部转移到德国本土的维特利希（Wittlich）。在德国本土的第12军区，有些新组建的德军师，正准备增援第1集团军。然而，其指挥权究竟应该属于舍瓦勒雷，还是希姆莱，却产生了争议。莫德尔请求德军最高司令部，希望第12军区脱离希姆莱的管辖，从而让增援兵力迅速抵达前线。德军最高司令部给出了和稀泥般的折中方案——第1集团军有权发布命令，但命令的执行要经过希姆莱管辖的第12军区。最终，希特勒直接下令，新组建的德军师，指挥权归于西线德军司令部与第1集团军，才终结了这种官僚主义的扯皮。

9月1日，第3装甲掷弹兵师与第15装甲掷弹兵师从意大利赶来，在摩泽尔河东岸布防。第553掷弹兵师[①] 刚在萨尔布吕肯卸车，正赶往梅斯。在梅斯以东，第559掷弹兵师的1

---

① 很多文献资料都将德军第553掷弹兵师与第559掷弹兵师称为"第553国民掷弹兵师"与"第559国民掷弹兵师"。实际上，此时其尚未获得"国民掷弹兵师"称号。1944年10月9日，它们才正式成为"国民掷弹兵师"。

个掷弹兵团刚抵达。党卫军第17装甲掷弹兵师残部，从马恩河畔沙隆（Chalons-sur-Marne）撤到第1集团军后方的梅斯附近休整。在形势极端恶化的情况下，其不得不搜刮了2个营，在梅斯以西集结。党卫军第49装甲掷弹兵旅与党卫军第51装甲掷弹兵旅，正从丹麦赶来，即将纳入其编制。在特里尔（Trier），第106装甲旅正将新出厂的坦克装上铁路平板车。第19掷弹兵师与第36掷弹兵师①，也正通过铁路赶往第1集团军。希特勒个人的计划是，在第1集团军发起反攻时，以前者作为其补充，以后者支援缺乏经验的第553掷弹兵师与第559掷弹兵师。只不过，后来美军发起的进攻，迫使这两个师挪作他用了。

德军第1集团军位于洛林北部，防区覆盖了卢森堡。第1集团军防区最北端的卢森堡地区，是弗朗茨·拜尔（Franz Beyer）步兵上将指挥的第80军，在色当与蒙梅迪（Montmédy）之间，对抗美军第1集团军第5军。这已经不属于洛林战役的范畴，不再赘述。辛恩胡贝尔炮兵上将指挥的第82军，位于第1集团军中央，负责守卫蒂永维尔－南锡之间的摩泽尔河防线。9月7日，第82军下辖的党卫军兵力，都调入了党卫军第13军。随后，第82军向北转移。普赖斯中将指挥的党卫军第13军位于第1集团军最南端，负责防御梅斯。

9月5日，第1集团军已经形成了松散的防线，向东南抵达南锡，但边界依然模糊。其明确的任务是，守卫隆维（Longwy）、布里埃（Briey）与萨尔地区的矿业与工业基地，在摩泽尔河以西建立稳固的桥头堡，重新建立与第19集团军的联系。实际上，当天第1集团军左翼边缘只有少量警戒哨与巡逻队。

9月6日，希特勒决定更换第1集团军司令。他给舍瓦勒雷写了"慰问信"，以"关心其健康问题"为由，罢免了这位曾在东线服役的老将。同时，克诺贝尔斯多夫装甲兵上将接管了第1集团军。尽管得到了增援，第1集团军兵力的"强大"，也只是相对其他更为孱弱的德军集团军而言。此时，其装备的坦克与自行火炮仍然很有限；火炮数量不足，只能分散部署；仅有的"反坦克战术"，是依靠摩泽尔河天堑的阻挡；整个第1集团军只有1个通信营，还在疲于奔命地四处修补遭到盟军空袭破坏的电话线。

德军第5装甲集团军

布拉斯科维茨大将指挥的G集团军群，从法国南部撤退至洛林－阿尔萨斯地区时，几乎处于"衣衫褴褛"的状态，所具有的坦克数量仅能勉强维持自保。这样的疲惫之师显然不足以执行希特勒梦寐以求的反攻计划。

在第1集团军左翼与第19集团军右翼之间，是汉斯·冯·丰克（Hans von Funck）装甲兵上将指挥的第47装甲军。理论上，其防线从摩泽尔河一直延伸到巴永（Bayon），对抗美军第12军。此时，第47装甲军只有个空头军部，尚未统辖任何装甲师或装甲旅。第553掷弹兵师的部分兵力承担了屏护其防线的任务。

9月1日，希特勒从东线调回了曼陀菲尔装甲兵上将，命令他接管第5装甲集团军。此时，德军共有5个装甲集团军。第1装甲集团军、第3装甲集团军与第4装甲集团军在东线；第2装甲集团军不下辖任

---

① 类似第27页注中所述情况，1944年10月9日，这2个掷弹兵师才正式成为"国民掷弹兵师"。在此之前，称其为"国民掷弹兵师"是不够准确的。

何装甲师，正在巴尔干半岛进行反游击作战；整个西线只有第5装甲集团军。1943年以来，先后在突尼斯与法国遭受严重损失后，第5装甲集团军已成"空壳"。在希特勒的命令之下，第5装甲集团军司令部从比利时出发，前往斯特拉斯堡，统辖第47装甲军与第58装甲军。

9月4日，德军第2装甲师师长吕特维茨中将，奉命接管第47装甲军。当天，在科尔马（Colmar）以西的热拉尔梅（Gerardmer），布拉斯科维茨从G集团军群司令部给吕特维茨打电话，告诉了他希特勒的反击计划，并命令第47装甲军军部从梅斯前往讷沙托－米尔库（Mirecourt）地区。这里也是反攻行动的出发阵地。9月12日是发起进攻的日期。在发起进攻之日，德军将对图勒两翼进行突破，随后主力将大踏步向马恩河前进，左翼以马恩河为掩护，中央通过巴勒迪克（Bar-le-Duc），右翼向南进抵阿戈讷森林。

9月4－5日，吕特维茨从丰克那里熟悉了要比师级参谋系统复杂得多的军级参谋系统。第47装甲军的参谋人员都具备丰富的经验，包括参谋长汉斯－贡特尔·冯·克卢格（Hans-Gunther von Kluge）中校，作训参谋阿图尔·冯·埃克斯帕雷（Arthur von Ekesparre）少校，情报参谋里希温·弗勒利希（RichwienFroelich）少校，陆军总参谋长海因茨·古德里安（Heinz Guderian）大将，甚至亲自安排挑选了从东线返回的汉斯·冯·吕特维茨（Hans von Luettwitz）中尉，作为新任军长的副官。

9月9日，第5装甲集团军司令部抵达洛林，但只有1个作训部与部分通信兵。9月10日，在第戎，法军第2装甲师与从法国南部一路北上的美军第7集团军会师。这意味着美军占领了希特勒反攻计划中的出发地，迫使其计划推迟。当天，希特勒再次将曼陀菲尔叫到东普鲁士的"狼穴"，修改了反攻计划。新的反攻计划中，德军将从朗格勒高原与埃皮纳勒发起进攻，兵锋直指兰斯，切断摩泽尔河沿线的美军第3集团军。在G集团军群司令部里，布拉斯科维茨与他的参谋人员，显然要现实得多。此时，滚滚而来的美军坦克，即将插入第1集团军与第19集团军之间的缺口。他们只希望这次反攻能使2个集团军不被割裂，并屏护孚日山地区，使德军来得及建立起"孚日山前哨"（Vosges Outpost）防线。

9月11日，曼陀菲尔正式接管了第5装甲集团军。当天，在G集团军群司令部听取了战局形势的汇报后，曼陀菲尔深感希特勒的反攻计划是"毫无希望"的。第5装甲集团军没有自己的防区，而是位于第1集团军与第19集团军的防区内，地位只能居于次等，甚至没有足够的电话线连接各司令部。然而，希特勒却下达了死令，反攻美军第3集团军的最后期限，只能拖延到9月15日，哪怕只有部分兵力做好了准备。

德军第19集团军

德军G集团军群的左翼或南翼，是魏泽步兵上将指挥的第19集团军。第19集团军的防线，看似是个向西的突出部。当然，突出部的成因并非德军的突破，而是南北两翼盟军的追歼与夹击。突出部的南肩位于瑞士边境的蓬塔利耶（Pontarlier）。从这里向西，第4空军野战军与第85军，沿着杜河（Doubs）匆忙组织防御，抵御从南方追击而来的美军第7集团军。在撤退途中立下汗马功劳的德军第11装甲师，也是第1集团军与第5装甲集团军调入之前，G集团军群唯一的装甲精锐，负责支援这2个虚弱不堪的军。

1944年9月16日，德军G集团军群作战序列[1] 约翰内斯·布拉斯科维茨（Johannes Blaskowitz）大将			
第1集团军 奥托·冯·克诺贝尔斯多夫（Otto von Knobelsdorff）装甲兵上将	第82军 约翰·辛胡伯（Johann Sinnhuber）炮兵上将	第19掷弹兵师[2] 瓦尔特·维斯马特（Walter Wißmath）中将	
		第36掷弹兵师[3] 奥古斯特·韦尔恩（August Welln）少将	
		第559掷弹兵师 库尔特·冯·米伦（Kurt von Mühlen）少将	
	党卫军第13军 赫尔曼·普赖斯（Hermann Priess）中将	第3装甲掷弹兵师 汉斯·黑克尔（Hans Hecker）少将	
		第15装甲掷弹兵师 埃伯哈德·罗特（Eberhard Rodt）中将	
		党卫军第17装甲掷弹兵师 爱德华·戴森霍弗（Eduard Deisenhofer）上校	
		第462训练师[4] 瓦尔特·克劳泽（Walther Krause）中将	
		第553国民掷弹兵师 恩里希·冯·勒施（Enrich von Loesch）上校	
		第106装甲旅 弗朗茨·贝克（Franz Bäke）上校	
第5装甲集团军 哈索-埃卡德·冯·曼陀菲尔（Hasso-Eccard von Manteuffel）装甲兵上将	第47装甲军[5] 海因里希·冯·吕特维茨（Heinrich von Lüttwitz）中将	第21装甲师 埃德加·福伊希廷格尔（Edgar Feuchtinger）中将	
		第111装甲旅 海因里希·冯·布龙萨特-舍伦多夫（Heinrich von Bronsart-Schellendorf）上校	
		第112装甲旅 霍斯特·冯·乌泽多姆（Horst von Usedom）上校	
		第113装甲旅 埃里克·冯·泽肯多夫（Erich von Seckendorff）上校	
第19集团军 弗雷德里希·魏泽（Friederich Weise）步兵上将	第66军 瓦尔特·卢赫特（Walter Lucht）炮兵上将	第16步兵师 恩斯特·黑切尔（Ernst Haechel）少将	
		"奥滕巴赫"战斗群 恩斯特·奥滕巴赫（Ernst Ottenbacher）中将	
		第15装甲掷弹兵师、第21装甲师部分兵力	
	第85军 巴普蒂斯特·克奈斯（Baptist Kneiss）中将	第11装甲师 文德·冯·维特斯海姆（Wend von Wietersheim）少将	

①此作战序列仅包括在1944年9月的洛林战役第一阶段与美军第3集团军交战过或对峙过的德军。实际上，德军第1集团军还下辖第80军，第19集团军还下辖第4空军野战军与第64军，但其未曾与美军第3集团军交战或对峙。前者主要对抗美军第1集团军第5军，后者主要对抗美军第7集团军与法军B集团军。
②③很多文献资料都将德军第19掷弹兵师与第36掷弹兵师称为"第19国民掷弹兵师"与"第36国民掷弹兵师"。实际上，此时其尚未获得"国民掷弹兵师"称号。1944年10月9日，它们才正式成为"国民掷弹兵师"。
④很多文献资料都将德军第462训练师称为"第462国民掷弹兵师"。实际上，1944年10月19日，其改编为第462步兵师；1944年11月，才正式成为"国民掷弹兵师"。
⑤德军第5装甲集团军下辖第47装甲军与第58装甲军。9月18日，第58装甲军才开始下辖兵力，投入作战。此作战序列的时间结点，导致第58装甲军未出现在统计表格中。第5装甲集团军下辖的兵力也一直处于动态变化中，党卫军第13军的第15装甲掷弹兵师与第85军下辖的第11装甲师，后来都调入了第5装甲集团军。第11装甲师、第15装甲掷弹兵师、第111装甲旅与第113装甲旅，也都曾归于第58装甲军建制。

在第戎以西方向，从欧坦到肖蒙（Chaumont）之间的地区，也就是突出部的西端或"尖端"，只有少量警戒哨与巡逻队，几乎处于敞开状态。德军第64军从比斯开湾（Biscay）东撤，正向这个缺口赶来。第64军一路拖家带口，除了80000名官兵外，还有2000名女性随行。他们中的大多数人，是以缓慢的步行方式，绝望地踏上了撤往德军控制区的归途。法国抵抗组织的游击队盘踞在法国中央高原（Massif Centrale），第64军甚

约翰内斯·阿尔布雷希特·布拉斯科维茨

约翰内斯·阿尔布雷希特·布拉斯科维茨（1883年7月10日—1948年2月5日），德国陆军大将，曾获得宝剑橡叶骑士铁十字勋章。他与伦德施泰特很相似，是典型的传统旧普鲁士军官，而且是个虔诚的基督徒。他公开自己无党派的政治倾向，与党卫军关系紧张。

1894年，他进入克斯林（Köslin）候补军官学校学习，后进入柏林里希特菲尔德（Lichterfelde）军校。第一次世界大战时期，他先后在东线、西线与德军总参谋部服役。1933年，希特勒的纳粹党夺取政权。他认为军队应该保持"政治中立"，因此对其态度冷漠。1938年，他参与了德军占领奥地利与捷克斯洛伐克的行动。

1939年，他担任第8集团军司令，参加了波兰战役，并晋升为中将。1939—1940年，在担任驻波兰德军司令时，他向德军最高司令部提交过备忘录，抗议党卫军在当地屠杀波兰人与犹太人的暴行。约德尔大将与瓦尔特·冯·布劳希奇（Walther von Brauchitsch）大将斥之为"天真"、"幼稚"、"莫名其妙"，并讽刺他的"救世军"态度。1944年之前，他只能百无聊赖地在法国执行占领军的指挥任务。

1944年5月，伦德施泰特命令他担任G集团军群司令。在诺曼底，他甚至苦口婆心地说服了隆美尔，使他相信德军确实在东线有过累累的暴行。"7·20"事件发生时，他反而因为无党派的身份，而未受牵连。盟军登陆法

国南部后，他指挥G集团军群撤往法国北部。9月，他对希姆莱要在G集团军群防区建立南锡—贝尔福防线，却不隶属于他指挥，进行了强烈质疑，再次与党卫军产生冲突。由于伦德施泰特重新担任西线德军司令，一向不喜欢布拉斯科维茨的德军最高司令部却选择了支持他。

在洛林战役第一阶段，他因指挥作战不利而遭到解职。1944年12月，他重新担任G集团军群司令，抵御美军第7集团军对阿尔萨斯—洛林地区的进攻。1945年1月，他被调往荷兰，担任H集团军群司令。4月，他甚至允许了盟军向德军占领区的荷兰平民空投食品与药品。5月，他率部向加军投降。

1948年，在等候纽伦堡国际军事法庭期间，他跳楼自杀。他的自杀原因成为谜案，因为他早已被告知，法庭将宣判他无罪。

奥托·冯·克诺贝尔斯多夫

奥托·冯·克诺贝尔斯多夫（1886年3月31日—1966年10月21日），德国陆军装甲兵上将，曾获得宝剑橡叶骑士铁十字勋章。

1905年，加入德国陆军，担任步兵。第一次世界大战时期，曾两次获得铁十字勋章。二战爆发时，担任第33军参谋长。1940年2月1日，担任第19步兵师师长。10月，第19步兵师改编为第19装甲师，他继续担任第19装甲师师长，并晋升为中将。随后，他指挥第19装甲师参加了苏德战争。1942年，他先后担任第10军与第2军军长，指挥德米扬斯克（Demyansk）突出部的战斗。1943年底之前，他先后担任第24装甲军与第48装甲军军长。在担任装甲军军长期间，他长期在前线活动。他顽强、勇武、临危不惧，具有乐观主义精神，深受希特勒器重。在试图解救第6集团军的"冬季风暴"行动中，他指挥作战得力，成了他日后被调往西线的原因。

1944年9月，他接管第1集团军司令时，已经因为长期在东线恶劣的气候环境下作战，而患上了严重的疾病。11月，他抵制希特勒将第1集团军的坦克调往阿登地区的命令，因此遭到希特勒的解职。直到二战结束，他也再未被赋予过任何职务。战后，他撰写了第19装甲师战史，最终死于汉诺威。

至不敢直线穿过此地，只能绕远路行军。

9月1日，布拉斯科维茨向德军最高司令部报告，他已经不再担心G集团军群位于瑞士边境的防线。当务之急是如何守住G集团军群与第1集团军之间的缺口，从而使第64军得以通过。他向德军最高司令部发出警报，称这个缺口很可能是"不可修复"的。希特勒表示，即将对美军第3集团军发起的反攻，要从G集团军群突出部的北肩出发。为了封堵这个缺口，希特勒命令第66军的第16步兵师，"不惜一切代价"守住这里。当天，G集团军群的1名联络官抵达第64军。他带来了布拉斯科维茨的训斥，认为第64军的行动太拖拉。

9月4日，在南锡以南，第21装甲师残部与第553掷弹兵师的巡逻队会师，首次完成了第1集团军与第19集团军的连接。然而，这个连接点非常脆弱。美军一旦从此突破，德军在莱茵河以西根本没有能进行封堵的预备队。9月5日，第16步兵师与第159预备步兵师的前锋抵达第戎桥头堡，掩护第64军撤退。此时，在G集团军群突出部北肩的肖蒙-讷沙托-沙尔姆地区，只有第21装甲师的1个小规模战斗群、1个机动侦察营，以及老弱病残组成的警察步兵营与安保营。第16步兵师抵达后，准备在朗格勒北部与西北部布防。

第19集团军兵力的匮乏，对整个洛林德军的防御都产生了消极影响。为了缩短这个致命缺口的长度，本来兵力也不宽裕的第1集团军，不得不分兵南下。美军第20军的进攻钉住了党卫军第13军，第3装甲掷弹兵师与党卫军第17装甲掷弹兵师脱不开身。尽管布拉斯科维茨要求其分兵南下的命令不断抵达，克诺贝尔斯多夫却一直以燃料不足为由，扣住了第15装甲掷弹兵师的1个装甲掷弹兵团不动。这就导致用于反攻美军第3集团军的第553掷弹兵师，被迫不断地将防线向南延伸，防线也就变得越来越"薄"。希特勒的反攻计划还未实施，现实就已经使其发生了重大变化。

3. 兵力对比

任何战略都是由无数个细小的战术构成的，任何战略的对抗也都可以细化成无数个战术或技术兵器的对抗。总体来看，洛林战役中的美军无疑拥有人力、技术兵器与物资的绝对优势，尤其技术兵器的数量规模更是如此。但是，只要抓住战机并合理地利用环境，德军也有通过掌握的局部战术优势进行翻盘的机会。

装甲兵

作为装甲兵将领，巴顿指挥的战役，坦克战自然是"重头戏"。洛林战役开始时，第3集团军有4个装甲师、5个独立坦克营、8个坦克歼击车营，装备165辆M5A1"斯图亚特"（Stuart）式轻型坦克、596辆75毫米炮型M4"谢尔曼"（Sherman）式中型坦克、76辆76.2毫米炮型M4"谢尔曼"式中型坦克、280辆M10"狼獾"（Wolverine）与M18"地狱猫"（Hellcat）式坦克歼击车[1]，共1110多辆坦克与坦克歼击车[2]。其中，40%的坦克在独立坦克营中，支援步兵师作战。如此规模庞大的装甲集群，似乎印证了当时的美国新闻报道将巴顿塑造成的坦克战专家形象，第3集团军似乎也应该是装备坦克最多的集团军。实际上，这是个天大的错觉。9月时，唯唯诺诺的霍奇斯指挥的第1集团军，比第3集团军多150-200辆坦克。

9月时，德军先后将616辆坦克与自行火炮，投入洛林的反攻行动。不过，即使在洛林坦克战的最高峰，洛林地区的德军也只保有350辆坦克、坦克歼击车与突击炮，包括"黑豹"（Panther）式中型坦克、4号H/J式中型坦克、3号G式突击炮、4号G式突击炮、4号L48式坦克歼击车。4号L70式坦克歼击车、"黄鼠狼"（Marder）式自行反坦克炮等。第5装甲集团军规模最大时，装备262辆坦克与自行火炮，包括107辆"黑豹"、75辆4号H/J与80辆自行火炮。

从数量上看，美军无疑具有绝对的数量优势，坦克与坦克歼击车的数量，是德军的1.8倍。美军M5A1主要执行侦察与警戒任务，极少主动用于对抗德军坦克。即使排除M5A1，美军坦克与坦克歼击车的数量，依然是德军的1.5倍。在数量处于绝对劣势的情况下，德军却牢牢掌握着坦克装甲战斗车辆的质量优势。德军洛林反攻的主力，是4个装甲旅——第106装甲旅、第111装甲旅、第112装甲旅与第113装甲旅，清一色装备新出厂的"黑豹"G，它是"黑豹"系列中性能最好的量产型号。

在正面对抗中，美军坦克与坦克歼击车，完全不是"黑豹"的对手。在1000-2800米距离上，"黑豹"的Kwk 42式

---

[1] 在史蒂文·扎洛加（Steven Zaloga）的《洛林1944：巴顿对决曼陀菲尔》中，作者认为此时第3集团军装备450多辆M10与M18。然而，这个数字是根据第3集团军下辖15个坦克歼击车营，每个营装备36辆坦克歼击车，估算出来的。实际上，这15个坦克歼击车营中，只有8个营装备的是自行式坦克歼击车。显然，扎洛加统计的数据是不准确的。
[2] 此统计数据似乎依然不完整，没有包括8个机械化骑兵侦察营装备的M5A1"斯图亚特"式轻型坦克的数量，亦没有列入各坦克营装备的105毫米榴弹炮型M4"谢尔曼"式中型坦克的数量。

在比利时的巴斯托涅（Bastogne），陈列于麦考利夫（McAuliffe）广场上的75毫米炮型M4A3"谢尔曼"式中型坦克，原隶属于美军第11装甲师第41坦克营B连。

美国军事爱好者私人收藏的M18"地狱猫"式坦克歼击车，摄制于美国得克萨斯州的美军步兵博物馆（Museum of the American GI）。

75毫米坦克炮，足以击穿M4、M10与M18炮塔与车体正面的各部位装甲。M4的M3式75毫米坦克炮，发射M61式被帽穿甲弹，对"黑豹"的炮塔与车体正面装甲完全无能为力，即使零距离也无法击穿。M4、M18的M1A1式与M10的M7式76.2毫米坦克炮，发射M62式被帽穿甲弹，能在180米距离上击穿"黑豹"炮塔正面装甲。如果发射T4式高速穿甲弹①，能在730－900米距离上击穿"黑豹"炮塔正面装甲，但对车体正面装甲依然无效。在"黑豹"面前，美军坦克最引以为豪的机动性，恐怕也占不到便宜。"黑豹"的最高时速比M4快13公里，履带也更宽，通过能力更强，不容易在泥泞松软的地面上陷住。这意味着"黑豹"对美军装甲兵形成了压倒性的技术优势。

美军也有胜过"黑豹"的领域。M4装有火炮水平陀螺垂直稳定仪②，可以在行进中开炮并保持精确度；M4的炮塔旋转360°只需要10秒，在二战中是最快的，意味着其捕捉目标的速度更快，在近距离缠斗中意义重大。在可靠性方面，与口碑极佳的M4相比，"黑豹"可谓恶评如潮。"黑豹"的机动系统一直故障频繁，最初是发动机过热、容易起火；1944年年底，才解决了最终减速机的故障问题；1945年初，才解决了排气管容易过热的问题。发动机不可靠，导致其无法长时间高速行驶，平均履带行程只有25公里，长途行军严重依赖铁路。当然，美军坦克与坦克歼击车可靠性的优势，或"黑豹"不可靠的劣势，很难直接体现在战场上。在坦克战中，最直接影响胜负的技术因素，依然是火力、装甲与机动。

除了"黑豹"外，德军还装备了很多4号H/J、各型坦克歼击车与突击炮。在长期以来的印象中，75毫米炮型M4对抗它们，似乎是没问题的。然而，实际情况恐怕并非如此。4号H/J的炮塔正面装甲只有50毫米，M4的75毫米炮足以在1500米外将其击穿。1943年6月之前生产的4号H，车体正面为80毫米的表面硬化装甲，M4的75毫米炮发射M61式被帽穿甲弹，足以在940米距离上将其击穿。1943年6月之后生产的4号H与1944年2月开始生产的4号J，车体正面增厚到85毫米并改为滚轧均质装甲，M4的75毫米炮要抵近至150米才能击穿③。在常规交战距离的正面对抗中，75毫米炮型M4只有射击4号H/J的炮塔才能奏效。1944年6月之后生产的3号G与4号G式突击炮，车体正面也从表面硬化装甲改成了滚轧均质装甲，再加上低矮的外形轮廓，在防御战中可谓占尽优势。

76.2毫米炮型M4的穿甲效能，足以在常规交战距离上，予以正面对抗。然而，此时第3集团军的76.2毫米炮型M4数量很少，与75毫米炮型M4的比例为1:7.8。9月时，第4装甲师有137辆75毫米炮型M4，却只有18辆76.2毫米炮型M4；第6装甲师有153辆75毫米炮型M4，却没有装备任何76.2毫米

---

① T4式高速穿甲弹，后定型为M93式高速穿甲弹。实际上，这种穿甲弹的配发量很少。1944年8月，美军紧急向西北欧战区空运了2000发T4。1944年11月，首批M93运抵后，也很难实现每辆坦克每月配发1发。
② 实际上，美军坦克兵很少会使用火炮水平陀螺垂直稳定仪。通常会因为缺乏相关训练或认为难以维护而将其卸掉。
③ 二战结束后，英国陆军作战研究大队（AORG）推演出的结论认为，在900米距离上交战，4号H的效能比75毫米炮型M4高10%；在1300米距离上交战，75毫米炮型M4的效能比4号H高10%。其原因就在于，距离更远时，4号H难以击穿M4正面，但M4可以击穿4号H薄弱的炮塔正面装甲。一旦距离接近，4号H可以击穿M4的被弹面积增大，而75毫米炮型M4能击穿4号H的被弹面积变化不大。1944年10月9日，德国陆军兵器局（Waffenamt）进行的射击试验也显示，4号H/J车体呈30°法线角时，75毫米炮型M4要抵近至100米，才能击穿其车体正面装甲。

在美国的马里兰州,陈列于阿伯丁武器博物馆的"黑豹"G式中型坦克。

陈列于法国索米尔(Saumur)坦克博物馆的4号J式中型坦克,车体两侧装有用于抵御反坦克火箭弹的格

德军44年装甲旅

1934年，早在重新扩军备战时期，德军就组建过装甲旅。此时，德军1个装甲旅下辖1个旅部与2个装甲团，属于临时编制。1943年夏季，德军取消了装甲旅的编制。

1944年6月22日，苏军发起"巴格拉季昂"行动，德军中央集团军群土崩瓦解。7月2日，为了应对东线的危机，以德军新的防御作战教义为出发点，希特勒命令组建"小型、快速且具有高机动性"的装甲旅，以封堵防线上的缺口，抵御突破而来的苏军坦克。他之所以认为这种装甲旅能够奏效，是基于像"贝克"重装甲团（Schweres Panzer Regiment Bäke）这样的装甲战斗群在东线所获得的胜利。"短小精悍"的装甲旅具有足够强劲的装甲力量，行动敏捷，比尾大不掉的装甲师更能快速地投入反击，也不像装甲师那样容易遭到侦察。他认为，装甲旅最合理的编制，应该下辖1个装甲营、1个装备半履带式装甲运兵车的装甲掷弹兵营、1个反坦克炮连与少量自行高射炮。7月7日，他命令组建10个装甲旅，后改为组建12个装甲旅。作为德军装甲兵与"闪击战"的创始人，古德里安大将反对这种编制——装甲旅将优先获得装备，这会影响装甲师的补充或重建。

7月11日—9月4日，德军最高司令部命令，分三个批次，组建13个装甲旅。7月11日，组建了第一批次的4个装甲旅，番号为第101—104装甲旅；8月6日，组建了第二批次的6个装甲旅，番号为第105—110装甲旅；9月4日，组建了第三批次的3个装甲旅，番号为第111—113装甲旅。这些装甲旅通常称为"44年装甲旅"（Panzer Brigade 44），亦因为以"黑豹"为主力装备，而称为"黑豹"装甲旅。

44年装甲旅第一批次与第二批次的编制最为接近，都下辖1个装甲营、1个装甲掷弹兵营、1个装甲工兵连与1个补给运输队，不同在于装甲掷弹兵营的编制。第一批次的44年装甲旅，装甲掷弹兵营下辖2个装甲掷弹兵连、1个重武器连与1个摩托化补给连，装备66辆各型Sdkfz 251半履带式装甲运兵车、14门20毫米机关炮、4支88毫米反坦克火箭筒、60挺MG34或MG42式7.92毫米通用机枪、10门75毫米榴弹炮、4门81毫米迫击炮、8门120毫米迫击炮与24门火箭炮。第二批次的44年装甲旅，装甲掷弹兵营下辖4个装甲掷弹兵连、1个重武器连与1个摩托化补给连，装备109辆各型Sdkfz 251半履带式装甲运兵车、126门20毫米机关炮、62挺MG34或MG42式7.92毫米通用机枪、10门75毫米榴弹炮、4门81毫米迫击炮、8门120毫米迫击炮与24门火箭炮。相比之下，第二批次的44年装甲旅，装甲掷弹兵营装备的车辆数量更多，火力强度也要高得多。

第三批次的44年装甲旅，旅部取消了摩托车排与装甲通信排，下辖2个装甲营、1个包括2个装甲掷弹兵营的装甲掷弹兵团、1个装甲侦察营、1个装甲工兵连、1个反坦克炮连、1个高射炮连与1个重型迫击炮连。相比之下，第三批次的44年装甲旅有更强的装甲突击力量，但装甲掷弹兵装备的都是卡车，而不是半履带式装甲运兵车，只实现了摩托化而非机械化，也更缺乏维修、补给与医疗单位。

1945年4月6日，第106装甲旅并入"克劳塞维茨"（Clausewitz）装甲师。除了这个特例之外，其他装甲旅都只是昙花一现，投入作战后没多久，就并入了其他装甲师或装甲掷弹兵师。1944年，德军也组建过其他装甲旅，例如第150装甲旅、党卫军"格罗斯"（Gross）装甲旅等，但其装备与编制与44年装甲旅有所差异。1945年，德军也组建过其他装甲旅，但其已经不属于"44年装甲旅"的范畴了。

炮型M4。在75毫米炮型M4为主力的情况下，美军坦克兵就只能通过其他方法取胜。或使用对抗滚轧均质装甲效果更好的M72式实芯穿甲弹，获取更远的击穿距离；或依靠更精湛的炮术，射击4号H/J的炮塔；或通过更娴熟的战术，对装甲目标的侧翼进行迂回。

然而，更多的不利因素却再次抵消了德军坦克与自行火炮的技术优势。德军中央集团军群在"巴格拉季昂"行动中崩溃后，德军装甲兵在其各残部的基础上，仓促组建了44年装甲旅。这导致44年装甲旅组织涣散，兵员缺乏训练。根据德军的规定，"黑豹"的车长必须是军官或军士长，驾驶员与炮手必须是军士，禁止没有维修技能的乘员操作"黑豹"作战。如此缺乏训练的坦克兵驾驶"黑豹"出战，效果可想而知。在抵达洛林进行集结之前，很多旅长都没见过下属，与下级之间的指挥与通信都很困难，参谋人员奇缺；其原本的任务是作为东线的机动预备兵力，封堵防线上的缺口，因此更注重坦克与反坦克火力，炮兵、步兵与侦察兵异常薄弱；缺乏坦克回收车辆与维修

装备，有些战损的坦克只能遗弃。尽管其编制存在各种缺陷，曼陀菲尔仍然认为，如果将44年装甲旅投入东线，会特别有效。鉴于他长期在东线作战的经验，这种说法恐怕是很有说服力的。

新出厂的坦克都配属给了装甲旅，导致现有装甲师的损失得不到补充。在洛林地区，德军第11装甲师的官兵作战素养最高，堪称精锐。9月中旬，第11装甲师有50辆坦克，其中30辆是"黑豹"。

第3装甲掷弹兵师与第15装甲掷弹兵师从意大利战场赶来，对抗西方盟军的作战经验丰富。其装备的坦克与自行火炮，分属于各自下辖的1个装甲营与1个装甲歼击营。第3装甲掷弹兵师的第103装甲营[①]，装备42辆3号G式突击炮；第3装甲歼击营，装备20辆4号L48式坦克歼击车。第15装甲掷弹兵师第115装甲营，装备1辆3号中型坦克、35辆4号中型坦克与21辆3号G式突击炮；第33装甲歼击营，有2个突击炮连，共装备31辆4号G式突击炮。

9月初，在诺曼底战役中损失惨重的党卫军第17装甲掷弹兵师，只有12辆3号G式突击炮、4辆4号L70式坦克歼击车与12辆38（t）式20毫米自行高射炮。第21装甲师在诺曼底遭到了毁灭性打击，没有装备任何坦克。9月中旬，其下辖的第200突击炮营装备了几辆3号G式突击炮。

此时，德军装甲兵作战素养名满天下的"黄金时代"已成过去。当时，德国军备部部长阿尔贝特·施佩尔（Albert Speer）实行的工业经济合理化政策，使德国的坦克产量达到了创纪录水平。与其说德军缺少坦克，不如说缺少坦克兵。德军严重缺乏燃料，导致官兵训练不足，难以补充战场上的损失。相比之下，美军的资源与人力都很丰富，坦克兵接受的训练更充足。德军44年装甲旅中有部分东线归来的基层军官与老兵，美军坦克兵的作战素养无法与之相比。1944年7月底至8月初，美军第3集团军的4个装甲师，才开始投入实战。其实战经验，也只比44年装甲旅中的德军新兵，多了1个多月而已。

但是，这1个多月的实战经验，却极大地影响了洛林坦克战的胜负。再加上更充足的

[①] 在美军官方文献《洛林战役》中，作者休·科尔认为，此时第103装甲营留在意大利，没有赶来。这恐怕是毫无根据的。在他随后的记述中，多次出现第3装甲掷弹兵师的装甲掷弹兵有坦克或自行火炮支援。第103装甲营还在意大利的说法，也无法解释这种自相矛盾的记述。

陈列于荷兰国家战争与抵抗博物馆的3号G式突击炮。

训练,以及诸兵种协同作战的能力,使之发展出了对抗德军坦克的有效战术。遭遇"黑豹"时,75毫米炮型M4先向其发射M89式白磷烟雾弹。"黑豹"的通风设备会吸入白磷烟雾,没有经验的德军坦克兵会以为座车已经起火而出逃,或者被刺鼻的烟味熏出来。即使德军没上当,白磷烟雾也会遮蔽"黑豹"的视野,M4得以趁机迂回,射击其薄弱的侧后。有些美军坦克兵会向"黑豹"发射榴弹,剧烈的爆炸会让德军坦克兵误以为座车被击毁,并弃车而逃。

美军装甲兵还具有通信的优势,装备的现代化FM无线电机性能优异,更利于呼叫炮兵火力与空中支援;AN/VRC-3式无线电机用于与坦步通信,意味着美军坦克与步兵的协同作战能力更强。

第3集团军的3个机械化骑兵战斗群,下辖8个机械化骑兵侦察营,装备大量M5A1"斯图亚特"式轻型坦克、M8式75毫米自行榴弹炮、M8"灰狗"(Greyhound)式装甲侦察车与武装吉普车。第3集团军下辖的4个装甲师与5个步兵师,几乎每个师都能得到1个机械化骑兵侦察营的支援。在巴顿的命令下,这些机械化骑兵侦察营在德军防线上左突右冲,四处渗透。不仅对德军进行袭扰与破坏,还带回了大量珍贵的情报。很多带有文学色彩的传记,经常将巴顿描绘为"有勇无谋"的暴躁猛将,只知道不顾一切地冲锋。奇怪的是,这看似冲动的"冒进",总能瞄准德军防线的最薄弱之处。实际上,巴顿并非"有勇无谋",他的热血与豪胆,更多属于"表演"。他非常重视情报,认为"情报就像鸡蛋,越新鲜越好",并将负责侦察的机械化骑兵盛赞为"我最明亮的眼睛"。除此之外,各装甲师与步兵师,也有侦察营。相比之下,德军G集团军群的侦察兵力,只隶属于各师,没有独立侦察兵力。装甲师、装甲掷弹兵师与装甲

收藏于美军步兵博物馆的M8"灰狗"式装甲侦察车,至今仍然保持着动力。

旅，尚且有装甲侦察车；掷弹兵师中负责侦察的燧发枪营，主要的机动装备是自行车。

然而，洛林地区的很多德军指挥官，并不了解美军具备的优势。第5装甲集团军从司令到参谋人员，从装甲军军长到装甲旅旅长，以及从东线归来的基层官兵，仍然带着东线的作战思维习惯。即使并不看好洛林反攻的曼陀菲尔，与美军交手初期，也是死抱着东线战术不放。他们普遍对美军的绝对空中优势与及时而精准的野战炮兵火力没有任何概念，认为美军坦克兵没有作战经验，美军坦克不堪一击，更不知道巴顿使用的是近似于古德里安的装甲集群进攻战术，因而很看不起西线的美军——"毕竟美军还太年轻，我们是身经百战了，见得多了，东线哪场惨烈的战役，我们没参加过？苏军的朱可夫元帅，比你们的巴顿，不知高明到哪里去了。我们与他谈笑风生。美军还要提高自己的作战水平，不要总想在西线搞个大新闻。"

步兵

在攻入洛林之前，第3集团军的步兵，也与装甲兵一样，实战经验非常有限。在圣洛、维尔（Vire）与莫尔坦的战斗中，第35步兵师损失了3500多人。在诺曼底战役初期，第90步兵师的伤亡损失率达到了惊人的400%，归属第3集团军作战序列后，又经历了法莱斯包围圈封口处的血战。其他步兵师以高昂的士气，从诺曼底一路冲到洛林，执行的大多是追击任务，卷入激烈战斗的机会并不多，训练水平与实战经验比较平均。

9月初，洛林地区的德军步兵师，分为三种情况：有些步兵师在之前的战斗中损失惨重，编制已经支离破碎；从法国南部撤退而来的步兵师，编制相对健全；新组建的掷弹兵师，也就是后来的国民掷弹兵师。德军装甲师、装甲旅与装甲掷弹兵师中的步兵，称为"装甲掷弹兵"，作战素养与装甲兵一样参差不齐。装甲旅中的装甲掷弹兵训练不足，缺乏经验；装甲掷弹兵师中的装甲掷弹兵经验丰富，党卫军装甲掷弹兵作战甚为狂热；步兵师有一定实战经验，但疲惫不堪；掷弹兵师经验不足，但配发了新式装备，作战意志也不差。

美军与德军的轮换机制非常不同。美军会将疲惫不堪的师撤往后方休整与补充，德军面临的局势岌岌可危，各师都守在前线，编制与装备却处于缺编状态。9月中旬，洛林地区的前沿阵地上，德军兵力相当于8个师，后备兵力相当于6个师。当时，整个西线德军，没有任何步兵师处于德军最高司令部所谓的"一级战备状态"①。西线德军状态最好的步兵师，也只处于"二级战备状态"②。相比之下，美军的步兵师都为满编。

1944年初，德军步兵师的规模，从17000人缩减到了12500人。9月期间，第3集团军当面，主要是德军掷弹兵师，唯一的传统步兵师，是德军第16步兵师。在从比斯开湾向东撤退的途中，其与法国抵抗组织游击队展开激战，损失了2个营的兵力。9月中旬，第16步兵师有7000多名官兵，在洛林地区的德军中，处于平均水平。

在绝望之下，希特勒试图动员每个德国人，参加保卫德意志第三帝国的战斗，进而组建起以德国军事传统中的"掷弹兵"为名的掷弹兵师，后改

---

① 一级战备状态：可以发起全力进攻的状态。
② 二级战备状态：只能发起有限进攻的状态。

为国民掷弹兵师。其倾向于任命年轻，有实战经验，获得过金质十字勋章、骑士十字勋章或铁十字勋章的军官担任团长或营长。当然，这样的军官并不好找，这样的要求也就很少达成。由于人力不足，掷弹兵师东拼西凑了来自军校、德国空军与海军、筑垒地域与各种支援兵力的兵员。掷弹兵师的任务是守卫绵延的防线，因为缺乏机动车辆，所以不适合执行进攻任务。在满编状态下，掷弹兵师也只有10072人，师属勤务兵力也遭到削减。规模减小后，其下辖的3个掷弹兵团，每个团只有2个掷弹兵营。团长无法像部署下辖3个步兵营的步兵团那样，让2个步兵营在前方作战，1个步兵营作为预备队。为了弥补人数的不足，掷弹兵师装备了更多的自动武器，试图以最少的人力发挥最强的火力。

美军步兵与德军步兵的战术差异很大。德军步兵班是以每个班配备的1挺MG42式7.92毫米通用机枪为核心。第一次世界大战时期，机枪在步兵作战中的重要地位，使之形成了这种战术思想。美军战术条例强调的是每个装备半自动步枪的步兵，步兵班不装备机枪，每个步兵连下辖的1个武器排才装备M1919A4或M1919A6"勃朗宁"（Browning）式7.62毫米重机枪。同时，德军步兵比美军步兵更重视冲锋枪的作用。每个德军步兵连装备16支MP40式9毫米冲锋枪，美军步兵连只在连部装备6支M1A1"汤普森"或M3"海德"（Hyde）式11.43毫米冲锋枪。美军的冲锋枪主要装备装甲师，是坦克兵的单兵自卫枪械，在步兵师中主要装备机械化骑兵侦察连、通信连与工兵营等。美军M1"加兰德"式7.62毫米半自动步枪、M1式7.62毫米卡宾枪与M1918"勃朗宁"式7.62毫米自动步枪的速射火力，弥补了冲锋枪的不足，在远距离上更具威力。有经验的美军步兵班，会想方设法装备更多的M1918。美军普及的半自动与自动枪械，射速远高于德军普遍装备的K98k"毛瑟"式7.92毫米步枪。德军平均1个步兵班，才能装备1支G43式7.92毫米半自动步枪。这看似美军的火力密度更高，实际上他们却很少获得轻武器的火力优势，毕竟德军MG42高达1200发/分钟的射速更具毁灭性。德军每个掷弹兵师装备2064支MP40式9毫米冲锋枪与StG44式7.92毫米突击步枪。每个掷弹兵连都下辖2个突击排，全部装备StG44。这种划时代的枪械与配置，进一步抵消或压制了美军步兵班排级的半自动与自动火力。当然，影响作战步兵作战的因素不只是枪械。战斗规模越大，美军支援火力的优势就越明显。战斗扩大到团级或师级时，美军的火力优势甚至是压倒性的。

在通信领域，美军步兵占据明显优势。美军步兵排装备AM型SCR-536式步话机，步兵连装备FM型SCR-300式无线电通话器，与步兵营营部或更高级指挥部进行联系，更适于在机动车辆上使用。德军步兵团下辖1个通信排，通信排下辖4个无线电通信班，分别部署在各步兵连。其使用的AM型无线电机陈旧而笨重，需要2个人才能运输；AM波段更适于在静止状态下使用，在机动状态下使用会产生噪音。在防御战中，德军步兵绝大多数的通信是用野战电话进行的，尚能弥补无线电通信设备的不足。在机动作战中，德军步兵的通信手段就相对匮乏了。美军步兵的通信优势，意味着他们能更迅速地部署，迂回德军机枪阵地，更迅速地召唤坦克、野战炮兵与航空兵的火力支援。

德军掷弹兵师的编制中，有1个装甲歼击营，其下辖1个自行火炮连，装备14辆突击

收藏于比利时于瑟尔（Ursel）的M3半履带式装甲运兵车。

在美国的加利福尼亚州，陈列于军用车辆技术基金会（Military Vehicle Technology Foundation）的Sdkfz 251半履带式装甲运兵车。

师都能得到1个坦克营与1个坦克歼击车营或反坦克炮营①的支援。它们与所支援的步兵师之间，并非隶属关系，而是配属关系。第3集团军下辖7个反坦克炮营，共装备252门M5式76.2毫米反坦克炮。有些配属步兵师，有些隶属于军属坦克歼击车集群。如果遭遇大量德军坦克的进攻，军属坦克歼击车集群会调来更多的坦克歼击车或反坦克炮，支援步兵师作战。

美军步兵师全部实现了摩托化。德军步兵师与掷弹兵师，75%的运输车辆是马车，机动能力完全无法与之相比。德军装甲掷弹兵师，才勉强达到美军步兵师的机械化与摩托化装备水平。如果与美军装甲师的装甲步兵相比，德军装甲师、装甲旅与装甲掷弹兵师的装甲掷弹兵，机动能力也处于下风。美军装甲步兵全部装备半履带式装甲运兵车，德军半履带式装甲运兵车的产量不足，大部分装甲掷弹兵只能乘坐卡车机动。

第3集团军还下辖20个战斗工兵营与3个通用工兵团。美军工兵拥有更多机械工程设

炮、坦克歼击车或自行反坦克炮。1944年9月，德军G集团军群各掷弹兵师，几乎都没有实现此配置。美军步兵师的编制中，看似没有任何坦克与坦克歼击车。实际上，每个步兵

---

① 美军坦克歼击车营，部分装备坦克歼击车，部分装备反坦克炮。不同装备的营，名称上并无区别，但会在文件上注明是"自行"（Self-propelled）或"牵引"（Towed）。战争后期，大部分装备反坦克炮的坦克歼击车营，都转为装备坦克歼击车。在本书中，装备M5式76.2毫米反坦克炮的坦克歼击车营称为"反坦克炮"，以明晰其实际装备，望读者注意辨别。

备，尤其是渡河用的机械化桥，可以拆成零件，小到足以用2.5吨卡车运载。在河网密布的洛林地区作战，这是非常必要的。

在如此悬殊的对比下，德军步兵突击步枪与机枪的火力优势，就显得微不足道了。德军掷弹兵师装备的反坦克火箭筒，要比美军步兵师多。这与其说是德军步兵装备了更多的反坦克武器，还不如说是德军步兵没有足够坦克装甲战斗车辆支援的无奈之举。德军步兵唯一的优势，是洛林更接近德国本土，能利用第12军区的军事资源。第12军区能源源不断地将新组建的步兵营输送到洛林，及时补充德军损失的兵力。

1944年，美军步兵团与德军掷弹兵团，武器装备数量对比		
武器装备	美军步兵团	德军掷弹兵团
手枪	299把11.43毫米手枪	269把9毫米手枪
冲锋枪与自动步枪	198支冲锋枪与自动步枪 63支11.43毫米冲锋枪 135支7.62毫米自动步枪	597支冲锋枪与突击步枪 267支9毫米冲锋枪 330支7.92毫米突击步枪
步枪	2701支7.62毫米步枪 1831支7.62毫米半自动步枪 843支7.62毫米卡宾枪 27支7.62毫米狙击步枪	991支7.92毫米步枪 955支7.92毫米栓动步枪 36支7.92毫米半自动狙击步枪
机枪	77挺重机枪 35挺12.7毫米重机枪 42挺7.62毫米重机枪	95挺7.92毫米通用机枪
反坦克火箭筒	54支"巴祖卡"式反坦克火箭筒	414支反坦克火箭筒 72支"坦克杀手"式反坦克火箭筒① 342支"铁拳"式反坦克火箭筒
迫击炮	45门迫击炮 18门81毫米迫击炮 27门60毫米迫击炮	20门迫击炮 8门120毫米迫击炮 12门81毫米迫击炮
反坦克炮	18门57毫米反坦克炮	无
步兵榴弹炮	6门105毫米榴弹炮	12门75毫米步兵炮
车辆	75辆卡车 139辆吉普车	9辆卡车 10辆摩托车 100辆自行车 219辆马车 84辆拖车 430匹马
①在72支"坦克杀手"式反坦克火箭筒中，有54支有人操作，另18支为备用。		

1944年，美军步兵师与德军掷弹兵师，武器装备数量对比		
武器装备	美军步兵师	德军掷弹兵师
冲锋枪与自动步枪	684支冲锋枪与自动步枪	2064支冲锋枪与突击步枪
机枪	393挺机枪 236挺12.7毫米重机枪 157挺7.62毫米重机枪[①]	423挺7.92毫米通用机枪[②]
反坦克火箭筒	557支"巴祖卡"式反坦克火箭筒	2216支反坦克火箭筒 216支"坦克杀手"式反坦克火箭筒 2000支"铁拳"式反坦克火箭筒
迫击炮	144门迫击炮 54门81毫米迫击炮 90门60毫米迫击炮	66门迫击炮 24门120毫米迫击炮 42门81毫米迫击炮
反坦克炮	57门57毫米反坦克炮	27门75毫米反坦克炮[③]
高射炮	无[④]	9辆37毫米自行高射炮
步兵榴弹炮	18门105毫米榴弹炮	38门75毫米步兵炮
师属中型榴弹炮	36门105毫米榴弹炮	24门105毫米榴弹炮
师属重型榴弹炮	12门155毫米榴弹炮	12门150毫米榴弹炮
装甲侦察车	13辆装甲侦察车	无
半履带式装甲运兵车	5辆半履带式装甲运兵车	无
自行火炮	无[⑤]	14辆75毫米自行火炮[⑥]
运输车辆	811辆卡车[⑦] 615辆吉普车 30辆救护车 1辆轿车 3辆清障车 3辆推土机	426辆吉普车与卡车 346辆拖车 119辆摩托车 1522辆自行车 1142辆马车 3002匹马
飞机	10架炮兵观测机	无

[①]其中，有90挺M1917，67挺M1919A4或M1919A6；美军装备编制表，通常称前者为重机枪，后者为轻机枪。
[②]其中，有54挺MG34，369挺MG42；德军装备编制表，通常称前者为重机枪，后者为轻机枪。
[③]德军掷弹兵师或国民掷弹兵师的1个装甲歼击营，只有1个反坦克炮连，装备9门75毫米反坦克炮。另18门隶属于师属炮兵团第1炮兵营，但有的师装备的可能是75毫米野战炮，而非反坦克炮。
[④]美军步兵师编制内没有高射炮兵，但实战中会配属1个高射炮兵营负责防空任务。
[⑤]美军步兵师编制内没有自行火炮，但实战中会配属1个坦克歼击车营或反坦克炮营。
[⑥]1944年9月，洛林地区的德军掷弹兵师，几乎都没有接收到自行火炮。
[⑦]此表格未统计美军步兵编制内的拖车，其数量很可能高达300-500辆。

炮兵

德军步兵经常以机枪火力密度的优势压制住美军步兵，也使之越来越蔑视美军步兵，认为其在近距离作战中缺乏积极的进攻性战术。美军步兵发现德军机枪火力密度更高时，通常会召唤炮兵火力支援。长期缺乏火力与技术优势的国家，其军方与国民都会倾向于认为依靠炮兵火力支援是步兵"缺乏进攻精神"的表现。实际上，即使富于"大步兵主义"传统的军队，一旦有足够的炮兵，也会召唤更多的炮火，而不再以步兵强攻，以避免不必要的损失。步兵能迅速召唤炮火支援，炮兵火力能及时而准确地应答与跟进，意味着更多优良的通信设备，更完善的步炮协同战术，更先进的指挥控制系统与军事理念。这也是两种文化的矛盾在作战精神中的体现：美军步兵的实用主义与德军步兵的浪漫主义。

二战时期，美军每1000名官兵就能得到23门火炮的支援。美军炮兵火力的优势，完全抵消了德军机枪的火力优势。巴顿认为，德军42%的伤亡是美军炮兵造成的。更多的研究则显示，德军伤亡的80%都是美军炮兵造成的。

9月时，第3集团军下辖51个野战炮兵营与装甲野战炮兵营，23个高射炮兵营，每个步兵团都下辖1个装备榴弹炮的团属加农炮连。在锁钥地区的战斗中，装甲师或步兵师能得到军属炮兵的支援。野战炮兵营装备M2式105毫米榴弹炮、M1式155毫米榴弹炮、M1/M2"长腿汤姆"（Long Tom）式155毫米加农炮、M1式203毫米榴弹炮与M1式240毫米榴弹炮；装甲野战炮兵营装备M7"牧师"（Priest）式105毫米自行榴弹炮与M12式155毫米自行加农炮；步兵团属加农炮连装备M3式105毫米榴弹炮。高射炮兵营装备M1式90毫米高射炮，可用于平射德军坦克，亦可执行火力支援任务；M1"博福斯"（Bofors）式40毫米高射炮与M16式四联12.7毫米高射机枪车，可平射德军轻型车辆与步兵。在应急状态下，90毫米高射炮可用于平射德军坦克，亦可执行火力支援任务。美军装甲师的装甲炮兵全部为机械化炮兵，军属炮兵、步兵师属炮兵与高射炮兵营全部为摩托化炮兵。

相比之下，德军G集团军群的野战炮兵只能用"可怜"形容。德军第1集团军撤过默兹河时，只有2个野战炮兵连幸存；第19集团军撤到洛林时，装备的1481门火炮，只剩165门。第11装甲师与第3装甲掷弹兵师，只实现了机械化炮兵与摩托化炮兵的混编；第15装甲掷弹兵师，只有摩托化炮兵，没有自行榴弹炮；各掷弹兵师只有部分炮兵为摩托化，另一部分炮兵为近乎"原始"状态的畜力牵引。火炮型号极为繁杂，装甲师与装甲掷弹兵师装备德军制式火炮的比例更高，有些掷弹兵师甚至混装了从捷克、法国与苏联缴获的火炮。

德军炮兵建制完整且装备相对先进的师，是从意大利调来的第3装甲掷弹兵师与第15装甲掷弹兵师。第3装甲掷弹兵师第3摩托化炮兵团装备12辆"黄蜂"（Wespe）式105毫米自行榴弹炮、12门105毫米榴弹炮、8门150毫米榴弹炮与4门sK18式105毫米野战炮；第312高射炮营有8门88毫米高射炮；2个装甲掷弹兵团各下辖1个重型自行步兵炮连，装备12辆150毫米自行步兵炮。第15装甲掷弹兵师第33摩托化炮兵团装备18门105毫米榴弹炮与12门150毫米榴弹炮；第315高射炮营有8门88毫米高射炮；2个装甲掷弹兵团各下辖1个摩托化步兵炮连，装备4门sIG 33式150毫米步兵炮与8门75毫米步兵炮。

美军制式榴弹炮与加农炮，无论牵引式或自行式，与

在美国圣迭戈,陈列于海军陆战队航空飞行博物馆(Flying Leatherneck Aviation Museum)的M2A1式105毫米榴弹炮。

陈列于卢森堡迪基希(Diekirch)的M1式155毫米榴弹炮。

德军同类装备相比，并无明显的技术优势。然而，在德军运输瓶颈与美军空袭德军交通线的双重制约下，德军炮兵长期缺乏弹药。相比之下，美军炮兵不仅弹药充足，而且能及时进行火力支援。美军炮兵观察员小组可以部署到前线的连级单位。他们装备便携式无线电机，联系野战炮兵，以召唤或修正火力。美军野战炮兵营、师属炮兵司令部与军属炮兵司令部，都设置有火力指挥中心（FDC, Fire Direction Center）。其集中了弹道计算设备与通信设备，迅捷地接收信息并计算火力支援任务的射击诸元，对德军实施极具毁灭性的"同时着弹战术"（TOT, Time on Target）。德军也有炮兵观察员，但没有足够的通信设备与弹道计算设备，甚至炮兵的训练都可能不足。

筑垒地域

德军G集团军群的火力强度与兵力规模都处于下风，但他们仍能依托洛林地区绵密的筑垒地域，抵御第3集团军的进攻。近代以来，作为法国与德国的必争之地，持续不断的战乱使洛林遍布防御工事，整个地区都处于要塞化的状态。从19世纪后半期，到美军第3集团军兵临城下，法军与德军在洛林轮番"深挖洞、高筑墙"。这些筑垒地域包括，梅斯－蒂永维尔筑垒地域，"塞雷·德·里维埃雷"（Séré de Rivières）体系位于洛林的筑垒地域，"马奇诺"防线与"西部阵地"（West-Stellung）部分地段。

17世纪，在法军著名军事工程师塞巴斯蒂安·沃邦（Sébastien Vauban）元帅的主持下，梅斯开始了要塞化改造的进程。18－19世纪，法军军事工程师路易·德·科尔蒙泰尼（Louis de Cormontaigne）与塞雷·德·里维埃雷将军，继续加强了梅斯的防御体系。普法战争结束后，法国将洛林割让给德国。从梅斯到蒂永维尔，以摩泽尔河为依托，德军修筑了40公里长的防线，称为"摩泽尔阵地"（Mosel-Stellung），也就是后来的梅斯－蒂永维尔筑垒地域。1871－1916年的45年里，德军一直在对其进行加强与现代化改造。"摩泽尔阵地"包括11个大型要塞群与16个步兵坚固支撑点，山岭上遍布几百个小型地堡，还有大量带有装甲炮塔的炮台。防御工事周边有铁丝网环绕，速射炮与机枪覆盖壕沟，射界均处于装甲观察哨塔的监视之下。

第一次世界大战结束后，法国收复了洛林地区。法军占领了"摩泽尔阵地"，将各要塞作为存储仓库。1929年，法军开始修筑"马奇诺"防线上的梅斯筑垒地域（Fortified Region of Metz），其优先建造了14座大型炮台、24个步兵坚固支撑点、100多个炮垒与步兵掩体。其包括4个部分：克吕斯内（Crusnes）筑垒区、蒂永维尔筑垒区、布莱（Boulay）筑垒区域与福尔克蒙（Faulquemont）筑垒区。这里也是"马奇诺"防线最强的地段。

1939年，随着欧洲局势的紧张，法军将"摩泽尔阵地"纳入"马奇诺"防线体系。1940年6月22日，法国投降，德军再次占据"摩泽尔阵地"。德军将部分要塞作为弹药库，大部分要塞都处于废弃状态。1942－1944年，德军从梅斯－蒂永维尔筑垒地域拆卸了大量武器装备与建筑材料，用于建造"大西洋壁垒"或加固鲁尔工业区。

1944年8月24日，意识到西线处于崩溃状态后，希特勒发布了第61号元首令，命令德军实施"西部阵地"计划。"西部阵地"计划要求重新建设"西部壁垒"，将整个梅斯－蒂永维尔筑垒地域与"马奇诺"防线部分地段并入德军

洛林地区德军"西部阵地"布防示意图。

边境防御体系，并修建新的防御工事。希特勒特别重视梅斯－蒂永维尔筑垒地域的建设，希望以此地区作为坚实的枢纽，甚至曾准备从这里反攻阿登地区。

梅斯－蒂永维尔筑垒地域，有大量钢筋混凝土要塞、步兵坚固支撑点、地堡、机枪碉堡与炮垒，辅之以混凝土修筑的战壕、壕沟、掩体与装甲观察哨塔。梅斯城区外围有内外两条环形要塞链，包括46座炮台、要塞、要塞群、要塞兵营与防御工事。要塞通常修筑有几座大型要塞兵营，顶部厚达3米，墙壁厚达2米。这些要塞兵营，处于半地下状态，部分结构埋在地下6米处，土层经过夯实。各兵营之间有隧道连接，可通过其调动兵力。要塞周围有宽度与深度都为9米的护城壕，并布设有密集的铁丝网。要塞有2－4座钢筋混凝土炮台，带有可旋转的装甲炮塔，装备100毫米或150毫米榴弹炮。不过，大部分的要塞炮需要经过修理才能使用。1944年夏季，梅斯筑垒地域只有10%的要塞炮能投入实战。

长期以来，"西部阵地"、"西部壁垒"与"齐格菲"防线的概念，经常相互混淆。1936－1940年，为了对抗法军"马奇诺"防线，希特勒命令在德国西部边境修筑"西部壁垒"。实际上，这条防线的政治意义远大于军事价值。1939年4月28日，在德国国会的演讲中，希特勒宣称，新修筑的"西部壁垒"比1918年的"齐格菲"防线（Siegfried-Stellung）坚固40倍。1939－1940年，英国的新闻媒体，就将德军在西部边境修筑的筑垒地域，称为"齐格菲"防线。1944年9月，盟军抵达德国边境时，也以讹传讹地称为"齐格菲"防线。

"西部阵地"与"西部壁垒"有很多不同。在恶劣的气候条件，缺乏技术工人与建筑材料等条件的制约下，"西部阵地"计划无力修筑更多的钢筋混凝土防御工事。"西部壁垒"的永备防御工事，实际构成了"西部阵地"的核心阵地，再以人工障碍与炮兵阵地加强的野战防御工事，连接各永备防御工事。"西部阵地"计划着重强调反坦克防御战，布设了大量反坦克障碍，修筑了大量反坦克炮阵地与反坦克火箭筒阵地。德军以反坦克地雷、反坦克障碍或反坦克壕，迫使美军坦克降低速度或停车，为反坦克炮或反坦克火箭筒创造射击机会。在没有足够时间或物资用于修筑野战防御工事或反坦克壕时，德军会对部分村落或小镇进行要塞化改造，以圆木反坦克障碍，阻挡美军坦克前进，再用反坦克火箭筒进行伏击。

德军G集团军群要集中兵力抵御美军，修筑防御工事的任务只能依靠后方。位于德国本土兰施图尔（Landstuhl）的萨尔－普法尔茨（Saarpfalz）司令部，负责征调人员修筑"西部阵地"。德军第4筑垒工程司令部直接负责建造防御工事的建筑工程。萨尔－普法尔茨司令部对G集团军群、第4筑垒工程司令部、后方支援司令部、纳粹党大区领袖与准军事组织"托特"（Todt）的建筑工程机构，进行协调。纳粹党大区领袖们征召了大量平民，在工程兵的指示下修筑野战防御工事。9月中旬，德军已经调集了8万名劳工，在洛林修筑防御工事。当时，他们已经挖掘了35公里长的反坦克壕、26公里长的加固战壕、277个机枪巢、153个反坦克炮炮坑，安装了6座固定坦克炮塔。G集团军群司令部命令，优先在第1集团军防区内的蒂永维尔与第19集团军的贝尔福缺口布设雷区。在蒂永维尔，德军工兵布设了4万颗地雷。

"西部阵地"需要大量武器装备与要塞守备兵力。1940年，德军曾大量裁撤要塞守备兵力。4年后，德军又匆忙组建大量要塞步兵营、要塞机枪营、要塞轻型高射炮营与要塞炮兵营。德军原本计划，将其部署在"西部壁垒"。1944年9月，莱茵河以东所有的德国空军、海军与"托特"组织，奉命上交了全部的机枪与90%的步枪，全部配发给"西部阵地"的要塞守备兵力。1944年秋季，德军又将要塞守备兵力的主力，向前部署到了梅斯-蒂永维尔筑垒地域，共7个要塞步兵营、9个要塞机枪营与轻型高射炮营，装备398挺通用机枪与366挺重机枪①、128门20毫米高射机关炮与54门37毫米高射机关炮、255门LeGrW 36式50毫米迫击炮。在德国本土临近洛林的行政区域，所有的军火库都被搜刮一空。德军第12军区竭尽全力地搜集了379门火炮，从第一次世界大战时期的各型77毫米野战炮到捷克制造的305毫米攻城迫击炮，几乎什么都有，全部加强给梅斯筑垒地域。这些旧式火炮性能落后，但炮弹威力大，足以用于远程轰击集群目标。梅斯筑垒地域的旧式要塞炮与增援而来的旧式火炮，极大地弥补了德军G集团军群野战炮兵不足的问题。不过，洛林地区的"西部阵地"仍然缺乏足够的反坦克炮。9月底，在埃贝尔斯维莱（Ébersviller）的铁路隧道中，德军第640铁道炮兵营部署了4门K5（E）式280毫米铁道炮。10月初，它们才开始发挥作用，未能对9月的战斗产生什么影响。

1944年秋季，"西部阵地"计划，对德军有着重要的意义。此时，德军从空军与海军征召了大量兵员，补充到掷弹兵师或国民掷弹兵师中。很多官兵甚至没有进行步兵作战的训练，就开赴战场。他们在要塞或野战防御工事中作战的效果，肯定比暴露在旷野上作战要强。缺乏经验的基层军官与士官，在碉堡或战壕中指挥同样没有经验的步兵，也更容易。配属而来的机枪、反坦克火箭筒与火炮，也增强了德军步兵的火力。密集而连贯的防御工事，不仅弥补了德军步兵战斗力的不足，还为装甲集群的集结，提供了必要的屏护。

"马奇诺"防线的防御工事主要面对德军所在的方向。

德国海军官兵改编成的步兵，在"西部阵地"中作战。领头的德军步兵手持的MG 13式7.92毫米轻机枪，是过时的旧式轻武器，临时配发给缺枪少弹的德军掷弹兵。

---

① 机枪型号包括MG34与MG42，德国空军装备Bf-109F-2式战斗机的MG151式15毫米航空机枪，甚至第一次世界大战时期的MG08式7.92毫米重机枪。

法军"马奇诺"防线中的梅斯筑垒地域防御工事遗址。

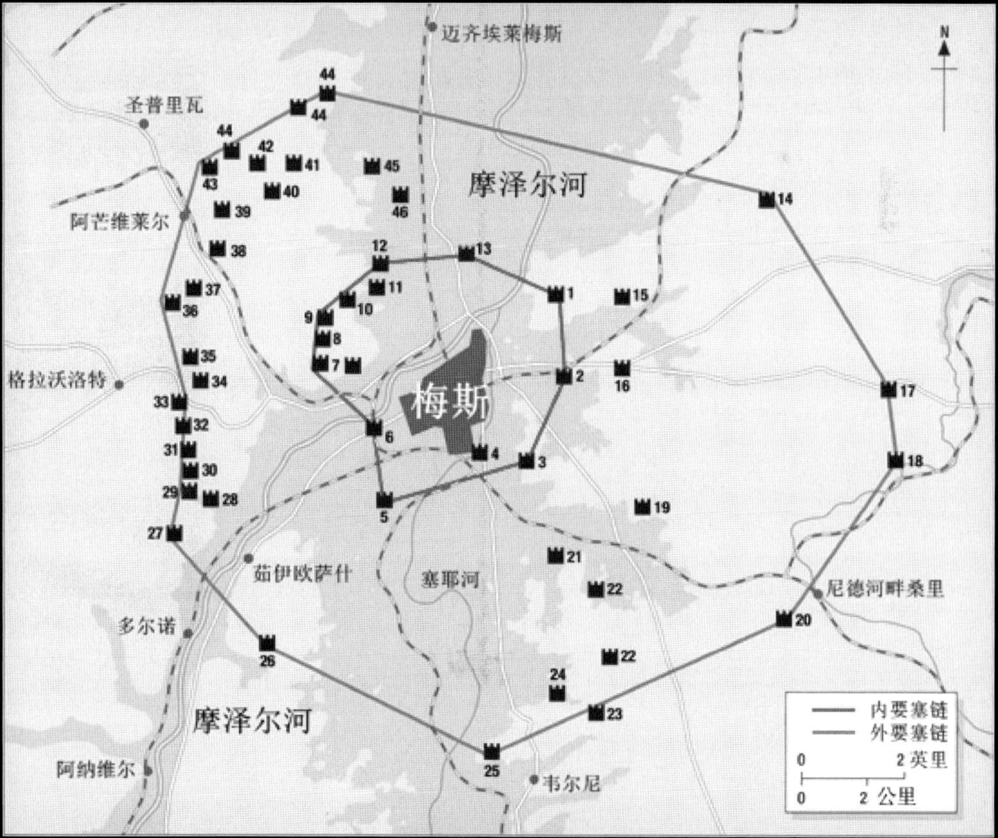

德军梅斯筑垒地域防御工事布防示意图。

	梅斯筑垒地域防御工事列表		
	序号	法军称谓	德军称谓
内要塞链	1	圣朱里安要塞（Fort Saint-Julien）	曼陀菲尔要塞（Feste Manteuffel）
	2	博尔德要塞（Fort des Bordes）	冯·察斯特罗要塞（Feste von Zastrow）
	3	克鲁要塞（Fort de Queuleu）	哥本要塞（Feste Goeben）
	4	萨布隆装甲炮台①（Batterie cuirassée du Sablon）	萨布隆装甲炮台（Panzerbatterie Sablon）
	5	圣普里瓦要塞（Fort Saint-Privat）	符腾堡亲王奥古斯特要塞（Feste Prinz August von Württemberg）
	6	运河炮台（Batterie de Canal）	运河炮台（Kanalbatterie）
	7	圣康坦要塞群（Groupe fortifié Saint-Quentin）	弗里德里希-卡尔亲王装甲炮台（Panzerbatterie Friedrich-Karl）
	8	普拉珀维尔装甲炮台（Batteries cuirassées Plappeville）	普拉珀维尔装甲炮台（Panzerbatterien Plappeville）
	9	普拉珀维尔要塞（Fort de Plappeville）	冯·阿尔冯施莱本要塞（Feste von Alvensleben）
	10	德康要塞（Fort Decaen）	施韦林要塞（Feste Schwerin）
	11	橡树装甲炮台（Batteries cuirassées du Chene）	东橡树与西橡树装甲炮台（Panzerbatterien Westeiche und Osteiche）
	12	德鲁莱德要塞（Fort Deroulede）	卡梅克要塞（Feste Kameke）
	13	甘贝塔要塞（Fort Gambetta）	欣德辛要塞（Feste Hindersin）
外要塞链	14	圣芭贝工事（Ouvrage Sainte-Barbe）	圣芭贝前沿炮台（Vorgeschobene Batterie St. Barbe）
	15	香槟要塞（Fort Champagne）	梅伊步兵工事（Infanterie-Werk Mey）
	16	拉瓦利埃要塞（Fort de Lauvalliere）	贝勒克鲁瓦步兵工事（Infanterie-Werk Bellecroix）
	17	西利工事（Ouvrage de Silly）	莱默斯贝格前沿炮台（Vorgeschobene Batterie Silly）
	18	山峰工事（Ouvrage de Mont）	山峰前沿炮台（Vorgeschobene Batterie Mont）
	19	马恩要塞群（Fort La Marne）	陆军元帅冯·德·葛兹男爵要塞群（Feste Generalfeldmarschall Freiherr von der Goltz）
	20	索尔贝工事（Ouvrage de Sorbey）	索尔贝前沿炮台（Vorgeschobene Batterie Sorbey）
	21	克雷皮炮台（Batterie de Crépy）	克雷皮防盾炮台②（Schirmlafettenbatterie Crépy）
	22	谢斯尼工事（Ouvrage de Chesny）	谢斯尼防盾炮台（Schirmlafettenbatterie Chesny）
	23	伊西要塞群（Groupe fortifié l'Yser）	卢伊特波尔德摄政王要塞（Feste Prinzregent Luitpold）
	24	沃克斯树林炮台（Batterie du Bois des Veaux）	霍斯皮特尔瓦尔德防盾炮台（Schirmlafettenbatterie Hospitalwald）

续表

序号	法军称谓	德军称谓
25	埃纳要塞群（Groupe fortifié l'Aisne）	瓦格纳要塞（Feste Wagner）
26	凡尔登要塞群（Groupe fortifié Verdun）	黑泽勒伯爵要塞（Feste Graf von Haeseler）
27	德里昂要塞群（Groupe fortifié Driant）	皇太子要塞（Feste Kronprinz）
28	阿尔斯炮台（Batterie d'Ars）	摩泽尔河畔阿尔斯防盾炮台（Schirmlafettenbatterie Ars an der Mosel）
29	马里沃要塞③（Fort de Marival）	马里沃联结工事（Zwischenwerke Marival）
30	沃克斯工事（Ouvrage de Vaux）	沃克斯联结工事（Zwischenwerke Vaux）
31	达姆树林工事（Ouvrage de Bois-le-Dame）	达姆树林联结工事（Zwischenwerke Bois-la-Dame）
32	朱西工事（Ouvrage de Jussy）	朱西联结工事（Zwischenwerke Jussy）
33	圣于贝尔工事（Ouvrage de Saint-Hubert）	圣于贝尔联结工事（Zwischenwerke St. Hubert）
34	圣女贞德要塞群④（Groupe fortifié Jeanne d'Arc）	凯瑟琳要塞（Feste Kaiserin）
35	莫斯科要塞兵营（Caserne forte de Moscou）	第6步兵兵营（Infanterieraum 6）
36	弗朗索瓦·德·吉斯要塞群（Groupe fortifié Francois de Guise）	莱比锡要塞（Feste Leipzig）
37	沃克斯山炮台（Batterie Montvaux）	沃克斯山防盾炮台（Schirmlafettenbatterie Montvaux）
38	圣文森特要塞兵营（Caserne fort de Saint-Vincent）	圣文森特第3步兵兵营（Infanteireraum 3-St. Vincent）
39	克勒曼工事（Ouvrage Kellerman）	狼山阵地（Wolfsberg-Stellung）
40	洛林要塞群（Groupe fortifié Lorraine）	洛特林根要塞（Feste Lothringen）
41	里什庞斯工事（Ouvrage Richepanse）	佛蒙特阵地（Vemont-Stellung）
42	拉萨尔棱堡（Redoubte Lasalle）	无
43	阿芒维莱尔采石场工事（Ouvrages des Carrières d'Amanvillers）	施泰因布鲁克阵地（Steinbruch-Stellung）
44	康罗贝尔工事（Ouvrage Canrobert）	霍里蒙特坚固支撑点（Horimont-Befestigungen）
45	朱利耶树林工事（Ouvrage du Bois de la Julière）	圣安妮第1步兵兵营（Infanterieraum 1 St. Anne）
46	圣阿加特炮台（Batterie de Sainte-Agathe）	圣阿加特防盾炮台（Schirmlafettenbatterie St. Agathe）

（外要塞链）

①装甲炮台，装有可旋转式装甲炮塔，炮兵在全封闭状态下操作火炮。
②防盾炮台，火炮装有外炮塔式防盾，可保护火炮发射机构与炮架，但炮兵仍需在暴露状态下操作火炮。
③④在序号29-34的防御工事中，沃克斯工事与朱西工事，又各自分为南北两部分，共7座防御工事，美军称为"七个小矮人"（Seven Dwarves）要塞群。

德军埃纳要塞群/瓦格纳要塞上的要塞炮堡垒，装甲炮塔中装有100毫米榴弹炮。

德军凡尔登要塞群/黑泽勒伯爵要塞上的要塞炮堡垒，装甲炮塔中装有150毫米榴弹炮。

这看似"西部阵地"对其的整合缺乏意义。实际上,"马奇诺"防线的可旋转装甲炮塔,完全可以向美军来袭的方向开火,掩体也可以为德军步兵提供掩护。

从梅斯沿着摩泽尔河向东南方向延伸,还有"塞雷·德·里维埃雷"体系,位于洛林地段的筑垒地域。1874年开始,里维埃雷为法国设计建造了一系列要塞,称为"塞雷·德·里维埃雷"体系。摩泽尔河畔的图勒,就修筑有此类要塞。继续沿河向东南延伸,是埃皮纳勒。这里也是"塞雷·德·里维埃雷"体系中,贝尔福筑垒地域(Fortified Region of Belfort)的北端起点,向东一直延伸到美军第6集团军群防区内的贝桑松(Besançon)。这些要塞普遍老旧,最后一次现代化改造,是在第一次世界大战前夕。不过,在没有大口径火炮或足够爆破炸药的情况下,这些要塞依然是难啃的"硬骨头"。

航空兵

德军G集团军群,试图通过增调火炮的方式,尽可能缩小与美军第3集团军炮兵之间实力的差距。在航空兵的对抗中,德军则一筹莫展。美军航空兵对德国空军形成了绝对的压倒性优势。

美国陆军航空兵奥托·韦兰(Otto Weyland)准将指挥的第19战术航空军,负责支援第3集团军。二战时期,在各国军队中,美军航空兵与地面兵力之间的关系是最为紧密的,空地协同作战的能力也是最强的。第3集团军司令部与第19战术航空军军部始终驻扎在同一地点,以保持紧密而高效的协同。每天第3集团军开晨会时,巴顿会与韦兰并排落座。

第19战术航空军要负责进行空中支援的区域极为广阔,最东端在洛林,最西端在布列塔尼半岛,最南端在卢瓦尔河以南240－320公里处。其任务为:在第3集团军地面兵力前锋的前方进行侦察,并对其进行掩护;以空中遮断封锁战场;保护第3集团军暴露的右翼。

1944年9月,第19战术航空军下辖第100战斗机联队与第303战斗机联队,共5个战斗机大队、1个侦察机大队与1个战术侦察机大队。其装备500多架飞机,每个中队装备25架飞机,典型的中队级任务出动12架飞机,典型的大队级任务出动36架飞机。大部分航空中队装备的是P-47D"雷电"式战斗机,使用12.7毫米机枪、火箭弹、炸弹与凝固汽油弹,进行近距离空中支援。少部分航空中队装备P-51D"野马"式战斗机与F-6"野马"式侦察机,负责提供战术空中掩护,执行"快速侦察"任务,并为军属炮兵的M1式240毫米榴弹炮指示目标。如果需要消灭坚固的目标,第3集团军还可以请求第9航空军出动B-26"掠夺者"式中型轰炸机进行更猛烈的空袭。美军装甲师与步兵师,也组织人员驾驶L-4"蚱蜢"式观测机,执行辅助性任务。这些观测机或为野战炮兵指示或确认目标,或在装甲纵队前方飞行,以"上帝视角"进行精确指挥,引导其前进。

相比之下,德国空军已经虚弱不堪。德军第1战斗机军负责指挥德国本土的战斗机,第2战斗机军负责指挥驻扎在法国的战斗机。1944年8月29日,随着盟军地面兵力的推进,第2战斗机军不得不撤退到了德国本土。9月初,第2战斗机军装备420架战斗机,其中110架负责支援洛林地区。当年夏季,德军的飞机产量达到了创纪录水平,但根本无法转化成战斗力。经过漫长的帝国空中保卫战与当年春夏的灾难性失败,德军损失了大量优秀的飞行员。美军P-51"野马"式战斗机在德军机场附近的游猎行动与德军航空燃料的枯竭，使德军飞行员的训练难以为继。9月，在洛林上空的战斗中，第19战术航空军只遭遇过两次德军的大规模飞机行动。美军飞行员发现，与他们展开空战的德军飞行员缺乏经验，很快就成为了美军战斗机的"活靶子"。

第19战术航空军"独孤求败"，因而得以将主要精力用于近距离空中支援。第19战术航空军部署了20个空地协同小组，与地面兵力一起行动，引导战斗机空袭目标。每个军部与每个步兵师师部部署1个小组；每个装甲师部署2个小组，每个小组负责1个战斗群；每个机械化骑兵战斗群执行屏护或守卫锁钥地带的任务时，也会得到1个小组的支援。空地协同小组使用SCR-624式无线电机，与师部卡车上装载的SCR-399"狗窝"（Doghouse）式无线电机进行联系；战术航空联络官（TALO，Tactical Air Liaison Officer）操作吉普车运载的SCR-552式甚高频航空无线电机。

第19战术航空军频繁的近距离空中支援，与德国空军形成了鲜明的对比。盟军对德国的战略轰炸，迫使德国空军将精力集中于战斗机的防空任务，执行对地攻击或轰炸任务的兵力严重萎缩。由于缺乏燃料，德军轰炸机只能停在机库里。德军没有标准或规范的地面引导近距离空中支援的战术。在洛林战役中，德国陆军经常请求空中支援，但只有关键的桥梁遭到美军进攻时，德军战斗机才会出现。其他时段，德军的近距离空中支援非常罕见。

长期以来，很多人都认为，在反攻欧洲大陆的战斗中，盟军完全依靠航空兵，才击败了德军。仿佛没有空中支援，盟军地面兵力就无法作战。战后的统计数据，则完全无法支持这种观点。在缺乏精确制导的时代，以航空兵彻底消灭战场上处于越野状态的装甲集群，是根本不现实的。盟军战斗机与攻击机发射的火箭弹，命中率只有4%；投掷炸弹的命中率更低。在后来的阿登战役中，第19战术航空军宣称击毁了德军90辆装甲战斗车辆。美军测算与勘察了其负责的区域，发现只有6辆是航空兵的战绩。美军坦克、坦克歼击车、炮兵与步兵的进攻，甚至德军自行遗弃，才是大部分残骸真正的损失原因。"盟军战斗机与轰炸机漫天飞过，德军坦克浓烟滚滚、残骸遍野"，只是"戴着有色眼镜"的人一厢情愿的想象而已。

当然，美军航空兵的近距离空中支援，也确实起到了非常重要的作用。美军航空兵严重限制了德军装甲兵的行动，德军坦克慑于空袭而不敢集结，无从发起有组织的进攻，甚至在夜间才敢开上公路行军。德军运载步兵、牵引火炮与运输后勤物资的轮式车辆，只能在公路上开进。这些拥挤在公路上的车队，才是美军战斗机最佳的打击目标。现代化陆军非常依赖燃料、弹药与零件，一旦遭到切断，就会变得十分脆弱。美军航空兵摧毁了德军1个装甲师的卡车，德军坦克就只能"喝西北风"，没有任何持续的战斗力可言。美军航空兵起到的精神作用更加明显，一旦美军战斗机出现，德军坦克就会吓得四散奔逃，德军步兵再无进攻意志，美军士气则会得到极大提升。

9月1日，第19战术航空军达到了单日战绩的顶峰，宣称毁伤德军833辆机动车辆。9月7日，在卢瓦尔河以南地区，德军第1集团军的大量机动车辆、马车与人员正在公路上向东撤退。美军第406战斗机大队对其进行猛烈空袭，德军纵队人仰马翻，大量车辆运输的弹药发生殉爆，车辆残骸堵塞了道路，人员尸横遍野。美军飞行员宣称击毁了300多辆各型车辆。他们赶到现场后,又数出了另外150－200辆车辆的残骸。

9月16日,在博让西(Beaugency),德军博托·埃尔斯特(Botho Elster)少将率领754名军官与18850名士兵,向美军第83步兵师举起白旗。埃尔斯特称,他更想向9月7日空袭了他们的美军航空兵投降。暴风骤雨般的火箭弹空袭,才是他们投降的真正原因。为此,第406战斗机大队获得了他们的首个优异集体嘉奖令(Distinguished Unit

1944年9月,美军第19战术航空军作战序列			
航空联队	航空大队	航空中队	主要装备
第100战斗机联队	第354战斗机大队	第353战斗机中队	P-47D"雷电"式战斗机①
		第355战斗机中队	
		第356战斗机中队	
	第363战术侦察机大队	第160侦察机中队	P-51D"野马"式战斗机 F-6"野马"式侦察机②
		第161侦察机中队	
		第162侦察机中队	
	第371战斗机大队	第404战斗机中队	P-47D"雷电"式战斗机
		第405战斗机中队	
		第406战斗机中队	
第303战斗机联队	第373战斗机大队	第410战斗机中队	P-47D"雷电"式战斗机
		第411战斗机中队	
		第412战斗机中队	
	第405战斗机大队	第509战斗机中队	
		第510战斗机中队	
		第511战斗机中队	
	第406战斗机大队	第512战斗机中队	
		第513战斗机中队	
		第514战斗机中队	
第10侦察机大队③		第15侦察机中队	F-6"野马"式侦察机
		第31照相侦察机中队	F-5E"闪电"式侦察机④
		第155侦察机中队	F-3A"浩劫"式侦察机⑤

①最初,第534战斗机大队的3个战斗机中队主要装备P-51"野马"式战斗机。诺曼底战役之前,换装P-47D"雷电"式战斗机。
②P-51"野马"式战斗机的照相侦察机型号。
③第10侦察机大队直属第19战术航空军,不隶属于任何战斗机联队。
④P-38"闪电"式战斗机的照相侦察机型号。
⑤A-20"浩劫"(Havoc)式攻击机的夜航侦察机型号。

美军P-47"雷电"式战斗机（近）与P-51"野马"式战斗机比翼齐飞。

Citation），也就是后来的美军总统集体嘉奖令（Presidential Unit Citation）。

从双方的兵力对比中可以看出，德军只在坦克与几种轻武器方面占上风，美军却具有压倒性的综合实力，可以轻易抵消德军具备的局部性优势。然而，这并不代表德军没有还手之力。在瞬息万变的战场上，局部优势也可能扭转战局；数量上的劣势方，在有限的地段集中兵力发起进攻，也能获得局部的数量优势。洛林地区的气候与地形地貌，完全有利于德军防御，摩泽尔河天堑与密集的筑垒地域，更是美军难以逾越的障碍。此时，无论美军还是德军，都不认为这些过时的静态防御阵地，能起多大作用。很快，他们就会明白，处于有利地形上的防御工事，能多有效地抵消优势的技术兵器。

接下来，将正式打响洛林战役第一阶段的战斗。

在洛林的土地上，双方磨刀霍霍，激烈的生死搏杀，即将展开！

第三章　沸腾的血河
——美军第20军方向

1."遥远"的河

在尚未越过默兹河之前，沃克少将指挥的美军第20军，就已经是强弩之末了。8月28日，第20军当面的德国党卫军第17装甲掷弹兵师与第48步兵师，正跌跌撞撞地东撤。他们屡遭重创，只留下了少量孤立的步兵与反坦克炮，顽强地拖延着美军的前进。8月29日，在兰斯，第90步兵师耗光了汽油，被迫停止前进。甚至野战厨房卡车，也因为没有汽油而无法开火做饭。第5步兵师与第7装甲师，从运输补给的卡车中抽取燃料，勉强继续前进了几公里。8月31日，在凡尔登，第7装甲师准备通过桥梁跨越默兹河。然而，A战斗群出动的17辆坦克中，只有3辆完成了任务，其他坦克都耗光了汽油而无法行动。第5步兵师抵达默兹河东岸后，也停止了行动。当晚，第3机械化骑兵战斗群缴获了4000加仑汽油。在接下来的5天里，第20军主力只能原地等待汽油补给。第7装甲师的部分坦克与第3机械化骑兵战斗群，使用第20军仅存的几百加仑汽油与缴获的燃料，继续向东侦察。沃克少将深刻地感受到，世界上最遥远的距离，不是通往柏林的征途，而是摩泽尔河近在咫尺，第20军却只能望河兴叹。

骑兵长驱直入

9月1日早晨，第7装甲师R战斗群沿着凡尔登－梅斯公路，一路东进19公里。9月2日下午，法军1名水兵引导詹姆斯·杰克逊（James Jackson）中尉指挥第3机械化骑兵侦察营B连的1个排，长途奔袭112公里。美军3辆装甲侦察车与6辆吉普车，以迅雷不及掩耳之势，闪电般地突入蒂永维尔，成功切断了德军在摩泽尔河桥梁上安装的炸药导火索。德军反应过来之后，赶走了美军机械化骑兵。在桥梁的战斗中，杰克逊中尉两次负伤，因而荣获优异服役十字勋章。

同时，第43机械化骑兵侦察营的1个排，向东北方前进。在距离凡尔登45公里处的隆吉永（Longuyon），他们突破了城市外围的德军防线。德军惊慌失措，急忙调集兵力，才赶走了美军机械化骑兵。在唐斯（Downs）少尉的指挥下，第43机械化骑兵侦察营的另1个排，也一口气冲到了摩泽尔河。在蒂永维尔以北的奥特孔特（Haute Kontz），唐斯少尉在高地上建立了观察哨。他用无线电报告："河对岸没发现德军踪迹，很多地点适合架桥，且没有防御。"唐斯少尉在高地上坚守了3天，车辆燃料不足后，才返回己方阵地。

沃克少将是个行动派，即使缺乏燃料，他也不能无所事事。当天，他命令第7装甲师出动2个特遣队，沿着默兹河两岸北上,佯攻色当。他希望这次行动,能造成第20军准备与第1集团军第7军并肩进攻卢森堡的假象,以造成德军更大的混乱。然而,美军2个特遣队还没抵达色当,就耗光了汽油。

在其他地段,美军的侦察行动也难以为继。9月3日早晨,第43机械化骑兵侦察营耗光燃料,从车辆到发动机驱动的无线电机,都已无法运转。第3机械化骑兵侦察营勉强保持着与德军撤退兵力的接触。当晚,他们抵达摩泽尔河,遭遇到了越来越顽强的抵抗。沃克少将只能命令第7装甲师的2个特遣队返回,但他们连回程的汽油都没有了。当天,唯一能让沃克感到欣慰的,就是第90步兵师第315战斗工兵营热火朝天地修好了兰斯的大型机场。在攻占机场之前,德军已经进行了破坏。现在,主跑道已经可供运送燃料的运输机降落了。

9月4日,第7装甲师的2个特遣队得到了一点可怜巴巴的汽油后,终于回到了凡尔登。最初,第7装甲师的佯攻起到了作用。9月4日,德军B集团军群司令部分析的情报认为:"美军第3集团军正在为向东北方进攻而重组,很快就会大规模进攻蒙斯-沙勒维尔(Charleville)-蒙梅迪(Montmédy)地区。"第7装甲师的2个特遣队尴尬地停在了半路后,德军高层转而判断第3集团军真正的意图在别处,没有调集更多兵力去色当。

在停滞不前的时间里,沃克少将与他的参谋们依然兴致勃勃地制订着赶在德军

1944年8月31日,兰斯,美军第607反坦克炮营受到了法国平民的热烈欢迎。

1944年9月1日,凡尔登,第7装甲师师长西尔韦斯特少将乘坐M8"灰狗"式装甲侦察车进入城区。

恢复"西部壁垒"之前，向225公里外莱茵河畔的美因茨（Mainz）进军的计划。半年前，在英国集结时，巴顿与沃克少将就讨论过相关计划。此时，第20军只能在纸面上进行推演。战地日志上只能单调地重复"同上"。唯一的激烈战斗，就是德军飞机前来骚扰或妄图炸毁凡尔登的桥梁时，美军高射炮兵的还击。

9月4日下午，燃料补给陆续抵达第20军。第3机械化骑兵营奉命攻占摩泽尔河上所有德军尚未破坏的桥梁。法国抵抗组织报告，在梅斯以南，仍然有座完好无损的桥梁。美军机械化骑兵接近蓬塔穆松（Pont-à-Mousson）时，发现德军已经炸毁了这座桥梁。他们沿着摩泽尔河一路北上，试图攻占阿纳维尔（Arnaville）的桥梁。德军步兵与炮兵拼命阻击，美军机械化骑兵的3次冲锋均告失败。他们又听说在梅斯南郊的摩泽尔河畔阿尔斯（Ars-sur-Moselle）有个渡口。然而，夜幕降临时，第20军仍然没有夺取任何桥梁。

9月5日，美军卡车与运输机送来了更多的汽油。在第20军左翼，第90步兵师第90机械化骑兵侦察连与第357步兵团，从兰斯出发，向凡尔登东北方前进。在第20军中央与右翼，第5步兵师从凡尔登出发，沿着让代利兹（Jeandelize）－圣莫里斯（St Maurice）进行集结，屏护位于凡尔登的第7装甲师集结地。第20军的架桥设备，还分散在沿途因为没有燃料而无法开动的卡车上，军属炮兵还远在默兹河以西。军需卡车送来了汽油后，每辆卡车只加了5加仑的汽油，风风火火地冲过了凡尔登的桥梁。

不幸的是，美军5个骑兵特遣队向梅斯方向的所有试探性进攻，都遭到了德军的顽强抵抗。在格拉沃洛特（Gravelotte）附近，德军成功地伏击了美军，第3机械化战斗群的指挥官弗雷德里克·德鲁里（Frederick Drury）上校被俘。沃克少将收到了机械化骑兵传回的情报，认为德军正准备沿着摩泽尔河，在梅斯－蒂永维尔组织防御。第20军应该如何跨越摩泽尔河，沃克少将有两种战术可供选择。他可以调来第7装甲师，强行跨越摩泽尔河，也可以使用2个步兵师，展开有条不紊的渡河行动。作为装甲兵将领，沃克少将更喜欢用装甲师进行突破。第7装甲师师长西尔韦斯特少将，却认为应该用步兵师夺取桥头堡。当天傍晚，沃克少将从第3集团军司令部开会返回。他迫不及待地打电话给各师，告诉他们准备行动。

9月6日早晨，第20军军部发布了巴顿制定的第10号作战命令，指示各师在14时展开行动。这项命令规定的任务目标充满强烈的乐观主义情绪——第7装甲师以多支纵队，呈宽正面接近摩泽尔河，再向东挺进48公里外萨尔河上的渡口，随后挥师莱茵河畔的美因茨；第5步兵师与第90步兵师，将攻占摩泽尔河沿线呈掎角之势的梅斯与蒂永维尔。然而，第10号作战命令，并未说明第7装甲师应该集中兵力攻占一座桥头堡，还是应该在梅斯南北两翼渡河。巴顿与沃克少将认为，第20军跨越摩泽尔河的行动，将与之前突破马恩河与默兹河的行动一样轻松。然而，无论是摩泽尔河以东的地形地貌，还是梅斯地区德军的状况，美军都没有多少相关情报。梅斯更没有像美军预想的那样"像熟透的李子一样掉下来"。

未知的堡垒

无论是第20军的情报部门，还是第3集团军或第12集团军群的情报部门，都对摩泽尔河沿线的德军部署知之甚少。9月3日，美军机械化骑兵发回的情报，还显示摩泽尔河沿线的德军处于分散而混乱的状态。第20军情报部门表示："到处都是德军还在撤退的消息。"德军后方的法国抵抗组织却报告，德军大量援兵正拥入梅斯，并在阿纳维尔修筑防御工事。9月4日，法国抵抗组织传来了更多德军援兵抵达梅斯的消息，摩泽尔河西岸德军的抵抗也越来越顽强。在第20军北翼的孔夫朗（Conflans）与布里埃，处于撤退中的德军，甚至也准备依托蒂永维尔以西与西北方崎岖不平的地形，拖延美军的追击。几天之前，美军能抓到很多士气低落且态度顺从的德军战俘。此时，美军抓到的战俘不仅数量少，而且战俘的态度往往带有旧普鲁士时代的傲慢与自大。

9月6日，第20军情报部门估判了梅斯地区德军的状况。美军认为，梅斯－卢森堡地区，很可能是西线德军最重要的兵力集结地与重组区域。德军将临时集结此，再通过铁路机动到其他地区。第20军有可能遭遇德军第3装甲掷弹兵师、第15装甲掷弹兵师、党卫军第17装甲师、第21装甲师、第130装甲教导师，大量要塞守备营与训练营，共38500人，装备160辆坦克与自行火炮。但是，第20军情报部门并不了解梅斯－蒂永维尔筑垒地域的状况。德军防御工事充分利用了自然生长的植被，伪装效果如此卓越，以至于美军侦察机拍摄的航空照片，都提供不了多少有价值的情报。第20军联系了1940年法国陆军总参谋部第2情报局的人员，但他们也不了解德军对梅斯筑垒地域进行过什么改造。在进抵洛林之前，第20军只配发了洛林以东地区的地形细节图。此时，第20军已经冲到了地形细节图的范围之外，只能依靠米其林（Michelin）轮胎公司提供的公路地图作战，对梅斯地区的地形地貌一无所知。第20军参谋部"猜测"，梅斯－蒂永维尔筑垒地域的防御工事，都是第一次世界大战时期的样式，已经过时了。第3集团军司令部与第20军军部都认为，摩泽尔河沿线的德军只会进行拖延性的阻击，德军主要的抵抗将在萨尔河以东的"西部壁垒"展开。

与美军第20军情报部门乐观的估判形成了鲜明对比的是，希特勒不仅不允许德军从摩泽尔河沿线撤向"西部壁垒"，他甚至不允许德军撤过摩泽尔河。即使德军主力撤过了摩泽尔河，后卫兵力也要在西岸守住桥头堡。

此时，在梅斯－蒂永维尔地区，德军第82军下辖第3装甲掷弹兵师、党卫军第17装甲掷弹兵师、第462训练师、第559掷弹兵师与第106装甲旅。这些德军是名副其实的"大杂烩"，武器装备、满编程度、训练水平与作战经验，都参差不齐，但作战意志并不差。

在梅斯－蒂永维尔筑垒地域的最北端，摩泽尔河在隆吉永与蒂永维尔之间形成直角。德军第1集团军第80军第48步兵师残部驻守于此。在蒂永维尔西南，是第559掷弹兵师刚抵达的2个掷弹兵团。第559掷弹兵师与德军其他掷弹兵师或后来的国民掷弹兵师不同。其兵员中不乏从东线归来的老兵，军官与士官更年轻，60%的官兵都是20多岁的青壮年，但比较缺乏训练。

在第559掷弹兵师以南，是第462训练师。师长克劳泽中将刚接管第462训练师时，其只是个临时赋予了番号的"空架子"而已。梅斯军事学校的教官与行政人员，赶鸭子上架般地成了师部组成人员，没有勤务兵力与重型武器。第462训练师下辖3个步兵团。最初，第12军区司令瓦尔特·施罗特（Walter Schroth）步兵上将，命令梅斯第6步候补军官学校组成1个战斗群，协助守卫梅斯。其校长是阿希姆·冯·西格罗特（Joachim

上校，这个战斗群也就称为"冯·西格罗特"战斗群。更换了校长后，又改称"施特塞尔"（Stössel）战斗群。这个战斗群有1800名官兵，编为3个教导营，每个教导营下辖3个步兵连与1个机枪连。其大部分兵员都是从东线归来的士官，作战风格硬朗，经验丰富。他们在梅斯周围协助收拢撤下来的残兵败将，从中挑选兵员与武器装备。他们一口气搜集了4000多名官兵与400多辆车辆。最终，克劳泽中将从溃兵中挑了1500名官兵，补充进了候补军官团。候补军官团也是第462训练师的中坚。第12军区士官学校的1500人，组成的士官教导团，也颇具战斗力。第1010保安团，有2个保安营，下辖6个步兵连，共600人。其兵员年龄较大，武器装备极差。师属炮兵只有6门从东线缴获的苏制ZiS-3式76.2毫米野战炮，从梅斯兽医医院搜刮来的6匹病马负责牵引。后来，又加强了1个105毫米榴弹炮连。此外，梅斯的卫戍兵力还包括2个步兵补充营、1个机枪连、1个工兵营、1个炮兵营、1-2个高射炮兵营；党卫军通信兵学校的1个营，下辖4个连，共400人；还有部分空军官兵。

在第462训练师以南，是党卫军第17装甲掷弹兵师，沿着阿布维尔（Abbeville）－马斯拉图尔（Mars-la-Tour）公路布防。此时，党卫军第49装甲掷弹兵旅与党卫军第51装甲掷弹兵旅已经抵达，以补充其在诺曼底战役中的严重损失。西线德军司令部迫切地想要重建西线的预备队，命令其撤过摩泽尔河，在梅斯以南休整。第462训练师负责接管其阵地。美军第20军发起进攻时，仍然有部分党卫军装甲掷弹兵位于摩泽尔河以西。此时，第21装甲师与第130装甲教导师已经转移到了其他地区。党卫军第17装甲掷弹兵师回收了其遗弃在梅斯地区的坦克与自行火炮，修复后归于自己使用。无论如何，梅斯地区德军装备的坦克与自行火炮，也不会像美军第20军估判的那样，达到160辆之多。

第3装甲掷弹兵师主力据守蓬塔穆松地区，主要与第12军作战。随后的战斗中，第3装甲掷弹兵师与第15装甲掷弹兵师的部分兵力，也曾在梅斯地区与第20军交战。

梅斯筑垒地域，大部分的要塞炮早已卸掉，幸存的要塞炮或彻底损坏，或需要维修，或没有观瞄设备，或缺乏弹药。各要塞之间的通信状况也很差。德军候补军官团却"化腐朽为神奇"，成功地修复了德里昂要塞群的火炮。候补军官团负责阿曼维利耶（Armanvillers）－格拉沃洛特－摩泽尔河畔阿尔斯地段的防御。第3教导营守卫摩泽尔河畔阿尔斯，营长豪普特曼·奥古斯特·魏勒（Hauptmann August Weiler）是第6步兵候补军官学校的教官。他只有30岁，但作战经验丰富，曾获得2枚铁十字勋章。最初，德里昂要塞群并不在第3教导营的主防线内。德军认为德里昂要塞群过于老旧，没有防御价值。魏勒营长只派了1个步兵排驻守德里昂要塞群，作为主防线的前哨。第3教导营属重武器连连长豪普特曼·欣克曼（Hauptmann Hinkmann）欣喜地发现，德里昂要塞内储存着大量炮弹。他着手修复"摩泽尔"炮台上的2门"克虏伯"式100毫米榴弹炮。圣女贞德要塞群的6门150毫米榴弹炮，也正在修复中。

梅斯以西支离破碎的地形，非常利于德军防御。天然的坡地为德军提供了开阔的射界，森林密布的山地与深狭的山谷，遮挡了美军视线。德军小规模侦察队或大规模兵力，都能利用山谷、溪谷与层峦叠嶂的森林，频繁地发起反击。

出师不利

9月6日凌晨，美军第20军军属炮兵的所有炮兵营都抵达了默兹河以东，大部分运载着架桥设备的卡车，都开到了前进区域。西尔韦斯特少将建议，如果第7装甲师要执行强行突破任务，就应该对摩泽尔河沿线的情况进行侦察，毕竟美军对此一无所知。

3时，在文森特·博伊兰（Vincent Boylan）中校的指挥下，第7装甲师第87机械化骑兵侦察营与第5步兵师第5机械化骑兵侦察连，分成4支纵队，奔向摩泽尔河，准备攻占梅斯附近的桥梁。很快，美军机械化骑兵就与德军爆发激战。在梅斯以北，第43机械化骑兵侦察营一无所获。在梅斯以南，第3机械化骑兵侦察营的几辆装甲侦察车与吉普车，一溜烟地冲进阿纳维尔，但被德军炮火赶了出去。在摩泽尔河畔阿尔斯，德军"施特塞尔"战斗群第3教导营，也挫败了美军机械化骑兵在浅滩渡河的企图。美军机械化骑兵失望地发现，德军已经摧毁了摩泽尔河上所有的桥梁。不过，在梅斯以北、阿纳维尔、摩泽尔河畔阿尔斯与摩泽尔河畔帕尼（Pagny-sur-Moselle），他们发现了渡口。

天亮后，美军机械化骑兵抵达弗莱维尔（Fléville）－阿布维尔－马斯拉图尔公路。德军候补军官团与反坦克炮屏住火力，等美军接近再猛烈开火。博伊兰中校认为，分散成4支纵队的机械化骑兵，不足以突破德军防线。他收拢了机械化骑兵的阵形，强化右翼，并准备与梅斯以南的机械化骑兵会合。

美军机械化骑兵未能攻占任何渡口，但第7装甲师并未因此推迟行动。A战斗群在左，B战斗群在右，R战斗群紧随B战斗群，沿着凡尔登－梅斯公路前进。第20军已经获得了足够的燃料，但为大规模兵力加注燃料，并非一蹴而就的工作。此时，第7装甲师师部仍然在补充燃料，B战斗群第23装甲步兵营主力、1个轻型坦克连与1个装甲工兵连，不得不继续留在宿营地。最初，第7装甲师只遭遇了零星抵抗。18时，在圣玛丽－欧谢内（Ste. Marie-aux-Chênes），A战斗群遭遇德军候补军官团的阻击，双方打了一整夜。

B战斗群与博伊兰中校的机械化骑兵会合，在格拉沃洛特以西与德军交火。西尔维斯特少将命令B战斗群分成2支纵队，向南迂回。黄昏时分，在勒宗维尔（Rezonville），北路纵队与德军步兵展开对射，并将他们赶出了沟谷。在比克西耶尔（Buxières）与戈尔泽（Gorze）的隘口处，南路纵队遭到了德军炮火的猛烈打击。德军反坦克炮与反坦克地雷挡住了美军第31坦克营1个中型坦克连的冲击。在夜幕的掩护下，第23装甲步兵营B连悄悄地渡过了摩泽尔河。同时，第23装甲兵营营长莱斯利·艾利森（Leslie Allison）中校，终于得到了足够的汽油，M3半履带式装甲运兵车一路抵达格拉夫洛特。B战斗群指挥官约翰·汤普森（John Thompson）准将，命令第23装甲步兵营进抵摩泽尔河沿岸。德军据守的隘口，镇守着从格拉夫洛特通往摩泽尔河沿岸的公路，隘口处地雷密布。美军侦察兵找到了与这条公路平行的林间小径，第23装甲步兵营主力悄悄渗透了过去。

9月7日凌晨，第7装甲师与第5步兵师，都惊愕地发现第20军的中央突破，根本没有预想的那样乐观。在梅斯以北16公里处的蒙代朗格（Mondelange），第7装甲师A战斗群试图寻找过河的渡口。中午过后，在圣普里瓦（St.Privat），德军候补军官团与1个装备4门105毫米榴弹炮的炮兵连，猛烈阻击A战斗群右路纵队的前进。美军再次垂头丧气地发现，梅斯以北的桥梁也早已被德军破坏殆尽。不过，他们在奥孔库尔（Hauconcourt）发现了渡口。A战斗群停在这里，等待架桥设备与随后的命令。德军当然不会放过这个机会，始终以炮火轰击着A战斗群的所在区域。

在梅斯以南，美军第23装甲步兵营茫然地陷入了德军的火网。4时，第23装甲步兵营主力抵达多尔诺（Dornot）以北的谢内村（Le Chêne）。天亮后，德军第208补充营与第282补充营，发现了渗透进来的美军装甲步兵。这2个补充营的官兵多是老弱病残，不少人患有胃溃疡，因而被戏称为"胃溃疡营"。然而，他们的机枪与迫击炮却毫不示弱地猛烈开火。德里昂要塞群的100毫米榴弹炮与圣女贞德要塞群的150毫米榴弹炮，也将雨点般的炮弹砸向谢内村。第23装甲步兵营出动3艘冲锋舟，试图渡河攻入多尔诺。德军机枪火力横扫而来，将2艘冲锋舟打成"蜂窝"，人员损失惨重。B战斗群的部分兵力奋力冲过戈尔泽隘口，试图增援第23装甲步兵营，但他们没有冲锋舟。德里昂要塞群的要塞炮再次开火，炮击徘徊在河岸上的美军装甲战斗车辆。夜间成功渡河的第23装甲步兵营B连，在阿纳维尔与摩泽尔河畔诺韦昂（Novéant-sur-Moselle）之间暴露了目标，遭到两地德军的火力夹击。美军坦克无法过河，只能原地炮击试图进攻第23装甲步兵营B连的德军步兵。美军迫击炮发射烟雾弹，掩护第23装甲步兵营B连狼狈地撤了回来。在多尔

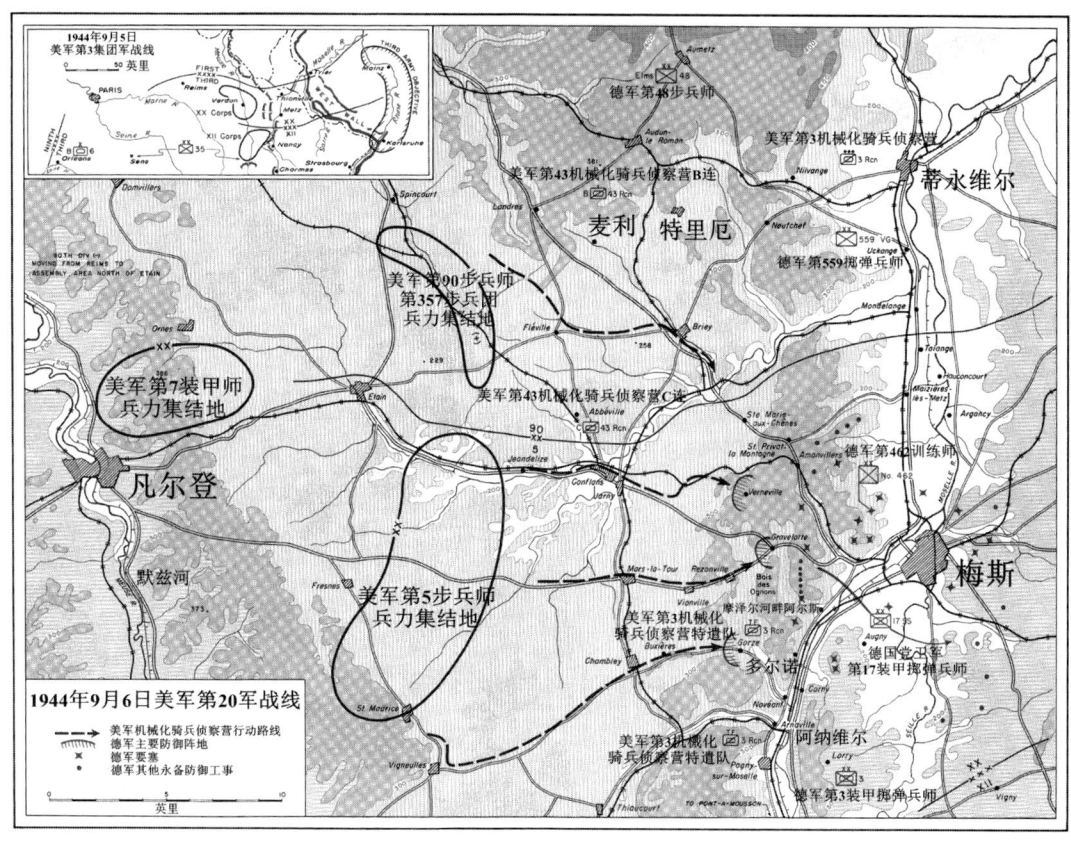

1944年9月6日，美军第20军战线示意图。

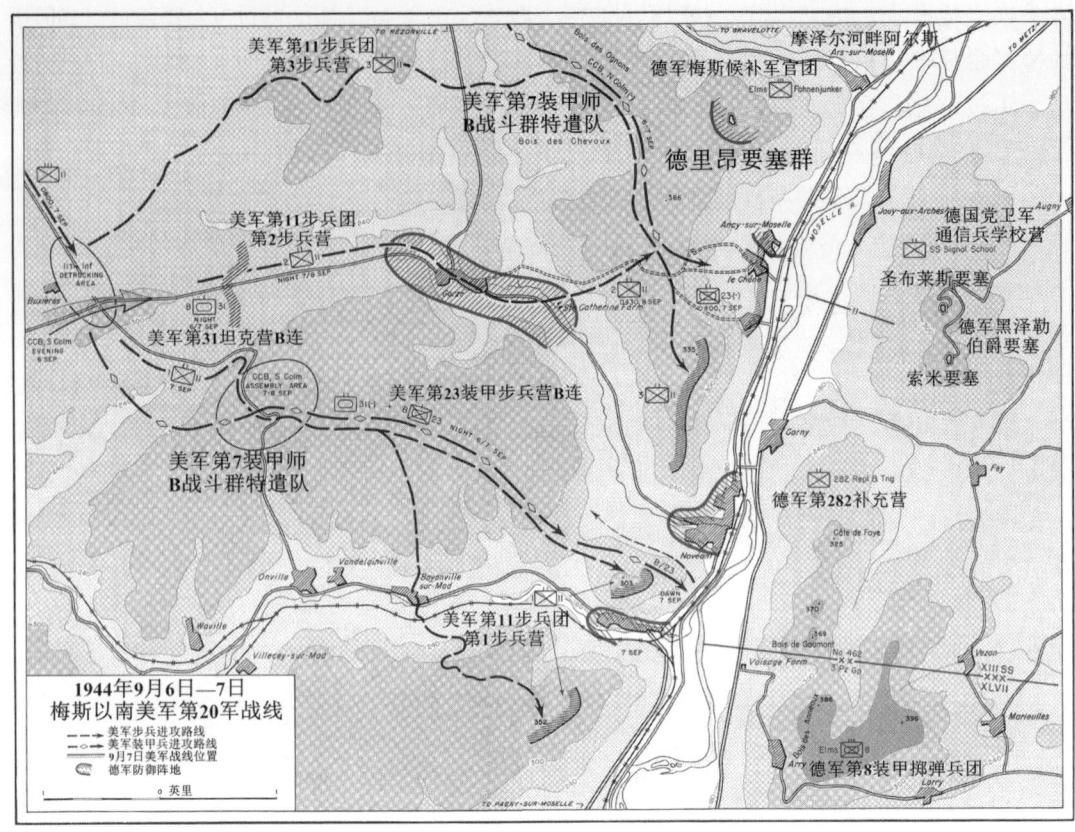

1944年9月6—7日,梅斯以南美军第20军战线示意图。

诺以北的摩泽尔河畔阿尔斯,德军正在集结兵力。汤普森准将焦急地想要稳住第23装甲步兵营左翼的安全,并夺取渡口。他请求西尔韦斯特准将,能将R战斗群调给他指挥,进攻摩泽尔河畔阿尔斯。西尔韦斯特少将批准了他的请求。11时20分,R战斗群穿过马斯拉图尔的公路,向摩泽尔河畔阿尔斯进发。R战斗群刚走到半路,沃克少将就命令他们停止前进,让第5步兵师先过,R战斗群重归第20军预备队。

第20军重新发起进攻之前,沃克少将就叮嘱第5步兵师师长欧文少将,第5步兵师要紧随第7装甲师。一旦其未能成功渡河,第5步兵师就要负责夺取桥头堡。但是,沃克少将并未说明,第5步兵师应该在第20军右翼重新建立桥头堡,还是应该在第7装甲师的防区建立桥头堡。在混乱之中,沃克少将没能收到B战斗群进展的消息,也就没有答复欧文的询问。欧文少将只能自作主张,命令第5步兵师主力,穿过第7装甲师防区。然而,他又发现第5步兵师的兵力,正散落各处。第2步兵团位于第7装甲师A战斗群右后方,东进梅斯;第11步兵团向比克西耶尔以东进发,跟随第7装甲师B战斗群;第10步兵团作为第5步兵师预备队。当天拂晓,美军22辆卡车抵达第5步兵师,运来了足够其重新展开行动的燃料。8时30分,第2步兵团的2个步兵营发起正面进攻。3小时后,在完全不知前方敌情的状态下,他们一头扎进了德军候补军官团设在阿芒维莱尔(Amanvillers)与韦尔内维尔(Vernéville)之间的

沃尔顿·哈里斯·沃克

沃尔顿·哈里斯·沃克（1889年12月3日—1950年12月23日），美国陆军四星上将，绰号"斗牛犬"（Bulldog），二战时期担任第20军军长。

少年时代，沃克就立志进入西点军校，成为将军，后来果然如愿以偿。1912年，他从西点军校毕业，成为步兵少尉。1914年，参加了美国与墨西哥的边境冲突。1917年，晋升为上尉。1918年4月，他在第5步兵师第5机枪营服役，担任第13机枪连连长，并前往法国参加第一次世界大战。

1920年7月，沃克晋升为少校。1930—1933年，他来到中国，先后在秦皇岛与天津，担任第15步兵团第2步兵营营长。1935年8月，晋升为中校。1936—1937年，担任第3步兵师第5步兵旅副旅长。1941年，担任第36步兵团团长。巴顿授命扩编美军装甲兵时，沃克说服了美国陆军总参谋长乔治·马歇尔上将，让他转入装甲兵，在巴顿手下任职。1942年，他晋升为少将，担任第3装甲师师长。1944年，担任第20军军长。

1944年8月，沃克指挥第20军横扫法国，进攻速度之快，使其获得了"幽灵军"（Ghost Corps）的绰号。8月23日，他获得了优异服役十字勋章。在洛林战役中，第20军受阻于梅斯—蒂永维尔筑垒地域，损失惨重。在阿登战役中，第3集团军主力北上驰援，第20军负责守卫第3集团军原先的阵地。1945年2月，第20军突破"西部壁垒"；3月，第20军跨越莱茵河，攻入德国腹地；4月，第20军跨越多瑙河，攻入奥地利。5月，沃克晋升为中将。他作战风格勇猛，强调进攻与反击，

雷厉风行，颇有巴顿的风范。巴顿经常称呼他为"我那个最棒的杂种小子。"

1948年9月，他前往日本，担任第8集团军司令。朝鲜战争爆发后，他指挥第8集团军参战。他曾建议"联合国军"总司令道格拉斯·麦克阿瑟上将小心谨慎地前进，但麦克阿瑟仍然一意孤行地冒进，结果遭到中国人民志愿军的猛烈打击。在撤退途中，沃克乘坐的吉普车与韩军卡车相撞，最终他与老上司巴顿一样不幸死于车祸。沃克去世后，美军追授他为四星上将，并以他的绰号命名了M41"斗牛犬"式轻型坦克。

美军第20军军徽

伏击圈。德军火炮与机枪的隐蔽非常巧妙，暴风雨般的火力横扫其正面与侧翼。第2步兵团连梅斯的"门"都没摸到，就遭到了当头棒喝。

中午，第5步兵师终于接到了穿过第7装甲师防区，在多尔诺建立渡口的命令。第11步兵团清除了雷区与路障，运载冲锋舟的卡车得以顺利跟进。傍晚，沃克少将踌躇满志地命令欧文少将，第5步兵师

1944 年 9 月，美军第 20 军作战序列			
	第 7 装甲师	第 5 步兵师	第 90 步兵师	军直属兵力

	第 7 装甲师	第 5 步兵师	第 90 步兵师	军直属兵力
主力	第 17 坦克营 第 31 坦克营 第 40 坦克营 第 23 装甲步兵营 第 38 装甲步兵营 第 48 装甲步兵营	第 2 步兵团 第 10 步兵团 第 11 步兵团	第 357 步兵团 第 358 步兵团 第 359 步兵团	第 3 机械化骑兵战斗群
师属炮兵	第 434 装甲野战炮兵营 第 440 装甲野战炮兵营 第 489 装甲野战炮兵营	第 19 野战炮兵营 第 21 野战炮兵营 第 46 野战炮兵营 第 50 野战炮兵营	第 343 野战炮兵营 第 344 野战炮兵营 第 345 野战炮兵营 第 915 野战炮兵营	第 712 坦克营 第 735 坦克营 第 738 坦克营
勤务兵力	第 87 机械化骑兵侦察营 第 33 装甲工兵营 第 147 装甲通信连 第 129 军械维修营 第 77 装甲医护营 师属宪兵营	第 5 机械化骑兵侦察连 第 7 战斗工兵营 第 5 通信连 第 705 军械维修连 第 5 医护营 第 5 军需连 师属宪兵营	第 90 机械化骑兵侦察连 第 315 战斗工兵营 第 90 通信连 第 790 军械维修连 第 315 医护营 第 90 军需连 师属宪兵营	第 609 坦克歼击车营 第 814 坦克歼击车营 第 818 坦克歼击车营 第 607 反坦克炮营 第 774 反坦克炮营
军级配属兵力	第 814 坦克歼击车营 第 203 高射炮兵营	第 735 坦克营 第 818 坦克歼击车营 第 774 反坦克炮营 第 3 机械化骑兵侦察营 第 241 野战炮兵营 第 284 野战炮兵营 第 434 野战炮兵营 第 449 高射炮兵营 第 81 化学迫击炮营 C 连与 D 连 第 84 化学连	第 712 坦克营 第 607 反坦克炮营 第 43 机械化骑兵侦察营 B 连 第 282 野战炮兵营 第 537 高射炮兵营	第 5 自行野战炮兵集群 第 40 野战炮兵集群 第 193 野战炮兵集群 第 195 野战炮兵集群 第 203 野战炮兵集群 第 204 野战炮兵集群

美军第7装甲师军徽

美军第5步兵师军徽

美军第90步兵师军徽

将于第二天早晨跨越摩泽尔河，第7装甲师第23装甲步兵营予以支援。午夜时分，第11步兵团第1步兵营与第3步兵营已经抵达距离河岸不到900米的地方，随时准备在B战斗群以南渡河。对B战斗群没有冲锋舟的窘境，汤普森准将几乎感到绝望。他亲自返回后方，向第20军军部要了冲锋舟。

第20军接近摩泽尔河西岸的行动，几乎毫无章法可言。在并不太适合大规模机械化与摩托化兵力行进的崎岖地形上，美军装甲师与步兵师不等全部车辆准备就绪，就急匆匆地展开行动。在机械化骑兵的侦察并不充分的情况下，大量坦克就推进到了河岸，却只能因为无法过河，而尴尬地遭到德军的炮击。这些杂乱的行动表明，美军依然试图想用跨越默兹河的模式，跨越摩泽尔河，达成"兵贵神速"的效果。然而，德军在摩泽尔河形成的是有组织的防御，美军反而"欲速则不达"。行动的失误并不在于各师师长，而在于过分乐观的巴顿、沃克少将、第3集团军与第20军参谋部。

第5步兵师抵达摩泽尔河，意味着美军的渡河作战，将回归传统风格，进入步兵夺取桥头堡的稳扎稳打模式。然而，第5步兵师的渡河行动，将面临更艰难的困境。

2. 苦战桥头堡

美军第5步兵师进抵摩泽尔河后，其下辖的3个步兵团，将在三个区域内展开进攻。第2步兵团在梅斯以西，第10步兵团在阿纳维尔，第11步兵团在多尔诺。其分别位于第5步兵师战线的北方、南方与中央。第7装甲师将配属第5步兵师，进行支援。在这条凶险的"死亡之河"两岸，第5步兵师将流尽鲜血。

多尔诺桥头堡

9月8日早晨，大西洋的水气随着西风一路东进，在摩泽尔河上空汇集成雨。在戈尔泽隘口，美军第7装甲师B战斗群与第5步兵师第11步兵团在泥泞而湿滑的道路上艰难地跋涉。在多尔诺方向，第11步兵团抵达了河岸。在其以北方向，德军候补军官团依然据守着西岸的德里昂要塞群。东西两岸的德军，同时将炮口对准挣扎在谢内与多尔诺之间狭窄公路上的美军纵队。在凶猛的炮火之下，美军车辆与人员乱作一团，终于引发了严重的交通堵塞。

6时，第7战斗工兵营带着冲锋舟抵达河岸，第11步兵团第2步兵营立即开始渡河。然而，在第11步兵团以北与以东的方向，德军隆隆的炮声，几乎宣判了美军渡河行动的死刑。欧文少将认为，直接进攻德军壁垒森严的阵地是无望的，第11步兵团与第23装甲步兵营应该进行协同，并等待师属炮兵跟进后，再发起进攻。

第5步兵师接管渡河行动后，沃克少将已经将梅斯以南地区渡河行动的指挥权赋予了欧文少将。第7装甲师B战斗群归于欧文少将指挥。作为交换，第5步兵师第2步兵团配属第7装甲师A战斗群，在梅斯以西作战。但是，汤普森准将并不打算听从欧文少将的计划，他命令B战斗群继续进攻。这两位指挥官协商不成，竟决定各自为战。他们发出的命令相互矛盾，加剧了河岸上美军的混乱。第23装甲步兵营B连渗透到河对岸的行动，传到第20军军部时，就莫名其妙地变成了B战斗群已经夺取桥头堡。第20军军部进行核实才发现，桥头堡已经丢失，第23装甲步兵营也已经损失了半数兵力，还被迫调出1个装甲步兵连，去守卫左翼。沃克少将气冲冲地将汤普森准将踢回了后方，命令安德鲁·亚当斯（Andrew Adams）中校指挥B战斗群。第11步兵团第2步兵营接管了

1944年9月8日，多尔诺，美军第11步兵团第2步兵营向摩泽尔河进发。

多尔诺渡口处的防务后，第5步兵师的3个野战炮兵营也陆续准备就绪。

13时20分，第11步兵团第2步兵营F连与G连，第23装甲步兵营的部分兵力，带着重机枪与81毫米迫击炮，渡过了摩泽尔河。他们在河岸附近的树林集结时，遭到了德军炮火的轰击。第11步兵团始终认为，河对岸的德军有1个装备"88毫米炮"的高射炮营。欧文少将也正是忌惮于"88毫米炮"火力，而不敢架设桥梁或进行大规模的渡河行动。西北欧战场上的美军战史记录，动辄就能看到美军遭到"88毫米炮"轰击的记述。然而，德军根本没有这么多的Flak 18/36/37式88毫米高射炮。9月6日之后，梅斯地区的88毫米高射炮，就都调往后方保卫补给线去了。就像美军将遭遇的各型德军坦克或自行火炮，都称为"'虎'式重型坦克"一样，美军也习惯将遭到的炮击，认定是来自于"88毫米炮"。实际上，美军遭到的曲射火力，大多来自德军各型105毫米榴弹炮；遭到的直射火力，大多来自75毫米反坦克炮或缴获自东线的苏制76.2毫米野战炮。美军野战炮兵营的M2式105毫米榴弹炮时常进行炮火反击，但其弹药的配给量有限。美军榴弹炮的火力一停，德军就恢复炮击。德军迫击炮也来凑热闹，时不时炸毁渡口处的几艘冲锋舟。13时30分，上级告知欧文，第19战术航空军的飞机都去执行向西空袭布雷斯特港的任务，当天不会再有空中支援了。

在美军藏身的森林以东1.8公里处，是梅斯筑垒地域的凡尔登要塞群。凡尔登要塞群有2座要塞——圣布莱斯（Fort St.Blaise）要塞与索米（Fort Sommy）要塞。美军并不了解凡尔登要塞群的结构，但认为要塞群中的德军，必然威胁着多尔诺渡口的安全。实际上，当时德军并未占领这里。在第2步兵营作战官费里斯·丘奇（Ferris Church）上尉的指挥下，美军步兵谨慎地向坡地上方的凡尔登要塞群推进。美军正在纳闷，为什么凡尔登要塞群静得出奇，德军狙击手就打破了宁静，一枪打死了F连连长。在圣布莱斯要塞以北，美

1944年9月8日，多尔诺，美军步兵扛着M1917A1式7.62毫米重机枪，身挎M3"海德"式11.43毫米冲锋枪，接近人行桥。

1944年9月8日，多尔诺，美军步兵抱着M1919A4"勃朗宁"式7.62毫米重机枪，身背M1式7.62毫米卡宾枪，跨越铁路路基。

军步兵剪断铁丝网后，又遭遇了壕沟与铁闸门阻断的堤道。他们没有足够的炸药，只能通过无线电呼叫野战炮兵，希望炮弹能炸开铁闸门。忽然，美军两翼与后方杀声四起，G连与F连顿时瞠目结舌。他们不知道，党卫军第37装甲掷弹兵团第2装甲掷弹兵营，早已包围了过来。丘奇上尉拼命呼叫已经抵达东岸的E连与第3步兵营K连前来接应，但他们也无法冲过德军对山坡的火力封锁。G连与F连留下一路的伤兵与遗体，向河岸撤退。在德军交叉火力之下，美军匍匐了3小时，才走完这条撤退之路。医务兵威廉·雷（William Rea）下士，不停地向后方抢救伤兵，甚至冒着德军火力，将1名伤兵后撤了275米，因而荣获优异服役十字勋章。还有更多的医务兵，在撤出伤兵的过程中阵亡或负伤。23时，G连与F连的幸存者，都撤回到了河岸附近的马蹄形树林。

在美军第23装甲步兵营48名官兵的支援下，第2步兵营的4个步兵连，在森林边缘挖掘散兵坑，构筑了马蹄形的阵地。阵地有183米宽，275米纵深。树林东部，有公路与树林平行而过。在黑夜中，党卫军第17装甲掷弹兵师的38（t）式20毫米自行高射炮开来，劈头盖脸的火力横扫树林。平射的自动化防空火力，对步兵造成的恐怖效应，甚至比75毫米火炮的直射还严重。不过，38（t）式20毫米自行高射炮的装甲很薄，战斗室也是敞开的。慑于美军"巴祖卡"式反坦克火箭筒的威胁，其并不敢接近树林。

夜间，德军第3装甲掷弹兵师第103装甲营的1个4号中型坦克连与1个突击炮连，党卫军第17装甲掷弹兵师第37装甲掷弹兵团第2装甲掷弹兵营与第17高射炮营，党卫军第4通信兵营，像围捕猎物的狼群一样，渐渐聚拢过来。他们高喊着"希特勒万岁！"狂热地向马蹄形树林发起波浪式的冲锋。G连连长杰克·格里（Jack Gerrie）上尉警示第10步兵团："小心这些家伙，我过去从未见到过这样作战的德军。"

美军步兵进行了破釜沉舟式的沉着应战，将德军放到近距离后，再猛烈开火。在残酷的战斗中，美军步兵出现了不少可歌可泣的英雄。第3步兵营K连的一等兵乔治·迪基（George Dickey）与一等兵弗兰克·拉罗帕（Frank Lalopa），志愿在夜间担任前线观察哨。德军发起进攻时，他们已经收到了返回阵地的警报，但他们选择原地坚守岗位。他们端起M1式7.62毫米半自动步枪，射杀一股脑冲来的党卫军装甲掷弹兵，直到战死沙场。第二天早晨，在他们的遗体旁边，战友们发现了22具德军装甲掷弹兵的尸体。有些尸体距离他们的岗位，只有2米多。后来，美军追授了他们优异服役十字勋章。

G连的列兵戴尔·雷克斯（Dale Rex），他使用1挺重机枪，牢牢守住了阵地。美军官方估计，他可能击毙了德军300多人。这个数字显然很夸张，但他连续3天击退了德军的反复冲锋，却是不争的事实。在夜间，他四次游泳渡河，冒着德军的炮击，带回冲锋舟，以运输伤兵。最后，他荣获了优异服役十字勋章。

在多尔诺桥头堡的战斗中，这种英雄主义的壮举太多，以至于英雄主义的事迹，都变得平淡无奇。美军甚至禁止伤兵哀嚎或高声呼唤医兵，以防止德军知道美军的伤亡情况。为了避免炮口的硝烟暴露散兵坑阵地的位置，美军迫击炮兵放弃使用81毫米迫击炮，转而捡起阵亡步兵的枪械参加战斗。1名中尉一手操作无线电机，一手端起卡宾枪开火。绝大多数的军官，都在离开散兵坑前往鼓励下属继续作战或检查阵地时阵亡了。每个夜间，都有志愿者背负伤兵抵达河岸，划着弹痕累累并不断漏水的冲锋舟，将他们送回摩泽尔河西岸，再返回东岸继续作战。

9月9日，第2步兵营发出报告，反复请求空中支援，缓解马蹄形树林阵地的压力。然而，在恶劣的气候条件下，第19战术航空军未派来任何飞机。德军没有遭到美军航空的阻挠，坦克、突击炮与自行高射炮齐备，却依然久攻不克。他们并不认为自己的战术有什么问题，转而将拿不下目标的原因，归结于美军一直在向东岸输送增援兵力。实际上，美军桥头堡的兵力，一直只有4个步兵连而已。欧文少将认为，多尔诺桥头堡已经没有坚守下去的价值，想让第2步兵营撤下来。但是，沃克少将坚持认为，在第5步兵师未能建立其他桥头堡之前，不能放弃多尔诺桥头堡。

9月10日早晨，第2步兵营已经疲惫不堪，但展现给德军的，仍然是高傲的姿态。他们甚至向德军喊话，要求德军投降，否则"将会有前所未见的猛烈火力，席卷整个德军阵地"。此时，在阿纳维尔，第10步兵团已经建立了桥头堡。欧文少将命令第2步兵营

1944年9月8日，多尔诺，美军医护兵（左）与步兵（右）奔向摩泽尔河河岸。

1944年9月8日，多尔诺，从摩泽尔河西岸的制高点上望向东岸，渡口处弥漫着硝烟与美军释放的烟幕。

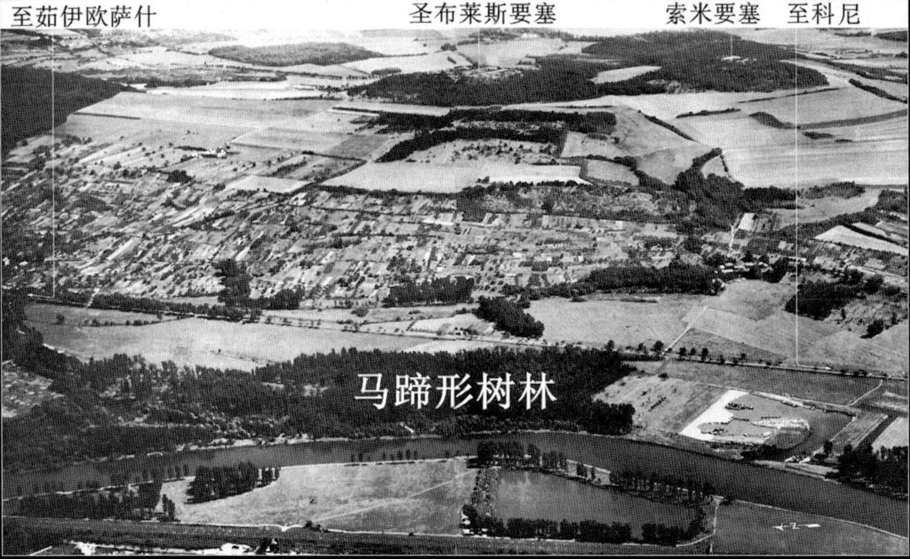
至茹伊欧萨什
圣布莱斯要塞
索米要塞
至科尼
马蹄形树林

多尔诺地区航空照片

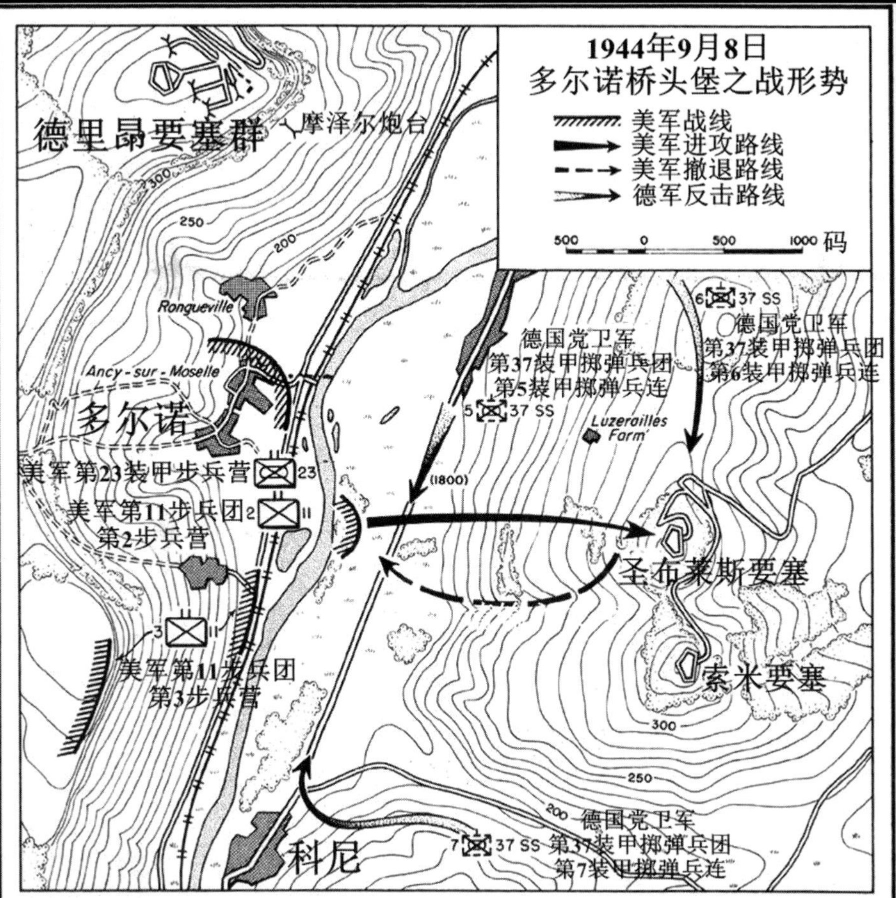
1944年9月8日
多尔诺桥头堡之战形势
美军战线
美军进攻路线
美军撤退路线
德军反击路线
500
0
500
1000码
德里昂要塞群
摩泽尔炮台
300
250
200
Rongueville
Ancy-sur-Moselle
多尔诺
美军第23装甲步兵营
23
美军第11步兵团
第2步兵营
2
美军第11步兵团
第3步兵营
3
德国党卫军
第37装甲掷弹兵团
第5装甲掷弹兵连
5
37 SS
(1800)
Luzerailles Farm
6
37 SS
德国党卫军
第37装甲掷弹兵团
第6装甲掷弹兵连
圣布莱斯要塞
索米要塞
300
250
200
德国党卫军
第37装甲掷弹兵团
第7装甲掷弹兵连
7
37 SS
科尼

1944年9月8日，多尔诺桥头堡之战形势图。

放弃多尔诺桥头堡，南下与之会合。当第11步兵团团长查尔斯·尤伊尔（Charles Yuill）上校回答，第2步兵营"所有人都中枪了"之后，欧文少将只能命令第2步兵营直接撤回摩泽尔河西岸。在无线电静默的情况下，第2步兵营营部派了2名通信兵，游过摩泽尔河，通报撤退命令。当天夜间，冒着德军的炮火遮断，美军开始撤退。有些官兵尚能行动，他们遗弃了武器装备与服装，游泳撤回西岸。这样就能将冲锋舟中省下的空间，留给伤兵。然而，有些人就这样溺毙在了湍急的河水中，还有些人死在了横扫河面的德军火力之下。

在3天的战斗中，美军第2步兵营E连、F连与G连，第3步兵营K连、第23装甲步兵营B连与C连共48人的兵力，以大无畏的精神，顽强地守住了稀薄的马蹄形树林阵地。他们连续击退德军36次进攻，与负责进行支援的野战炮兵一起，击毙击伤德军600多人。同时，第2步兵营的3个步兵连，只有2名军官幸存，伤亡300多人；第3步兵营K连的军官全部阵亡，只撤出了50人；在摩泽尔河两岸作战的4天里，第23装甲步兵营伤亡200人。在撤退行动中，第23装甲步兵营营长艾利森中校负伤，6天后因伤不治而去世。

阿纳维尔桥头堡

9月8日夜间，多尔诺桥头堡岌岌可危的局势，促使欧文少将命令第10步兵团在第11步兵团阵地以南4公里处渡河。美军坦克与坦克歼击车进抵河岸，准备直射河对岸的德军目标，负责释放烟幕的第84化学连也准备就绪。这是第3集团军首次使用大规模烟幕作战。后来，释放烟幕也成了第3集团军渡河作战的标准程序。在德里昂要塞群的要塞炮与东岸德军流动炮兵的威胁之下，想要架设桥梁并保持安全，都需要烟幕的支援。

9月9日，第9航空军曾驳回了第3集团军对摩泽尔河渡河作战需要空中支援的申请。美军第9航空军认为，第20军的渡河行动，有野战炮兵的火力支援就足够了。当晚，第5步兵师多尔诺桥头堡岌岌可危的报告，像雪片一样飞回后方。第12集团军群的联络官终于相信，如果再不进行空中支援，摩泽尔河以东仅存的立足点，就要完蛋了。他批准第9航空军予以支援，建议第19战术航空军多派战斗机支援第5步兵师的桥头堡。第19战术航空军并非不愿意出动。此时，他们还肩负着众多的其他任务——轰炸布雷斯特，打击南锡周围的德军，警戒第3集团军的南翼，为空袭德国纵深的重型战略轰炸机护航。

9月10日2时，在诺韦昂与阿纳维尔之间的河段，第10步兵团的首批冲锋舟开始安静而迅速地渡河。德军的注意力都在多尔诺的美军第11步兵团身上，完全没有预料到第10步兵团的行动。7时20分，第10步兵团第1步兵营与第2步兵营都抵达了摩泽尔河东岸。第10步兵团研究了比例尺为1:50000的地图，发现距离摩泽尔河东岸900米处，有道长满树林的山脊。山脊从386高地向北延伸，在安诺树林（Bois des Anneaux）处隆起。在第10步兵团的地图上，最东端就是此地。他们就将这里设定为最初的目标。实际上，这个所谓的"隆起"是386高地以东900米处的396高地。

第1步兵营向386高地挺进，以行进间火力与刺刀，干掉了第282补充营的小股德军。第2步兵营也以同样的战术，攻占了370高地与高蒙树林（Bois de Gaumont）。第1步兵营正在部署警戒线时，德军第3装甲掷弹兵师的坦克与步兵就从阿里（Arry）冲了出来，杀向第1步兵营右翼的2个步兵连。在激烈的战斗中，美

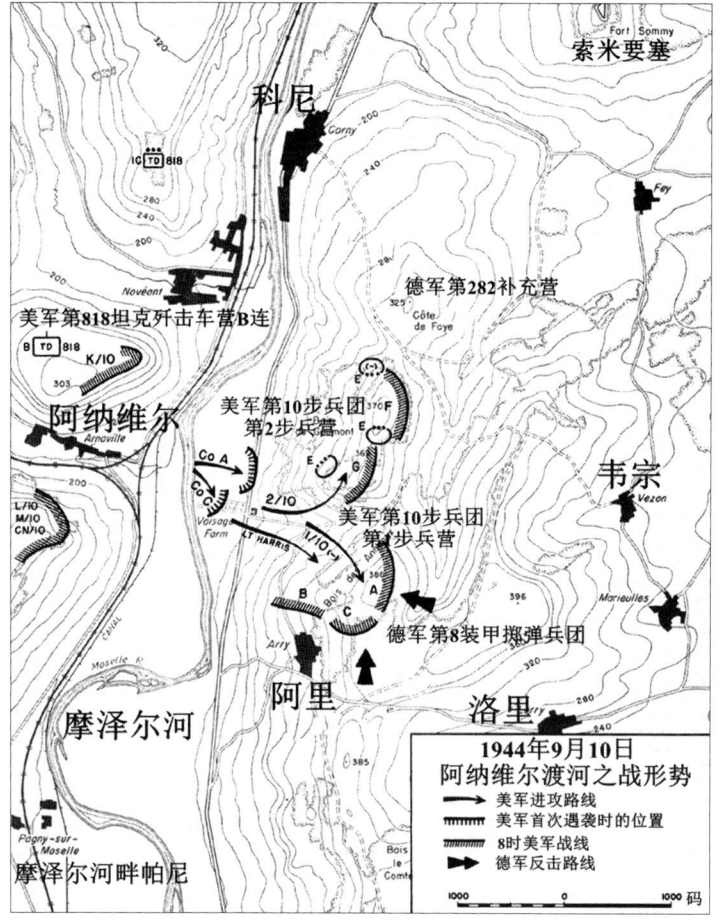

1944年9月10日，阿纳维尔渡河之战形势图。

军步兵使用"巴祖卡"式反坦克火箭筒，打退了德军坦克，击溃了装甲掷弹兵师。中午，在20辆坦克与突击炮的支援下，德军1个装甲掷弹兵营再次发起进攻。美军C连连长威廉·戴维斯（William Davis）上尉，双腿全部负伤。他将无线电机绑在后背上，咬着牙召唤野战炮兵轰击德军。德军接近C连阵地后，他又吃力地爬回阵地，组织防御。C连官兵强行将他放在担架上，试图将他撤下火线。不幸的是，德军炮弹炸死了他。关键时刻，西岸的美军坦克歼击车与野战炮兵，向对岸的德军开火。

下午，阿里的德军再次倾巢出动，反复进攻第10步兵团的南翼。此时，第20军已经在西岸集结了13个野战炮兵营。铺天盖地的弹幕，阻止了德军装甲掷弹兵的前进。德军坦克设法冲过弹幕，但美军步兵用反坦克火箭筒击退了它们。P-47也飞来助战，以机枪与炸弹席卷战场，粉碎了德军进攻。傍晚，第10步兵团团长罗伯特·贝尔（Robert Bell）上校，命令第3步兵营刚抵达桥头堡的2个步兵连前出。他们一举攻占了阿里，但第10步兵团在桥头堡的兵力不足，没有足够的兵力守卫阿里，因此只好撤了回来。

除了德军的反复进攻，摩泽尔河河谷中的风也来添乱。10时，吹拂阿纳维尔的西风，忽然变成了东风。风向改变后，美军释放的烟幕也向西飘去。德军炮兵很快将火力转向遮住了他们视线的罪魁祸首——发烟器。第84化学连多是新兵，德军炮弹飞来，吓得他们四处躲藏。上级下达的命令相互矛盾，也导致了重组的滞后。最终，他们在其他地段建立了新的阵地。夜幕降临时，摩泽尔河河谷上重新飘起了9.6－12.8公里长的烟幕。

夜间，欧文命令要不惜一切代价，在9月11日早晨之前，完成摩泽尔河上的架桥工作。在白天，架桥任务几乎是不可能完成的任务。德军炮兵观察员始终引导着准确的炮火，轰击架桥区域。在乔治·沃克（George Walker）中校的指挥下，第1103战斗工兵集群开始架设桥梁。1艘渡船将1个化学发烟排送过河，准备在风

1944年9月11日，阿纳维尔，第84化学连的卡车正在释放烟幕。

向改变时，掩护架桥行动。为了抵御可能出现的更多德军坦克与突击炮，3个步兵营将全部的9门57毫米反坦克炮与大量反坦克火箭筒都运过了河。当晚，德军装甲掷弹兵跃跃欲试地渗透到了河岸，袭击搬运物资的美军步兵。第二天，美军发现了尤金·迪尔（Eugene Dille）中尉背负着反坦克火箭筒的遗体。在他的遗体附近，德军35人横尸疆场。

9月11日拂晓，美军依然没有完成架桥工作。阿纳维尔以东的河段，有个地方只有73米宽，水流也很缓慢。然而，河岸的环境使架桥工作变得复杂化。在持续不断的德军炮击之下，美军工兵需要先架设越过沼泽、运河与支流的桥梁。此时，摩泽尔河的水位太低，无法安置重型浮舟。解决办法是将机械化桥的部件，铺设在松软的河底。11时，美军的渡口也准备完毕，但河水很深，步兵可以涉渡，车辆无法通过。

早晨，德军第3装甲掷弹兵师与第15装甲掷弹兵师的部分兵力，向第10步兵团的两翼发起进攻。德军坦克、突击炮与装甲掷弹兵粉碎了镇守阿里道路的美军反坦克炮，但第1步兵营还是将其赶回了阿里。第2步兵营遭到的进攻更为猛烈，德军装甲掷弹兵渗透进了美军防线。第2步兵营损失了102人，但他们仍然以步枪与机枪火力，封锁了德军的退路。美军野战炮兵发射炮弹跨河而来，击退了德军的进攻。

同时，第11步兵团第1步兵营与第3步兵营，在诺韦昂以东渡河。欧文少将希望其在第10步兵团左翼建立阵地，攻占德军屡次进攻阿纳维尔桥头堡的出发阵地——科尼（Corny）。美军第2个步兵连抵达运河与摩泽尔河之间的土地，发现河岸太陡峭，重型武器无法上岸，就折返了回去，直接在第10步兵团的桥头堡登陆了。然而，1个反坦克炮排却在原计划的渡口处找到了平缓的地点。他们完全不知道计划有变，大摇大摆地开进了科尼，却被德军打得狼狈逃窜。最终，第3步兵营主力赶来，才夺取了科尼。

10时，第11步兵团第1步兵营的2个步兵连与第3步兵营，全部抵达摩泽尔河东岸。他们准备向北进发，扩展桥头堡。然而，德里昂要塞群的要塞炮，将火力从多尔诺转移到了阿纳维尔。第3步兵营冒着猛烈的炮火，向4.1公里外的科尼前进。他们抵达了目标，但也损失惨重。当天，美军野战炮兵锁定了德里昂要塞群装甲炮塔的位置，向其猛烈开火。美军炮弹击中了1座装甲炮塔，造成德军3名炮兵阵亡。但是，只过了30分钟，这座装甲炮塔就恢复了射击，证明了装甲炮塔的坚固。

此时，第10步兵团的阵地，也成了德军炮兵的标靶。第512战斗机中队空袭阿里，并报告炸毁德军10辆坦克与突击炮后，第10步兵团的阵地就一直很安定。后来，德军炮兵的射击频率逐渐增加。美军炮兵观察员报告称，德军40门火炮，正猛轰阿纳维尔。附近的制高点都在德军手中，美军的反炮兵火力一直不太奏效。两天以来，第20军的野战炮兵，每天能发射20000发炮弹，严重消耗了第3集团军的弹药储备。这导致美军反炮兵火力与干扰性炮击难以为继。在前沿阵地上拼命的步兵，对后勤问题没有直观的理解。在桥头堡，1名愤怒的炮兵军官就曾反问道："你们是希望我们弯下腰，捡起石头，向德军扔过去吗？"

幸运的是，第19战术航空军的支援，一定程度地弥补了炮兵火力的不足。当天下午，美军战斗机与轻型轰炸机不断飞临桥头堡上空，打破德军的进攻阵形。美军飞机每次出现，德军炮兵都立即"闭嘴"，不敢开火。美军飞机投掷的炸弹，炸毁了附近的水坝。河水外泄后，渡口处的水位降低，车辆可以通过了。德军炮兵掉转炮口，猛轰渡口区域。美军首辆M10开过河后，河底的机械化桥部件就被德军炮火炸毁了。美军工兵坚持不懈地维修，与德军炮兵争夺时间。当天，美军第733坦克营的10辆M4与第818坦克歼击车营的6辆M10，开进了桥头堡。

9月12日3时30分，德军第3装甲掷弹兵师、第15装甲掷弹兵师与党卫军第17装甲掷弹兵师的部分兵力，向美军防线的所有地段，发起全方位的协同进攻。德军炮兵进行了密

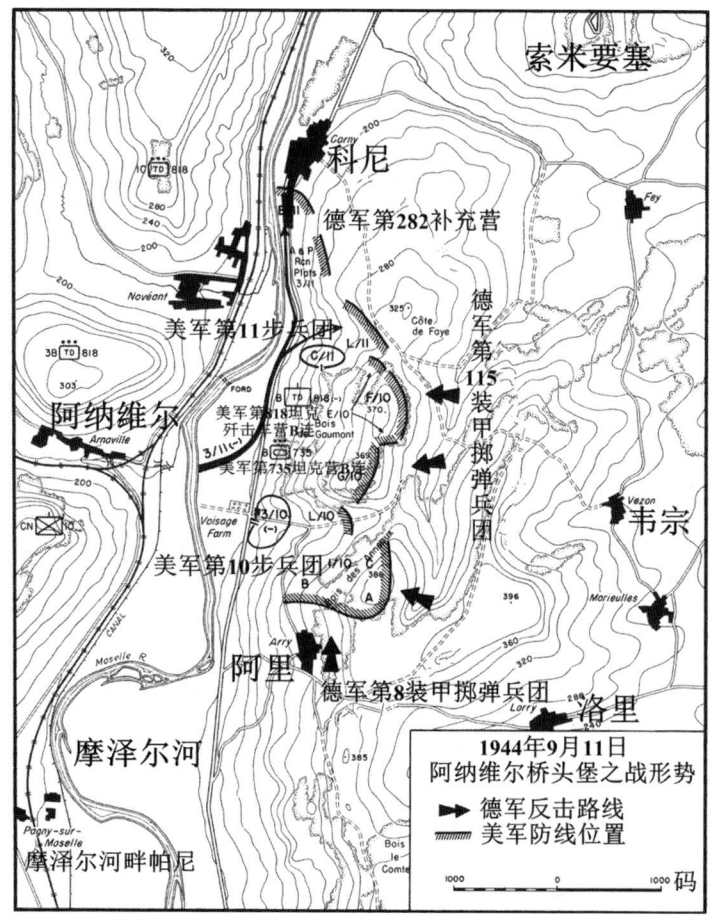

1944年9月10日，阿纳维尔桥头堡之战形势图。

集的火力准备，弹幕席卷了高地、山脊，甚至反斜面阵地。在美军左翼，德军4辆坦克与1个连的党卫军装甲掷弹兵，进攻第11步兵团第3步兵营据守的科尼。在黑暗中，美军步兵放过德军坦克，专打伴随在后方的装甲掷弹兵。美军1门57毫米反坦克炮与1辆M10击毁了德军2辆坦克，另2辆坦克逃之夭夭。哈里·安德森（Harry Anderson）上尉与11名步兵，击毙德军22人，俘虏28人。德军第8装甲掷弹兵团第2装甲掷弹兵营与1个坦克连进攻美军右翼。美军野战炮兵的弹幕猛砸在了德军头上，但2个装甲掷弹兵连还是设法冲过了美军第1步兵营的防线。在短兵相接的战斗中，美军步兵用刺刀击溃了德军装甲掷弹兵。当晚，德军第15装甲掷弹兵师向南锡撤退，党卫军第17装甲掷弹兵师继续对抗美军。

在阿纳维尔的河岸上，美军工兵的作业也是步履维艰。凌晨时分，在德里昂要塞群与抵近河岸的德军突击炮的炮击之下，美军工兵挣扎着架设好了桥梁。这座桥刚建完，就毁于德军炮火。美军2个舟桥连25%的兵力非死即伤。中午，在烟幕的掩护下，美军工兵修复了桥梁。第7装甲师B战斗群第31坦克营与1个坦克歼击车连抓住时机，迅速开进桥头堡。在德军持续不断的炮击与连续不停的战斗中，美军2个步兵团已经精疲力竭。B战斗群的增援，无疑起到了雪中送炭的作用。

此时，第5步兵师已经损失了35名军官与1300名步兵。欧文少将认为，即使加上第7装甲师B战斗群，其兵力也不足以执行扩展桥头堡的任务。沃克少将考虑之后，制订了极为冒险的作战计划。他先假定第2步兵团能独自在梅斯以西保持攻势，A战斗群将南下转移至阿纳维尔。不过，西尔韦斯特少将认为，1个步兵团的兵力，肯定完成不了进攻梅斯以西德军的任务。最终，沃克少将准备大范围地重组第20军，以调整出用于扩展桥头堡的兵力。

梅斯以西的"地狱"

在第20军中央，第7装甲师A战斗群，正集中兵力，进抵梅斯以北的摩泽尔河河岸。A战斗群以南是第5步兵师第2步兵团，径直向东，进军梅斯。其两翼是第87机械化骑兵侦察营与巡逻队，形成薄弱的警戒线，连接A战斗群与第2步兵团之间的空隙。第2步兵团的任务是不断向梅斯以西的德军施压，保证他们无法转移到多尔诺或阿纳维尔。梅斯以西的德军防御工事非常密集，梅斯筑垒地域的46座防御工事中，有23座位于摩泽尔河西岸。第5步兵师遭遇的德里昂要塞群，只不过是摩泽尔河西岸德军防御工事的最南端而已。大规模的坦克集群，难以在绵密的筑垒地域机动。少量坦克与自行火炮，支援步兵，进行步步为营的蚕食，才是攻克筑垒地域的最佳战术。

9月7日，第7装甲师A战斗群进抵摩泽尔河后，就一直在西岸徘徊。他们的任务是掩护第2步兵团左翼与第90步兵师右翼。西尔韦斯特少将希望，第7装甲师能在阿尔冈西（Argancy）渡河，随后从北方包围梅斯。为了消灭梅斯以北摩泽尔河桥头堡中的德军，A战斗群在塔朗格（Talange）以南编成了1支特遣队，理查德·沙皮伊（Richard Chappuis）中校负责指挥。"沙皮伊"特遣队下辖第40坦克营A连与B连、第48装甲步兵营、第695装甲野战炮兵营，以及少量坦克歼击车与工兵。他们与摩泽尔河两岸的德军展开了长达8天的炮战。第695装甲野战炮兵营的环射范围甚至达到了270°。

9月7日，第2步兵团以2个步兵营为正面，沿着阿芒维莱尔-韦尔内维尔-格拉沃洛特前进，一路上遭遇德军碉堡、混凝土防御工事、雷区，以及极为准确而持续的炮火。第20军缺少相关情报，第2步兵团几乎是在战场上谨慎而盲目地摸索德军防线的轮廓。德军几乎占尽天时地利，他们非常熟悉当地的环境，躲在钢筋混凝土防御工事中，据守着能够俯瞰整个区域的高地。党卫军第17装甲掷弹兵师与第462训练师反复进攻。德军候补军官团甚至不满足于简单的拖延行动，还会组成特种突击队，不间断地渗透与反击，防止各防御工事遭到美军孤立。

9月8日早晨，德军候补军官团的突击队渗透进了美军第2步兵团第1步兵营的防线。在援兵赶到并驱散德军突击队之前，第1步兵营有2名军官与66名步兵阵亡或被俘。第2步兵团不得不耗费时间进行重组。当他们再次发起进攻时，德军又做好了防御准备。第1步兵营抵达了阿芒维莱尔边缘，但德军猛烈的炮火，使之无法攻入城镇。第2步兵营在防线中央，据守韦尔内维尔。A战斗群的"麦康奈尔"（McConnell）特遣队，转移到第2步兵团当面之敌的北翼，沿着阿芒维莱尔-格拉沃洛特前进，试图以半圆形的包抄阵形，经过阿芒维莱尔以东的圣普里瓦，再转向蒙蒂尼（Montigny）。

9月9日早晨，A战斗群的坦克、坦克歼击车与自行榴弹炮，向所有已知的德军炮兵阵地与防御工事进行了炮击。13时30分，"麦康奈尔"特遣队向圣普里瓦进发。没过多久，美军7辆坦克与2辆自行榴弹炮就毁于德军炮击。爱德华·麦康奈尔（Edward McConnell）上校转而指挥特遣队，从北方进攻阿芒维莱尔，从而与第1步兵营会师。第1步兵营仍然在从西面进攻阿芒维莱尔，但因右翼受到反击而被迫撤退，并遭到了德军炮火的猛烈压制。

美军官方战史认为：克勒曼工事的要塞炮，击毁了"麦康奈尔"特遣队的9辆坦克装甲战斗车辆；洛林要塞群的要塞炮，压制了第1步兵营的行动；美军7个野战炮兵营对这2座防御工事进行了炮击，也只暂时起到了压制作用，因为炮台上是装甲炮塔，且位于反斜面阵地上，需要极高角度的弹道才能击中。实际上，克勒曼工事上没有炮台，洛林要塞群的要塞炮也尚未修复。德军候补军官团使用的反坦克炮，恐怕才是真正抵御"麦康奈尔"特遣队的利器。德军将第1步兵营压制在地的炮火，很可能来源于第12军区输送给梅斯筑垒地域的各型旧式火炮。

第2步兵营从韦尔内维尔出发，向东前进几百米后，突破了德军少量兵力据守的警戒线。当他们推进到弗朗索瓦·德·吉斯要塞群以西时，在凹陷的公路处，遭到德军火力的压制。第3步兵营位于第2步兵营右翼，负责进攻马尔迈松（Malmaison）以东的莫斯科农场（Moscou Farm）。农场的石质建筑异常坚固，德军还对这些建筑进行了要塞化改造。德军碉堡、地堡与格拉夫洛特东南方溪谷中的机枪，形成交叉火力，将第2步兵营困在其中。

当天夜间，第2步兵团团长沃雷尔·罗夫（Worrell Roffe）上校，向西尔韦斯特少将报告称，第2步兵团已经损失了14名军官与332名步兵，再让他们进攻"20座古怪的要塞"是毫无意义的。当然，罗夫上校的说法，更多是在气愤情绪之下的夸张言论。第2步兵团遭遇的要塞当然没有这么多。不过，第1步兵营确实损失惨重。在阿芒维莱尔的战斗中，他们伤亡228人，却几乎未能伤及德军。野战炮兵已经表示，他们对德军要塞已经无能为力。除非航空兵向其投掷重磅炸弹，否则步兵寸步难行。

克勒曼工事/狼山阵地上的德军要塞兵营遗址。

克勒曼工事/狼山阵地上的德军混凝土碉堡。

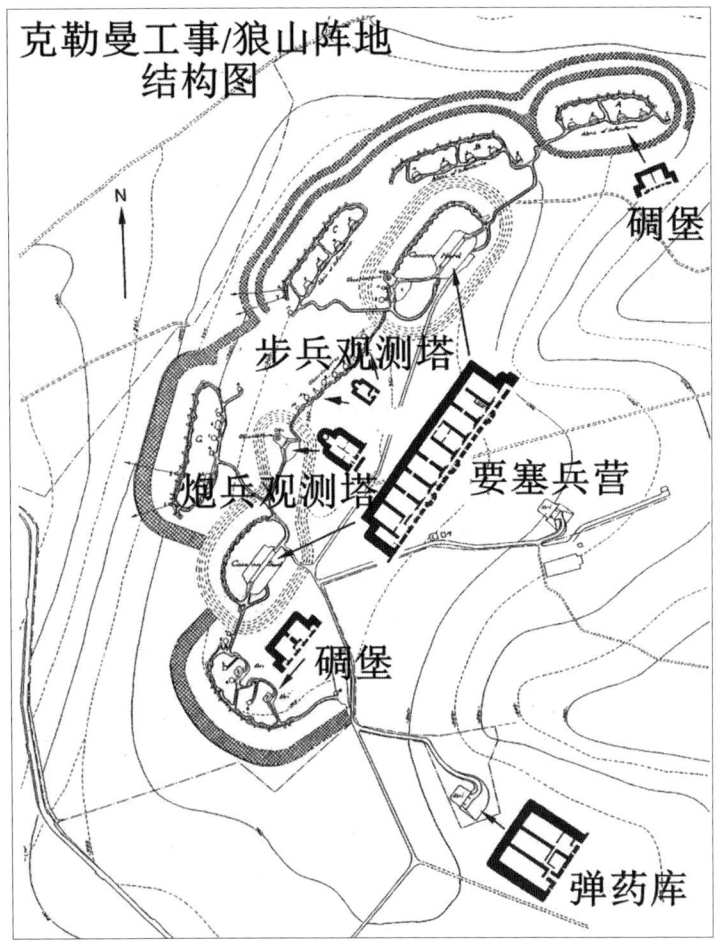

里曾是梅斯第6候补军官学校的训练场地，德军对地形了如指掌。格拉夫洛特以东，是南北走向的芒斯河（Mance）河谷，河谷的北端有茂密的森林阻挡。在河谷两岸，德军布设了机枪阵地，美军侦察兵根本无法穿过河谷。第3步兵营试图通过河谷进行渗透，又遭到了谷底纵射火力的打击。第3步兵营改为进攻格尼沃树林（Bois de Génivaux），希望能绕过德军的伏击圈。然而，每次进攻都以失败告终。德军突击队不断从森林中渗透而来，迅速收复美军夺取的阵地。

此时，A战斗群正掩护着第90步兵师与第2步兵团的侧翼，还要维持梅斯与蒂永维尔之间走廊的开放，已经无力再分兵支援了。西尔韦斯特少将只能调动第7装甲师R战斗群。R战斗群从阿纳维尔的交通堵塞中解脱出来后，在第2步兵团左后方的圣玛丽（Ste. Marie）进行集结。根据西尔韦斯特少将的计划，第2步兵团将向德军发起正面进攻，R战斗群将在龙库尔（Roncourt）附近，包围第2步兵团当面的德军。

9月11日凌晨4时，距离第2步兵团协同R战斗群发起进攻，还有4小时。然而，预定

然而，第19战术航空军的空中支援，需要覆盖整个第3集团军的宽大战线。四面八方的任务，使他们也感到力不从心。第20军作战官霍华德·斯奈德（Howard Snyder）上校，面临着如何分配空中支援的难题，大部分的空中支援都派到了第5步兵师的阿纳维尔桥头堡。他叫苦不迭地表示，其他各师师长已经愤怒得想要割断他的喉咙了。

9月10日，斯奈德上校还是调来了3个战斗机中队，空袭了阿芒维莱尔。P-47投掷的227公斤炸弹击中了德军钢筋混凝土防御工事，却几乎没有效果。18时，第1步兵营再次发起进攻后，依然遭到了顽强抵抗。"麦康奈尔"特遣队转移到了第1步兵营南翼。21时，在距离阿芒维莱尔100米处，美军坦克与步兵停止前进。在防线中央，第2步兵营也夺取了部分领地，在韦尔内维尔以东的高地宿营。在格拉夫洛特与马尔迈松以东，第3步兵营与德军展开拉锯战。这

的进攻时间还没到，德军先发制人的行动，就打碎了美军的如意算盘。漆黑的夜空中升起了2发绿色的信号弹，德军步兵随即汹涌地扑向第2步兵团左翼。美军边打边撤，一路撤到蒙蒂尼，在此掘壕固守。H连的列兵卡尔顿·贝茨（Carlton Bates）独自操作1挺机枪，以猛烈的火力掩护侧翼。机枪出现故障后，他转移到了其他机枪阵地上。这里的机枪手已经非死即伤，他随即接过了岗位，继续用机枪扫射德军步兵。后来，他因此荣获优异服役十字勋章。稳住阵脚后，第2步兵营召唤野战炮兵，向德军防御工事发射榴弹与烟雾弹。第2步兵营趁势跃起，收复了大部分失地。德军候补军官团稍作撤退后，重整旗鼓，又将第2步兵营赶了回去。此时，第2步兵营已经损失了50%的官兵。午夜时分，德军突击队再次进犯。这次，第2步兵营有所准备，拼死挡住了德军的反击。

在阿芒维莱尔边缘，第1步兵营也遭到了猛烈打击。在德军炮火与轻武器的攒射之下，美军阵地摇摇欲坠。美军野战炮兵发射烟雾弹，掩护第1步兵营后撤了450米。14时，美军计划中对阿芒维莱尔进行的空袭，也改成了野战炮兵的弹幕射击。

6时30分，在德军时有时无的反坦克炮与榴弹炮火力干扰下，美军R战斗群沿着通往皮耶尔勒维莱尔（Pierrevillers）的公路，向东前进。在皮耶尔勒维莱尔，德军反坦克炮掩护的混凝土反坦克障碍，挡住了美军的去路。R战斗群掉头向南，准备进攻塞梅库尔（Semécourt），却又一头撞上了康罗贝尔工事。德军反坦克炮处于隐蔽状态，其伪装如此巧妙，以至于美军根本找不到德军炮位。R战斗群指挥官乔治·莫洛尼（George Molony）上校、第814坦克歼击车营营长罗伯特·琼斯（Robert Jones）中校、第38装甲步兵营营长埃德蒙·基勒（Edmund Keeler）中校，先后在德军反坦克炮的火力之下负伤。11时，诺曼·哈特（Norman Hart）中校接管R战斗群，命令装甲步兵登上布龙沃（Bronvaux）西北方森林密布的山坡。美军装甲步兵获得了立足点，但德军防御工事中的火力，依然挫败了他们试图从侧翼迂回的行动。

9月12日，阿芒维莱尔已经成了梅斯以西的锁钥之地。德军筑垒地域紧挨着阿芒维莱尔，德军反击兵力可以随心所欲地从此发起进攻。美军兵力太少，无法完成迂回或包围此地的任务。西尔韦斯特少将不得不更改作战计划，将第3步兵营调过来，替换屡遭重创的第1步兵营。第87机械化骑兵侦察营接管第3步兵营的阵地，警戒第2步兵团的右翼。

9月12—13日，第2步兵团艰难地展开收复失地的战斗。第2步兵营与第3步兵营推进到了蒙蒂尼农场周围的灌木篱墙地带。经过48小时没有任何休息的激战后，美军官兵已经无力前进，甚至疲劳到了丧失方向感的程度。

9月14日，第20军军部命令第2步兵团停止行动。9月15日，A战斗群撤出前沿。第3步兵营的战地日志记述道："我们接到命令，友军即将替换我们。这真是个好消息！这里简直就是地狱。"实际上，整个第2步兵团，都是这样认为的。他们并不知道，美军第7装甲师A战斗群、R战斗群与第5步兵师第2步兵团所遭遇的"地狱"，只是德军3个不满编的步兵团而已。

3. "老牌手"砸烂"统帅堂"

9月5日，第3集团军恢复进攻时，其仍然是盟军中推进速度最快，位置最为突出的集团军。在第3集团军与第20军的最北端，是绰号"老牌手"（Tough 'Ombres）的美军第90步兵师。当时，距离第3集团军左翼最近的第1集团军第5军，还在色当以东跨越瑟穆瓦河（Semoy）。第90步兵师前锋已经将第5军甩到了60公里远的后方。

第20军分配给第90步兵师的任务为：1.跟随第7装甲师前进；2.消灭防区内的全部德军；3.攻占蒂永维尔，在摩泽尔河建立桥头堡；4.连接第87机械化骑兵侦察营，掩护第20军北翼；5.与第5军保持接触。

此时，第90步兵师正以30公里宽的正面推进，并有条不紊地清剿防区内的德军。第43机械化骑兵侦察营向北方与西方进行远程侦察。最初，第90步兵师师长麦克莱恩少将认为，当面有德军1个步兵师。实际上，德军第48步兵师早已撤走。第559掷弹兵师的2个掷弹兵团挡在了第90步兵师与摩泽尔河之间。第90步兵师并没有在防区内发现第7装甲师的兵力。这等于第90步兵师已成"孤军"。在第5军跟上来之前，第90步兵师必须分兵守卫左翼与左后方。这意味着，在最初的战斗中，第90步兵师只能动用2个步兵团。

小试牛刀

9月5日，第90步兵师获得了足够的燃料，继续向东前进。在行军过程中，第90步兵师警惕地注意着敌情，却意外地没有遭遇任何德军。当地的法国抵抗组织游击队，已经剿灭了残余的德军，一路为美军摩托化纵队站岗放哨。

第345野战炮兵营牵引着155毫米榴弹炮，在埃坦（Étain）宿营。营情报官唐纳德·赫卡比（Donald Huckaby）上尉，一向以敏锐的"第六感"著称。尽管没有遭遇德军，他还是命令詹姆斯·斯坦利（James Stanley）中士与他的前线观察组，到斯潘库尔（Spincourt）支援步兵。事实证明，赫卡比上尉的"第六感"是非常准确的。

9月7日凌晨，德军步兵从隆吉永（Longuyon）出发，突袭斯潘库尔。美军第90机械化骑兵侦察连呼喊"反击！"的声音，惊醒了睡梦中的斯坦利中士。他立即联系营部，召唤炮火支援。绰号"沙漠之狐"的营作战官劳埃德·索尔兹伯里（Lloyd Salisbury）少校通报师属炮兵司令部："我早就瞄准斯潘库尔了，现在就能把它烧成灰烬。"美军155毫米榴弹炮的威力不负众望，德军步兵惊恐地东躲西藏，天还没亮就撤了。第90机械化骑兵侦察连重新冲进斯潘库尔，报告德军遭到炮击后，已经弃城北撤。

为了攻占蒂永维尔，第90步兵师需要攻占摩泽尔河以西的制高点，并建立渡口。9时，第90步兵师右翼的第357步兵团，沿着埃坦－布里埃轴线前进。第1步兵营在左，第3步兵营在右，第2步兵营跟进第3步兵营。在没有遭遇抵抗的情况下，第1步兵营开上特里厄（Trieux）－阿夫里勒（Avril）公路，占领313高地，并派侦察兵前出。在布里埃以西，第3步兵营遭遇德军抵抗。随后，第3步兵营转向东北，进军阿夫里勒。第2步兵营继续进攻布里埃，并再次与德军爆发激战。德军战俘供述，布里埃的制高点上，有第559掷弹兵师的1个掷弹兵营。夜幕降临时，第1步兵营与第3步兵营在阿夫里勒会师，为继续进攻做准备。

同时，第358步兵团也展开行动。第1步兵营前往斯潘库尔增援。9时，第3步兵营沿着朗德尔（Landres）－丰图瓦（Fontoy）轴线前进，第2步兵营跟进。在蒙特（Mont），第3步兵营击溃了德军的微弱抵抗后，在蒙特以东的森林地区，受阻于茂密的植被。随后,这2个步兵营从蒙特以南迂回,向特里厄进发。在特里厄以西900米处,据守制高点的德军与其爆发激战。第1步兵营乘车抵达麦利(Mairy)以西,派出1个步兵连迂回德军阵地。

第359步兵团是第90步兵师的预备队。其在第358步兵团左后方就位,任务是保护第90步兵师北翼。在斯潘库尔,第359步兵团第1步兵营,接替了第358步兵团第1步兵营,并以1个步兵连封锁了从北方通往第90步兵师防区的道路。夜幕降临时,第2步兵营与第3步兵营越过第1步兵营,在朗德尔北部与东北部建立警戒哨。第90机械化骑兵侦察连与第43机械化骑兵侦察营B连,始终在各步兵团的东北方执行屏护任务。

夜幕降临时,第90步兵师师部转移到了朗德尔东南方山地的林地,距离第358步兵团阵地6.4公里。第90步兵师还不知道,德军在洛林战役中的首次装甲反击正在逼近。

渔阳鼙鼓动地来

9月6日,摩泽尔河防线上的大部分德军,还是成功守住了防线。然而,刚当上了第1集团军司令的克诺贝尔斯多夫,还是想要"新官上任三把火"。作为装甲兵上将,麾下的第1集团军却是以半机械化与半摩托化的装甲掷弹兵师,甚至是半摩托化与半畜力化的掷弹兵师为主。他唯一称手的全机械化装甲精锐,就是第106装甲旅。

第106装甲旅是为计划中的洛林反攻准备的。没有希特勒的批准,任何人都无权调动。克诺贝尔斯多夫体内仿佛封印着"发情的雄性泰迪犬",全世界都无法遏制他反击美军的冲动了。他迫不及待地联系了元首的"狼穴",向希特勒描绘了他的计划——以第106装甲旅横扫美军第20军侧翼。在东西两线陷入倾颓之际,克诺贝尔斯多夫"充满进攻精神"的反击计划,着实让希特勒眼前一亮。他赞许地批准了克诺贝尔斯多夫的计划,但限制使用第106装甲旅的时长,不能超过48小时。

对克诺贝尔斯多夫来说,48小时已经足够了。第106装甲旅是在德军"统帅堂"(Feldherrnhalle)装甲掷弹兵师残部的基础上组建的,因此亦称为"统帅堂"装甲旅。所谓"瘦死的骆驼比马大","统帅堂"的官兵在东线久经考验,以其为核心基干组建的装甲旅,无论如何也比初出茅庐的美军强吧?第106装甲旅旅长是战功赫赫的德军"装甲王牌"贝克上校,在东线指挥"贝克"重装甲团,屡次重创苏军。这次进攻"胆小如鼠"的美军步兵,自然是轻车熟路。第106装甲旅副官埃瓦尔德·巴特尔(Ewald Bartel)少校与第2106装甲营营长埃里克·奥伯沃尔曼(Erich Oberwohrmann)上尉,都曾获得过骑士十字勋章。更何况,第106装甲旅装备的是甲坚炮利的"黑豹",远非装甲掷弹兵师装备的那些"薄皮儿"的4号中型坦克与3号突击炮可比。此外,还装备11辆4号L70式坦克歼击车与119辆半履带式装甲运兵车。如此众多的半履带式装甲运兵车,是非常华丽的配置。当时,德军装甲师的装甲掷弹兵也未能实现全部装备半履带式装甲运兵车,大多只能以卡车机动。这意味着,第106装甲旅的机械化程度极高。第106装甲旅装备的半履带式装甲运兵车型号中,不乏Sdkfz 251/9半履带式75毫米自行榴弹炮与半履带式三联装15毫米/20毫米自行高射炮,对步兵具有极大的威慑力。如此精锐的装甲矛头,完成击溃美军区1个步兵师的任务,还是什么难题么?

9月6日夜间,贝克上校

德军第106装甲旅作战序列与装备编制表			
旅部	旅部连	1个摩托车排，1个装甲侦察排，1个装甲通信排	
第2106装甲营	营部	营部排	3辆"黑豹"G式中型坦克
^	^	1个自行高射炮排	4辆4号"家具车"式37毫米自行高射炮
^	^	1个维修排	
^	第1装甲连	1个连部与3个装甲排	11辆"黑豹"G式中型坦克
^	第2装甲连	1个连部与3个装甲排	11辆"黑豹"G式中型坦克
^	第3装甲连	1个连部与3个装甲排	11辆"黑豹"G式中型坦克
^	第4装甲歼击连	1个连部与3个装甲歼击排	11辆4号L70式坦克歼击车
第2106装甲掷弹兵营	第1装甲掷弹兵连	连部	2辆Sdkfz251/3半履带式装甲指挥车
^	^	第1装甲掷弹兵排①	4辆Sdkfz251/1半履带式装甲运兵车
^	^	第2装甲掷弹兵排②	4辆Sdkfz251/1半履带式装甲运兵车
^	^	第3自行高射炮排	6辆Sdkfz251/21半履带式三联装15毫米/20毫米自行高射炮
^	^	第4重武器排	1辆Sdkfz251/1半履带式装甲运兵车 2辆Sdkfz251/2半履带式80毫米迫击炮运载车 2辆Sdkfz251/9半履带式75毫米自行榴弹炮
^	第2装甲掷弹兵连	同上	
^	第3装甲掷弹兵连	连部	2辆Sdkfz251/3半履带式装甲指挥车
^	^	第1装甲掷弹兵排	4辆Sdkfz251/1半履带式装甲运兵车
^	^	第2装甲掷弹兵排	4辆Sdkfz251/1半履带式装甲运兵车
^	^	第3自行高射炮排	6辆Sdkfz251/21半履带式三联装15毫米/20毫米自行高射炮
^	^	第4自行高射炮排	6辆Sdkfz251/21半履带式三联装15毫米/20毫米自行高射炮
^	第4装甲掷弹兵连	连部	2辆Sdkfz251/3半履带式装甲指挥车
^	^	第1自行高射炮排	6辆Sdkfz251/21半履带式三联装15毫米/20毫米自行高射炮
^	^	第2自行高射炮排	6辆Sdkfz251/21半履带式三联装15毫米/20毫米自行高射炮
^	^	第3自行高射炮排	6辆Sdkfz251/21半履带式三联装15毫米/20毫米自行高射炮
^	第5重武器连	连部	1辆Sdkfz251/3半履带式装甲指挥车 1辆Sdkfz251/11半履带式装甲通信车
^	^	第1榴弹炮排	1辆Sdkfz251/3半履带式装甲指挥车 1辆Sdkfz251/1半履带式装甲弹药运输车 6辆Sdkfz251/9半履带式75毫米自行榴弹炮
^	^	第2重型迫击炮排	5辆Sdkfz251/1半履带式装甲运兵车 2辆Sdkfz251/1"自行斯图卡"半履带式自行火箭炮 4门GrW 42式120毫米迫击炮
^	^	第3重型迫击炮排	5辆Sdkfz251/1半履带式装甲运兵车 2辆Sdkfz251/1"自行斯图卡"半履带式自行火箭炮 4门GrW 42式120毫米迫击炮
^	第6摩托化补给连		
第2106装甲工兵连			
第2106补给运输连			
①② 这两个装甲掷弹兵排称为"突击排"，全员装备StuG44式7.92毫米突击步枪。			

接到了克诺贝尔斯多夫的紧急命令,南下进攻美军,支援第19掷弹兵师进入阵地。9月7日上午,匆忙抵达的第19掷弹兵师,尚未做好战斗准备。克诺贝尔斯多夫只有48小时,时不我待。为了与时间赛跑,第106装甲旅只能独自执行进攻任务。实际上,第106装甲旅的驻地,距离第90步兵师防线,只有6400多米。然而,双方都不知道彼此的存在或具体的位置。

这场即将展开的激战,看起来是1个装甲旅进攻1个步兵

弗朗茨·贝克

弗朗茨·贝克(1898年2月28日—1978年12月12日),德国陆军少将,曾获宝剑橡叶骑士铁十字勋章。

1915年,贝克参加德国陆军,在西线作为步兵服役。1919年,他参加了自由军。同时,他进修了医学与牙科专业知识。1923年,获得了牙科医学博士的学位。1933年,加入冲锋队。1937年,进入预备役,先后在第6侦察营与第11装甲团服役。1938年,在第65装甲营服役,参加了占领捷克斯洛伐克的行动。

1939年9月,他在第1轻型步兵师服役。10月,第1轻型步兵师改编为第6装甲师。1940年1月,他晋升中尉,在第65装甲营担任装甲连连长。1941年,晋升为少校,担任第11装甲团参谋长。1942年7月,担任第11装甲团第2装甲营营长。1942—1943年,先后参加了试图解救第6集团军的"冬季风暴"行动与库尔斯克战役。1943年11月,担任第11装甲团团长。12月,在曼施坦因元帅的命令下,他组建了"贝克"重装甲团,包括第503重装甲营的34辆"虎"式重型坦克、第23装甲师第23装甲团第1装甲营的46辆"黑豹"式中型坦克、1个装甲炮兵营、1个山地猎兵营与1个装甲工兵营。1944年1—2月,在试图打通切尔卡瑟(Cherkasy)包围圈的战斗中,"贝克"重装甲团传奇般地击毁了大量苏军坦克。在近距离的战斗中,贝克独自击毁了苏军3辆坦克。5月,他晋升为上校,后前往西线,担任第106装甲旅旅长。1945年2月28日,他终于从预备役转为现役。3月10日,他担任"统帅堂2"装甲师师长,在匈牙利与捷克斯洛伐克与苏军作战。4月20日,他晋升为少将。5月8日,他向美军投降。

二战期间,他曾参加过400多场坦克战,更换过13辆被击毁的座车,先后负伤七次。第1集团军与第19集团军都推荐他,应该获得钻石宝剑橡叶骑士铁十字勋章,但遭到了上莱茵集团军群(Army Group Oberrhein)司令希姆莱的拒绝。

1947年,他从美军战俘营中获释。战后,他重操牙医旧业。1978年,死于车祸。

德军第106装甲旅军徽。

师。实际上，第106装甲旅与洛林战役中的其他3个装甲旅不同，要少1个装甲营。其兵力最多只相当于美军装甲师的1个战斗群而已。第106装甲旅的对手，也绝非1个孤零零的步兵师。第90步兵师配属了1个坦克营与1个反坦克炮营，此外还能得到军属第4坦克歼击车集群的支援；除了师属炮兵的3个野战炮兵营外，还能得到军属炮兵集群的支援。

当天夜间，以欧丹勒罗曼（Audun-le-Roman）为出发阵地，第106装甲旅分成3个战斗群，以前2个战斗群为主力，准备南下布里埃。在黑夜的掩护下，第1战斗群开过邦维利耶山（Mont-Bonvilliers），第2战斗群开过特里厄。德军的行动隐秘，但并非毫无破绽。19时，美军第774反坦克炮营接到情报，称德军装甲纵队正接近巴吉莱斯（Baziles）。这明显已经威胁到了第90步兵师的侧翼。第774反坦克炮营隶属于第20军，属第4坦克歼击车集群，并未配属第90步兵师。由于未知的原因，第90步兵师并未接到德军装甲纵队接近的情报。在米尔维尔（Murville）附近，2个战斗群部分兵力沿着43号公路前进，部分兵力沿着乡间小路，向蒙特与麦利前进。第106装甲旅没有在前方部署任何侦察兵力，与第90步兵师一样，对当前的状况一无所知。

第106装甲旅就这样不知不觉地驶入第90步兵师防区纵深，通过第90步兵师师部所在地两侧的道路前进。这片区域山地起伏，丛林密布，双方都没有察觉到对方的存在。第90步兵师师部所在地，还安置了师属炮兵司令部，第712坦克营A连也部署在此，负责警戒。

A连的哈里·贝尔（Harry Bell）中尉挤进狭小的帐篷准备睡觉。就像每次睡觉之前必做的那样，他责备了他的航向机枪手约翰·麦克丹尼尔（John McDaniel）。麦克丹尼尔睡觉就必须脱掉鞋，穿着鞋就睡不着。贝尔中尉认为，战斗随时可能打响，他们得做好随时钻进坦克的准备，脚上没穿鞋怎么进行作战？贝尔中尉每次责备，麦克丹尼尔都会回答："我把鞋放在身边，立刻就能穿上，也不用系紧。"

在秋夜的寂静中，第106装甲旅开进了第90步兵师师部的区域。A连第3排的坦克驾驶员乔治·巴塞尔（George Bussell）很可能是最早辨认出德军坦克的人。当时，他在车下警戒，听到有履带式车辆沿

德军第106装甲旅的初期型"黑豹"G式中型坦克，炮塔防盾底缘仍然为圆弧状，而不是垂直状。装甲上使用橄榄绿色、深黄色与棕红色涂成伪装迷彩，炮塔上有用于安置树枝进行伪装的金属网。

着道路开了过来。美军坦克履带是橡胶制的，德军坦克履带则是钢制的。巴塞尔从坦克履带的声音判断，那不是美军坦克。他蹲在树旁，看到有坦克开了过来，停住了。坦克车长从炮塔中探出身来，巴塞尔这才彻底反应过来，那是德军坦克兵！更可怕的是，德军坦克车长正在查看的指示牌有面墙那么大，上面用红色与蓝色的文字清晰地写明"第90步兵师师属炮兵司令部"。德军坦克兵正眯缝着眼睛看指示牌时，有个美军步兵也发现了敌情，并向他开了一枪，但没有击中。

巴塞尔说道："这下他可捅了个大篓子，德军坦克碾了过来。"

在皎洁的月光下，A连连长莱斯特·奥赖利（Lester O'Riley）中尉发现了德军装甲纵队的身影。在黑夜与混乱中，很难确定究竟有多少辆德军装甲战斗车辆，闯进了第90步兵师师部。A连认为，可能是4－5辆"黑豹"与10辆半履带式装甲运兵车。在无线电中，奥赖利中尉报告，德军装甲纵队正向第712坦克营营部方向开去，但他不确定德军兵力规模，所处的位置也很不利，所以暂时不能开火。

奥赖利中尉发现德军装甲纵队时，A连帐篷中的1名炊事兵也发现了德军坦克。他立即举枪射击，枪声惊醒了睡梦中的坦克兵，帐篷里顿时乱作一团。麦克丹尼尔回忆："我去找我的鞋，鞋应该就在身边，然而却什么都没有！我不得不赤脚钻进了坦克。"

贝尔中尉指挥的3辆M4迅速做好了战斗准备。此时，德军第1战斗群前锋已经溜了过去。奥赖利中尉刚刚在无线电中报告A连不能开火，贝尔中尉的3辆M4的炮口就向德军装甲纵队的后卫车辆喷出了火舌，击毁了1辆半履带式装甲运兵车。

第712坦克营有个老兵回忆，战斗打响时，他看了看手表——9月8日凌晨2时11分。

贝尔中尉命令驾驶员威廉·斯沃茨米勒（William Swartzmiller）启动发动机时，麦克丹尼尔还感到一丝安慰。他认为，坦克一旦启动，美军就对德军形成了优势——美军坦克的炮塔是发动机提供的电力驱动的，德军坦克兵则需要以人力驱动炮塔旋转。不过，战场的形势很快打消了他的乐观。他回忆道："当时，德军坦克都正对着我们，所以其炮塔不用旋转太多角度。"

德军半履带式装甲运兵车残骸燃起的火焰，映衬出了M4的轮廓。领头的"黑豹"将黑洞洞的炮口瞄准目标，一炮击中了贝尔中尉座车的悬挂系统，将其打瘫在地。贝尔中尉高喊："快出去！"车组乘员连滚带爬地翻出了坦克。

这场双方都处于"蒙圈"状态的遭遇战，注定充满戏剧性效果。麦克莱恩少将表示，战斗在黑暗中打响时，他被十几米外的枪炮声惊醒，翻身起来后，懵懂地发现德军已经将师部的文件洗劫一空！副师长威廉·韦弗（William Weaver）少将的回忆，更具有极强的画面感："这几天一直很紧张，所以我打算在晚上好好补一觉。我脱掉了所有的外套，正睡得香。凌晨2时，拖车附近的'轰轰轰'的炮声把我惊醒。我胡乱地去摸军装，但根本看不到军装在哪儿。我就这样半裸着冲了出来。师部周围一片群魔乱舞。我跑去找麦克莱恩，他命令我召集警卫排。我非常怀疑，在我只穿着内衣的情况下，警卫排还能不能认出我。我的短裤提不上，正挂在膝盖间。我就这样站在战场上，那景象一定傻瓜透顶。"

对突然来袭的美军火力，德军第1战斗群也深感惊讶。他们并不知道遭遇的是第90步兵师师部，还以为只是偶然狭路相逢的普通美军部队。第1

战斗群前锋继续前进,后卫兵力则卷入了第90步兵师师部周围的战斗。德军装甲掷弹兵跳下半履带式装甲运兵车,向美军阵地发起进攻。德军坦克炮火与装甲掷弹兵的扫射,造成了师属炮兵司令部与通信连的诸多伤亡。美军部分官兵在睡梦中就阵亡了,甚至不知道是什么杀死了他们。醒来的幸存官兵,拿起身边任何能找到的武器,与从M4残骸里逃出的坦克兵一起,英勇地并肩作战。

师属炮兵司令部内的状态,却十分耐人寻味。情报官加纳·麦克诺特(Garner McNaught)少校,一向给人以坚强、勇敢而富有进取心的印象,却被突如其来的战斗吓得精神失常,最后以"战斗疲劳症"的名义撤出战斗。师属炮兵司令的副官马伊纳(Maina)中尉,平时谨小慎微且官僚主义作风严重,总是让人觉得突然喊他的名字,都能把他吓个趔趄的样子。此时,他却冷静地收集起保密文件,进行销毁,以防德军缴获。在危急之中,第345野战炮兵营的联络官巴恩斯(Barnes)上尉双手插兜,来回踱步,还指着炮火炸断的树枝,开玩笑地对作战官厄尔·萨顿(Earl Sutton)中校说:"瞧你干的好事儿!"

3时45分,在"黑豹"的支援下,德军装甲掷弹兵再次发起进攻。美军列兵乔治·布里格斯(George Briggs)爬上M4的残骸,操纵炮塔上的12.7毫米重机枪猛烈扫射。德军装甲掷弹兵人仰马翻,根本抬不起头,只好向美军阵地投掷出大量手榴弹。美军步兵与坦克兵也用密集的手榴弹回敬德军。你来我往的手榴弹大战过后,德军装甲掷弹兵退了下去。

麦克丹尼尔从坦克中逃生出来后,一路狂奔穿过田野,准备去找连长。忽然,他听到有人对他喊道:"你是美国人吗?"

麦克丹尼尔回答:"是啊。"

那个影子指着树林说:"到这边来。"

这时,麦克丹尼尔才看清,那人是第90步兵师师属炮兵司令约翰·迪瓦恩(John Devine)准将。他的上校正与他躲在一起。

麦克丹尼尔说:"我的连长在那边。"

迪瓦恩准将命令:"你就与我们呆在一起!"

迪瓦恩准将的上校对麦克丹尼尔说:"我惊醒后,推了推我的司机。他一动不动,已经死了。"

拂晓时分,麦克丹尼尔走进了师属炮兵司令部。他发现,那个司机顶多20岁,就像睡着了一样躺在那里。司机的前额上有个弹孔,弹孔只有小手指尖粗细,也没流多少血。麦克丹尼尔猜测,很可能是弹片击穿了他的颅骨,并烧焦了血液。麦克丹尼尔坐在那里,听迪瓦恩准将与他的上校聊这名司机的事。

战斗引起的紧张情绪,使麦克丹尼尔有些腹泻。他方便了一下,回来之后问道:"你觉得我们能从这里脱身么?"当时,天上有些多云。迪瓦恩准将说:"等这些云散了,我们就离开这里。"

麦克丹尼尔惊讶于迪瓦恩准将的平静,多年之后想起来,依然觉得他很"酷"。

天亮之后,麦克丹尼尔走向他座车的残骸,遇见了贝尔中尉。

他告诉贝尔中尉:"我没找到我的鞋。"

贝尔中尉说:"我穿的这双鞋,不是我的。"

麦克丹尼尔瞠目结舌:"这看起来是我的鞋!"

贝尔中尉脱掉鞋,还给麦克丹尼尔,自己改为赤脚走路。

那天晚上,总是责备麦克丹尼尔的贝尔中尉,自己在睡觉时也没穿鞋。

"谢尔曼"激战"黑豹"

在顽强抵抗的同时,第90步兵师师部迅速发出警报,呼叫增援。驻扎在附近的美军,自然会对师部方向的战斗有所察觉。在布里埃东南方,第357步兵团的军医威廉·麦克纳希(William McConahey)也听到了很多坦克在夜间行驶的声响,随后又听到了大量交火,慌忙地从帐篷中逃了出来。

第358步兵团第1步兵营收到警报后,迅速向西驰援师部。第359步兵团第2步兵营迅速南下,准备在师部以西集结,再北上进攻,与第358步兵团第1步兵营会合,从而包围突入的德军。在黑夜的混战中,美军步兵并不能及时地挡住德军坦克的前进。第358步兵团第1步兵营的列兵查尔斯·古德森(Charles Goodson)使用反坦克火箭筒,向1辆"黑豹"开火。反坦克火箭弹准确地击中了目标,但未能炸穿其装甲。第1步兵营的卡德·贝尔德(Cud Baird)上尉也扛起反坦克火箭筒,击毁了领头的1辆"黑豹",迫使整个德军纵队都停了下来。在双臂负伤的情况下,他再次用反坦克火箭筒击中了1辆坦克。随后,他又率领1个步兵连发起反冲锋。最终,他荣获优异服役十字勋章。麦克莱恩少将亲眼目睹了步兵试图拦阻坦克的战斗:"在月光下,我看到德军在公路两侧的田野上展开,突破了左翼第358步兵团的防线。"

德军第1战斗群的后卫兵力与美军爆发激战时,其前锋依然在前进。没过多久,他们就闯入了第712坦克营C连与勤务连之间的位置。当时,C连坦克车长唐·克纳普(Don Knapp)正在布里埃周边的树林中警戒。他回忆道:"那里视野开阔,树枝的遮挡也很少,地形地貌非常适合坦克战。"

在皎洁的月光下,他听到有车辆开了过来,但一听就不是美军的车辆。他还在犹豫中,德军装甲纵队就开到了眼前。多年之后,克纳普依然清晰地记得当时的场景:"那是德军装甲纵队,有很多坦克与自行火炮,还有半履带式装甲运兵车,但没有徒步的步兵,因为没有步行前进的人。午夜时分,他们都坐在车上,用德语交谈着。"

克纳普迅速爬出坦克,找到了连长杰克·谢泼德(Jack Sheppard)上尉。此时,谢泼德上尉也刚醒来。克纳普说:"上尉,有德国佬开过来了,整整一大群!"

他们迅速爬上各自的坦克,做好了战斗准备。克纳普的M4所处的位置,视野是最开阔的。不过,他们只有3辆M4。为了避免暴露位置而遭到全歼,他们没有开火。

此时,C连的吉姆·吉福德(Jim Gifford)中尉在车外警戒。他也听到了坦克开来的声音。在月光的照耀下,他看到了公路上开进的德军装甲纵队,公路两侧则都是美军坦克。吉福德与爱德华·斯科特(Edward Scott)携带着反坦克火箭筒,一路跑向公路。在肃杀的深夜,他们就这样,准备两个人迎战整个德军装甲纵队。吉福德中尉回忆:"我告诉斯科特扛起'巴祖卡',准备等德军坦克开过来后,给他们当头一棒。德军坦克开近后,斯科特当即就轰了过去,简直太帅了!那辆坦克就此停了下来。公路两侧的美军坦克立即开火,德军坦克也纷纷还击。月光之下,放眼望去,到处都是喷吐着火舌的坦克。"

公路的另一侧,是勤务连的宿营地。勤务连的宿营地是片平整的洼地,与C连之间有座长满草木的山丘。德军装甲纵队接近时,勤务连的修理兵尤金·桑德(Eugene Sand)正与5名战友,带着枪械与铺盖,在山冈上放哨。他们6个人轮岗，每个人站岗2小时，休息4小时。为了准确地判断排班时间，他们带了个老旧的发条闹钟。桑德回忆道："在夜间站岗2小时后，眼睛就能适应黑暗。即使呆在坦克里，看闹钟也一样清清楚楚。"

德军装甲纵队就在山冈下经过，C连突然开火，所有没击中目标的弹炮和子弹，像五彩斑斓的流星雨一样，劈头盖脸地砸到了勤务连维修兵们站岗的山丘上。他们吓得连铺盖卷都没收拾，一溜烟地向山下跑去。在炮弹的"追射"之下，亚当·科汉（Adam Kochan）中士拎着闹钟，拼命地奔跑。他跑过树林时，不小心触发了闹钟，只好边跑边恼怒地想要关掉它，但怎么也关不上。就这样，在深更半夜的山林里，6个大兵一路带着破旧的闹钟声嘶力竭地喧嚣，慌不择路地冲下了山冈。

在勤务连的宿营地，官兵们听到了公路上的激烈交火，气氛非常紧张。经过1—2个小时后，战斗逐渐平息了下去。营维修官里斯特·狄克逊（Forrest Dixon）上尉发现官兵们依然有些惊恐。他在半履带式装甲运兵车旁边展开铺盖，懒洋洋地躺下去，闭着眼睛说："我差不多两天没睡觉了。中士，你来替我守无线电机。一旦发生了什么事，就赶快叫醒我。"后来，他表示，他这样做，只是想让大家跟着他一起平静下来。

第712坦克营营长乔治·伦道夫（George Randolph）中校不甘于原地固守，他迅速地调集了C连的第1排与第2排，准备进行反击。雷·格里芬（Ray Griffin）中尉回忆道："C连抵达宿营地时，天色已晚。刚安顿下来没多久，1公里外就爆发了激烈的战斗。我确定，在夜战中，德军击毁了A连1辆坦克。战斗持续了2—3个小时。在那场战斗还在进行时，我就接到命令，指挥我的坦克排，前往支援师属炮兵司令部。师属炮兵司令部在一座树林密布的山顶上。我们沿着树林的北侧，一路开到了那里。当时，天依然很黑，我们用树枝伪装了坦克，就在那里等待天亮。"

拂晓时分，阳光还很微弱，但足以使美军坦克兵，看到山脚下"黑豹"的轮廓了。格里芬中尉告诉炮手鲍勃·格拉森（Bob Gladson），瞄准距离他们最近的那辆德军坦克。

美军步兵与麦利之战中击毁的"黑豹"G式中型坦克合影留念。

格拉森调整75毫米坦克炮的指向，稳稳地进行击发。随着炮口的烈焰，1发M61式被帽穿甲弹径直射向那辆"黑豹"。然而，令格里芬中尉的车组失望的是，他们眼睁睁看着炮弹从"黑豹"厚重的装甲上弹飞了。

装填手安迪·雷戈（Andy Rego）再次装弹，M4再次开火，炮弹依然弹飞了。格里芬中尉座车连续发射了3—4发穿甲弹，都未能击穿"黑豹"的装甲。此时，德军坦克兵通过炮口焰发现了向其开火的美军坦克。"黑豹"转动炮塔，一炮就击毁了格里芬中尉的座车。M4的残骸很快就燃烧了起来，格里芬中尉、格拉森、雷戈与航向机枪手卡尔文·博尔登（Calvin Bolden），都逃了出去。坦克炮卡住了驾驶员座舱的舱盖，亨利·洛霍维奇（Henry Lochowicz）困在了坦克里。格里芬中尉跑到M4车体正面，向他大喊，让他从炮塔的车长舱盖逃出来。洛霍维奇听从命令，顺利地翻了出来。格里芬中尉召集车组乘员，发现除了轻微的割伤与擦伤外，大家状态都还不错。

格里芬中尉的M4在燃烧时，副排长弗朗克·博雷斯（Frank Bores）中士跑了过来，他焦急地爬上发动机舱盖，探头观察炮塔里是否有人困在里面。格里芬中尉看到后，就向博雷斯大喊，把他叫到了自己躲藏的散兵坑里。后来，为了表彰博雷斯中士的英勇行动，格里芬中尉曾写信推荐他获得勋章。毕竟，冒着德军的火力，毅然决然地爬上1辆燃烧的坦克，是需要极大的勇气的。但是，因为格里芬中尉没有什么证据能证明博雷斯的行动起到了切实的效果，上级最终没有颁发任何勋章。

同时，C连其他的坦克，也再次卷入与"黑豹"的对抗中。在凌晨的战斗中，克纳普的M4没能向德军开火。天亮后，他正在往坦克上铺设灌木树枝，以进行伪装。突然，他听到了"轰"的一声炮响——1800米外，1辆"黑豹"瞄准了乔治·佩克（George Peck）的座车，1发穿甲弹干净利落地击毁了这辆M4。佩克车长的腿负伤了，驾驶员拉尔夫·坦巴罗（Ralph Tambaro）浑身是血，跟跟跄跄地从残骸中跑了出来。这个骇人的场景惊得克纳普目瞪口呆。他想："真是见鬼了！他的内脏都掉了出来，怎么还能跑呢？"当然，实际上那并不是坦巴罗的内脏，而是装填手弗雷德·帕特南（Fred Putnam）的。德军穿甲弹已经将这名不幸的装填手打成了碎块。

克纳普惊慌地与他的驾驶员韦斯·哈勒尔（Wes Harrell）说："别再考虑这些该死的伪装了，我们赶紧离开这个鬼地方。"多年后，克普纳重新回忆了当时的状况，不过他错误地将"黑豹"的主炮口径，记成了"虎"式重型坦克的88毫米："当时，我认为，如果我们继续留在山上，德军也会干掉我们。我们的75毫米穿甲弹无法击毁德军坦克。德军坦克装有88毫米炮，其发射的穿甲弹却能击穿我军坦克。只有瞄准德军坦克侧面，我们才能击毁它们。但是，当时德军坦克手正瞄准着我们。那可是'黑豹'，德军最优秀的坦克之一。"

克普纳指挥座车转移阵地，避开了"黑豹"的追杀。他沿着道路开进，找到了能遮挡车体的地形，进入车体掩蔽状态。随后，C连其他的坦克也都从山上开了下来。克普纳的坦克所处的位置隐蔽效果极佳，以至于友军坦克都没有发现它的存在。在这个绝佳的伏击地点，C连像猎人捕杀野鸭那样，耐心地将1辆"黑豹"放进了伏击圈。刹那间，所有的M4都射出了复仇的火焰。"黑豹"顿时爆炸，黑色的烟圈从坦克里冒了出来。德军1名坦克兵刚爬出炮塔，"黑豹"就再次发生了剧烈的爆炸，把他从烟圈中炸飞了出去。

弗拉基米尔·凯德罗夫斯基（Vladimir Kedrovsky）少校开着吉普车抵达战场。看着燃烧的"黑豹"，他十分欣喜，并赞许地看着克普纳。克普纳觉得，凯德罗夫斯基少校一定认为是他击毁了"黑豹"。但是，他认为，车长曼纽尔·蒙托亚（Manuel Montoya）中士，或其他某辆M4的炮手，才是真正击毁了"黑豹"的人。他回忆道："我们都参加了这场战斗，但应该还有更宏大的背景才对，因为德军冲击了师部。我们只是这场战斗中很小的组成部分而已。我记得，我曾问坦巴罗，究竟是谁溅了你一身血？最初，他没想起来，后来才意识到是帕特南。"

C连的装填手约翰·齐默（John Zimmer）记得，当时有13辆"黑豹"沿着公路开来，与C连展开对射。在战斗中，他的M4也成了燃烧的废铁。"我在坦克里时，德军就两次击中了我的坦克。我逃出来后，躲在了坦克旁边的壕沟里，亲眼看到我的坦克又中了2发炮弹。"他认为，C连以损失2辆坦克为代价，击毁了5辆"黑豹"。但是，显然他对C连的损失情况了解有限。包括他的坦克在内，C连损失了3辆M4。

除了风口浪尖上的A连与C连外，第712坦克营的其他各连，也有部分兵力不同程度地卷入了战斗。6时，在朗德尔以南1.9公里处宿营的营部连，发现了730米外的德军装甲纵队。连部1个班的M4向德军装甲纵队开火，很可能击毁或击伤了几辆车辆，但无法确认战果。B连第1排与第2排前出，第1排宣称击毁1辆4号中型坦克，第2排排长宣称击毁1辆"黑豹"，但第106装甲旅并没有4号中型坦克。

麦克莱恩少将显然对第712坦克营C连的及时增援，感到非常满意。他评价道："很快，'麻烦克星'（Trouble-buster）伦道夫中校率领1个坦克连前来报到。这让我轻松多了。天亮后，我军坦克打得很漂亮。伦道夫中校迅速反击，接连开火。德军的'铁棺材'一个接一个地炸成了火炬。第358步兵团与第359步兵团清剿了所有突入我军后方的德军坦克。"

中午时分，第712坦克营勤务连宿营地，再次遭遇敌情。德军4辆装甲战斗车辆进抵勤务连所在地，至少有2辆是"黑豹"。有人大喊："德军坦克！"勤务连的官兵都四下寻找掩护。当时，勤务连宿营地只有1辆处于维修中的M4，发动机已经拆卸了下来，坦克无法机动。多年后，狄克逊上尉回忆道："勤务连所在地是整个坦克营的中心区域，所有的弹药与燃料都储存在此，我得守住这里。"

他只能硬着头皮，操纵这辆"趴窝"的M4，与"黑豹"决一死战。他看到身边有个不认识的修理兵，就问道："你知道怎样给坦克炮装填炮弹吗？"

修理兵回答："我想……我知道。"

狄克逊上尉当即拍板："你帮我装填炮弹，我试试能不能干掉德军坦克。"

他们一起爬进那辆M4，炮塔内壁上有1发炮弹，但修理兵取不下来。狄克逊上尉亲自动手，将炮弹搬下来，推入了炮膛。这时，他才意识到，炮塔是无法转动的。他一直要求修理兵，要先切断蓄电池的电源，才能拆除发动机。然而，他随手触动了炮塔回旋装置后，装置却发出了声音，炮塔也开始转动了。狄克逊上尉回忆道："我真是大喜过望。虽然我很希望部下能像我教他们的那样去维修坦克，但

在麦利之战中,德军第106装甲旅损失的322号"黑豹"G式中型坦克。其一直留在原地,作为后续抵达美军的教学用具。

美军步兵正在检查在麦利之战中击毁或缴获的德军Sdkfz251/9半履带式75毫米自行榴弹炮(近)与Sdkfz251/21半履带式三联装15毫米自行高射炮(远)。

当时我非常高兴他们没有听我的。"

然而,狄克逊上尉转瞬又意识到,坦克炮的瞄准镜还没有安装上去。他将75毫米坦克炮对准领头的"黑豹",准备等"黑豹"开到眼前再开火。当"黑豹"距离M4只有45米时,德军坦克兵也发现了敌情，开始转动炮塔瞄准狄克逊上尉的M4。狄克逊上尉咬紧牙关，向"黑豹"打出了1发穿甲弹，不偏不倚地击中了"黑豹"的行走机构。"黑豹"顿时失去了控制，偏离了行驶方向。狄克逊上尉知道孤军奋战是打不赢的。他认为，营部突击炮排的105毫米榴弹炮型M4，足以击毁"黑豹"，就在无线电中求救："萨姆，我需要支援！"

突击炮排排长萨姆·阿代尔（Sam Adair）中尉闻讯，指挥3辆105毫米榴弹炮型M4与2辆75毫米炮型M4迅速出击，向550米外的"黑豹"开火。2辆75毫米炮型M4发射的2发穿甲弹，击穿了那辆"一瘸一拐"的"黑豹"侧面，当场将其击毁。105毫米榴弹炮型M4也击毁了另1辆"黑豹"。同时，美军第774反坦克炮的1门M5式76.2毫米反坦克炮击毁了德军另2辆装甲战斗车辆。营部的坦克也在向其开火，并宣称击毁了其中1辆。D连距离战场较远，在他们看来，闯入营部与勤务连宿营地附近的2辆"黑豹"，是被"数个方向射来的炮火"击毁的。

此时，勤务连宿营地已经化险为夷。然而，狄克逊上尉却仍然呆在坦克里不愿出来。他表示："我可不想让他们知道，我是勤务连唯一愚蠢到家，试图抵御德军坦克的人。"不过，他操纵无法行驶的M4，保卫宿营地的英勇行为，还是使他获得了1枚法国军功十字勋章（Croix de Guerre）。

这2辆"黑豹"中的10名德军坦克兵，有2人阵亡，3人逃入丛林，5人被俘。德军战俘供述，他们并不是想杀入美军阵地，而是想要逃出去。德军坦克兵战俘中有1名中尉，胳膊已经严重受伤。军医长杰克·赖夫（Jack Reiff）上尉用半生不熟的德语对他说："你的整条胳膊都完了。"德军中尉不肯相信，连声说不。

赖夫上尉说："你的这条胳膊肯定不能再动了。"

德军中尉的回答颇具专业性："医生，你说的是哪块骨头？桡骨，还是尺骨？"

最终，医疗分队将这些负伤的德军坦克兵，都撤到了后方。

麦利之战

当然，第712坦克营抵御第1战斗群的战斗，只是第90步兵师对决第106装甲旅的插曲。在麦利之战中，美军步兵、反坦克炮兵与野战炮兵，才是毁灭第106装甲旅的主力。

天亮后，第90步兵师师部转移到了伊尼（Higny），与第359步兵团连接。师属炮兵司令部处于被包围状态，然而司令部官兵依然冷静地一路向南步行突围，抵达了第358步兵团团部。师部与炮兵司令部转危为安后，美军终于能够气定神闲地调兵遣将，围歼冒失地突入美军纵深的德军装甲纵队了。

前方传来枪炮声，后方美军迅速展开部署。德军第1战斗群沿着公路向西南方开进，再转向东南方，就会攻入麦利。麦利四周都是山丘，其本身位于山丘中央的洼地里。第607反坦克炮营B连第2排的4门M5式76.2毫米反坦克炮，都部署在麦利。其中，有2门在阵地上，另2门处于预备状态。3时30分，前方传回了在邦维莱尔（Bonvillers）发现德军坦克的报告。排长约翰逊（Johnson）中尉，将预备的2门反坦克炮，调往邦维莱尔。4时30分，2门反坦克炮就位。5时30分，这2门反坦克炮的炮兵发现德军2辆半履带式装甲运兵车从南方接近，轻松将其击毁。

6时，第4坦克歼击车集群命令第774反坦克炮营鲁德（Rood）上尉指挥的C连与1个侦察排前出，配属第607反

在美国得克萨斯州，陈列于萨姆·休斯敦堡（Fort Sam Houston）的M5式76.2毫米反坦克炮。

坦克炮营，支援第90步兵师作战。最初，只调动了第2排的4门反坦克炮与第3排的3门反坦克炮。第3排还处于分散状态，2门反坦克炮位于邦维莱尔以西500米处，1门反坦克炮位于朗德尔以南1000米处。由于半履带式牵引车的故障，其他反坦克炮只能留在位于皮耶讷（Piennes）的连部。B连的任务是在埃坦与凡尔登之间的公路上设立路障，以免第20军的后勤补给线遭到德军坦克的袭击。

7时，第607反坦克炮营B连第2排接到报告，有德军坦克从西面接近麦利。作为前锋，德军4辆"黑豹"转动炮塔，开始炮击麦利。B连第2排的反坦克炮还以颜色，装填穿甲弹，瞄准目标狠狠地打。

76.2毫米反坦克炮的穿甲效能，远超M4的75毫米炮，当仁不让地击毁了2辆"黑豹"。另2辆"黑豹"见势不妙，掉头躲进了树林。第2排第2班监视着1辆"黑豹"躲进树丛的位置，向那里接连发射了几发炮弹。后来，他们在树丛中找到了这辆燃烧的"黑豹"，残骸上的弹孔证明了他们"盲射"的战绩。

8时，德军1辆"黑豹"率领搭载着1个装甲掷弹兵连的11辆半履带式装甲运兵车，沿着梅因维尔（Mainville）公路，向南迂回，试图包抄美军反坦克炮阵地。他们完全不知道，正有多少双锐利的眼睛在盯着他们。美军火力从四面八方袭来，有些德军半履带式装甲运兵车，很可能同时遭到多个火力的打击。在近距离上，第358步兵团属加农炮连的M3式105毫米榴弹炮，以猛烈的平射，将德军2辆半履带式装甲运兵车炸成了碎片。第774反坦克炮营C连第2排，也发现了远处的德军装甲纵队，宣称以反坦克炮击毁了2辆"黑豹"与2辆半履带式装甲运兵车，但显然是误判。德军装甲纵队径直冲进麦利的街道后，美军步兵从建筑物的窗户向外投掷手榴弹，炸毁了2辆半履带式装甲运兵车。第607反坦克炮营B连负责与步兵商议协同作战事宜的联络官普里斯克（Prisk）中士，从负伤的步兵那里借来了1支反坦克火箭筒，击毁了2辆半履带式装甲运兵车。德军幸存的5辆半履带式装甲运兵车从麦利东侧穿出，一路北逃，进入了第607反坦克炮营B连第2排第2班的射界。76.2毫米反坦克炮锁定了这些抱头鼠窜的半履带式装甲车，很快就有3辆变成了燃烧的火炬。还有1辆德军半履带式装甲车，从麦利以北冲出后，试图向东撤退，却一头栽进了第2排第1班的视野，瞬间被打成了废铁。

第607反坦克炮营的大部分兵力，都前往师属炮兵司令部的方向增援，只留下C连第1排的1门76.2毫米反坦克炮，负责警戒营部。德军1辆"黑豹"慌不择路,试图冲出第90步兵师的防区逃生。这门留守营部的反坦克炮向其开火,突如其来的火力吓了"黑豹"一跳,其急忙加速转向,逃出了反坦克炮的射界。随后,从多个方向射来的炮火将其打瘫。埃利奥特·谢克特(Elliot Schechter)中尉自告奋勇,率领1个炮兵班,步行前往寻歼这辆"黑豹"。他们匍匐前进,一直抵近到距离"黑豹"不到90米的地方,向其发射了1枚反坦克枪榴弹,又用M1式卡宾枪打了几发子弹。德军坦克兵以为自己陷入了包围,屁滚尿流地遗弃了坦克,试图逃跑,却被谢克特中尉堵了个正着。双方短暂交火后,美军俘虏了德军1名军官与9名士官,其中2人负伤。

在麦利之战中,美军野战炮兵及时的火力支援,起到了极为关键的作用。第358步兵团第1步兵营营长得到消息,德军100多辆坦克正像潮水一样涌来。德军"黑豹"与半履带式装甲运兵车,都用大量树枝进行了伪装。第1步兵营营长远远望去,以为德军真出动了100多辆坦克。他拼命呼叫炮火支援,将所有射程能覆盖麦利的野战炮兵营都调动了起来,也完全不在乎炮弹的弹着点距离美军阵地有多近。美军野战炮兵竭尽全力地开火,以密集的弹幕掩护前沿阵地,甚至主动近战接敌,充分展示了其强大的作战能力与精神意志。

8时50分,德军几辆"黑豹"率领大量半履带式装甲运兵车,开进农场附近沟渠,试图以地形为掩护,渗透进麦利。美军步兵使用反坦克火箭筒击毁了领头的"黑豹"后,其他装甲战斗车辆不得不从沟渠中开出来。在附近的高地上,第949野战炮兵营的炮兵观察员詹姆斯·罗素(James Russell)少校,发现了这支德军装甲纵队,立即召唤炮兵火力予以覆盖。在第949野战炮兵营的阵地上,各门155毫米榴弹炮整齐地扬起炮口。"开火"的一声令下之后,炮位上的"战争之神"猛地向后冲击大地,炮身与附近的尘土"嘭"地升腾起来。慑人的大口径榴弹,沿着事先计算与设定好的弹道,在空中划出一道道死亡的弧线,从高空呼啸而下。第949野战炮兵营一口气将300发榴弹砸在德军头上,5辆"黑豹"与20辆半履带式装甲运兵车就此报销。战斗结束后,美军检查了部分"黑豹"的残骸,发现坦克损失的原因并非装甲碎裂,而是155毫米榴弹在坦克周围密集地爆炸,引发了强大的压力波,将德军

站在麦利以南,向北望去的景象。在麦利之战中,德军是从照片左侧进入麦利,并试图向北撤退。

（上与下图）1944年9月，梅斯地区，美军第607反坦克炮营的拉斯·孔兹（Russ Kunz）下士（左一）指挥的1门M5式76.2毫米反坦克炮。

坦克兵活活震死。

当天，德军装甲纵队的进攻，迫使第357步兵团第1步兵营放弃了据守的高地。第343野战炮兵营的炮兵观察员约瑟夫·麦克唐纳（Joseph McDonald）中尉不顾安危，独自一人爬上山顶，为炮火指示目标。德军射向制高点的炮弹不断在他附近爆炸,他就转移到高地的前坡,继续通过无线电召唤炮兵火力,击毁德军2辆坦克,击伤多辆装甲战斗车辆,炸死了大量装甲掷弹兵。德军冲上高地后,麦克唐纳中尉试图单枪匹马迎战1辆坦克,不幸阵亡。后来,美军追授了他优异服役十字勋章。战斗结束时,第343野战炮兵营的M2式105毫米榴弹炮,弹药储备量已经告急。

二战中的美军坦克歼击车营

1939—1940年,德军装甲集群横扫欧洲,极度震撼了美军。美军总结认为,当处于静态防御状态时,无论坦克、反坦克炮,还是步兵,都无法抵御高速机动的装甲集群进行的纵深进攻。1941年4月,美国陆军召开会议,讨论可能与德军进行的反坦克战。会议结论认为,最立竿见影的方法是直接在步兵师中组建反坦克炮营,但此种组织形式的作战能力令人怀疑;建立军级或集团军级机动反坦克兵力的方案,则得到了广泛的支持。当讨论起应该隶属于哪个兵种时,步兵、骑兵与炮兵之间却产生了严重的分歧。步兵最擅长的防御,骑兵具有的高速机动性,炮兵具有的强劲火力,都能体现于其中,这导致了兵种之间的争执。然而,似乎应该参与争执的装甲兵,反而不想将其收入囊中。美军装甲兵认为,在发起进攻时,执行防御作战的兵力无疑是累赘。最终,美国陆军总参谋长马歇尔上将将其定性为诸兵种联合组建的独立兵种。他命令安德鲁·布鲁斯(Andrew Bruce)上校成立反坦克计划委员会(Anti-Tank Planning Board)。根据美军地面兵力总司令莱斯利·麦克奈尔(Lesley McNair)中将的计划,美军将组建220个反坦克炮营。

此时,美国陆军军械局自行研制了M5式76.2毫米反坦克炮。美军步兵、骑兵、炮兵、装甲兵与新成立的坦克歼击车兵,都不喜欢这个笨重的"蠢家伙"。但是,麦克奈尔中将出身炮兵,对牵引式火炮情有独钟。他以德军88毫米高射炮平射英军坦克的战绩为由,出手进行干预,将这个项目保存了下来。

1941年8—11月,美军组建了首批的9个暂编反坦克炮营,装备M3式37毫米反坦克炮与M3式75毫米自行反坦克炮,先后在路易斯安那州与卡罗来纳州的军事演习中获得成功。美军装甲兵对此颇有微词,认为裁判在演习中作弊。11月27日,马歇尔上将命令,在胡德堡(Fort Hood)建立坦克歼击车战术射击中心(Tank Destroyer Tactical Firing Center),组建53个坦克歼击车营。之所以没有使用"反坦克炮营"的旧称,是因为美军认为"坦克歼击车营"的称谓更具心理威慑力。

1942年6月,美军发布的FM18-5号战地手册中,规定了坦克歼击车营的作战教义——"坦克歼击车营的唯一目标就是摧毁敌军坦克";坦克歼击车营将以整体形势作为预备队,在关键时刻投入锁钥地带的战斗,而非零散地投入作战。作战教义还反复强调进攻精神与机动性,这也影响了美军坦克歼击车的设计,决定了其注重机动性要优先于生存能力。

1942年8—9月,麦克奈尔中将与已经晋升为少将的布鲁斯正展开激烈的争执。麦克奈尔中将命令坦克歼击车兵尝试装备M5式76.2毫米反坦克炮。他认为牵引式火炮可以在无法卸载重型履带车的港口登陆,而且德军反坦克炮在北非的精彩表现证明,牵引式反坦克炮才是坦克的天敌。布鲁斯少将对这种从机械化倒退回摩托化的行为予以坚决反对,并表示装备反坦克炮意味着人员编制将变得臃肿,多出来的牵引车还要占用运输船更多的空间。麦克奈尔中将对布鲁斯少将的抗议置之不理,利用军衔等级强制推行。1943年1月1日,他命令第801坦克歼击车营换装M5式76.2毫米反坦克炮。3月31日,他再次命令15个坦克歼击车营换装M5式76.2毫米反坦克炮。

无论装备坦克歼击车,还是装备反坦克炮,美军都称为"坦克歼击车营",但通常会注明是"自行"(Self-propelled)或"牵引"(Towed)。为了直观表述其装备的武器,本书将所有装备牵引式反坦克炮的坦克歼击车营,都称为"反坦克炮营"。

1943年,在突尼斯战役中,美军投入了7个坦克歼击车营。然而,绝大多数的坦克歼击车营都违背了作战教义,以坦克歼击车排为单位支援步兵作战。在盖塔尔(El Guettar)之战中,第601坦克歼击车营以整体出战,以损失了67%的兵力为代价,击退了德军第10装甲师。巴顿认为坦克歼击车营很不成功,麦克奈尔中将则声称美军第2军没能正确地执行作战教义。他重申,坦克歼击车营

是高速机动兵力,应该机动到最适合的阵位,隐蔽并伏击德军坦克,而不应用于正面进攻或执行像坦克那样的突击任务。

无论如何,北非作战的经验,还是导致坦克歼击车营进行了改变:

1.美军发现所遭遇的德军装甲集群,规模要比预期的小,因而认为计划组建的坦克歼击车营数量过多,准备从222个减少到106个。1943年10月,再次减少到78个。美军步兵师实现了全摩托化,也是削减坦克歼击车营的原因之一。

2.美军坦克歼击车战术射击中心更改了坦克歼击车营以整体作战的作战教义,更着重强调诸兵种联合作战,或小规模兵力的行动。新制定的作战手册规定,坦克歼击车排是基本行动单位,乘员也开始接受其他任务的训练,例如使用坦克歼击车进行间接火力支援与炮击筑垒地域等。

3.M3式75毫米自行反坦克炮与M10"狼獾"式坦克歼击车,速度都不够快,而且外形高大,易于遭到火力打击。时任第2军军长的布拉德利中将建议,步兵师应该像过去下辖反坦克炮营那样,重新装备大量牵引式反坦克炮。他表示,这有可能削弱进攻精神,但牵引式反坦克炮外形低矮,利于隐蔽。在北非战场上,

英军6磅反坦克炮与17磅反坦克炮的成功,也似乎印证了他的观点。布拉德利中将的意图并非让坦克歼击车营换装牵引式反坦克炮。他出身步兵,因而希望步兵能直接掌控反坦克武器。但是,他支持装备牵引式反坦克炮的建议,却与麦克奈尔中将的偏好不谋而合。1943年11月,麦克奈尔中将扭曲了布拉德利中将的建议,将50%的坦克歼击车营改编为反坦克炮营。

盟军登陆西西里岛与意大利本土后,坦克歼击车营的应用就更偏离了当初麦克奈尔中将制定的作战教义。在意大利崎岖与泥泞的地形上,美军遭遇的德军坦克数量很少,坦克歼击车营也只能拆分成小规模单位投入作战,最多的任务是火力支援。在制订作战计划时,步兵指挥官都能明白坦克歼击车营要在后方作为预备队。然而,战斗一旦打响,他们就千方百计地想将坦克歼击车营调到前沿阵地,希望坦克歼击车像坦克一样率领步兵进攻。意大利战场的作战经验也显示,反坦克炮营未能获得预想中的优势。在安其奥(Anzio),布拉德利引以为证的英军反坦克炮,由于无法及时转移阵地而损失惨重,坦克歼击车却总能成功撤退并重新

投入作战。

1944年3月，在美军制订的坦克歼击车营装备编制表中，每个坦克歼击车营下辖1个营部连、1个侦察连与3个坦克歼击车连。共有644名官兵，装备36辆M10"狼獾"或M18"地狱猫"式坦克歼击车、6辆M8"灰狗"式装甲侦察车、30辆M20式装甲侦察车、48辆0.25吨卡车、21辆2.5吨卡车、79把M1911A1"柯尔特"式11.43毫米手枪、293支M1式7.62毫米卡宾枪、256支M1"加兰德"式7.62毫米半自动步枪、27挺M1919A6"勃朗宁"式7.62毫米轻机枪、41挺M2式12.7毫米重机枪、62支M9"巴祖卡"式60毫米反坦克火箭筒、90部SCR-619式无线电机与32部EE-8式野战电话。

1944年6月，盟军登陆诺曼底后，美军修改了FM18-5号作战手册中的坦克歼击车营作战教义。新的作战教义规定，当遭遇的德军坦克很少时，坦克歼击车营可以拆分成小规模单位使用，不必在后方担任预备队，可以置于前沿作战。通常情况下，每个装甲师与步兵师都配属1个坦克歼击车营或反坦克炮营。装甲师配属的坦克歼击车营，通常是1个坦克营配属1个坦克歼击车连，1个坦克连配属1个坦克歼击车排。

7月25日，麦克奈尔在前线视察时遭到美军轰炸机误炸而亡，反坦克炮营的编制失去了最大的支持者。前线官兵也对M5式76.2毫米反坦克炮怨声载道，认为其外形高大，不利于隐蔽，火力强度与笨重程度不成正比。在击毁了不少德军坦克的同时，反坦克炮营往往也要付出惨重的代价。在阿登战役中，反坦克炮营更是损失惨重，德军步兵往往迅速将其击溃。相比之下，坦克歼击车营则广受欢迎，而且以更小的代价，击毁了更多德军坦克。当然，在洛林战役第一阶段的麦利之战中，M5式76.2毫米反坦克炮发挥出色，在挫败第106装甲旅的战斗中，起到了中流砥柱的作用。

在强烈的呼声中，大量反坦克炮营改编回了坦克歼击车营。1945年1月，美军有56个坦克歼击车营，反坦克炮营却下降到了17个。M26"潘兴"（Pershing）式重型坦克列装后，M36"杰克逊"（Jackson）式坦克歼击车也失去了存在的意义。1946年，美军终于取消了坦克歼击车的兵种。

美军坦克歼击车兵种军徽。

第344野战炮兵营的阵地很靠前，炮兵将105毫米榴弹炮掉转180°，毫不客气地向美军防线后方的德军第106装甲旅，倾泻了924发炮弹。当时，其勤务连正驻扎在麦利，修理兵们纷纷扛起反坦克火箭筒，四处追猎德军装甲战斗车辆。坦马尼（Tammany）中士与施奈德曼（Schneiderman）下士联合击毁了1辆"黑豹"，格马尔（Gemar）中士与拉萨格（Rathage）下士联合打瘫了1辆"黑豹"，塔克（Tucker）参谋军士与哈尔纳戈（Harnagel）下士联合击毁了1辆半履带式装甲运兵车。法国抵抗组织游击队与不少生活在麦利的平民，也拿起各式各样的武器，争先恐后地协助美军抵御德军的进攻。

第915野战炮兵营的105毫米榴弹炮，疯狂地打出了1000发炮弹，其中有17发是装满劝降传单的宣传弹。飞行员乔治·基尔默（George Kilmer）中尉与炮兵观察员乔治·派扎特（George Peszat）中尉，驾驶炮兵观测机，飞翔在空中。他们发现有几辆迷路的"黑豹"，在第90步兵师防区后方徘徊。派扎特中尉联系火力指挥中心，试图召唤炮火轰击它们。然而，火力指挥中心担心误伤防区内的友军，拒绝了请求。于是，基尔默中尉驾驶炮兵观测机俯冲下去，在"黑豹"头顶掠过，吓得德军坦克左躲右闪。他们还使用手枪，徒劳地向这些"黑豹"开枪，耗光所有子弹后才飞走。

在当天的战斗中，美军第537高射炮兵营的M1"博福斯"式40毫米高射炮，甚至都参加了抗击德军的战斗。在24小时之前的战斗中，A连的1门40毫米高射炮，就从高地上俯射，击毁德军1门反坦克炮，并消灭了炮兵。此时，德军装甲掷弹兵已经冲到了距离B连阵地最北端450米处。在高地上方，奥尔巴克（Aurbach）上尉操作1门40毫米高射炮，向1370米外灌木丛中的德军装甲掷弹兵开火，鲍尔（Bauer）中尉负责校正火力。当时，他们并不知道是否击中了什么目标。几天后，德军2名战俘供述，美军高射炮的平射火力击伤他们4人，其他人迅速撤退了。

9时35分，战局已经非常明朗，德军第1战斗群根本无法攻占麦利。他们通过无线电，请求旅长贝克上校，允许他们"转而向东进攻"。贝克上校批准了他们的请求。第1战斗群从南下改为东进后，又报告左翼遭到了美军坦克的袭击。贝克上校命令第2战斗群出击，支援第1战斗群。14时30分，第1战斗群1辆"黑豹"中的坦克兵，向旅部报告，他们的坦克已经伤残，正试图从美军防区内突围。此后，贝克上校再未收到过第1战斗群发出的消息。实际上，第1战斗群早已突围无望。他们的南下与东进均宣告失败，遭到美军第359步兵团第2步兵营与第712坦克营的反击。德军少量兵力甚至转向西南，与第1战斗群主力脱节，准备向欧旦（Audun）进发。然而，第359步兵团第3步兵营已经切断了朗德尔-欧旦公路，最终拦截并消灭了这些德军。15时，第359步兵团已经可以高枕无忧地向东北方的欧旦前进了。

15时30分，德军第2战斗群从洛默朗格（Lommerange）以北，向东南方进发。他们的任务是攻占几处制高点，以将围困第1战斗群的美军吸引过来。此时，美军第357步兵团第1步兵营也正向这个方向赶来。在此之前，他们从阿夫里勒附近的313高地上出发，前往进攻纳夫谢（Neufchef）。第90步兵师师部遇袭后，召唤其回防。他们刚刚重新占据313高地，就发现德军第2战斗群开上了313高地以北的山丘。德军根本没有发现美军的存在，美军也没有打草惊蛇。在布鲁斯·吉尔德斯利夫（Bruce Gildersleeve）中尉的指挥下，第607反坦克炮营A连第1排紧锣密鼓地转移阵地。在步兵的协助下，他们将反坦克炮拖上了313高地。德军第2战斗群暴露了整个纵队的侧翼时，美军突然开火。步枪、重机枪、迫击炮与76.2毫米反坦克炮，将暴风骤雨般的火力射向长蛇般蠕动在道路上的德军纵队。在几分钟之内，德军第2战斗群1个装甲掷弹兵营几乎遭到了一边倒的"屠杀"。2辆4号L70式坦克歼击车与2辆半履带式装甲车成了燃烧的残骸，步兵尸横遍野，幸存者成了俘虏。第2战斗群的其他兵力见势不妙，迅速撤退了。美军反坦克炮兵观察到，在高地以北方向，还有更多的德军装甲战斗车辆，但已经超出了射程，因而没有开火。

除了摧毁第106装甲旅第1战斗群与重创第2战斗群之外，当天第90步兵师在其他方向也有所斩获。第357步兵团

第三章 沸腾的血河

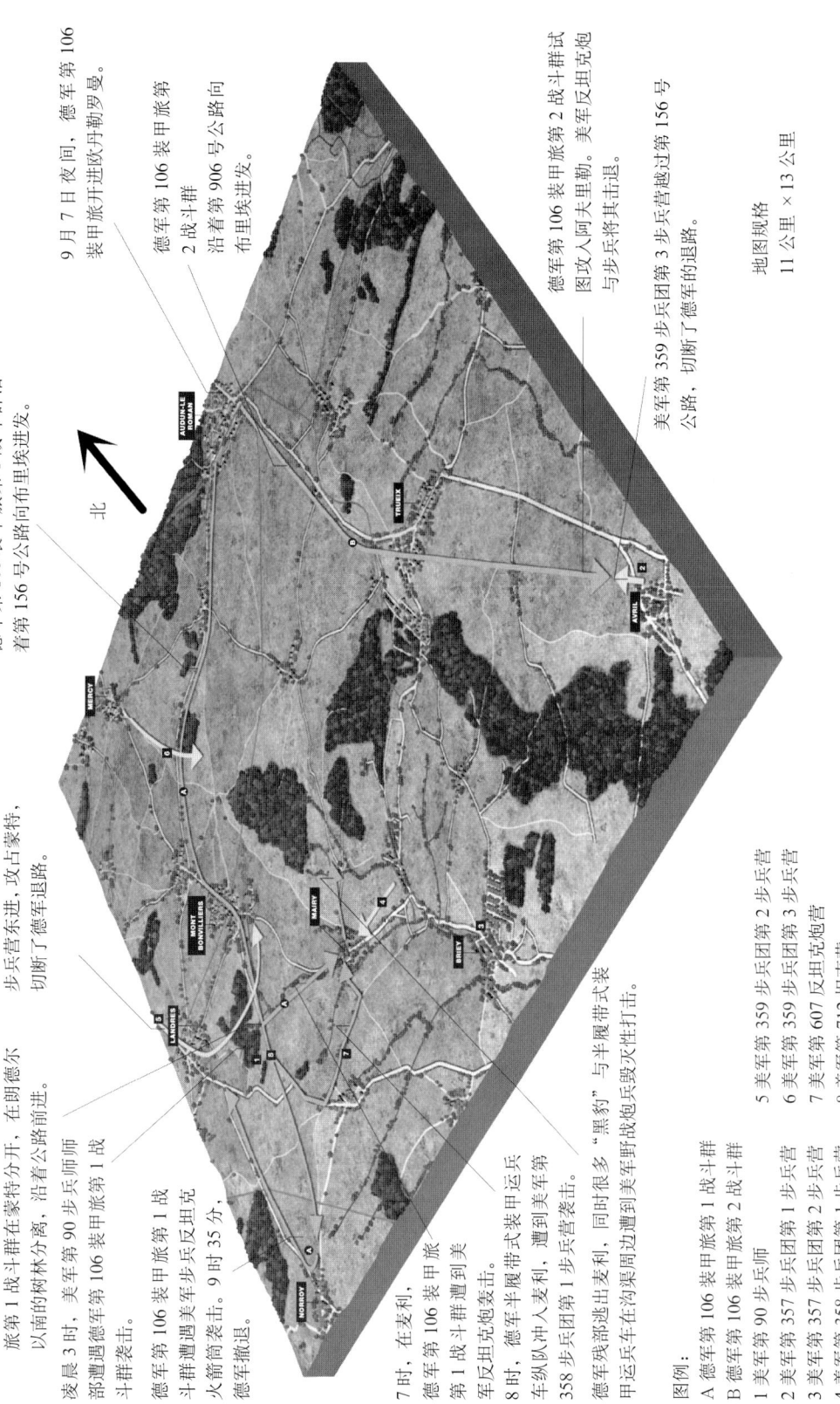

9月7日夜间，德军第106装甲旅开进欧丹勒罗曼。

德军第106装甲旅第2战斗群沿着第906号公路向布里埃进发。

德军第106装甲旅第2战斗群试图攻入阿夫里勒。美军反坦克炮与步兵将其击退。

美军第359步兵团第3步兵营绕过第156号公路，切断了德军的退路。

地图规格
11公里×13公里

9月8日凌晨2时，德军第106装甲旅第1战斗群在蒙特分开，任阴德尔以南的树林分散。德军第106装甲旅第1战斗群部遭遇德军第90步兵师，沿着公路前进。

凌晨3时，美军第90步兵师部遭遇德军第106装甲旅第1战斗群袭击。

德军第106装甲旅第1战斗群遭遇美军反坦克炮火箭筒袭击。9时35分，德军撤退。

7时，在麦利，德军第106装甲旅第1战斗群遭到美军反坦克炮袭击。

8时，德军半履带式装甲运兵车纵队冲入麦利，遭到美军第358步兵团第1步兵营袭击。

德军残部逃出麦利，同时很多"黑豹"与半履带式装甲运兵车在沟渠周边遭到美军野战炮兵毁灭性打击。

美军第359步兵团第2步兵营东进，攻占蒙特，切断了德军退路。

图例：
A 德军第106装甲旅第1战斗群
B 德军第106装甲旅第2战斗群
1 美军第90步兵师
2 美军第357步兵团第1步兵营
3 美军第357步兵团第2步兵营
4 美军第358步兵团第1步兵营
5 美军第359步兵团第1战斗群
6 美军第359步兵团第3步兵营
7 美军第607反坦克炮营
8 美军第712坦克营

1944年9月8日，麦利之战作战形势图。

第2步兵营与第3步兵营，始终部署在布里埃周围。布里埃位于4座山丘之间，德军1个掷弹兵营驻守着制高点。美军任何试图接近布里埃的行动，都会陷入德军交叉火力的压制。双方一度形成僵局，只在原地进行对射。第345野战炮兵营C连的爱德华·里泰博（Edward Ritenbaugh）中尉，命令文森特·阿朗佐（Vincent Alonzo）下士与5级技术兵约瑟夫·鲁伊斯（Joseph Ruiz），前往支援第2步兵营作战。第282野战炮兵营、第343野战炮兵营与第345野战炮兵营的炮兵观察员，得到了法国平民的帮助。1名平民偷偷溜进了布里埃，将德军营部所在地、军官住宿的建筑物、几个机枪阵地、军火与补给品仓库的位置，都报告给了美军。德军营部与补给仓库都是比较大的建筑物，第345野战炮兵营的155毫米榴弹炮，负责对其进行炮击。在155毫米榴弹的轰击下，德军弹药库炸得燃烧起火，整整燃烧了三天三夜。德军营部遭到惊天动地的炮击后，德军1名中尉与1名列兵请求进入美军阵地，以协商投降事宜。当晚，美军攻占布里埃，德军435名官兵举起了白旗。在德军的请求下，美军救治了德军的伤兵。

18时，第358步兵团第1步兵营也肃清了麦利附近最后的德军残兵，继续向北推进，完成与第359步兵团第2步兵营的连接。20时，第106装甲旅第2战斗群与第3战斗群，撤至欧梅斯（Aumetz），引导第19掷弹兵师进入阵地。克诺贝尔斯多夫以急功近利的心态策划的反击，以德军的一败涂地而告终。

"统帅堂"之败

麦利之战看似是美军1个步兵师对抗德军1个装甲旅，美军占有兵力规模的优势，实际上第90步兵师并未倾尽全部兵力，抵御第106装甲旅。

第106装甲旅的3个战斗群，第3战斗群主要是旅部、警戒与勤务兵力，主要作战兵力，都集中在第1战斗群与第2战斗群。相比之下，第90步兵师的3个步兵团，参与麦利之战的只有第357步兵团第1步兵营、第358步兵团第1步兵营、第359步兵团第2步兵营与第3步兵营。第357步兵团第2步兵营与第3步兵营始终在围困布里埃；第358步兵团第2步兵营与第3步兵营始终在特里厄作战，无法分出步兵；第359步兵团第1步兵营要接管第358步兵团第1步兵营的阵地。首先与第106装甲旅交火的第712坦克营，参战的兵力为营部连、A连、B连的第1排与第2排、C连与勤务连，D连则没有参战。第607反坦克炮营的全部兵力与第774反坦克炮营C连，均投入了战斗。还有师属炮兵的4个野战炮兵营与军属炮兵的2个野战炮兵营。这些兵力共计，4个步兵营、3.5个坦克连、1.3个反坦克炮营与5个野战炮兵营。如果只计算麦利之战中，相互交火的步兵、坦克、坦克歼击车或反坦克炮数量，那么双方相差无几。但是，美军5个野战炮兵营的火力，是德军完全不具备的。在麦利附近，美军还有2个高射炮兵连，装备M1式90毫米高射炮。一旦其迫不得已改为平射作战，那么即使德军投入更多"黑豹"，恐怕也是在劫难逃。值得注意的是，美军第19战术航空军并没有参与麦利之战。当天，第19战术航空军在空袭法国西部的布雷斯特，根本无暇东顾。第90步兵师完全是以地面兵力打垮了第106装甲旅。这与坊间流传的所谓"只要没有航空兵的支援，美军就完全无法战胜德军"的说法，可谓大相径庭。

在麦利之战中，德军第106装甲旅损失了21辆"黑豹"与4号L70式坦克歼击车、60辆半履带式装甲车以及100

多辆机动运输车辆；损失了75%的官兵，其中764人被俘，包括2106装甲营营长与第2106装甲掷弹兵营营长。德军战俘供述，第106装甲旅的进攻，只是德军大规模攻势的前锋。当天结束时，第106装甲旅只剩9辆"黑豹"与4号L70式坦克歼击车尚可作战。几天之后，德军回收或修复了部分装甲战斗车辆，有些滞留在美军防线后方的装甲掷弹兵也设法逃了回来。这使第106装甲旅的兵力，恢复到了17辆"黑豹"与9辆4号L70式坦克歼击车，处于可用状态。

德军总结了麦利之战失败的原因。第106装甲旅战地日志认为，德军完全没有空中侦察，编制内的侦察兵力只有1个侦察排与1个摩托车排，完全是在不知美军兵力与阵地位置的情况下，发起了进攻。然而，缺乏侦察兵力恐怕不是其战败的理由。第106装甲旅并不缺乏半履带式装甲运兵车，完全可以从装甲掷弹兵营中抽调部分车辆进行侦察。其没有进行足够侦察的原因，是指挥官的决策失误。

克诺贝尔斯多夫急切地想要在48小时内完成反击，第106装甲旅根本来不及侦察。克诺贝尔斯多夫与贝克都曾在东线服役，他们都秉承着"东线思维"在西线作战。在东线，德军以少量装甲精锐进行分进合击，强调速度与突然性，往往能引起苏军步兵的慌乱与溃逃。在西线，战场环境与对手的情况则完全不同。西线的地形地貌支离破碎，进行指挥的难度大于几乎一览无遗的东线战场。9月8日早晨，当德军各支装甲纵队，分散于丘陵起伏的战场上时，贝克上校就已经失去了第106装甲旅的指挥与控制。美军步兵装备大量反坦克火箭筒，对突入阵地的德军坦克并非束手无策；美军普及的无线电通信设备，能够迅速地召唤野战炮兵进行及时的火力支援。如此高度合成化的火力，是东线德军从未遭遇过的。

此外，第106装甲旅还为失败找出了各种"臆想"出的理由。第106装甲旅战地日志表示，美军"不停地将新的坦克投入作战"。这仿佛印证了坊间流传的所谓"美军只能以坦克的数量优势击败德军坦克"的说法。实际上，美军投入的坦克数量还不到1个营，并不比德军坦克多，更何况德军坦克与坦克歼击车还占有技术优势。第106装甲旅还表示，美军以强烈的电子干扰，严重破坏了德军3个战斗群之间的通信，有时甚至完全联系不上。美军炮兵观察员也报告，德军坦克之间可能存在通信不畅的问题，因为发现德军坦克兵从"黑豹"中爬出，冒着美军的炮火，在坦克之间来回报信。实际上，美军当然没有使用什么电子干扰。德军的通信障碍，完全是因为地形障碍与德军无线电通信设备技术的不可靠。

相比之下，战斗爆发的突然与战场的纷乱交错，也使美军的损失成为盲点，更难以明确统计取得的战绩。无论如何，美军的损失可能极为轻微。第712坦克营A连与C连共损失5辆M4，但只要不是彻底损毁，就可以进行修复。第358步兵团第1步兵营处于核心作战区域，也只伤亡22人。前阶段的战斗，是在黑夜与混乱之中展开的；天亮后，四面八方的美军都在向阵地纵深的德军装甲纵队开火。这导致根本无法统计，是谁的火力消灭了德军哪些车辆或人员。有些"黑豹"与半履带式装甲运兵车，很可能同时遭到了多个火力来源的反复轰击。第712坦克营营部连认为击毁了2辆坦克；A连认为击毁了2辆坦克、打瘫2辆坦克与1辆半履带式装甲运兵车；B连认为击毁了2辆坦克；C连认为击毁了10辆坦克与4辆半履带式装甲运兵车。第712坦克营的官兵谦虚地表示，反坦克炮兵与使用反坦克火箭筒的步兵，击毁的德军目标要比他们还多。无论如何，麦克莱恩少将都对第712坦克营的"及时救驾"表示赞赏。麦利之战后，第712坦克营获得了"第90步兵师的铁拳"（Armored fist of the 90th）的称号。后来，上级曾向麦克莱恩少将表示，可以调他去装甲师指挥1个战斗群。麦克莱恩开玩笑地拒绝道："不用，谢谢，我已经有'第712装甲师'了。"

第607反坦克炮营认为击毁了5辆坦克与坦克歼击车、10辆半履带式装甲运兵车。第774反坦克炮营认为击毁了4辆坦克、2辆半履带式装甲运兵车，缴获了1辆坦克，俘虏14人。第358步兵团第1步兵营认为击毁或缴获了7辆坦克、43辆半履带式装甲运兵车，俘虏125人。第344野战炮兵营认为，其A连、B连与勤务连，联合第358步兵团第1步兵营，共同击毁了7辆坦克、27辆自行火炮与48辆半履带式装甲运兵车，击伤47人，俘虏100人。如果将这些统计数字相加，那么仅第90步兵师消灭的"黑豹"，就达到了40多辆，甚至超出了第106装甲旅的编制。显然，在混乱的战场上，准确统计战绩是极为困难的。

耐人寻味的是，第90步兵师打垮1个装甲旅，重创希特勒洛林反攻计划的战斗，却并未引起美军的重视。在美军看来，第106装甲旅的反击不过是德军的局部行动，麦利之战不过是普通的遭遇战。第90步兵师的官方战史，更关注的是后来在蒂永维尔的攻坚战，打垮第106装甲旅的战斗，只是一笔带过。在第20军的梅斯地区作战报告中，关于第90步兵师打垮第106装甲旅的战斗，也只写了两句话而已。第106装甲旅是在几乎没有给美军留下什么印象的情况下，就遭到了毁灭性打击。第90步兵师并未意识到，在他们的英勇奋战之下，希特勒为洛林反攻准备的4个装甲旅，有1个已经就此"残废"了。

子虚乌有的"卢森堡歼灭战"神话

1944年9月9日，在进攻美军第90步兵师遭到惨败后，德军第106装甲旅向卢森堡以南地区撤退。有些国内介绍洛林战役或梅斯战役的文献资料，与外国介绍德军装甲兵的文献资料，都曾记述：第106装甲旅"撤退过程中顺带歼灭了美军1个坦克营的26辆坦克与8辆装甲车"。

9月9日，第106装甲旅只有9辆坦克与坦克歼击车尚可作战。24小时之前，这支刚遭到痛击的疲惫之旅，就得到了迅速成长，从失败中吸取了教训，摇身一变地成为了名副其实的"德军装甲劲旅"。以如此薄弱的兵力，消灭了美军如此众多的坦克。这无疑是著名德军王牌坦克兵米夏埃尔·魏特曼（Michael Wittmann）上尉，维莱博卡日（Villers-Bocage）坦克战神话的重演，续写了二战德军装甲兵"不可战胜"的传奇。

然而，如此"重大胜利"，却不见德军对其大书特书，更不见有史料进行详细记述。难道真的是因为德军类似的"辉煌战绩"太多，已经对第106装甲旅的"小胜"不屑一顾了吗。

这所谓"卢森堡歼灭战"的说法，很可能来自罗尔夫·施特弗斯（Rolf Stoves）的《1935—1945年，德军装甲与摩托化集群》（Die gepanzerten und motorisierten deutschen Großverbände 1935—1945)。其简单地记述了，第106装甲旅曾在卢森堡的奥伯科恩－迪帕赫（Oberkorn-Dippach）地区，取得了如此"辉煌的"战绩。但是，只要与记述更为详细的美军资料对比，就能发现这所谓的"辉煌的"战绩是彻头彻尾的子虚乌有。

德军第106装甲旅撤退到卢森堡后，对阵的是美军第1集团军第5军的第5装甲师。

9月9日，第5装甲师发起进攻；A战斗群在右翼，通过比利时的维尔通（Virton）与欧邦日（Aubange），直奔卢森堡城；R战斗群在左翼，通过比利时的圣玛丽（St.Marie）、阿尔隆（Arlon），进抵卢森堡的梅尔施（Mersch）；后方是师部与B战斗群。

第5装甲师的2个战斗群，迅速穿过了第28步兵师的防区，进抵卢森堡边境。在进军途中，A战斗群冲入了德军行军纵队，消灭了29辆卡车与马车、3门反坦克炮与大量骑自行车的步兵，己方没有任何损失。15时，A战斗群发现北方出现了德军2辆坦克与30辆其他车辆。美军召唤了野战炮兵与P-47式战斗机，将其全部消灭。

此时，美军A战斗群第34坦克营C连威廉·布莱克利（William Blakely）中尉的M4，抵达了卢森堡城以西的开阔地。他并不知道，前方正埋伏着第106装甲旅的"黑豹"。显然，经过麦利之战的"蹂躏"，第106装甲旅学乖了。他们恍然大悟，伏击战才更安全与划算。2辆"黑豹"在前方埋伏，其他"黑豹"在后方掩护。德军坦克兵成功地击毁了领头的M4，随后见好就收，夺路而逃。布莱克利中尉指挥4辆M4向前冲锋180米，不依不饶地猛烈开火。追射火力击中了1辆"黑豹"的车体后部，瞬间将其打成了废铁。

然而，在美军坦克以南，还有更多的"黑豹"正处于车体掩蔽状态。这些"黑豹"找准机会，再次击毁了C连1辆M4。强行与车体掩蔽状态的"黑豹"硬碰硬，显然是不明智的。布莱克利中尉指挥3辆M4迅速转移至掩蔽阵位，并用无线电呼叫空中支援。8架P-47应声而至，"黑豹"见势不妙，赶紧躲到了树林里。M4向"黑豹"藏身之处发射白磷弹，为战斗机指示目标。8架P-47猛烈扫射并轰炸了树林，但并未伤及"黑豹"。第628坦克歼击车营A连的M10开了上来，向"黑豹"开火，但穿甲弹在其车体正面装甲上弹飞了。最后，A战斗群从第400装甲野战炮兵营调来了1辆M7式105毫米榴弹炮。M7的直射火力，"轰"的一声，击毁了1辆"黑豹"。幸存的几辆"黑豹"再次迅速逃窜。傍晚，第628坦克歼击车营A连进行侧翼迂回，M10顺利地击毁了3辆"黑豹"。夜间，A战斗群在卢森堡以西6.4公里处集结，准备天亮后进入卢森堡城。

以上才是所谓"卢森堡歼灭战"的真相。在这场战斗中，美军以损失2辆M4为代价，击毁第106装甲旅5辆"黑豹"，取得了可观的战绩。实际上，整个9月，第5装甲师也只损失了11辆M4、6辆M5A1与2辆M8式装甲侦察车。这些损失加起来，也远远不及某些文献资料吹嘘的"卢森堡歼灭战"中德军第106装甲旅的战绩。

第106装甲旅从未打赢过什么"卢森堡歼灭战"，也不存在德军装甲兵"一夜成长为王牌"的神话。事实上，在1944年9月的战斗中，第106装甲旅从未赢得过任何战斗的胜利。德军东线"装甲王牌"贝克上校指挥的这支装甲旅，在西线能苟活于世，就已经"谢天谢地"了。

4. 攻坚遗恨

1944年9月，在第20军的防区内，麦利之战已经是少有的"顺风仗"了。德军的进攻失利，美军的进攻更为艰辛。此时，第20军面临着兵力不足的问题。横亘在美军第20军面前的摩泽尔河与梅斯－蒂永维尔筑垒地域，远远不是1个装甲师与2个步兵师就能迅速拿下的。

"老牌手"攻坚难

在布里埃，美军第90步兵师缴获的德军文件显示，德军将再次对其侧翼进行反击。德军战俘的供述，也证明了相关计划的存在。麦克莱恩少将命令各营就位，准备再次抵御德军的进攻。9月9日早晨，第90步兵师发现并没什么动静，进而继续向东北方前进，一路追击正在全面撤退的德军第559掷弹兵师，并将少量执行后卫任务的德军一扫而光。第359步兵团第3步兵营还伏击了德军马车纵队，击毙或俘虏200多人。当晚，第90步兵师的前锋在纳夫谢与丰图瓦宿营，距离蒂永维尔只有12公里。在纳夫谢的高地上，第90步兵师已经能俯瞰摩泽尔河了。

9月10日，德军第559掷弹兵师的2个掷弹兵团，依然试图拖住第90步兵师，阻止其通过山谷与隘口，进抵蒂永维尔以西的台地。第357步兵团从纳夫谢进攻阿扬日（Hayange），旋即遭到了德军反击。第358步兵团第3步兵营的目标是阿尔格朗日（Algrange），德军据守着这里的制高点，能俯瞰从阿扬日向北延伸的峡谷。夜幕降临时，德军仍然死守着高地。在北侧，第359步兵团攻占欧梅斯，并在没有遭遇抵抗的情况下，进入了"马奇诺"防线的部分筑垒地域。第90步兵师配属的机械化骑兵向北进行远程侦察，在步兵警戒线以北几公里处进行警戒。

9月11日，麦克莱恩少将准备会师进抵摩泽尔河，进攻蒂永维尔。此时，美军第1集团军第5军的第5装甲师已经跟了上来，与第90步兵师处于并肩前进状态。麦克莱恩少将终于能将负责屏护左翼的第359步兵团调过来，从而在蒂永维尔附近渡河，另2个步兵团继续进攻。当天夜间，阿尔格朗日以东的德军撤下了高地，第358步兵团第3步兵营占领了制高点，并通过峡谷，向福尔克朗日（Volkrange）西南方的高地前进。第3步兵营再次遭遇了德军的抵抗，不过他们迅速将德军赶了下去，并在福尔克朗日以东停止前进，准备进入蒂永维尔当面的平原地带。第358步兵团第1步兵营则遭遇了德军步兵的顽强抵抗，即使遭到美军战斗机投掷的炸弹，也没有让出阵地。经过激战，第1步兵营终于拿下了昂特朗格（Entrange），占领了制高点。第358步兵团兴奋地报告："我们占领了大量的观察点，一眼都能望到从制高点到柏林之间路程的中点了。"傍晚，第358步兵团第2步兵营通过第1步兵营与第3步兵营坚守的走廊，向蒂永维尔发起进攻。在德军后卫兵力的拼命阻击之下，第2步兵营的进展缓慢。第90步兵师右翼，第357步兵团顺利地抵达摩泽尔河，在蒂永维尔以南，攻占了距离蒂永维尔4.5公里的铁路交会点弗洛朗格（Florange）。

9月12日，克诺贝尔斯多夫命令梅斯以北的德军全部撤过摩泽尔河。第357步兵团得以占领于康日（Uckange），并沿着河岸清剿德军。第712坦克营的M4运载着第358步兵团第2步兵营，一路开进蒂永维尔外围西侧。在蒂永维尔的街道上，美军发现德军布设了大量地雷。下午，德军一直试图进行渡河反击。傍晚，第358步兵团已经守住了蒂永维

1944年9月10日，阿尔格朗日，美军第358步兵团装备的M1式57毫米反坦克炮。

1944年9月12日，蒂永维尔，美军第358步兵团的步兵手持M1"加兰德"式7.62毫米半自动步枪（近）与M1式7.62毫米卡宾枪，据守德军旧式防御工事的战壕。

尔以西河岸的大部分区域,只有1座带有鹿砦与钢筋混凝土机枪碉堡的桥头堡,始终未能拿下。夜间,德军炸毁了桥头堡上的桥梁。

摩泽尔河东岸上的德军筑垒地域,能一直俯瞰到西岸上的美军阵地。以步兵直接渡河,正面强攻这些要塞群,显然是不明智的。麦克莱恩少将希望能在蒂永维尔以北渡河,从后方包抄德军筑垒地域。不过,麦克莱恩少将并不知道沃克少将即将重组第20军,以执行新的作战计划。新作战计划的目的是加强第20军右翼:第7装甲师在阿纳维尔桥头堡集结,向东进攻,再向北迂回,摧毁梅斯以北的德军防线,第90步兵师就能不受干扰地在蒂永维尔渡河了。第43机械化骑兵侦察营转移到第20军左翼,掩护长达37公里的警戒线,在蒂永维尔以北替换第90步兵师的零散兵力。在沃克少将的请求下,第12集团军群司令部还调来了执行欺敌任务的特殊行动组,在第43机械化骑兵侦察营的防区,伪装成了强大的"装甲师",招摇过市地活跃了几个星期。这种虚张声势,确实达到了保证第20军左翼安全的目的。在西线德军司令部的地图上,标注此处有"美军第14装甲师"在活动。

9月13日,第90步兵师正

雷蒙德·斯托林斯·麦克莱恩

雷蒙德·斯托林斯·麦克莱恩(1890年4月4日—1954年12月14日),美国陆军中将。美国陆军总参谋长马歇尔盛赞他"为'公民士兵'这个词带来了无尚的荣誉"。

1909年,他毕业于俄克拉荷马城(Oklahoma City)的"希尔"(Hill)商学院,从事房地产工作。1912年,他加入俄克拉荷马州国民警卫队,获得了中士军衔。1914年,晋升为少尉。1915年,晋升为中尉。第一次世界大战中,他前往欧洲作战,在第36步兵师担任机枪连连长。返回美国后,他继续在国民警卫队服役,并从事房地产工作。1938年,进入美国陆军指挥与总参谋部学校(U.S. Army Command and General Staff School)进修,晋升为准将,担任第45步兵师参谋长助理。

二战时期,他担任第45步兵师师属炮兵司令。在西西里岛战役中,他获得了两枚优异服役十字勋章。随后,他参加了意大利战役。1944年8月,他前往诺曼底,担任第90步兵师师长。他

很快将伤亡惨重且百病缠身的第90步兵师,打造成了"硬骨头"。在法莱斯围歼战中,第90步兵师与波军第1装甲师,共同负责包围圈的封口任务,抵御了德军疯狂的进攻。10月,他调任第19军军长,成为二战时期唯一担任军级指挥官的国民警卫队员。

战后,他成为了美军正规军准将。后来,他又成为了美国陆军历史上首位法定的军事稽核官。1954年去世时,他正在艾森豪威尔总统的国家安全培训委员会(National Security Training Commission)工作。为了纪念他的丰功伟绩,美国塔尔萨(Tulsa)高级中学,改名为"麦克莱恩"高级中学。

在调兵遣将，准备执行迂回战术时，麦克莱恩少将接到沃克少将的命令——暂停进攻，分兵替换梅斯以西的第7装甲师R战斗群与第5步兵师第2步兵团。

9月14日，第90步兵师的第357步兵团与第359步兵团南下。第357步兵团在左翼，沿着若蒙树林（Bois de Jaumont），直抵圣普里瓦。第359步兵团在右翼，防线一直延伸到格拉沃洛特东部以南地区。午夜，第5步兵师第2步兵团全部撤出前沿阵地，第90步兵师的2个步兵团，做好了明晨发起进攻的准备。

R战斗群与第2步兵团为第90步兵师提供了部分情报，包括德军的反制战术与可能遭遇的状况等，但梅斯以西德军主防线的轮廓，美军依然没有摸出门道。第90步兵师几乎重蹈了R战斗群与第2步兵团的覆辙——德军伪装良好的地堡与碉堡，阻击着美军步兵任何向东的进攻，美军甚至不知道这些防御工事的存在；德军自行火炮或游动炮兵，在河岸上神出鬼没，向美军阵地进行干扰炮击；德军要塞炮炮台都位于反斜面阵地上，只要美军未能攻占能俯瞰反斜面阵地的观测点，美军的反炮兵火力就对之无能为力。

第357步兵团正面，在圣普里瓦－马伦戈（Marengo）－梅斯公路两侧，分别有两片防御工事。公路北侧是德军第462训练师第1010保安团据守的康罗贝尔工事，沿着费韦树林（Bois de Fêves）的山脊线，转向东北方的塞梅库尔。这条防线有道6米高、9米宽的混凝土墙构成，4座要塞进行加强，防线以西是散兵坑、铁丝网与机枪阵地组成的警戒线。在公路南侧，北端是控制着公路的克勒曼工事，美军称为"阿芒维莱尔要塞"（Fort Amanvillers）；南端是洛林要塞群，向东南方延伸，直抵俯瞰阿芒维莱尔的山地。

第359步兵团正面，德军防线一直向南延伸，直抵第5步兵师第11步兵团防区内的德里昂要塞群。克勒曼工事与洛林要塞群以南，有大量临时构筑的野战防御工事，两翼与后方有要塞炮炮台掩护。在韦尔内维尔以东的弗朗索瓦·德·吉斯要塞群附近，还有更多的野战防御工事，包括圣女贞德要塞群在内的"七个小矮人"要塞群。"七个小矮人"要塞群最末端的马里沃要塞，掩护着德里昂要塞群的侧翼与后方，镇守着通往摩泽尔河畔阿尔斯的隘口。如果美军准备从西面接近圣女贞德要塞群，就必须要在格拉沃洛特以东，通过德军镇守的芒斯河河谷。在之前的战斗中，第2步兵团反复冲击这条河谷防线，也没有任何收获。

9月15日，第357步兵团第1步兵营与第359步兵团第2步兵营率先发起进攻。第1步兵营加强了1个装备火焰喷射器的工兵排。火焰喷射器一直储备在第3集团军的仓库里，有攻坚任务时才配发。在此之前，第3集团军并未打过攻坚战，也疏于训练，导致大家都不看好火焰喷射器的效用。第1步兵营的任务是沿着圣普里瓦－梅斯公路前进，切断康罗贝尔工事与克勒曼工事之间的联系。第1步兵营的前进路线要经过大片的灌木丛，在得到了掩护的同时，也增加了指挥的困难，还要不断停下来重组。当天快结束时，第1步兵营从北方进抵克勒曼工事。第357步兵团第2步兵营的侦察兵，对康罗贝尔工事北端进行了试探，发现任何迂回行动，都要穿越开阔地，随即将遭到费韦要塞（Fort Fêves）的直射火力打击。

第357步兵团第1步兵营展开行动45分钟后，第359步兵团第2步兵营从马尔迈松（Malmaison）东南出发，进攻圣女贞德要塞群。1个排的

1944年9月12日,丰图瓦,美军第90步兵师的车队正在休整。

"七个小矮人"要塞群　至 梅斯　　　　　　　　　　　　　　　　　格拉沃洛特

格拉沃洛特河谷航空照片。

M5式76.2毫米反坦克炮,原地为其提供远程火力支援。第359步兵团团长罗伯特·培根(Robert Bacon)上校打算让第359步兵团第2步兵营在格尼沃树林进行迂回,以绕过格拉沃洛特以东深谷最危险的地段。最初,第2步兵营只遭遇了微弱抵抗。13时40分,马尔迈松以东森林里的1座大型碉堡,以猛烈的火力压制住了第2步兵营。美军步兵使用反坦克火箭筒开火,却发现根本无法击破钢筋混凝土防御工事。美军调了1个坦克排与1个装备火焰喷射器的工兵排上来,也只是压制住了德军火力,而未能将其摧毁。第2步兵营恢复前进,只走了不到200米,就在溪谷边缘,遭到了德军的猛烈抵抗。

当晚,在研究了第357步兵团与第359步兵团的作战报告之后,麦克莱恩少将得出结论——第90步兵师现有的兵力,根本不足以向梅斯以西的德军筑垒地域发起全面进攻。他命令这2个步兵团停止大规模进攻,改为在前沿维持更多的侦察兵与干扰性火力,时刻牵制德军,使其无法调往其他地区。

9月16日上午,梅斯以西弥漫的大雾,掩护了第357步兵团第1步兵营的行动。美军3个步兵连缓慢地向克勒曼工事与康罗贝尔工事之间缺口以东,进行渗透。德军炮兵看不见目标,只能对战场进行漫无目标的炮击。然而,第357步兵团第1步兵营也在大雾中蒙头转向了。10时,美军侦察兵发现,第1步兵营距离康罗贝尔工事,只有130米了。营长命令2个步兵连,绕过混凝土墙的尽头,突破德军铁丝网与机枪的封锁,开上圣普里瓦-梅斯公路。第357步兵团团长乔治·巴思(George Barth)上校命令第3步兵营前往掩护第1步兵营右翼。中午刚过,第1步兵营与第3步兵营正在组织机动时,德军候补军官团凶猛地冲向美军2个步兵连。经过惨烈的白刃战后,美军以损失74人为代价,击退了德军的进攻。17时,第1步兵营试图绕过混凝土墙,但遭到德军炮火与机枪的阻击,被迫掘壕固守。

在格拉沃洛特以东的芒斯河河谷,第359步兵团第2步兵营继续反复冲击着德军防线。他们开入谷底,试图向南进攻。然而,德军早已在河谷两侧布满树林的斜坡上严阵以待。德军机枪与迫击炮火力,狂暴地横扫而来。战斗一直持续到黄昏,第2步兵营也只前进了180米,勉强抵达了格拉沃洛特-梅斯公路。G连的唐纳德·兹韦费尔(Donald Zweifel)中士独自冲锋在前,在负伤之后,仍然单枪匹马地消灭了2个机枪阵地,德军只有1名机枪手存活,其他人都被他击毙。最终,兹韦费尔中士荣获优异服役十字勋章。在这场战斗中,第2步兵营也付出了高昂的代价,有122人阵亡,其中包括15名军官,占第2步兵营军官总数的50%。

9月17日,第357步兵团与第359步兵团遭到的德军炮击强度陡增。麦克莱恩少将与

德军康罗贝尔工事/霍里蒙特坚固支撑点航空照片。照片上的三个圆圈,分别是德军3个坚固支撑点的所在位置。

第90步兵师的参谋部，都非常担忧，这是德军即将发起大规模反击的预兆。此时，第90步兵师的防线已经拉伸到了25公里，前沿阵地有大量薄弱之处。无论如何，这2个步兵团继续发起了进攻。但是，为了维持拉伸过度的防线，每个步兵团只敢动用1个步兵营前进。第357步兵团再次试图以1个步兵连绕过康罗贝尔工事的混凝土墙，却再次遭到德军机枪与迫击炮火力的阻挡。第359步兵团以第3步兵营替换了第2步兵营，但第3步兵营也未能取得任何进展。当天，这2个步兵团的进展，只能用米来计算，完全可以忽略不计。麦克莱恩少将意识到，即使看似稳扎稳打的蚕食战术，也要付出惨重的伤亡代价。沃克少将命令停止进攻，在进攻梅斯筑垒地域的新作战计划出台之前，第90步兵师有10天的时间可以用来休整。

泥潭之战

9月13日，梅斯以西的美军陷入停滞之时，阿纳维尔桥头堡的形势也愈加恶化。当天，德里昂要塞群的要塞炮击毁了美军1艘渡筏，炸毁了接近完工的重型浮桥与部分机械化桥。美军野战炮兵缺乏弹药，也使步兵守卫桥头堡的任务变得更加艰巨。此时，第20军已经调任第90步兵师师属炮兵司令迪瓦恩准将，担任第7装甲师B战斗群指挥官。下午，他指挥B战斗群抵达桥头堡，向东方与南方进攻洛里－马尔迪尼（Lorry-Mardigny），以夺取第5步兵师右翼的德军据守的山岭。在阿里附近，B战斗群遭到了德军反坦克炮与榴弹炮火力的拦阻。

第20军发布了新的作战任务后，欧文少将认为，这仍然是不可能完成的任务。布拉德利向艾森豪威尔保证，第3集团军一定能在摩泽尔河东岸建立稳固的桥头堡。因此，无论布拉德利、巴顿，还是沃克，都处于重压之下。这就要求第5步兵师在9月14日扩展阿纳维尔桥头堡，以使第7装甲师在9月15日向东突破。9月13日夜间，下起了倾盆大雨，阿纳维尔桥头堡东岸的土地浸得稀软。坦克倒是可以加大油门，吼叫着冲过泥潭，但履带搅拌过的泥浆，将成为卡车与吉普车通行的噩梦。第10步兵团也需要时间消化刚补充来的300名兵员。第2步兵团正从梅斯以西赶来，尚未抵达。这些因素都不利于扩展桥头堡的行动。9月14日拂晓，欧文决定延后行动。

9月15日9时，美军B战斗群与第10步兵团向东南方发起进攻。当时，阿纳维尔桥头堡弥漫着大雾，某些低洼地段的能见度甚至不到3米，美军只能依靠指南针前进。美军坦克挣扎着开过步行尚且困难的湿滑路面，在近距离平射隐约浮现出轮廓的德军目标。不过，大雾也掩护了美军的行动，德军无法发现美军的所在。美军攻占阿里，并抓获了不少战俘。第10步兵团第3步兵营与第735坦克营B连，协同进攻396高地。在山坡上，美军步兵与德军碉堡爆发了激烈的战斗。396高地的制高点没有树木遮挡，美军步兵刚登上制高点，就遭到了德军炮兵的猛轰。美军无法在制高点立足，但只要天气允许，就能从此一览第5步兵师的整个前沿阵地。第3步兵营也可以从此出发，进攻洛里的十字路口。下午，B战斗群攻占了洛里－马尔迪尼与维通维尔（Vittonville）。随后，B战斗群接到命令，第2步兵团即将接替他们。

第20军将北翼的兵力南下与阿纳维尔桥头堡攻势的加强，德军自然也看在眼里。党卫军第13军从空军勤务兵力与东线后备兵力中抽调兵员，补充给了党卫军第17装甲掷弹兵

1944年9月，梅斯－蒂永维尔筑垒地域，美军第7装甲师第440装甲野战炮兵营的M4"谢尔曼"式炮兵观测车。

1944年9月13日，阿纳维尔，美军第7装甲师的M32式坦克回收车跨越摩泽尔河。

特勒强令德军死守，也就意味着美军突破桥头堡的行动，将更加步履维艰。

9月16日早晨，皮特·赫夫纳（Pete Heffner）上校指挥第7装甲师R战斗群，沿着洛里－西莱尼（Sillegny）公路，向东发起进攻。西尔韦斯特少将计划，A战斗群将占据R战斗群左翼；抵达桥头堡后，2个战斗群并肩前进；B战斗群跟随装甲炮兵前进，担任后卫。第7装甲师的出发阵地并不明确，总体是沿着费伊（Féy）－洛里－马尔迪尼之间山岭的前坡行动。

根据第3集团军参谋部制订的作战计划，第7装甲师将绕过梅斯以南已知的筑垒地域，跨越塞耶河，在韦尔尼（Verny）转向东北，再跨越尼德河（Nied），从后方包抄梅斯；A战斗群将在距离梅斯市中心4.8公里处穿过梅斯；R战斗群在右翼，负责侧翼警戒；更多的机械化骑兵，将在更深远的东方进行屏护。这意味着，整个第7装甲师将像长蛇一样，从南到北环绕梅斯。即使对巴顿这样的战将来说，这个计划也显得过于乐观与鲁莽了。太多无法预见的不确定因素，都可能导致这次深远机动的失败。美军情报已经得知，在摩泽尔河以东9.65公里处的

师，前往阿纳维尔桥头堡，堵截美军必将发起的突破。这些德军官兵的作战经验可能有限，但作战意志颇为狂热。当天，布拉斯科维茨也提出申请，要死守梅斯。无论德军最高司令部，还是西线德军司令部，都没有做好相关准备。他的申请也就只好逐级上呈给希

特勒。希特勒认为，像梅斯这样的要塞城市，唯一的意义就是以二级兵力进行据守，尽可能长时间地牵制住尽可能多的美军。他命令梅斯守军要做好遭到围困的准备，全力拖住美军。9月16日，他却出尔反尔地宣布，第1集团军必须坚守防线，防止美军包围梅斯。希

塞耶河上，德军已经建立了新的防线。即使第7装甲师跨越了塞耶河，也很快会拥堵在韦尔尼与欧尼（Orny）附近，暴露在德军要塞炮的炮口之下。美军装甲纵队只能沿着公路前进，无法在泥泞的田野上展开，而德军早已从后备武器仓库中调来大量火炮，封锁了所有向东延伸的公路。如果赶上坏天气，那么第7装甲师还将得不到任何空中支援。

在洛里－西莱尼公路两侧的林地，德军早已掘壕固守，严阵以待。R战斗群几乎刚发起进攻，就碰了"钉子"。在丛林战中，美军"温普尔"（Wemple）特遣队试图杀出血路，抵达林间的空地。西莱尼方向的德军炮兵以精准的火力，将他们赶了回来。14时，A战斗群加入进攻，但发现出发阵地处的山坡非常湿滑，坦克根本爬不上去。A战斗群的很多坦克，是用绞盘拖曳到山脊，才抵达出发线的。第48装甲步兵营前出，准备向韦宗（Vezon）出发。他们刚开下山坡，就遭到了凡尔登要塞群炮火的打击。美军几个装甲步兵连转为进攻马里耶于莱（Marieulles）。在396高地上，第10步兵团的炮兵观察员，调动13个野战炮兵营猛轰马里耶于莱。然而，德军步兵却躲进了地下室与散兵坑，避开了美军野战炮兵火力的锋芒。美军野战炮兵火力的硝烟还没消散，德军步兵从掩体中爬了出来，劈头盖脸地泼洒弹雨。德军炮兵也继续开火，击退了美军装甲步兵的进攻。

在第7装甲师后方，第5步兵师进行重组。在桥头堡右翼，第2步兵营替换了B战斗群，B战斗群转移到维通维尔进行集结。从多尔诺桥头堡撤出后，第11步兵团第2步兵营尚在恢复之中，甚至连损失的钢盔、步枪与自动步枪，都没有补充齐全。第2步兵营将留守后方，用于围困德里昂要塞群。第11步兵团主力与加强的1个步兵营，将部署在桥头堡北部边缘。第10步兵团侦察了费耶，准备在第7装甲师扫清了德军且第2步兵团就位后，就发起进攻。

当天，巴顿对第20军的行动非常不满。沃克少将告诉欧文少将："巴顿在这里，他告诉我，如果第20军不能跨越塞耶河，就只能留在后方包围梅斯，他将亲率第3集团军主力直奔莱茵河。现在，我们不能继续这么下去了。"欧文少将同意沃克少将的看法。但是，他私下记述道："在恶劣天气、低能见度与炮火的帮助下，德军正负隅顽抗。"

9月17日早晨，连日降雨与弥漫雾气的桥头堡，能见度变得越来越低。党卫军第17装甲掷弹兵师1个装甲掷弹兵营，向第10步兵团与第11步兵团结合部发起进攻。德军装甲掷弹兵装备了大量冲锋枪、突击步枪、反坦克枪与反坦克火箭筒，沿着韦宗以西的溪谷，蹑手蹑脚地潜伏过来。他们一拥而上，不计伤亡代价地冲向第11步兵团第1步兵营I连与第3步兵营L连的阵地。整个上午，双方都在进行激烈的混战。一等兵安德鲁·卡林卡（Andrew Kalinka）操作1挺M1919A4式7.62毫米重机枪，猛烈扫射德军，直到受了致命伤。最终，他重伤不治而亡，美军追授了他优异服役十字勋章。I连拼死抵抗，在阵地前方数出了96具德军尸体。德军曾包围了L连的1个排，迫使其投降。当德军再次卷入战斗并遭到沉重打击时，几乎所有的美军战俘都逃走了。第735坦克营的1个中型坦克排及时赶来增援，以猛烈的机枪火力扫射溪谷，阻止了德军的进攻。

在第10步兵团以南，第7装甲师A战斗群继续进攻马里耶于莱。党卫军第37装甲掷弹兵团第1装甲掷弹兵营与第2装甲掷弹兵营的500多人，顽强

1944年9月14日,阿纳维尔,美军吉普车开过第551重型浮桥营架设的浮桥。

地抵抗美军的进攻。在B战斗群第23装甲步兵营的支援下,A战斗群第48装甲步兵营的部分兵力,抵达马里耶于莱外围,却遭到德军88毫米反坦克炮的猛烈射击。在近距离上,88毫米榴弹直接射进美军装甲步兵的进攻阵列。下午,美军2个装备155毫米榴弹炮的野战炮兵营,对马里耶于莱进行了1分钟的火力准备。此时,美军野战炮兵的弹药难以为继,最多只能进行这样的炮击了。

随后,美军装甲步兵前进,却再次遭到德军反坦克炮的痛击。

美军装甲步兵将M1式57毫米反坦克炮推上前沿,直接面对德军阵地,并以坦克为先导,再次发起进攻,终于攻入了马里耶于莱。在战斗的最后阶段,德军后卫兵力依然狂热地战斗。装甲掷弹兵端着冲锋枪猛烈扫射,甚至直接站在开阔的街道上,与美军坦克对射。美军攻占马里耶于莱,俘虏德军135人,缴获了不少反坦克炮。在右翼的多蒙树林(Bois de Daumont)边缘,R战斗群用了一整天时间,才完成了清理路障与出发阵地的任务。德军炮兵掩护路障的炮火非常有效,造成了美军大量伤亡。在大雨与大雾中,美军反击炮火的效果却很差。

在桥头堡狭窄的后方,美军车辆与人员依然不可救药地拥堵在一起,难以进行集结或重组。沃克少将与西尔韦斯特少将命令,左翼的R战斗群与右翼的B战斗群继续正面进攻,A战斗群在马里耶于莱转入预备队,第10步兵团接管A战斗群前沿阵地。傍晚,第2步兵团的部分兵力将前出,占领马里耶于莱以东900米处的245高地。

9月18日,美军准备沿着塞耶河西岸,梅斯与舍米诺(Cheminot)之间的公路,发起进攻。第10步兵团第2步兵营负责进攻最北端的普尔努瓦拉谢蒂夫(Pournoy-la-Chétive)。第2步兵团第1步兵营负责进攻塞耶河畔宽(Coin-sur-Seille)。B战斗群负责进攻隆格维尔莱舍米诺(Longueville-lés-Cheminot)与塞耶河的河套地区。R战斗群在西莱尼保持不动。如果上述任务都能完成,那么第5步兵师与第7装甲师就打开了通往塞耶河的道路。

然而，持续恶劣的天气情况，彻底粉碎了美军的如意算盘。桥头堡的能见度很低，野战炮兵的火力支援效果很差。在胶水般的烂泥地上，坦克无法发起突击行动，只能在原地进行火力支援。美军步兵只能独自深一脚、浅一脚地挣扎在泥地中，艰难地向前拼杀。B战斗群的侦察兵攻占了布克西埃苏弗鲁瓦德蒙（Bouxières-sous-Froidmont）。德军撤退之前，埋设了大量地雷。上午，B战斗群都在小心翼翼地扫雷。第23装甲步兵营与第48装甲步兵营的2个装甲步兵连，进攻塞耶河的河套之处。在223高地上，美军装甲步兵遭到了2700米外德军炮兵的猛轰。美军的作战地图上没有标注这里有座高地。在无线电中，装甲步兵费尽口舌，喊破了喉咙，第7装甲师参谋部也不肯相信那里有座高地。

下午，第5步兵师的几个先头营发起进攻，只遭遇了微弱抵抗。他们抵达普尔努瓦拉谢蒂夫与塞耶河畔宽以西后，

1944年9月16日，德国党卫军第13军下辖的3个装甲掷弹兵师作战序列		
第3装甲掷弹兵师	第15装甲掷弹兵师	党卫军第17装甲掷弹兵师
第103装甲营	第115装甲营	党卫军第17装甲营
第8装甲掷弹兵团	第104装甲掷弹兵团	党卫军第37装甲掷弹兵团
第29装甲掷弹兵团	第115装甲掷弹兵团	党卫军第38装甲掷弹兵团
第3摩托化炮兵团	第33炮兵团	党卫军第17炮兵团
第103装甲侦察营	第115装甲侦察营	党卫军第17装甲侦察营
第3装甲歼击营	第33装甲歼击营	党卫军第17装甲歼击营
第3摩托化工兵营	第33摩托化工兵营	党卫军第17工兵营
第312摩托化高射炮营	第315高射炮营	党卫军第17高射炮营
第3医护营	第33通信营	党卫军第17通信营
第3补给运输连	第33补给运输连	党卫军第17装甲维修营
		党卫军第17管理营
		党卫军第17医护营
		党卫军第17后勤运输营
		党卫军第17宪兵连

德军第3装甲掷弹兵师军徽

德国党卫军第17装甲掷弹兵师军徽

德军第15装甲掷弹兵师军徽

遭遇了埃纳要塞附近德军炮兵的猛轰，被迫停了下来。9月10－16日，第10步兵团有24名军官、674名士官与列兵阵亡，补充而来的新兵没有任何作战经验。第10步兵团召唤空中支援，P-47克服了恶劣的天气，向星罗棋布的德军要塞群，投掷了12颗凝固汽油弹，但几乎毫无效果。

惨烈的攻防战

9月18日15时15分，在防线中央，第7装甲师R战斗群出动第17坦克营的3个中型坦克连与第38装甲步兵营的2个装甲步兵连，向西莱尼发起进攻。党卫军第37装甲掷弹兵团第3装甲掷弹兵营，党卫军第38装甲掷弹兵团第2装甲掷弹兵营，党卫军第17装甲掷弹兵师属炮兵主力，正驻守在这里。

美军装甲步兵刚走出森林边缘，就遭到了德军炮兵弹幕的拦阻。随后，德军要塞炮也开始炮击。R战斗群能得到4个炮兵营的支援，但美军炮兵观察员无法确定德军炮兵阵地的位置，盲目的反击炮火没有起到任何效果。德军炮火如此猛烈，以至于美军装甲步兵拒绝走出森林，坚持躲在森林中隐蔽。第17坦克营冲到了距离西莱尼只有450米的地方，不停地向德军阵地开火。在损失了5辆M4且打光了炮弹后，有2个坦克连撤退了。赫夫纳上校打电话给师部，表示他只留了2个装甲步兵排作为预备队，R战斗群其他的装甲步兵与2个装甲工兵排都投入了战斗，但依然无法攻占西莱尼。师部却冷冰冰地命令他，将作为预备队的2个装甲步兵排也投入战斗。赫夫纳上校只能硬着头皮，对R战斗群进行重组，再次命令他们冲了上去。德军火力横扫战场，美军装甲步兵四散奔逃。赫夫纳上校，第38装甲步兵营营长威廉·罗斯伯罗（William Rosebro）中校与其他几名军官，亲自上阵拦截溃兵。黄昏时分，他们再次重组的R战斗群，发起了进攻。在坦克的支援下，装甲步兵终于打出了"壮观的反戈一击"，一直推进到西莱尼边缘。德军机枪猛烈扫射，终于挡住了美军装甲步兵的前进。第17坦克营营长约翰·温普尔（John Wemple）中校不愿意让坦克在夜间冒险展开巷战。美军装甲步兵只能停下来掘壕固守，距离西莱尼最近的建筑物只有45米。

9月19日拂晓，美军装甲步兵攻占了几栋建筑物。德军发起凌厉的反击，又夺回了这些建筑物。德军战俘供述，在夜间，梅斯又增援了2个步兵连。整个早晨，双方在西莱尼边缘展开了血腥的战斗。罗斯伯罗中校受了致命伤，第38装甲步兵营副营长柯蒂斯·兰金（Curtice Rankin）少校阵亡，接管指挥的托马斯·韦尔斯（Thomas Wells）少校失踪。师部派西奥·金（Theo King）中校，前来担任营长。11时，他将2个装甲步兵连撤了回来，在师部担任警戒任务的1个装甲步兵连，也抵达了前沿阵地。在野战炮兵进行了猛烈的火力准备后，3个装甲步兵连突入西莱尼，却发现德军早已撤走。R战斗群还没来得及高兴，西莱尼以北与以东高地上的德军炮兵，就将炮弹砸了过来。美军先头兵力进退两难，只好就近躲入地下室藏身。德军第106装甲旅的5辆"黑豹"与部分装甲掷弹兵发起反击。R战斗群紧急呼叫空中支援，P-47及时出现，压制了德军炮兵，空袭了德军坦克与装甲掷弹兵纵队。德军2辆"黑豹"与少量装甲掷弹兵，还是渗透进了西莱尼。美军2辆M4击毁了领头的"黑豹"，但发现装甲步兵，要么躲在地下室不敢出来，要么已经撤走了。为了避免遭到德军步兵反坦克火箭筒的袭击，美军坦克撤出了西莱尼。在战斗中，金中校负伤,撤回了后方。18时30分,德军收复西莱尼。美军1名上尉率领的23人,困守在大型石质建筑内,陷入德军包围。美军1个班的M4曾试图冲进西莱尼进行营救,但未能成功。19时,R战斗群与这24名官兵的无线电通信中断了。

第38装甲步兵营的四任营长非死即伤,师部只好命令罗伯特·雷亚(Robert Rhea)中校接管指挥。他奉命暂停进攻,率领幸存的装甲步兵在森林以东的山坡上掘壕固守。第17坦克营在西莱尼与装甲步兵的阵地之间形成警戒线。但是,这些M4不得不时刻保持机动,以免成为德军炮火的目标。在48小时之内,第38装甲步兵营损失了75%的兵力,大部分军官都阵亡了。西尔韦斯特少将只能无奈地命令A战斗群替换下R战斗群。

同时,B战斗群也在奋力冲向塞耶河。9月19日早晨,第48装甲步兵营将德军赶下了223高地,解除了可能遭到德军炮兵轰击的威胁。第31坦克营的1个坦克连与第23装甲步兵营,开始进攻塞耶河套地区的隆格维尔。依托隆格维尔的掩体,德军第553掷弹兵师的卫戍兵力顽强抵抗,以反坦克炮猛烈阻击美军坦克。黄昏时分,美军攻占隆格维尔。随后,B战斗群试图攻占塞耶河南岸对面的舍米诺,但没有成功。德军反坦克炮隔河射击,平直的弹道飞过塞耶河,以致命的穿甲弹击毁了美军5辆M4。

9月20日早晨,R战斗群拖着满身的伤痕,疲惫地撤进了森林。A战斗群接管了R战斗群阵地,准备再次冲向塞耶河。15时,在西莱尼以西,A战斗群展开部署,并得到了第48装甲步兵营额外配属兵力的支援。A战斗群试图从北侧绕过屡攻不克的西莱尼,却被塞耶河的支流克勒溪(Creux Creek)挡住了去路。在塞耶河对岸,德军钢筋混凝土防御工事中的反坦克炮与机枪,毫不留情地向美军喷射火焰。美军坦克与炮兵的直射火力,都未能击穿这些防御工事。B战斗群发起协同进攻,但正面与侧翼始终处于德军炮火之下,也没取得太大进展。他们抵达塞耶河河岸后,实在无法忍受德军炮击,只能放弃已经占领的阵地。

同时,第5步兵师也展开了继续扩展桥头堡的行动。欧文少将命令副师长艾伦·瓦诺

西莱尼地区航空照片。

克（Alan Warnock）准将到前沿阵地直接指挥作战。低矮的云层阻碍了战斗机的空中支援，师属炮兵缺乏弹药，导致炮火支援不足。然而，第2步兵团与第10步兵团仍然冒着德军坦克、榴弹炮与迫击炮的火力，奋勇前进。在北方的普尔努瓦拉谢蒂夫，保罗·卡罗尔（Paul Carroll）中校指挥的第10步兵团第2步兵营与德军激烈交火。第2步兵营补充了大量新兵，因此是以满编状态投入作战。第735坦克营B连、第818坦克歼击车营B连与第7战斗工兵营B连进行支援。从普尔努瓦拉谢蒂夫西南方1.8公里处的伯里（Bury）农场出发，M4与M10的引导第2步兵营E连与F连发起进攻。萨布尔（Sabré）农场的德军以猛烈的纵射火力，阻击左翼的F连。第2步兵营转向东，进攻普尔努瓦（Pournoy）后，G连与F连发现了能躲避德军火力的溪谷。他们开入谷底，顺着溪谷前进，并在机动过程中向德军开火。德军榴弹炮与迫击炮迅速将火力转向溪谷，G连与F连伤亡惨重，2名连长接连阵亡。E连与F连勉强夺取了普尔努瓦三分之一的区域。夜间，德军突击炮发起反击，将他们赶了出去。他们撤到距离普尔努瓦275米处，挖掘战壕与散兵坑固守。在德军持续的炮击之下，1个连甚至开始向勒格朗布瓦溃退。卡罗尔中校与部分老兵挺身而出，拦住了惊慌失措的新兵。G连一等兵威廉·卡特里（William Catri）独自冲上前，使用反坦克火箭筒赶走了德军2辆突击炮。傍晚时分，在M4的支援下，第2步兵营再次发起进攻，M10从西侧迂回。最终，美军将德军赶出了普尔努瓦。卡罗尔中校命令第2步兵营围绕普尔努瓦组成警戒线。整个黄昏，埃纳要塞附近的德军炮兵，一直炮击普尔努瓦。在近距离上，德军75毫米反坦克炮与20毫米机关炮也不停地向美军阵地开火。9月20—21日夜间，德军第559掷弹兵师第1125掷弹兵团从蒂永维尔方向增援而来，抵达了党卫军第17装甲掷弹兵师阵地。

美军欧文少将走访了第2步兵团与第10步兵团，听取了团长的报告。他认为，除非师属炮兵能得到更多的弹药，以保证有持续的火力支援，否则根本无法继续前进。沃克少将接到报告后，命令第5步兵师先守住已有阵地。在塞耶河沿线，第2步兵团与第10步兵团呈南北走向部署。在普尔努瓦拉谢蒂夫，第5步兵师的防线陡然形成直角，第11步兵团的部分兵力则向摩泽尔河延展，从而与梅斯筑垒地域保持接触。第5步兵师防线的直角处，也就是第5步兵师阵地的关键所在，其能否守住已有阵地或继续前进，取决于这里的安危。他们当面是德国党卫军第17装甲掷弹兵师，还有第106装甲旅残部。

9月21日凌晨1时，德军第1125掷弹兵团第2掷弹兵营的2个突击连，从东北方悄悄地潜入美军阵地。德军持续的炮火切断了美军通信，第2步兵营还没来得及呼叫炮火支援，德军步兵就冲上了街道，从后方切断了F连，并沿着街道与普尔努瓦以东的灌木篱墙展开。德军步兵装备大量StG44式7.92毫米突击步枪，凶猛的火力横扫而来。F连只有35人逃了出来，大部分官兵都阵亡或被俘了。当德军发起进攻时，E连的侦察队正准备切断几百米外的梅斯—萨兰堡公路。E连击退德军进攻后，只剩了48人。在不到24小时之内，第10步兵团参战的800多名官兵，只剩下了450人。

9月21日黎明，在普尔努瓦附近，美军重新调整了防线。在第10步兵团第2步兵营以北1.6公里处的宽莱屈夫里（Coin-lès-Cuvry），德军进行集结。他们轮番出动坦克、装甲侦察车与摩托化步兵，反复冲击第2步兵营的阵地。美军估计，德军出动的兵力相当于1个整编团。德军榴弹炮与迫击炮发射的炮弹，呼啸着在美军阵地上炸响，与美军"歇斯底里的尖叫"混杂在一起。美军坦克兵悲伤地报告："在普尔努瓦，我们只遭到了一轮炮击。这轮炮击从战斗开始，一直持续到战斗结束。"美军甚至无法离开建筑物地下室或散兵坑，去领取食物与水，任何暴露在开阔地的人都会被炮火撕成碎片。然而，当德军发起进攻时，在坦克与坦克歼击车的支援下，美军步兵也依然拼死抵抗。美军野战炮兵全力以赴地开火，以确保第2步兵营阵地的安全。第20军属炮兵动用了240毫米榴弹炮，将空前的火力倾泻向德军进攻阵列，猛轰宽莱屈夫里。第46野战炮兵营，甚至将105毫米榴弹炮推上前沿阵地，以直射火力近距离支援第2步兵营。野战炮兵的英勇作战，也获得了第2步兵营深深的敬意。德军的勇气也着实令人钦佩，如此猛烈的美军炮兵火力，也未能阻止他们前赴后继地向美军发起进攻。

当天，第7装甲师也毫无建树。美军的所有行动，都遭到了德军榴弹炮与迫击炮火力的精准打击。天黑之后，在隆格维尔以东的塞耶河南岸，B战斗群的2个装甲步兵连涉水渡了过去。美军工兵也禁不住德军炮火，只敢在夜间侦察。在此之前，德军直射炮火击毁了B战斗群2辆运载架桥材料的卡车，导致美军没有足够的架桥材料。美军工兵开始架桥时，才发现已经侦察好的地形并不适合展开作业。9月22日拂晓，装甲步兵被迫撤了回来。

9月22日，在美军第7装甲师与第12军的共同压力下，德军第553掷弹兵师的少量卫戍兵力，撤出了舍米诺。第7装甲师解除了右翼的威胁后，准备在9月23日，以2个战斗群进行协同进攻，并增调架桥材料。9月23日夜间，西尔韦斯特少将接到命令，第7装甲师将调离第3集团军，北上加入第1集团军第19军作战序列。

9月22日，美军对宽莱屈夫里的密集炮击，迫使德军更换了兵力集结地。他们在普尔努瓦东南方的树林中集结，向美军发起进攻。第2步兵营再次将其击退。此时，第2步兵营也已经打得山穷水尽了。9月23日，卡罗尔中校请求撤下前沿阵地。在第3集团军新制订的作战计划中，临时放弃了第20军继续东进的任务，普尔努瓦也就没有了战术意义。9月23－24日夜间，第10步兵团第1步兵营接管第2步兵营阵地。随后，第1步兵营也撤出了普尔努瓦，与第5步兵师主力一起西撤到了新的防线上。这场战斗没有决定性的结果，也没有什么深远的影响，但其惨烈的程度却足以与多尔诺桥头堡或西莱尼之战相比。

9月初，利用第3集团军燃料跟不上的间隙，德军第1集团军完成了梅斯筑垒地域与摩泽尔河防线的布防任务。德军高效地完成了摩泽尔河的桥梁爆破工作，第5步兵师与第7装甲师不得不在完全不利的情况下，强行渡河建立桥头堡。在渡河行动初期，美军的协同性很差。第5步兵师的步兵数量与第7装甲师的装甲步兵数量，都不足以完成建立桥头堡与支援坦克作战的任务。美军坦克在摩泽尔河东岸泥泞的土地上无法高速机动。在恶劣的天气状况下，美军航空兵与野战炮兵也无法发挥作用。梅斯筑垒地域绵延的防御工事与大量火炮，彻底粉碎了美军任何以机械化兵力快速包围梅斯的企图。在14天正面强攻德军筑垒地域的战斗中，第7装甲师损失了47辆M4与8辆M5A1，469人阵亡或失踪、737人负伤。在21天的战斗中，R战

1944年9月21日,阿纳维尔,美军医护兵正在通过便桥。德军炸毁了桥梁后,美军工兵利用桥墩临时搭建了便桥。

1944年9月23日,阿纳维尔,美军1辆牵引着弹药拖车的吉普车卡在了机械化桥上。

群接连更换了8名指挥官，大部分都非死即伤。

强攻德里昂要塞群

在摩泽尔河东岸，美军第5步兵师与第7装甲师试图冲破德军对桥头堡的封锁。在摩泽尔河西岸，德军仍然据守着梅斯筑垒地域的大量防御工事。其中，最令第20军头疼的就是德里昂要塞群。德里昂要塞群的要塞炮射程，覆盖着第5步兵师与第7装甲师的防区，不停地倾泻炮弹，让美军感觉如鲠在喉、如芒在背。

1899—1905年，德军耗费7年时间，修筑了皇太子要塞，法军称"德里昂要塞群"。这座要塞群占地面积0.34平方公里；有5个要塞兵营，能容纳1800人；具有6座带有装甲炮塔的炮台，装有6门150毫米榴弹炮与8门100毫米榴弹炮。

9月15日，在德军候补军官团的不懈努力下，德里昂要塞群的大部分要塞炮都恢复了使用。9月18日，克诺贝尔斯多夫撤换了克劳泽中将，福尔拉特·吕贝（Vollrath Lübbe）中将奉命担任第462训练师师长与新任梅斯要塞司令。要塞炮的恢复使用，显然增强了他重建与固守德里昂要塞群的信心。此时，德里昂要塞群驻守的兵力，包括德军候补军官团第10教导连、第3教导营属重武器连部分兵力与第938岸防炮兵营的45名炮兵。这45名炮兵曾经在"大西洋壁垒"上的1个岸防炮兵团服役。9月底，梅斯要塞司令部基于第3教导营的第5教导连、第9教导连与第10教导连，组建了"德里昂"战斗群，兵力已经达到了400—500人。

9月17日，为了拔掉德里昂要塞群这个"眼中钉、肉中刺"，第20军参谋部草拟了系统性进攻梅斯要塞的计划，称为"雷电"行动（Operation Thunderbolt）。"雷电"行动的第一阶段，就包括对德里昂要塞群的突击行动。

9月20日，在德里昂要塞群附近，美军抓获了1名战俘。这名战俘供述，德军在德里昂要塞群只驻扎有100—120人。这使美军相信，德里昂要塞群的防御做得很差。美军第11步兵团第2步兵营的1名连长甚至表示："德里昂要塞群里的德军，只是100名老人与孩

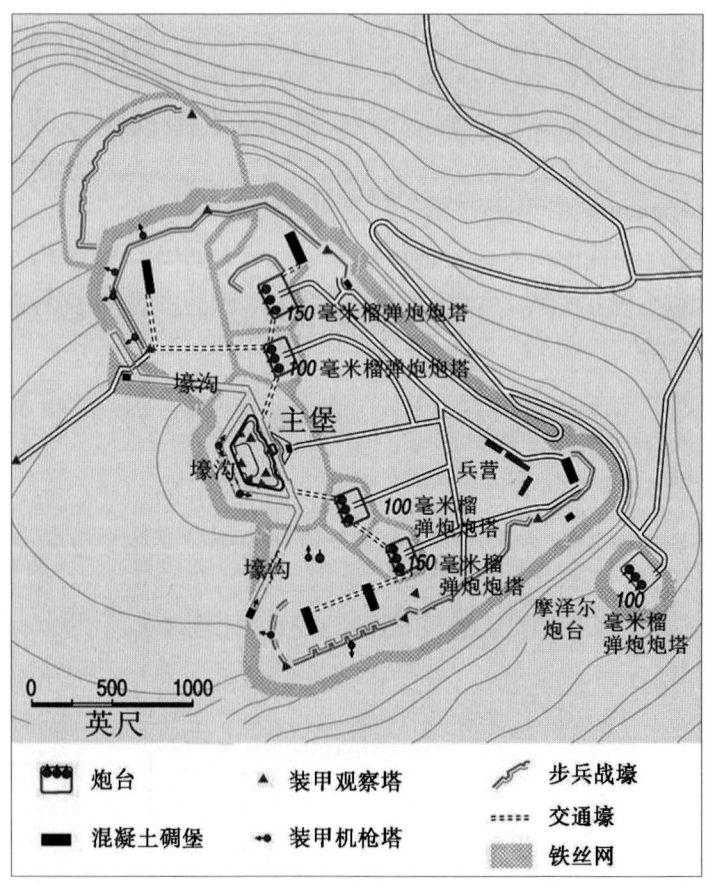

德军德里昂要塞群/皇太子要塞平面结构图。

子,而且士气低落。他们应该不会死守德里昂要塞群。"

在严重低估了德里昂要塞群的德军兵力后,第11步兵团团长查尔斯·尤伊尔(Charles Yuill)上校向第5步兵师师部提议,第11步兵团第2步兵营足以独自攻占德里昂要塞群。在经历了多尔诺桥头堡的苦战后,第2步兵营损失了半数兵力,补充的新兵没有作战经验。进攻"德军疏于防御"的德里昂要塞群,正好可以用来提升新兵的士气与经验。

9月21日,欧文少将批准了尤伊尔上校的提议,第2步兵营展开了进攻德里昂要塞群的训练。9月22日,"雷电"行动刚出台,艾森豪威尔就命令第3集团军暂停大规模攻势。但是,他允许第3集团军进行营级或连级的行动。尤伊尔上校决定抛开"雷电"行动,自行进攻德里昂要塞群。他信心十足,认为1个步兵营足够完成任务,因为美军现代化的航空兵与野战炮兵,足以迅速摧垮老旧的堡垒。然而,惨痛的现实,很快就打了尤伊尔上校一个响亮的耳光。

9月24日,美军11架P-47呼啸而至,空袭了德里昂要塞群。9月26日,35架P-47飞临德里昂要塞群上空,投掷了炸弹与凝固汽油弹。空袭过后,第11步兵团第2步兵营对德里昂要塞群进行侦察。德军机枪与迫击炮的火力忽然在硝烟中复苏,阻止了美军步兵的行动。美军随即制订了9月27日的行动计划,准备以坦克、野战炮兵与工兵支援第2步兵营发起进攻。第2步兵营F连曾在多尔诺桥头堡遭受严重损失,第11步兵团命令第1步兵营B连替代了第2步兵营F连。

9月27日9时30分,第405战斗机大队的12架P-47再次轰炸了德里昂要塞群。随后,另1个中队的P-47又进行了扫射,投掷了凝固汽油弹。美军野战炮兵也进行了火力准备。14时,第2步兵营以E连为前锋,进攻德里昂要塞群西北方。E连穿过了德里昂要塞群周边田野上的铁丝网,但德军机枪很快就将他们压制在地,迫击炮与榴弹炮火力接踵而至。美军步兵试图用绑着炸药的木杆,炸毁德军机枪碉堡,但环卫德里昂要塞群的铁丝网挡住了他们的行动。E连在付出了18人伤亡的代价后,趁着夜色的掩

1944年9月27日,美军P-47"雷电"式战斗机,投掷凝固汽油弹轰炸德里昂要塞群。

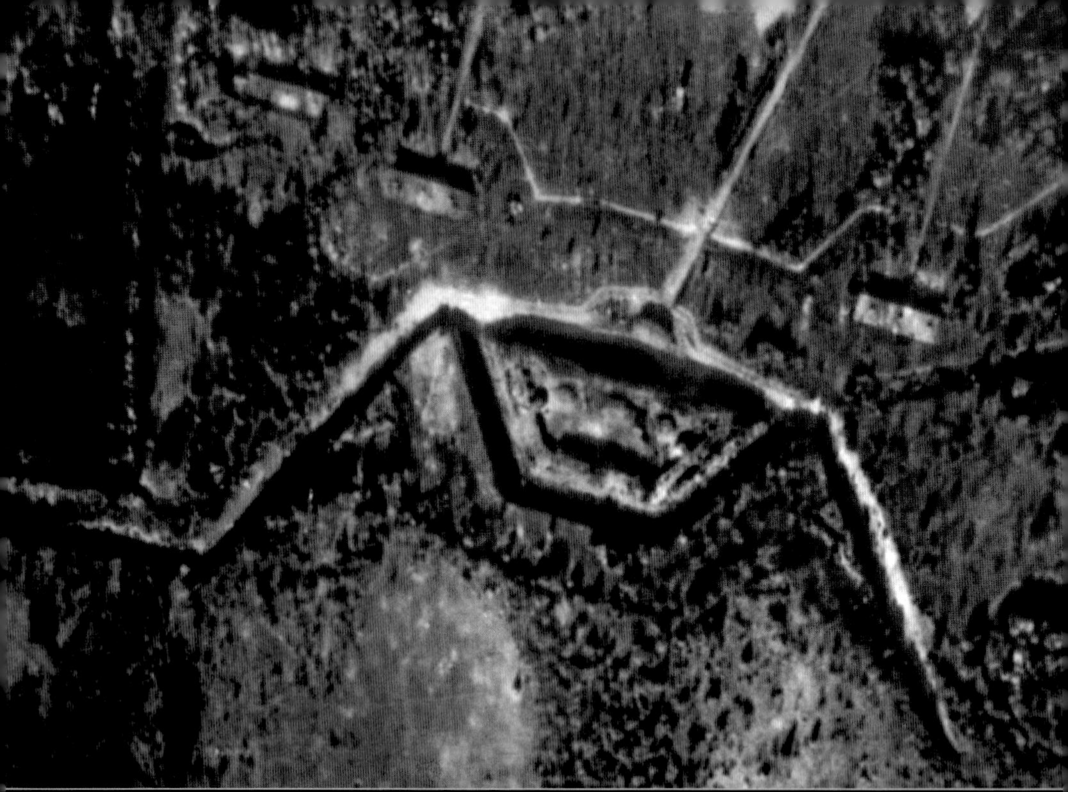

1944年9月28日，美军侦察机对德里昂要塞群拍摄的航空照片。照片显示了德里昂要塞群的主体部分与位于其后方的3座炮台。

1944年9月29日，美军第5步兵师的炮兵观测机拍摄的德里昂要塞群航空照片。背景处是位于德里昂堡要塞群东南方的摩泽尔河畔阿尔斯。9月底，美军第11步兵团第2步兵营是从照片左侧的西北角发起的进攻。

护，撤回了出发阵地。

第11步兵团从曾在梅斯担任过法军工兵司令的托内利耶（Tonnelier）先生那里，得到了德里昂要塞群的平面图。第11步兵团意识到，自己眼中低估了德里昂要塞群的防御能力。即使谙熟洛林地区军事历史的巴顿，也轻蔑地将德里昂要塞群称为"沃邦时代的产物"。实际上，这座要塞群的现代化程度很高，完全能与第一次世界大战时期凡尔登要塞群的杜奥蒙要塞（Douaumont Fort）相比。

美军试探性进攻德里昂要塞群的失败，却极大地提升了吕贝中将固守的信心。他将候补军官团第4教导连从摩泽尔河防线上调了过来。在韦尔尼的泽科特（Seekt）兵营，他们配发了额外的机枪与火焰喷射器，编成重武器连，称为"彼得森"（Petersen）战斗群。其他援兵还有第208补充营第3连的120名步兵。他们将于10月开进德里昂要塞群。

9月28日，巴顿、沃克与欧文会面，讨论了梅斯地区战役的总体进程。欧文建议，美军应该绕过德里昂要塞群，以后卫兵力对其进行包围。然而，第5步兵师的防线已经拉长到了20公里，而且被摩泽尔河一分为二；9月，第5步兵师已经付出了3056人伤亡的代价。沃克表示，首次进攻德里昂要塞群的失败，是因为第11步兵团团长与第2步兵营营长缺乏足够的进攻精神与身先士卒的勇气；美军要基于对德里昂要塞群更多的了解，进行更为全面系统的准备。

9月29日，巴顿批准了新的进攻计划。第5步兵师的工兵开始准备攻坚战的装备，包括用于摧毁碉堡的爆破炸药与绑有木杆的炸药包，用于从铁丝网中打开通道的爆破筒。步兵使用的爆破筒太短，在铁丝网区域中炸开的纵深不够。为此，第735坦克营制造了"蛇"式爆破筒，坦克可以拖着它们或推着它们进入铁丝网地区，再远程遥控爆炸。1个坦克连负责进行支援，包括11辆76.2毫米炮型M4A3、4辆105毫米榴弹炮型M4、2辆用于填平壕沟的M4式推土坦克，还有5辆M5A1。第558装甲野战炮兵营1个班的M12式155毫米自行加农炮，在德里昂要塞群就位，准备轰击德军炮台上的装甲炮塔。第19战术航空军的P-47将继续使用凝固汽油弹压制德里昂要塞群的火力。同时，还准备调动B-26"掠夺者"式中型轰炸机，向德里昂要塞群投掷重磅炸弹。不过，这些计划的实施，就要等到10月了。

第四章　进击的偏师
——美军第15军方向

1. 空虚的南翼

在美军第3集团军南翼，第15军的战况与北翼的第20军完全不同。这里的美军与德军，兵力都相对空虚；美军急于掩护暴露的侧翼，德军急于撤退与收缩防线。对美军来说，这里没有绵延的筑垒地域，自然不用像第20军那样打得如此艰辛。最终，本是作为"偏师"的第15军，却打得有声有色，其表现反而比兵强马壮的第20军要抢眼得多。

调兵遣将

9月1日，第3集团军开放的侧翼，已经从圣纳泽尔一直甩到了摩泽尔河。布拉德利反复表示，第3集团军是整个第12集团军群的南翼，甚至是法国北部整个盟军的南翼，他非常担心第3集团军南翼暴露的安全问题。第12军军长埃迪少将也非常焦虑，认为第12军的右翼

与后方没有足够的兵力掩护。只有巴顿自己认为，对这件事不用太紧张。第42机械化骑兵侦察营曾以少量兵力向沙尔姆发起试探性进攻，引起了德军最高司令部的极度恐慌。希特勒亲自命令，必须收复沙尔姆，但实际上美军机械化骑兵并未攻入城区。这足以证明第3集团军南翼的德军依然处于兵力空虚的状态。

无论如何，布拉德利、巴顿与埃迪，还是对侧翼的问题达成了一致——如果第3集团军准备继续进军，就得保证侧翼的稳固。9月8日，海斯利普少将指挥第15军，前往掩护第3集团军南翼。此时，第15军只下辖2个师，分别为勒克莱尔少将指挥的法军第2装甲师与威奇少将指挥的美军第79步兵师。第15军抵达后，为掩护第12军侧后而无法前进的第35步兵师，得以前往图勒进攻摩泽尔河。在北爱尔兰训练时，第15军就隶属于第3集团军。

在第3集团军跨越塞纳河时，第12集团军群司令部将第15军借调给了第1集团军。重归第3集团军作战序列时，第79步兵师处于满编状态，得到了解放的法国人也以高涨的爱国热情，迅速填补了法军第2装甲师进军巴黎时造成的有限损失。

美军第15军的当面之敌，是德军第66军下辖的各种"杂牌军"。第66军直属G集团军群司令部，任务是镇守第戎以北的缺口，以维持从比斯开湾与地中海方向撤来的德军，能继续退向后方。第66军下辖"奥滕巴赫"战斗群、第16步兵师与第21装甲师的"劳赫"（Rauch）战斗群。9月3日，"奥滕巴赫"战斗群中唯一装备良好且具有一定机动能力的第100摩托化步兵旅与党卫军第19警察步兵团，转移到了贝尔福"保护"法国维希政府。"奥滕巴赫"战斗群只剩了6个国土警备营，兵员都是老弱

病残，训练不足，装备极差，只能执行德军占领区的维护日常治安任务。

美军第3集团军沿着摩泽尔河展开时，德军第19集团军正向东北方撤退，要穿过美军第7集团军正面。德军第66军进而接到命令，要不惜一切代价，维持与第553掷弹兵师的接触，沿着图勒－南锡地段，填补第1集团军与第19集团军之间的空隙。9月7日，布拉斯科维茨又将额外的重担抛给了疲惫不堪的第66军——在朗格勒与肖蒙之间，沿着马恩－索恩（Saône）运河，形成防线，扩展右翼；屏护讷沙托－米尔库地区，确保有足够的机

韦德·汉普顿·海斯利普

韦德·汉普顿·海斯利普（1889年7月9日—1971年12月23日），美国陆军四星上将。

1912年，他以少尉军衔，毕业于西点军校。第一次世界大战时期，他在欧洲作战，先后担任第5军参谋部参谋官、第3步兵师师属机枪官、驻德美军总参谋部参谋官。1921—1927年，先后在西点军校、美国陆军步兵学校、指挥与总参谋部学校与法国圣西尔军校任教。作为中尉，他曾提拔过当时还是少尉的艾森豪威尔。1928—1931年，为美国陆军助理国务卿担任行政助理。1931—1936年，先后在美国陆军军事学院、指挥与总参谋部学校任教。

1942—1943年，他担任第85步兵师师长。在诺曼底战役中，担任第15军军长。洛林战役第一阶段，在第3集团军的3名军长

中，他的表现是最好的，作战风格迅捷而稳健。有趣的是，第15军下辖的法军第2装甲师与美军第79步兵师，军徽标志都是"洛林十字"。第一次世界大战时，第79步兵师就曾在洛林作战，因而获得了"洛林十字"（Cross of Lorraine）的绰号。1945—1946年，他在美国陆军部人事部门工作。1946—1949年，他先后担任美国陆军总参谋长咨询组成员与负责行政事务的美国陆军副总参谋长。1951年，他从军中退休，在华盛顿特区担任"士兵之家"（Soldier's Home）组织的主管。

美军第15军军徽。

法军第2装甲师军徽。

美军第79步兵师军徽。

法军第 2 装甲师作战序列		
坦克兵	第 12 胸甲骑兵团	
	第 12 非洲猎兵团	
	第 501 坦克团	
装甲步兵	乍得行进步兵团第 1 步兵营	
	乍得行进步兵团第 2 步兵营	
	乍得行进步兵团第 3 步兵营	
装甲炮兵	第 3 殖民地炮兵团	
	第 40 北非炮兵团	
	第 64 炮兵团	
坦克歼击车兵	海军燧发枪装甲团	
机械化侦察兵	第 1 摩洛哥西帕希行进骑兵团	
高射炮兵	第 22 殖民地自卫军高射炮兵营	
工兵	第 13 工兵营	
医疗兵	第 13 医护营	第 1 "罗尚博"（Rochambeau）急救连
		第 2 海军急救连
		第 3 英国志愿者急救连
运输兵	师属卡车运输队	第 197 运输连
		第 297 运输连
		第 397 卡车运输连
辅助支援兵力		第 97/84 综合通信连
		第 97 总务连
		第 13 宣传连
		第 15 维修中队
		第 497 维修连

动空间，从而对第 3 集团军暴露的侧翼与后方，发起强大的反击。

为了完成这个艰巨的任务，德军 G 集团军群司令部向第 66 军军长卢赫特炮兵上将保证，他可以动用第 16 步兵师。第 16 步兵师由第 16 空军野战师与第 158 预备步兵师合并而来，下辖第 221 掷弹兵团、第 223 掷弹兵团、第 225 掷弹兵团、第 16 燧发枪营、第 1316 炮兵团、第 1316 反坦克炮营、第 1316 工兵营与第 1316 通信营。在撤退途中，第 16 步兵师收编了不少"托特"组织的工人与德国空军的地勤人员，但也屡遭法国抵抗组织游击队的袭击，损失了 2 个营的兵力。此时，其严重缺乏重型武器，装备的轻武器也不够 1 个师使用。在昂德洛（Andelot）与讷沙托之间，"奥滕巴赫"战斗群正在掩护第 16 步兵师的集结。

第 21 装甲师负责支援第 16 步兵师，其曾是"沙漠之狐"隆美尔元帅麾下的王牌，现已风光不再。在法莱斯围歼战中，第 21 装甲师几乎遭到全歼，只有零星残部幸运地逃过了盟军的绞杀。此时，其只能以残部组成小规模的战斗群。例如，约瑟夫·劳赫（Josef Rauch）上校指挥的"劳赫"战斗群，下辖第 192 装甲掷弹兵团，但兵力只有 3 个装甲掷弹兵连，共 750 名官兵，装备 30 挺机枪；第 100 装甲团第 1 装甲营，没有坦克可装备；第 155 装甲炮兵团第 3 装甲炮兵营，下辖 7 个炮兵连，其中 5 个炮兵连没有炮兵牵引车；另有 2 门 Pak 43/41 式 88 毫米反坦克炮。

"利剑"刺"软腹"

美军第 12 军与第 20 军的任务是跨越摩泽尔河，第 15 军则没有接到这样的命令。仅以 2 个师的兵力向东猛攻是不现

1944年9月，美军第79步兵师作战序列	
直属兵力	配属兵力
第313步兵团	第749坦克营 第813坦克歼击车营 第18高射炮兵集群
第314步兵团	
第315步兵团	
第310野战炮兵营	
第311野战炮兵营	
第312野战炮兵营	
第904野战炮兵营	
第79机械化骑兵侦察连	
第304战斗工兵营	
第79通信连	
第779军械维修连	
第304医护营	
第79通信连	
第79军需连	
师属宪兵营	

实的，第15军现阶段的任务，是在埃皮纳勒与沙尔姆之间，进抵摩泽尔河。这2个师的兵力，将分成几个战斗群，以独立的行动，向西南方进攻，在蒙塔日以东掩护第3集团军南翼。

9月10日，第79步兵师第313步兵团从比利时抵达茹安维尔，第314步兵团正在马恩河西岸集结，第315步兵团正在马恩河东岸巡逻。法军第2装甲师在第79步兵师西南方，屏护其南翼。当天，第15军的主要任务是进行防御性侦察、休息、在茹安维尔洗热水澡、听美国流行歌手宾·克罗斯比（Bing Crosby）的演唱与观看美国劳军联合组织（USO, United Service Organizations）的演出。威奇少将派了48辆2.5吨卡车到后方领取补给。文纳德·威尔逊（Vennard Wilson）上校指挥的第106机械化骑兵战斗群，在第79步兵师防区警戒线以南进行屏护。在肖蒙－讷沙托地区，第15军没有接触到德军。情报显示，德军正沿着塞纳河畔沙蒂永（Chatillon-sur-Seine），向东北方延伸到讷沙托，从讷沙托延伸到沙尔姆，再沿着摩泽尔河公路的一连串城镇进行防御。15时，巴顿打电话给海斯利普少将，命令第15军向东进发。

9月11日，第15军出发，准备在摩泽尔河西岸，将防线从沙尔姆延伸到埃皮纳勒。威奇少将的计划是，以第314步兵团攻占沙尔姆，在摩泽尔河西岸取得立足点。第314步兵团将得到第749坦克营、第813坦克歼击车营的1个坦克歼击车连与军属炮兵2个野战炮兵营的支援。8时，在第121机械化骑兵侦察营的掩护下，第314步兵团乘坐卡车，长途奔袭104公里，以半圆形迂回机动，绕过了沿着昂德洛－讷沙托－沙尔姆部署的德军第16步兵师。17时，美军机械化骑兵瞭望到了沙尔姆，并与德军哨所展开短暂交火。2小时30分钟后，第314步兵团抵达沙尔姆外围。此时，美军已经丧失了突袭的效果。当天，第313步兵团以乘车或步行的方式跟进第314步兵团，向南进攻米尔库，以切断讷沙托与埃皮纳勒之间德军的联系。第315步兵团乘车或步行，前进了28.6公里，在讷沙托以西停止前进，派出侦察兵寻找德军阵地。

法军第2装甲师主力仍然要执行屏护南翼的任务，只能以保罗·吉拉特·德·朗格拉

1944年9月10日,科龙贝(Colombey)地区,法军第12非洲猎兵团第1坦克中队的"诺曼底"号M5A1"斯图亚特"式轻型坦克车组。

1944年9月10日,欧坦,法军第2装甲师的M20式装甲侦察车与美军第7集团军的M8"灰狗"式装甲侦察车会师。

德(Paul Girot de Langlade)上校指挥的L战斗群,发起进攻。德军"奥滕巴赫"战斗群据守在马恩河与马恩-索恩运河之间,北端在昂德洛,南端在朗格勒高原,与第16步兵师呈直角部署。L战斗群进抵昂德洛,发现德军步兵已掘壕固守。勒克莱尔不想在德军已经做好防御准备的地方浪费时间。他命令L战斗群绕过昂德洛,继续向东挺进,直插德军后方。为了防止遭到德军反坦克炮与反坦克步兵的伏击,L战斗群的"曼若内"(Minjonnet)特遣队,以5辆吉普车组成1个侦察排,在坦克前方开路。在接近普雷苏拉福克(Prez-sous-Lafauche)时,侦察排遭到了德军机枪的扫射,马斯克拉里(Masclary)少尉阵亡。"曼若内"特遣队迅速包围并清剿了村庄,俘虏德军100多人。法军攻占普雷苏拉福克,意味着他们已经切断了朗格勒-讷沙托-肖蒙公路。

9月12日,美军第15军狠狠咬住德军,对沙尔姆与昂德洛之间所有的公路进行突袭。在长达64公里的战线上,美军第79步兵师猛攻德军第16步兵师。第16步兵师龟缩在作为坚固支撑点的诸个城镇中。上午,美军第314步兵团进攻沙尔姆,经过一天的激战,将德军第225掷弹兵团的2个掷弹兵营赶了出去。这2个掷弹兵营撤过摩泽尔河时,炸毁了沙尔姆的桥梁。在黑夜中,第314步兵团第1步兵营找到了渡口,毫发无损地抵达了摩泽尔河东岸。在沙尔姆以北,第106机械化骑兵战斗群在没有遭到抵抗的情况下,跨越了摩泽尔河。在沙尔姆以西,米尔库外围的普赛(Poussay),第313步兵团与第221掷弹兵团展开激战。傍晚,第315步兵团将第223掷弹兵团赶进了讷沙托,对其进行了三面包围。

1944年9月12日,沙尔姆,美军第749坦克营的76.2毫米炮型M4"谢尔曼"式中型坦克被反坦克地雷炸断了履带。

1944年9月12日,维泰勒,法军第2装甲师的M4A2"谢尔曼"式中型坦克开上街头。

9月13日,第223掷弹兵团投降,第315步兵团俘虏623人,缴获80辆各型车辆与不少重型武器。

当天,法军第2装甲师将更多兵力投入作战。在昂德洛,皮埃尔·比约特(Pierre Billotte)上校指挥的V战斗群,摧枯拉朽地消灭了德军"奥滕巴赫"战斗群的1个国土警备营。另1个国土警备营不自量力地从肖蒙赶来,试图救援昂德洛的友军,结果也被打得溃不成军。V战斗群击毙德军300多人,俘虏近800人。在维泰勒(Vittel),德军500多人正在公路上撤退,遭到了L战斗群从南面的迂回包围,只能束手就擒。法军第2装甲师的纵深突破,严重威胁了德军第66军阵地的安全。米尔库与讷沙托地区失守,意味着德军将丧失洛林反攻计划中的出发阵地。希特勒急得像热锅上的蚂蚁,不容分说地向布拉斯科维茨下达了"又让马儿快快跑,又不让马儿吃草"式的命令——米尔库与讷沙托地区不能失守,同时还要为反攻第3集团军南翼的计划保存兵力。

德军G集团军群的兵力捉襟见肘,这根本就是无法完成的任务。布拉斯科维茨进退维谷,纠结了一番之后,还是做出了决定。他认为,保持德军现有防线的安全与稳定,要比为反攻计划囤积兵力更重要。他命令曼陀菲尔从第5装甲集团军抽调兵力,前往埃皮纳勒以西,防止第66军集体崩溃。曼陀菲尔只能将这个"烫手的山芋"扔给吕特维茨,吕特维茨根本没有时间进行侦察,也没有时间对各支兵力进行协调。他只能简单地命令,第112装甲旅于9月12日抵达栋派尔(Dompaire),汉斯·冯·卢克(Hans von Luck)上校指挥的德军第21装甲师"卢克"战斗群于9月13日抵达栋派尔,会合之后迅速肃清德军防线后方的法军,并收复维泰勒,解救陷入包围的第66军。这不仅能屏护第5装甲集团军的部署，还能为第19集团军争取时间与空间，向北扩展其右翼。

在栋派尔，法军与德军的装甲对决，即将展开！

2. 法兰西复仇记

在麦利之战中，美军第90步兵师以步兵为主力，协同装甲兵、反坦克炮兵与野战炮兵，联合打垮了德军第106装甲旅。在栋派尔坦克战中，法军第2装甲师进攻德军第112装甲旅，才是真正的"装甲对决"。在这个名不见经传的小城镇，法军第2装甲师将为法兰西4年前的战败一雪前耻。

蹩脚之"豹"

美国著名军事历史研究学者史蒂芬·扎洛加认为，栋派尔坦克战是"法军60辆坦克对德军90辆坦克的辉煌胜利"。法军第2装甲师不少参加过栋派尔坦克战的老兵也如此宣称，与扎洛加的结论相互印证。然而，实际情况恐怕并非如此。

德军第112装甲旅是第三批次组建的"44年装甲旅"。在满编状态下，第112装甲旅应该装备如下：45辆"黑豹"G式中型坦克、45辆4号J式中型坦克、10辆4号L70式坦克歼击车、4辆4号"家具车"（Möbelwagen）式37毫米自行高射炮、4辆"旋风"（Wirbelwind）式四联20毫米自行高射炮、13辆Sdkfz 251半履带式装甲运兵车、3辆Sdkfz 222式装甲侦察车、1辆Sdkfz 231式装甲侦察车、2辆Sdkfz 232式装甲侦察车、6辆Sdkfz 10半履带式牵引车、9门Pak 40式75毫米反坦克炮、4门75毫米步兵炮、12门120毫米迫击炮、12门81毫米迫击炮、8门Flak 38式20毫米高射机关炮、6部火焰喷射器，以及大量卡车。

实际上，德军有限的资源，根本不足以配齐第112装甲旅的装备。4号L70式坦克歼击车的产量不足，只好换成10辆3号G式突击炮。与"44年装甲旅"计划中的编制相比，第112装甲旅的装备编制表，已经出现了些许改动。然而，修改后的装备编制表，依然没有得到实现。第5装甲集团军与第112装甲旅的报告显示，第29装甲团第1装甲营只接收了36辆新出厂的"黑豹"G，其中5辆在运输途中损坏。第2112装甲营只接收了29辆新出厂的4号J式中型坦克，其中2辆在运输途中损坏。在与法军第2装甲师交战之前，第112装甲旅只有31辆"黑豹"与27辆4号J可用，共58辆坦克，相当于满编状态的64%。

如果说58辆坦克的兵力尚可出阵迎战，那么第112装甲旅支援型武器与车辆的装备情况，就只能用"凄惨"来形容：

1. 旅部的参谋人员没有任何半履带式装甲指挥车或指挥坦克可用。

2. 第2112装甲营第4突击炮连的10辆3号G式突击炮没有运抵。

3. 第2112装甲掷弹兵团的2辆"黄鼠狼"3式75毫米自行反坦克炮没有运抵。

4. 第2112装甲掷弹兵团没有装备任何半履带式装甲运兵车，只有卡车可用；第1装甲掷弹兵营缺编30%，这部分兵力尚在阿尔萨斯进行训练。

5. 第2112装甲侦察营只接收了9辆装甲车，分别为6辆Sdkfz 250与Sdkfz 251半履带式装甲运兵车、1辆Sdkfz 222式装甲侦察车、1辆Sdkfz 223式装甲侦察车与1辆Sdkfz 231式装甲侦察车。

6. 第29装甲团第1装甲营和第2112装甲营没有接收到任何自行高射炮。9月6日，4辆"家具车"式37毫米自行高射炮运抵，但并没有参加栋派尔之战。在运输途中，第2112机械化高射炮兵连与第2112摩托化工兵连损失了9辆车辆，8门

Flak 38式20毫米高射机关炮亦可能没有运抵。9月17日，这些高射机关炮与本应该装备第2112装甲掷弹兵团的2辆"黄鼠狼"3，都转给了第21装甲师。

7.第2112摩托化反坦克炮连没有任何反坦克炮。

8.第112装甲旅只有标准定额75%的燃料与25%的弹药，无任何维修兵力或医疗队。

第112装甲旅最致命的问题，还不是武器装备的缺编，而是人员缺乏经验与训练。第29装甲团第1装甲营原隶属第11装甲师，军官都是从东线回来的老兵。他们拥有丰富的实战经验，但对西线的环境颇为陌生。第29装甲团第1装甲营的士兵与第2112装甲营的全体官兵，都是新兵。栋派尔的法国平民称他们看到的德军坦克兵"看起来就像一群小孩"，法军第2装甲师的官兵则称他们为"刚度过了童年的孩子"。

相比之下，第2112装甲掷弹兵团的情况更为糟糕。很多装甲掷弹兵都是德军强征而来的波兰人，有很多人甚至不会说德语。装甲掷弹兵的任务是协同坦克作战，但他们却在栋派尔之战打响的前一天，才见到要与之协同的坦克。这样的装甲掷弹兵能发挥多大作用，实在令人怀疑。第112装甲旅的编制中没有野战炮兵，第5装甲集团军从牙缝中挤出了第21装甲师第155装甲炮兵团第2装甲炮兵营残部，配属给了第112装甲旅。第16步兵师也能支援少量榴弹炮、反坦克炮与高射炮。对即将到来的战斗来说，这些装备可谓杯水车薪，仅聊胜于无。

陈列于法国索米尔坦克博物馆的4号"家具车"式37毫米自行高射炮。

1944年9月4日,德军第112装甲旅装备编制表

团/营级	连/排级		武器装备
第29装甲团 第1装甲营	营部连	连部排	2辆"黑豹"G式中型坦克
		高射炮排	4辆"旋风"式四联20毫米自行高射炮
	第1装甲连		14辆"黑豹"G式中型坦克
	第2装甲连		14辆"黑豹"G式中型坦克
	第3装甲连		14辆"黑豹"G式中型坦克
第2112装甲营	营部连	连部排	1辆4号H/J中型坦克
		高射炮排	4辆4号"家具车"式37毫米自行高射炮
	第1装甲连		15辆4号J式中型坦克
	第2装甲连		15辆4号J式中型坦克
	第3装甲连		15辆4号J式中型坦克
	第4突击炮连		10辆3号G式突击炮
第2112装甲掷弹兵团 第1装甲掷弹兵营	营部连		1辆"黄鼠狼"3式75毫米自行反坦克炮 1个自行车排
	第1装甲掷弹兵连		3挺机枪,2门81毫米迫击炮
	第2装甲掷弹兵连		3挺机枪,2门81毫米迫击炮
	第3装甲掷弹兵连		3挺机枪,2门81毫米迫击炮
第2112装甲掷弹兵团 第2装甲掷弹兵营	营部连		1辆"黄鼠狼"3式75毫米自行反坦克炮 1个自行车排
	第4装甲掷弹兵连		3挺机枪,2门81毫米迫击炮
	第5装甲掷弹兵连		3挺机枪,2门81毫米迫击炮
	第6装甲掷弹兵连		3挺机枪,2门81毫米迫击炮
第2112装甲侦察营	营部连		12辆Sdkfz 234/1式装甲侦察车
	第1装甲侦察车连		2挺机枪,2门81毫米迫击炮 3门Flak 38式20毫米高射机关炮
	第2摩托化侦察连		2挺机枪,2门81毫米迫击炮 3门Flak 38式20毫米高射机关炮
	第3摩托化侦察连		2挺机枪,2门81毫米迫击炮 3门Flak 38式20毫米高射机关炮
旅直属支援连	第2112摩托化工兵连		3挺机枪,2门81毫米迫击炮
	第2112摩托化迫击炮兵连		8门120毫米迫击炮
	第2112机械化高射炮兵连		8辆Sdkfz 251/21半履带式20毫米自行高射炮
	第2112摩托化反坦克炮连		4门Pak 40式75毫米反坦克炮 4辆Sdkfz 251/22半履带式75毫米自行反坦克炮

海因茨·阿尔特曼的战争回忆（1）

1926年，海因茨·阿尔特曼（Heinz Altmann）生于德国的乌尔姆（Ulm）。1944年9月，他服役于德军第112装甲旅第2112装甲掷弹兵团第1装甲掷弹兵营第3装甲掷弹兵连。1984年，他在回忆录中描述了当时的情况：

盟军登陆诺曼底后，我奉命到斯图加特（Stuttgart）的1个基础教导连报到。这次可是真正的训练，我终于参加了德国陆军，成为了步兵。我们的住所是座巨大的石质建筑，12个人住1个房间，上下铺。每12个人之中有1个人是操作高射炮的防空辅助兵，他们谙熟军事训练。只要我们能通过体检，有了他们的帮助，我们的军士就会少很多麻烦。我们中的第12个人，永远都是做什么都做不好的，只能是其他11个人都他完成。

训练也包括实弹射击。步兵班最主要的武器是1挺MG42式7.92毫米通用机枪，射速高达20发/秒。我的体重扛不住机枪的后坐力，当不了机枪手。我的身高是全连最高的，但躲在战壕里时，这就是个缺点了。我们用折叠铲挖出个坑，然后1辆缴获的苏制T-34式中型坦克就会从我们头顶上碾过去。我们投掷过真的手榴弹，我还发射过一次"铁拳"式反坦克火箭筒。这是一种一次性的空心聚能装药反坦克武器，击中标靶后，火箭弹会在上面烧出个小洞。作为步兵，我不是很称职——我只能专注于用步枪瞄准，或专注于寻找目标，同时进行这两件事，我就做不来。

基础训练结束之后，我们可能会被送往培养军官的训练学校，但我另有打算。我才不会傻乎乎地再去接受一次这种墨守成规的基础训练。唯一的逃避方法是志愿上前线。我父母不希望我这样，但我还是这么做了。与其让我去接受繁琐、枯燥的训练，还不如让我死在东线。就像我希望的那样，上级立即将我分配到了前线，但去的是西线。

1944年9月初，由于补给跟不上，尤其是缺乏汽油，盟军迅猛的推进停了下来。巴顿将军的美军第3集团军暴露了右翼，德军组建了3个新锐的装甲旅前往进攻，我就被分配进了其中之一。

我服役于德军第112装甲旅第2112装甲掷弹兵团第1装甲掷弹兵营第3装甲掷弹兵连。我们步兵班有12名士兵，班长是个曾经在东线服役的中士，作战经验非常丰富。此外，还有个下士，其他10个人都是列兵。很多官兵都是波兰人——没错，我们的班长就是波兰人。在我们班里，只有我与下士是德国人。这些波兰人能听懂德语，但基本不会说德语。我们班的武器，除了每个人都有的步枪和手榴弹之外，还有2挺MG42式7.92毫米通用机枪。我的步枪打得非常差，所以就成了其中1挺机枪的副射手。机枪的主射手是个波兰人，我们交流起来非常困难。

每个步兵班装备1辆卡车。一切准备就绪之后，卡车就将我们运到火车站，等待装车。卡车装在平板车上，人员在乘员车厢里。1944年9月8日晚，我们出发，深夜时分跨过了莱茵河。清晨某时，敌机出现，火车停在了森林中。我们接到命令，从车厢中跑出来，到铁轨附近的树丛中躲避。火车倒是伪装得不错，但无济于事。发动机产生了大量的蒸汽，一旦松开了安全阀，一股升腾起来的巨大汽团就会暴露我们的位置。盟军的2架飞机俯冲下来开火。对我来说，看见子弹打落的枝叶和在地面上翻起像喷泉一样的灰土，反而是件很有趣的事。我经历了战火的洗礼，但我发现自己并不害怕。这让我很得意，我觉得那就像在看一部惊险刺激的电影一样。

盟军的飞机并没造成多大损失，火车继续开动。9月10日，我们在法国的埃皮纳勒附近下车。从那里开始，我们即将奔赴"绞肉机"。仅仅11天后，这台"绞肉机"就把我吐了出来，幸好我活了下来。

这段旅程从无休止地乘坐卡车开始。我们坐在卡车两边的长凳上，武器和装具放在长凳之间的空隙里。大部分时间，我们都处于纵队的掩护之下，前进速度慢得仿佛在爬，旅程看起来仿佛没有尽头。我们就一直这么坐下去，没有任何休息可言。在剧烈的颠簸下，我差点把五脏六腑吐了出来。最后，车停了下来。

我从卡车上跳下来，一头栽倒在路边的沟渠里。然而，我这口气还没喘完，车队就开拔了。在急行军的过程中，我的衬衣变得脏脏不堪。我想，几天之内都不可能换套衣服或洗这身衣服了。这当然不是我要面对的唯一难题——敌军肯定知道我们来了！

我们接到了寻找美军的命令，去执行侦察任务。9月11日下午，我所在的步兵排乘坐3辆卡车，跟随1辆装有50毫米炮的Sdkfz 234"美洲虎"式8轮装甲侦察车出发。

那是个美好的秋日，我们顺着小径开进了密林。头顶树枝茂密，盟军航空兵无法看到我们，也就不会进行空袭。装甲侦察车开到了森林边缘，停了下来，冒险地开了出去，又停了下来。我们跳下卡车，分散在道路两边的沟渠里。我们没有任何人知道发生了什么。装甲侦察车的舱盖打开了，车长探出头，用望远镜向我们的右方看去。他们就在那儿！大概1600米之外，在与我们平行的道路上，一些车辆正在开动，他们是美军！他们没有发现我们。装甲侦察车退回了丛林，车长操作着无线电机。随后，装甲侦察车再次离开丛林，进行瞄准并开火。很快就击中了2个目标，可能是盟军的2辆卡车。

我们和装甲侦察车迅速撤退。卡车在狭窄的林中小路上掉头。在慌乱之中，有2辆卡车撞在了一起，但没有丧失动力。好在我们的司机避开了它们。这是激动人心的经历，我们在与敌人的首次交战中获得了胜利！但是，这也是我们唯一的一次胜利。

9月12日，也是个令人兴奋的日子。我们首次见到了坦克，是"黑豹"。在此之前，我唯一近距离看到过的坦克就是基础训练时见过的那辆T-34。这些怪兽般的"黑豹"体型巨大，75毫米坦克炮有电线杆那么长。有不少"黑豹"开了过来，扬起一阵烟尘。我们爬了上去，坦克车长站在炮塔中，他的军装没有佩戴任何军衔标志。但是，从他在无线电中发布的命令来看，我认为他在指

阿尔特曼。

> 挥整个坦克纵队。在坦克发出的巨大噪音中，我根本不可能听清他在说什么，我只能从只字片语中看出这点。他看出来我对这很感兴趣，就向我微笑致意。
>
> 整个下午都没有敌军飞机，我们在没有受到任何干扰的情况下，抵达了目的地。那是道浅浅的山谷，附近有村庄。坦克在山谷中安营扎寨，以周围果园中的树木为掩护。在距离坦克800米远的山坡上，我们建立了阵地。整个晚上都很安静祥和，但第二天就不是这样了。

复仇的"洛林十字"

从德军的情况可以得知，所谓栋派尔坦克战是"法军60辆坦克对德军90辆坦克的辉煌胜利"，完全是不准确的结论。实际上，不仅德军第112装甲旅没有90辆坦克，栋派尔坦克战中的法军，也谈不上有60辆坦克。至少纸面上的理论数字没有什么意义。

法军第2装甲师L战斗群下辖3个特遣队，分别为"曼若内"特遣队、"马叙"（Massu）特遣队与"普茨"（Putz）特遣队。9月12—13日，只有"曼若内"特遣队与"马叙"特遣队抵达了栋派尔。这2个特遣队的兵力包括：第12非洲猎兵团第1坦克中队、第2坦克中队与第4坦克中队，海军燧发枪装甲团第4坦克歼击车中队第1坦克歼击车排与第3坦克歼击车排，乍得行进步兵团第2步兵营与第40北非炮兵团。"普茨"特遣队下辖第12非洲猎兵团第3坦克中队，海军燧发枪装甲团第4坦克歼击车中队第2坦克歼击车排，第1摩洛哥西帕希行进骑兵团第2骑兵中队与第13工兵营第2工兵连。9月13日下午，栋派尔的主要战斗已经结束时，"普茨"特遣队才匆匆抵达栋派尔。

朗格拉德上校仅有的3个坦克中队与2个坦克歼击车排，也不如看起来那样强大。第1坦克中队装备的是17辆M3A3"斯图亚特"式轻型坦克。其火力与装甲都很薄弱，只能执行侦察、警戒或打击步兵的任务，无法与德军坦克对垒。第4坦克中队的巴约（Baillou）中尉回忆，第2坦克中队与第4坦克中队共有30辆M4可用，其中6辆为76.2毫米炮型M4A3，24辆为75毫米炮型M4A2。在满编状态下，2个坦克歼击车排应该有8辆M10。在解放维泰勒的战斗中，第3坦克歼击车排损失了"旋风"号（Cyclone）坦克歼击车。因此，只有7辆M10参加了栋派尔之战，分别为第1坦克歼击车排的"雷暴"号（Orage）、"狂风"号（Bourrasque）、"风暴"号（Tempête）与"飓风"号（Ouragan），第3坦克歼击车排的"热风"号（Siroco）、"沙暴"号（Simoun）与"西北风"号（Mistral）。

根据坊间一直流传的所谓"1辆'黑豹'相当于5辆M4或T-34"的说法，想要消灭第112装甲旅的31辆"黑豹"，法军恐怕要调集150辆M4才行。76.2毫米炮型与76.2毫米炮型M4，都无法正面对抗"黑豹"。M10抵近至200米，也很难击穿"黑豹"正面装甲。在数量与质量都处于劣势的情况下，以30辆M4与7辆M10，对抗31辆"黑豹"与29辆4号J，无异于以卵击石。即使加上17辆弱不禁风的M3A3，也一样毫无胜算。

当然，人才是战争胜负的决定性因素。经过战火的洗礼后，法军装甲兵已经今非昔比，不再是4年前的那支"遗恨之师"了。在北非战场，朗格拉德上校曾指挥第12非洲猎兵团与隆美尔的德意非洲装甲集团军展开过殊死搏斗。当时，他们装备的是S-35"索玛"式中型坦克。诺曼底战役以来，第12非洲猎兵团已经积累了丰富的作战经验。海军燧发枪装甲团的官兵都是法国海军的水兵志愿者。在诺曼底战役中，他们以损失10辆M10为代价，击毁德军60多辆坦克；二战中，第4坦克歼击车中队击毁了德军41辆坦克、16门火炮、43辆卡车和其他车辆，击毙德军470人，抓获430名俘虏。

L战斗群的坦克与坦克歼击车居于劣势，但炮兵却处于绝对优势状态。第40北非炮兵团下辖3个装甲炮兵连，共装备18辆M7"牧师"式105毫米自行榴弹炮。第2装甲炮兵连有1辆M7出现了机械故障，暂时遗弃在了从巴黎开进至栋派尔的公路上。为了加强L战斗群的炮火支援强度，朗格拉德上校从第12非洲猎兵团借调了6辆105毫米榴弹炮型M4，组建了第4暂编装甲炮兵连，执行间接火力支援任务，连长是索尔马伊（Sourmail）中尉。这6辆105毫米榴弹炮型M4分别是第2坦克中队的"命运"号（Mektoub）与"摩哥拉恩"号（Moghrane），第3坦克中队的"默兹河浅滩"号（Hauts de Meuse），第4坦克中队的"兰斯山"号（Montagne de Reims）与"拉吕讷山"号（La Rhune），以及"宰格万"号（Zaghouan）[①]。这4个装甲炮兵连，有2个半配属"马叙"特遣队，1个半配属

法军第2装甲师L战斗群编制	
第12非洲猎兵团	第1坦克中队
	第2坦克中队
	第3坦克中队
	第4坦克中队
乍得行进步兵团第2步兵营[①]	第5步兵连
	第6步兵连
	第7步兵连
	火力支援连
第40北非炮兵团	第1装甲炮兵连
	第2装甲炮兵连
	第3装甲炮兵连
海军燧发枪装甲团	第4坦克歼击车中队
第1摩洛哥西帕希（Spahis）行进骑兵团[②]	第2骑兵中队
第13工兵营	第2工兵连
第13医护营	第2海军急救连

①② 行进团（Régiment de Marche），暂编的团级战斗群，外籍人员和法军非战斗人员均可参加。1808年，拿破仑为了补充入侵伊比利亚半岛遭受的严重损失，在应急情况下创建的编制。

---

① 未能查明原隶属坦克中队，很可能是从第12非洲猎兵团团部连调来的。

法国海军燧发枪装甲团的"沙暴"号M10"狼獾"式坦克歼击车。其名称来源于法国海军的"沙暴"号驱逐舰。车体侧面前部涂有法军第2装甲师的洛林十字标志；侧面中部的呼号"沙暴"下方有4个带有黑色"卐"字标志的白色坦克几何图形，表示其击毁的德军坦克数量，炮管上亦有4条白色条环表示这个战绩；侧面后部有法国国旗标志与车辆所述分队的标志，表示其隶属于第4坦克歼击车中队第3坦克歼击车排。

法军第2装甲师

法军第2装甲师最早的起源，是勒克莱尔少将领导的法国外籍军团第13半旅（13th Demi-Brigade of Foreign Legion）与乍得塞内加尔散兵团（Régiment de Tirailleurs Sénégalais du Tchad）的部分兵力。在此基础上，法军组建了第2轻型师，也是自由法军组建的首个师。1943年8月24日，根据美军装甲师的编制，第2轻型师改编为第2装甲师。

法军第2装甲师有14454名官兵，不愿意投降德军的法军官兵与法国平民，构成了其兵员的主体。另有3600名法属北非殖民地的摩洛哥人与阿尔及利亚人，甚至还有少量西班牙共和军官兵。不同的文献资料，对这些西班牙共和军官兵的数量，记述也不同，有300人、350人或2000人等说法。

在满编状态下，法军第2装甲师装备85辆M3A3"斯图亚特"式轻型坦克、165辆M4A2与M4A3"谢尔曼"式中型坦克、36辆M10"狼獾"式坦克歼击车、64辆装甲侦察车、664辆半履带式装甲运兵车、27辆M8式75毫米自行榴弹炮、54辆M7"牧师"式105毫米自行榴弹炮。在实战中，法军第2装甲师会遵循美军装甲师的模式，编成L战斗群、V战斗群与D战斗群，每个战斗群再分成3个特遣队。

8月1日，法军第2装甲师登陆诺曼底的"犹他"海滩，隶属于第3集团军第15军。勒克莱尔少将非常欣赏富于进攻精神且会说法语的第15军军长海斯利普少将。

在阿尔让唐（Argentan）与法莱斯的战斗中，法军第2装甲师有133人阵亡、648人负伤、85人失踪，损失76辆坦克与自行火炮、7门牵引式火炮、27辆半履带式装甲运兵车与133辆其他车辆。他们击毙德军4500多人、俘虏8000多人，击毁或缴获了117辆坦克与自行火炮、79门牵引式火炮与750辆轮式车辆。

8月23日，在戴高乐的命令下，法军第2装甲师远程奔袭，前往进攻巴黎。此时，其调归美军第1集团军第5军指挥。勒克莱尔少将骁勇善战，生性放荡不羁，经常不听命令，擅自行动。巴顿很欣赏他这种浪漫主义的性格，第1集团军司令霍奇斯中将与第5军军长杰罗

(Gerow)少将却认为他"无组织、无纪律"。勒克莱尔少将拒不接受第5军指挥。8月25日，法军第2装甲师主力源源不断地拥入巴黎，其官兵逢人就说自己是巴顿的部下。英国广播公司据此发布新闻，称巴顿的第3集团军解放了法国首都巴黎。

戴高乐希望法军第2装甲师能留在巴黎，以制衡法国抵抗组织中的法国共产党武装，或者也可以将法军第2装甲师调入法军B集团军建制。然而，法军B集团军司令塔西尼上将曾在维希法军中任职。勒克莱尔少将不愿意听命于他，并强烈要求重归第15军建制。法军第2装甲师也就成了二战中唯一不隶属于法军B集团军/第1集团军的法军装甲师。

菲利普·勒克莱尔

菲利普·勒克莱尔（1902年11月22日—1947年11月28日），原名菲利普·弗朗西斯·马里·德·奥特克洛克，法国陆军元帅。勒克莱尔生于贵族家庭，他的历代祖先中，有的参加过十字军东征，有的曾在拿破仑麾下作战。

1924—1925年，勒克莱尔先后就读于法国圣西尔军校与法军索米尔（Saumur）骑兵学校。1926—1930年，他先后在德国执行占领任务与在摩洛哥执行平叛任务。在此期间，他认识到了坦克的巨大潜力，成为法军骑兵装甲化的热心推动者。1931年，在圣西尔军校任教。1936年，他骑马时摔断了腿，从此经常挂着拐杖行走。

1939年，担任第4步兵师参谋长，并参加了萨尔攻势。1940年，在法国战役中，他先后两次被俘，但最终都成功逃脱。他化名"勒克莱尔"，前往英国投奔戴高乐。在戴高乐的命令下，他前往非洲，将在自由法国与法国维希政府之间摇摆不定的法属赤道非洲与加蓬收入囊中，并组织了喀麦隆与乍得的武装力量。1941—1943年，在北非，他率部与英军联合作战，转战利比亚、埃及与突尼斯。1943年，担任法军第2轻型师师长，后担任其改编的法军第2装甲师师长。1944年8月25日，他率部解放巴黎。9月，在赢得了栋派尔之战的胜利后，巴顿授予他银星勋章。随后，法军第2装甲师转入美军第7集团军。11月22日，他以迅雷不及掩耳之势攻占了斯特拉斯堡。1945年5月，法军第2装甲师俘虏了12名德国党卫军第33"查理曼大帝"掷弹兵师的法国志愿兵。在没有任何军事法庭审判的情况下，勒克莱尔下令将其全部枪毙。

1945年9月2日，在东京湾的美军"密苏里"号（Missouri）战列舰上，他代表法国政府接受日本投降。随后，他前往印度支那，恢复法国对殖民地的统治。越南宣布独立后，他敏锐地察觉到了中南半岛的政治局势，主张以谈判解决冲突问题。1946年7月，担任北非法国陆军总监。1947年11月28日，他乘坐的飞机坠毁，因而遇难。戴高乐闻讯，当即宣布自己戒烟。1952年，法军追授他元帅军衔。1983年，法军以他的化名命名了"勒克莱尔"式主战坦克。

保罗·吉拉特·德·朗格拉德

保罗·吉拉特·德·朗格拉德（1894年7月26日—1980年1月16日），法国陆军少将。

1913年，朗格拉德加入第3猎骑兵团，担任中士。第一次世界大战时期，战场上堑壕纵横，骑兵用处不大。他志愿加入第69猎兵营，作为步兵作战。1915年，晋升为少尉，并在战场上受了重伤。随后，他又加入航空兵，指挥1个轰炸机中队执行夜袭任务。1918年，晋升为上尉。

1923年，他继续作为骑兵服役。1927年，前往摩洛哥平叛。1940年，前往突尼斯，担任第1非洲猎兵团团长。1941年，前往塞内加尔，组建第12非洲猎兵团。他以加强塞内加尔防务为借口，向法国维希政府索

要了23辆S-35"索玛"（Somua）式中型坦克，并将其从马赛运到了塞内加尔。盟军登陆法属北非后，他立即将法国维希政府踢开，率部进入突尼斯，支援盟军打击德军。1943年6月，他率部加入勒克莱尔少将的第2装甲师。9月，他晋升为上校。1944年8月，他重返法国，开始了解放祖国大陆的征程。9月，为了表彰他在栋派尔之战中的功绩，法军授予他法国荣誉军团勋章（Légion d'honneur）。12月，晋升为准将。

1947—1950年，他先后担任斯特拉斯堡总督，索米尔装甲兵与骑兵学校校长。随后，晋升为少将，前往摩洛哥担任"卡萨布兰卡"步兵师（Division de Casablanca）师长。1952年，前往印度支那，在柬埔寨陆军中担任高级指挥官，与西哈努克国王结下了深厚的友谊。1954年，他从军中退休。晚景凄惨，女儿与夫人先于他去世，儿子在阿尔及利亚阵亡。1965年，他荣获法国荣誉军团勋章大十字勋位（Grand Croix de la Légion d'honneur）。

"曼若内"特遣队。

遭遇劲敌

9月12日，德军第112装甲旅从埃皮纳勒出发，分成2个战斗群，直扑维泰勒。第1战斗群包括第29装甲团第1装甲营、第2112装甲掷弹兵团第1掷弹兵营、第21装甲师第155装甲炮兵团第2装甲炮兵营残部与各支援兵力，进军栋派尔。第2战斗群包括第2112装甲营与第2112装甲掷弹兵团第2掷弹兵营，前往班莱班（Bains-les-Bains），进攻抵达沃苏勒（Vesoul）以北的美军第7集团军前锋。下午，第1战斗群抵达栋派尔，第2战斗群未发现美军，转而进驻达尔内（Darney）。

当地的法国平民纷纷来给法军L战斗群报信，称有大量德军坦克开进了栋派尔。朗格拉德上校决定先下手为强，作战计划非常简单：左路的"马叙"特遣队，进攻在栋派尔集结的德军；右路的"曼若内"特遣队，经过大马士革（Damascus）[①]，切断埃皮纳勒与栋派尔之间的公路；L战斗群指挥部，将设在伊伦河畔维尔（Ville-sur-Illon）。

16时，"马叙"特遣队

---

① 法国村庄名称，并非叙利亚首都大马士革，地名相同而已。

与"曼若内"特遣队从维泰勒开往栋派尔。法军装甲前锋是第12非洲猎兵团第2坦克中队第3坦克排。领头的5辆M4，先后顺序为："普罗旺斯"号（Provence）、"卡马格"号（Camargue）、"科西嘉"号（Corse）、"埃斯泰雷勒"号（Esterel）、"朗格多克"号（Languedoc）。

法军坦克冲进班维尔奥索勒（Bainville-aux-Saules）。在这里，乍得行进步兵团第2步兵营迎头撞上了德军1辆汽车，迅速将其击毁在了田野上。从贝盖库尔（Begnécourt）开出后，在热尔弗库尔和阿东普村（Gelvécourt-et-Adompt）十字路口处，德军1门25毫米反坦克炮向法军坦克开火，但旋即遭到击毁。1940年，德军缴获了不少法军Mle 1934或Mle 1937式25毫米反坦克炮，物尽其用地装备给了二线步兵师。

在阿东普村的入口处，法军坦克发现了德军1门更大的火炮。M4A2射出了几发75毫米榴弹后，一大堆德军步兵屁滚尿流地蜂拥而出——这门火炮是伪装的假目标，法军的炮火点燃了整个农场。在进军栋派尔的途中，为了防止德军步兵的伏击，法军坦克不停地用机枪，扫射道路两侧的树林。法军坦克开上高地后，发现了1辆正在行驶的戴姆勒（Daimler）型轿车。驾驶轿车的德军军官惊得倒吸了一口凉气，拼命地急转弯。"科西嘉"号没有给德军任何逃跑的机会，当场将其击毁。德军军官死于非命，轿车残骸在公路上剧烈地燃烧。法军坦克绕过轿车残骸，继续进发。在艾森库尔（Assoncourt）的高地上，法军坦克兵从炮塔中探出头来眺望，栋派尔的钟楼已经映入眼帘。

栋派尔周边散布着几个小村落，拉维耶维尔（Lavieville）位于其西北方、拉默雷（Lamerey）与麦东尼（Madonnne）位于其东方，大马士革位于其东南方。包括这些小村落在内，整个栋派尔都位于全长5公里的吉特（Gitte）山谷中。这也就意味着，栋派尔处于洼

1944年9月12日，讷沙托-米尔库，法军乍得行进步兵团的装甲步兵向德军发起进攻。

地中，周边的高地或平原都可以成为俯瞰栋派尔的制高点。无论对于驻守在栋派尔的德军，还是对于准备进攻栋派尔的法军，这些制高点都是控制栋派尔的关键。

然而，德军第112装甲旅根本没有意识到问题的所在。德军没有占领这些制高点，在法军占领这些制高点后，也没有进行任何积极的争夺。法军一旦占领诸个制高点，整个吉特山谷将尽收眼底。在栋派尔南方的高地上，平缓上升的山坡上散布着农田与小树林，L战斗群指挥部的所在地伊伦河畔维尔，正位于高地上。朗格拉德上校，L战斗群的美军航空兵联络官与炮兵观察员，一览无遗地俯瞰着整个战场。第40北非炮兵团抓住战机，在6号公路以北，构筑了3个炮兵阵地。从这个角度来看，这场战斗，法军已经赢了一半。

19时，L战斗群向栋派尔发起试探性进攻。在通往赫米蒂奇（Hermitage）的公路上，德军1门苏制ZiS-3式76.2毫米野战炮，伏击了"马叙"特遣队领头的"普罗旺斯"号。"普罗旺斯"号的履带断裂，倾倒在路边的沟渠里。在逃离坦克之前，法军坦克兵用无线电通报了敌情：在法军左翼，德军坦克已组成战斗阵形；在法军右翼，德军坦克正在前进。

第12非洲猎兵团第2坦克中队第3坦克排奉命在右翼展开，向800米外的"黑豹"发起进攻。"科西嘉"号的无线电操作员皮埃尔·里沃（Pierre Rivault）回忆："不幸的是，75毫米穿甲弹击中了目标，但全都弹飞了，径直飞向天空。看到这种效果，我们都快绝望了。一直打到太阳落山，也都是如此。"

M4炮击无效，法军坦克兵只好召唤M10前来支援。战斗打响时，海军燧发枪装甲团

法军第12非洲猎兵团第2坦克中队第3坦克排的"科西嘉"号M4A2"谢尔曼"式中型坦克。

法国海军燧发枪装甲团第4坦克歼击车中队第3坦克歼击车排的"热风"号M10"狼獾"式坦克歼击车。

第4坦克歼击车中队第3坦克歼击车排还在纵队后方。德军坦克与反坦克炮开火时，警报接踵而至。第3坦克歼击车排排长罗伯特·迪维尔（Robert Durville）中尉指挥"热风"号与"沙暴"号前进，并迅速地利用地形进行掩护。迪维尔中尉记述道："在没有确定向我们开火的德军坦克究竟在哪之前，我们会尽可能地保持沉默。"

迪维尔中尉定睛一看，顿时不寒而栗——大量"黑豹"的轮廓阴森森地浮现了出来。他发现了1辆带有伪装网的"黑豹"在不远处停了下来，立即向2辆M10指示目标位置。然而，在模糊的光线条件下，"热风"号与"沙暴"号却找不到目标。这辆"黑豹"再次开动，法军水兵才锁定了它。

迪维尔中尉回忆道："'咔哒'、'咔哒'，2辆M10的炮闩立即关闭，发出了两声震耳欲聋的巨响。但是，这2发炮弹的弹道太高，都打偏了，落在了'黑豹'后方。他们又发射了几发炮弹，却在'黑豹'的正面装甲上弹飞了。最后，'沙暴'号发射的1发穿甲弹干掉了它。这辆"黑豹"冒出了黑黄色的浓烟。冒着我军的机枪扫射，德军坦克兵爬了出来，弃车而去。"

里沃的记述，与迪维尔中尉的回忆有所不同："后来，我们才知道，那是1辆指挥坦克。"法军水兵成功地将其打得燃烧了起来。德军坦克兵逃出来后，居然成功地扑灭了火焰。装甲步兵利用"普罗旺斯"号作为掩护，蹑手蹑脚地摸到了这辆"黑豹"的侧翼，用"巴祖卡"式反坦克火箭筒瞄准了目标。反坦克火箭弹拖着长长的尾烟，击毁了"黑豹"，德军坦克兵也都一命呜呼了。

在接到继续向山脊推进的命令之前，迪维尔中尉与第3坦克歼击车排在阵地上停留了30分钟。随后，第3坦克排、第3坦克歼击车排与第2步兵营一起，开往"马叙"特遣队的防区。

激战前夜

20时，夜幕已经降临栋派尔。M10中的法军水兵炮手，将干涩的眼睛贴在瞄准镜上，也找不到任何目标了。在短暂的寂静后，德军密集的炮击与机枪扫射席卷而来，法军阵地上到处都在爆炸。在横飞的弹雨中，法军1辆M4、2辆半履带式装甲运兵车与1辆吉普车，先后中弹起火。这些车辆燃起的火焰，反而为德军火力的瞄准提供了参照。法军不得不撤下所有轻型车辆，只留M4与M10在阵地上。

迪维尔中尉有些焦急。德军炮弹的炸点距离他们越来越近，但他们却找不到德军坦克的位置。忽然，炮手勒·卡罗奈克（Le Calonec）发现了1辆"黑豹"。他喊道："我看见正向我们开火的德军坦克了！"

"轰！"随着一声巨响，穿甲弹脱膛而出。卡罗奈克报告，他可能击中了目标，那辆"黑豹"不动了，而且冒出了黑烟。最终，这辆"黑豹"消失在了土坡后方。

迪维尔中尉环视四周，发现左翼的树林后方，有4－5辆"黑豹"。在战斗刚刚打响时，法军坦克歼击车曾向那里开火，显然发射的炮弹没能击毁德军坦克。迪维尔中尉向"沙暴"号发出警报，命令其靠拢过来，开到他的观测位置上。"沙暴"号开到了指定阵位，但炮手罗伯特·马迪（Robert Mady）始终没能看清迪维尔中尉指示的目标，炮弹不是打得太近，就是打得太远。

德军已经击毁了2辆M4，战局似乎越来越不利于法军。"西北风"号报告，自己已经暴露了目标，德军射来的3发

栋派尔火车站　　　　　　　　　　　　　　　　　　　至公墓　至大马士革

南←→北

栋派尔地区航空照片。

在大马士革村高地上俯瞰栋派尔地区的景象，左边是栋派尔，右边是拉默雷。美军观察员在高地上能获得极佳的视野，能够轻松地召唤战斗机或野战炮兵打击德军。

炮弹，就落在距离其不到10米的地方。"热风"号已经有5分钟没有应答无线电呼叫了。车长奥吉·里昂斯（Augis Lyons）军士发现300米以内，有1辆"黑豹"，随即命令炮手寻找其位置。炮手还没找到目标，800米外的公路上就冒出了另1辆"黑豹"。这辆"黑豹"连续开火，击毁了"沙暴"号前方的1辆M4。"沙暴"号转动炮塔，向这辆"黑豹"连续发射了4-5发炮弹，但没有任何效果。

第12非洲猎兵团第2坦克中队第3坦克排正在前沿阵地上屏护M10。在四面八方热闹的交火中，他们已经打散了，完全无法判断自己与友军的准确位置。"科西嘉"号的车组怀疑栋派尔的钟楼上，正有德军观察员监视着法军动向，就发射了几发炮弹，摧毁了钟楼。突然，德军120毫米迫击炮发射的2发烟雾弹击中了"科西嘉"号，导致其发动机燃起大火。车长脸部烧伤，烟雾弹中的磷也灼伤了炮手。车内的空气无法呼吸，法军坦克兵只好爬出来。

里沃回忆了那个惊心动魄的黑夜："从坦克里逃出来后，我发现自己置身于葡萄园中。我与车组走散了，四周一片漆黑。我不知道当时的时间，也不知道那些正在爆炸的坦克是友军的，还是德军的。在我身后，第1坦克排的'莫尔旺山'号（Morvan）正在燃烧，还有1辆同样烧成了火炬的半履带式装甲运兵车。在夜晚，那火焰看起来是那么冰冷。四周到处都是履带碾过的声音，似乎都是冲我而来的。我下定决心，要回到坦克残骸里找回我的联体工装军服。我握着手枪，爬过土豆田。当我爬进炮塔时，眼前突然闪过一道黑影。我刚要开枪，发现那是炮手米歇尔（Michel）。"

一场虚惊过后，里沃与米歇尔重新发动了"科西嘉"号，开向法军阵地。借着战场上的火光，他们还在路上找到了驾驶员马特龙（Matron）。经过漫长地寻找后，这3个难兄难弟终于遇上了乍得行进步兵团的装甲步兵。装甲步兵指明了方向，但他们依然提心吊胆。德军迫击炮击中"科西嘉"号后，其车体上满是磷光，在黑夜中非常显眼。里沃想洗掉磷光，将汽油桶中储存的水泼在坦克上，却没有任何效果。他们将从巴黎带来的一桶酒也泼了上去，依然无济于事。最后，他们只好折下李子树的枝桠，遮盖在"科西嘉"号上。

里沃的回忆颇为痛苦："在漫长的黑夜中，我们无法入睡。明天会发生什么？德军坦克比我们想象的还要强大，数量也比我们多。在德军坦克上弹飞的炮弹，仿佛在嘲笑我们……"

在"科西嘉"号倒霉地中了2发烟雾弹时，"埃斯泰雷勒"号与"朗格多克"号的侧翼出现了5辆"黑豹"。在热尔弗库尔附近，双方的坦克战一触即发。"朗格多克"号向1辆"黑豹"发射了3发炮弹，将其打得燃烧了起来。"朗格多克"号向另1辆"黑豹"发射了7发炮弹，但全部弹飞了。这辆"黑豹"转动炮塔，只发射了1发穿甲弹，就击穿了"朗格多克"号。穿甲弹击穿了车体正面装甲，打进驾驶舱，炸伤了无线电操作员，变速箱起火。"朗格多克"号的车组逃了出去，撤到了土坡后方。几分钟后，炮手巴斯库尔（Bascoul）返回了"朗格多克"号的残骸，用灭火器扑灭了火焰。他试图重新启动坦克，但发现变速器已经损坏了，只能等军械车间进行回收了。

在战局逐渐恶化的情况下，朗格拉德上校命令法军撤出前沿阵地。在无线电中，迪维尔中尉听到气喘吁吁的声音，通知各部尽快与德军脱离接触，立即撤退。法军通过两座高地之间的沟谷，迅速地撤回了出发阵地。德军随即将火力延伸向法军的必经之路上。

法军坦克歼击车路过第40北非炮兵团阵地时，炮兵们询问前方的战况。法军水兵的回答让他们不寒而栗："遍地都是'黑豹'，我们什么都看不清。天黑了，我们明天早晨再去。"

第40北非炮兵团第2装甲炮兵连的托马斯（Thomasse）中士回忆："他们撤走了，我们却留了下来。炮兵阵地位于两条公路交会的十字路口处。这充分暴露了我们对德军阵位的无知。如果有人说，那天晚上，我们像睡鼠一样高枕无忧，那绝对是撒谎！"

L战斗群主力撤回到了位于高地上的出发阵地后，乍得行进步兵团的装甲步兵建立了夜间的弧形防御阵地，所有车辆都位于弧形防御阵地的中央，官兵都隐蔽在散兵坑或掩体内。法军认为，德军一定会在夜间进行侦察，寻找法军阵地的位置。然而，德军却没有进行任何夜间侦察。德军第29装甲团第1装甲营的军官都是从东线回来的老兵，他们应该不会犯这样的低级错误才对。唯一的解释就是，德军很轻视法军，认为根本不用进行夜间侦察。

当夜，栋派尔上空飘起了冰冷的小雨。德军在民宅中舒服服地酣睡，法军只好在泥泞的田野上冻了一夜。L战斗群指挥部里，却是一片忙碌的景象。L战斗群所有的参谋，乃至第2装甲师所有的参谋，都在彻夜地研究与分析栋派尔德军的规模。

朗格拉德上校眉头紧皱，目前的状况，使他喜忧参半。可喜的是，当地的法国平民已经向他报告了德军的动向。他甚至清楚地知道，德军第112装甲旅分成了2个战斗群，位于栋派尔的第1战斗群部署拙劣。可忧的是，"黑豹"十分强大，法军1个战斗群的M4与M10无法与之抗衡。

在夜幕中，"马叙"特遣队对栋派尔以西的进攻，未能

从伊伦河畔维尔的制高点上望向栋派尔的景象，可以清楚地看到教堂的钟楼。

占到什么便宜。"曼若内"特遣队向栋派尔东南方迂回,未能与德军交火。海军燧发枪装甲团第4坦克歼击车中队第1坦克歼击车排的排长莫里斯·阿隆格(Maurice Allongue)中尉,能听到暗夜中德军坦克在远方开动时的隆隆声响。但是,黑夜的光线条件很差,炮手甚至无法在瞄准镜中辨认出100米外的一棵树,更无法瞄准德军坦克了。第12非洲猎兵团第4坦克中队的任务是掩护"曼若内"特遣队南翼的安全。他们刚开上369高地,巴约中尉就被眼前的一幕惊呆了——在1500米外的埃皮纳勒－米尔库公路上,德军"黑豹"纵队"一眼望不到边","看起来有上百辆之多",每辆坦克之间相隔20米,炮口都处于包裹状态。巴约中尉命令"不许开火"。在这个距离上,M4与M10对"黑豹"无法形成任何威胁。"黑豹"一旦还击,对M4与M10却是致命的。

22-23时,在距离第20北非炮兵团2号瞭望哨几百米远的地方,皮埃尔·曼若内(Pierre Minjonnet)中校与特遣队的其他指挥官会面。他们围成一圈,跪在潮湿的沟渠里。为了避免小雨淋湿地图与文件,他们在头顶上罩了雨衣,用手电筒在雨衣下照明。

曼若内特中校通报:L战斗群阵地西北方3公里处,德军有1个装甲旅,估计装备80-90辆"黑豹"与4号中型坦克,火力极强;作为法军第2装甲师的前锋,L战斗群已经深入德军后方,几乎处于遭到包围的状态,因此必须加强夜间警戒。

敌强我弱已是既定事实,还想要消灭德军,就必须有足够强大的火力支援。在得知L战斗群正与德军1个装甲旅对峙后,勒克莱尔少将认为,必须有战术航空兵的支援,才能进行9月13日的战斗。第19战术航空军的战术航空兵联络官托尔(Tower)上校不停地发送需要战斗机支援的请求,但一直没有成功。

当晚,德军机枪的扫射与不停的爆炸声,响彻栋派尔的谷地。高地上的法军战战兢兢地听着山谷下方德军坦克开动的声音,焦虑地等待着未知的黎明。

"狼獾"猎"豹"

9月13日拂晓,阿隆格中尉睡眼惺忪,指挥着第1坦克歼击车排前往栋派尔侦察。在几辆吉普车的掩护下,他们缓缓地开上土坡。4辆M10只露出炮塔,车体处于隐蔽状态。在这里,他们可以俯瞰通往埃皮纳勒的公路。吉普车开往土坡侧,向四周侦察。

随着教堂敲出的七声钟响,栋派尔从昏暗中慢慢浮现出来。M10中的水兵们聚精会神地盯着几百米外的道路、树林与任何有可能埋伏着德军的地方。M10的车长们直接站在炮塔上,用望远镜搜索。

钟声停止回荡后,栋派尔再次恢复平静。"雷暴"号与"风暴"号左转,"狂风"号与"飓风"号右转。此时,1辆吉普车风驰电掣地开了回来,贝迪奥(Bediot)军士以惯常的镇定语气说:"快来,这里有个好靶子可以打。"贝迪奥军士曾在几艘驱逐舰上担任过测距员,他发现的目标绝对可靠。

在贝迪奥军士与萨特(Sartre)海军候补军官的引导下,"风暴"号开上了制高点。他们发现800米外的山坡上,有1辆"黑豹"停在灌木篱墙的阴影之下。勒穆瓦纳(Lemoine)军士长高喊:"距离900米,偏角2°,穿甲弹1发。"一声尖啸直奔"黑豹"而去,突如其来的炮击吓了德军坦克兵一跳。"风暴"号发射的第二发穿甲弹,击中了目标。这辆"黑豹"试图倒车,但已经来不及了。"风暴"号发射了第三发穿甲弹,

法国海军燧发枪装甲团第4坦克歼击车中队第1坦克歼击车排的"狂风"号M10"狼獾"式坦克歼击车。

法国海军燧发枪装甲团第4坦克歼击车中队第1坦克歼击车排的"风暴"号M10"狼獾"式坦克歼击车。

将"黑豹"打成了火球。

法军先发制人的进攻引来了德军更多的还击。在距离法军阵地300米处的树林里,1辆"黑豹"接连向"风暴"号开火,却无一命中。不过,炮弹爆炸的弹片击中了吉普车,萨特负伤了。德军MG42式7.92毫米通用机枪爆豆般地扫射而来,法军M10则以猛烈的炮击回应。在阿隆格中尉看来,德军即将发起强大的攻势,而这一切都将压在他可怜的4辆M10上。他回忆道:"无论是数量,还是质量,我们都不如德军。德军坦克随时可能从树林的角落或者灌木篱墙中冲出来。然而,他们会消灭我们,再冲垮我们身后的主力。"

想到这里,阿隆格中尉命令1辆吉普车全速返回,向L战斗群发出警报。4辆M10都将炮口指向德军即将来袭的方向,焦虑地等待德军的进攻。大群"黑豹"出现时,阿隆格中尉不由得大吃一惊。然而,这些"黑豹"看起来有些犹豫。那辆燃烧的"黑豹"残骸冒出的黑烟,使德军坦克兵不得不三思而后行。尽管如此,德军坦克的数量,依然使阿隆格中尉感到绝望。4辆M10中的水兵们,只能沉默地听着越来越近的履带声……

在这危急关头,一阵狂飙的咆哮突然炸裂长空。美军第406战斗机大队的P-47席卷而来,粗壮的身影呼啸而过,12.7毫米机枪与炸弹"犁"过整个吉特山谷,不断有目标中弹起火。德军Flak 38式20毫米机关炮进行还击,但没有任何效果。M10中的水兵们一片欢腾,对着空中的P-47高喊:"雷电!胜利!"

此时此刻,在阿隆格中尉的眼中,这些肥硕的"超级大奶瓶"简直像纯血马一样俊俏。托尔上校费尽千辛万苦,终于招来了这些"守护天使"。托尔上校的座车是1辆M4"谢尔曼"式炮兵观测车,炮塔上的火炮是假的,从而伪装成普通的坦克。战术航空兵联络官可以通过无线电,与各

在栋派尔外围,德军"黑豹"式中型坦克的残骸,弹药殉爆后将炮塔炸得粉碎。

在栋派尔外围,德军"黑豹"式中型坦克严重烧毁的残骸,散落在树林中。

海军燧发枪装甲团的法军水兵,见证了美军航空兵的空袭。迪维尔中尉评价道:"我们非常欣赏美军飞行员对地攻击的精确性。他们甚至从我们头顶上发起进攻,击中了距离我们只有十几米远的目标。"法国平民报告称,美军战斗机把德军坦克兵吓得魂飞魄散,他们甚至偷走了法国平民的衣服,胡乱套上之后,抱头鼠窜地当了逃兵。在意识到已经陷入法军的包围后,第29装甲团第1装甲营营长慌张地向第112装甲旅旅部求助,要求第2112装甲营赶来增援。美军战斗机飞走后,德军20毫米高射机关炮依然在声嘶力竭地开火。不久,除了零星的枪炮声外,迪维尔中尉的防区基本恢复了平静。

13时,马叙中校命令4辆M4、3辆M10与50名装甲步兵,前出占领栋派尔西北方的高地。在高地的墓地附近,法军建立了阻击阵地。M10进入车体掩蔽状态,对德军进行监视。"热风"号封锁通往米尔库的公路,"沙暴"号扼守着通往栋派尔镇中心的小径,"西北风"号瞄准布泽蒙特(Bouzemont)方向。在高地上,法军能俯瞰整个栋派尔以北地区。炮兵观察员向朗格拉德上校报告,栋派尔与附近的田野上,"到处都是德军坦克"。

罗吉尔(Rogier)上尉指挥的第5步兵连与埃根斯彼勒(Eggenspiller)上尉指挥的火力支援连,向栋派尔以北迂回,伊万诺夫(Ivanoff)上尉指挥的第7步兵连抵达栋派尔南部边缘,在28号公路与166号公路的十字路口建立阵地。马叙中校特意向伊万诺夫上尉强调,不要被德军牵制,不许恋战。然而，在爱国热情的驱使下，法军装甲步兵完全将其抛到了九霄云外。

第2坦克中队与第3坦克歼击车排进发时，第7步兵连也展开了行动。10时，在吉贡（Guigon）中尉的指挥下，第7步兵连第1步兵排占领了两条公路的交汇点，第2步兵排与第3步兵排在后方待命。格雷特（Gollat）军士长与炮手穆拉西奥里（Muraccioli）准军士，将1门M1式57毫米反坦克炮布设在公路右侧的土坡后方。格雷特军士长是罗马尼亚人，曾服役于法国外籍军团。莫里斯·维达（Maurice Vidal）是在巴黎入伍的新兵，正在100米外的苹果树下侦察。

吉贡中尉率领第1步兵班的杜克（Duke）与苏尔曼

在栋派尔镇内，德军"黑豹"式中型坦克的残骸，其双排负重轮外侧的车轮大多被炸飞，履带被炸断。

从栋派尔东南部的高地上俯瞰栋派尔的景象，从左至右分别为栋派尔、麦东尼和拉默雷。位于照片对面正中央的高地，就是"马叙"特遣队据守的墓地。

（Sulmane），向栋派尔的工厂、火车站与教堂方向的十字路口进发，曼吉利（Mangili）军士用1挺M1919A4式7.62毫米重机枪进行掩护。他们顺利地抵达了十字路口，但在苹果园附近，德军机枪与狙击手挡住了他们。德军步兵伪装得很好，吉贡中尉寸步难行，杜克与苏尔曼负伤，只好躲在附近房屋的地下室里。曼吉利军士还没架好机枪，腿就负伤了，伴随他的2名装甲步兵也负伤倒地。罗彻勒伊（Rochereuil）军士长听到德军机枪扫射的声音，立即率部带着机枪冲了上去。他们还没跑到吉贡中尉与伤员藏身的房屋，罗彻勒伊军士长与1名在巴黎入伍的新兵就阵亡了。

法军装甲步兵违令深入德军阵地，遭受了损失，后方的反坦克炮阵地也暴露了目标。德军1辆"黑豹"发现了目标，炮塔缓缓地转动，黑洞洞的炮口发射了2发榴弹，炸死了格雷特军士长和穆拉西奥里准军士，另2名炮兵负伤。几辆M4赶来增援，接连开火，"黑豹"见势不妙，慌慌张张地撤退了。

伊万诺夫上尉发现吉贡中尉进攻失利，就命令安东尼（Antoni）军士的侦察排前往寻找第1步兵班。马叙中校已经呼叫了炮火支援，安东尼军士必须在炮弹砸下来之前，把第1步兵班带回来。安东尼军士利用壕沟进行掩护，冒着德军机枪与狙击手的阻击，找到了吉贡中尉。但是，吉贡中尉根本无法撤退，因为还有2名伤员无法行动。安东尼军士返回阵地后，伊万诺夫上尉派了1个担架小组前往营救。第7步兵连第2步兵排寻歼德军狙击手，却无功而返。法军装甲步兵只好以M1式81毫米迫击炮开火，以压制德军机枪火力。在撤退过程中，担架小组成功地撤出了伤员，但一瘸一拐地跟

朱尔·奥古斯特·莱昂·皮埃尔·曼若内

朱尔·奥古斯特·莱昂·皮埃尔·曼若内（1895年3月1日—1988年6月16日），法国陆军上校。

他是生活在法国的巴斯克人。1914年，加入第10轻骑兵团。1915年，晋升为中士。1917年，调入第137步兵团服役。1918年，他晋升为中尉。1919—1924年，先后服役于第18步兵团、第10轻骑兵团、第3龙骑兵团、第20龙骑兵团与第2轻骑兵团。1933年，前往摩洛哥，加入第7装甲车中队，后并入第1非洲猎兵团。1935年，晋升为上尉，担任第3坦克中队的中队长。

1942年，他调入第4摩洛哥西帕希骑兵团。1943年，调入第12非洲猎兵团。1944年5月，担任第12非洲猎兵团团长。9月，晋升为中校。他经常烟不离嘴，部下都称他为"烟蒂老爹"（Le Père Mégot）。他的吉普车的名字"尼夫河"（La Nive），是流经家乡的河流。他的坦克的名字是："巴斯克人"（Eskuarie，巴斯克人的旧称）。

1946年，他从军中退役，晋升为预备役上校，回到家乡圣艾蒂安-德拜戈里（Saint-Étienne-de-Baïgorry）担任镇长。

雅克·马叙

雅克·马叙（1908年5月5日—2002年10月26日），法国陆军上将。

马叙出生于军旅家庭，父亲是炮兵军官。1919—1930年，先后就读于法国普里塔尼（Prytanée）军校与圣西尔军校。1930年，以少尉军校毕业，进入第16塞内加尔散兵团服役。1932年10月，晋升为中尉。1934年，转入第12塞内加尔散兵团服役。1937—1938年，调往洛林，在第41殖民地步兵团服役。1938年6月，前往乍得服役。

二战爆发后，他在非洲加入了自由法国军。1941年，担任乍得行进步兵团团长。随后他率部加入法军第2装甲师，晋升

为中校，直到二战结束。

1945年9月，他以空降行动占领了越南的西贡，参加了印度支那战争。1955年，晋升为准将。1956年，担任第10伞兵师师长。他指挥第10伞兵师先后参加了第二次中东战争与阿尔及利亚战争。

在阿尔及利亚战争期间，他对抓获的阿尔及利亚民族解放阵线成员施以酷刑，获取了其组织领导层的大量信息，并成功地对其领导层进行了摧毁。作为右翼戴高乐主义者，他不满法国政府打算与阿尔及利亚民族解放阵线谈判的态度。他扬言，除非戴高乐重新执政，否则将发动政变，进攻巴黎。最终，戴高乐重新当选总统。1958年，他晋升为少将。1960年，他因批评戴高乐的政策而遭到解职。1962年，担任法军第6军区司令。1963年，晋升为中将。1966年，晋升为上将，担任驻德法军司令。1969年，他从军中退休。

在后方的吉贡中尉却牺牲了。

新兵维达的经历则充满戏剧性。他一直在苹果树下侦察，对第1步兵排的行动一无所知。他返回土坡处的阵地时，才发现反坦克炮已经炸成了残骸，连伤员与阵亡官兵的遗体都被抬走了。他感到很无助，觉得自己已经被抛弃了。他沮丧地坐在土坡后方，茫然不知所措。当晚，美军1辆吉普车开过28号公路时，发现了这名迷路的法军新兵，才把他送了回来。

困"豹"犹斗

15时，美军第三批次的6架P-47飞临栋派尔上空。一如前两次空袭，德军再次陷入恐慌之中。P-47发射的火箭弹，像一群欢快的小蜜蜂一样飞散而来，龟缩在栋派尔的德军坦克顿时"炸窝"了。"黑豹"慌不择路地撞碎石墙，碾碎农用设备，甚至狼狈地冲进谷仓，寻找任何藏身之地，以躲避从天而降的扫射与轰炸。有的"黑豹"试图转弯，却卡在了狭窄的街道上。有的"黑豹"在逼仄的小巷中行驶，修长的炮管受到两侧墙壁的限制，导致炮塔无法转动。这些手忙脚乱的"黑豹"成了"瓮中之鳖"，在街道上进退两难的同时，也暴露了薄弱的侧后装甲，成了法军M4与M10的"活靶子"。

燃烧产生的浓烟降低了能见度，托尔上校的无线电机又

出现了通信不畅的故障。在无法确认目标的情况下,美军飞行员温德尔·布雷迪(Wendell Brady)上尉反复地进攻1辆"黑豹"的残骸。对此,第7步兵连的萨尔班中尉颇为困惑:"不知道是因为无线电通信不畅,还是飞行员对无线电中的引导充耳不闻,他就那么执着地进攻那辆坦克的残骸,打光了所有的火箭弹。"

布雷迪上尉求战心切,每次俯冲的高度都比上次要低。终于,他的P-47一头扎进了附近的果园里。法军装甲步兵很快救起了布雷迪上尉,他只受了点轻伤。当晚,在L战斗群的食堂,法军用当地特产的黄香李子款待了他。第二天,这位马虎的美军飞行员就回到了位于拉普兰德(Louplande)的基地。

美军战斗机飞走后,德军像关灯之后的蟑螂一样,再次冒了出来。这次,德军像模像样地进行了"火力准备"。先是用迫击炮开火——只打了2发炮弹,接下来是机枪扫射。随后,2辆"黑豹"就迫不及待地从建筑物后开了出来,冲向"马叙"特遣队驻守的墓地。2辆M4开火,击中了1辆"黑豹"的炮塔,导致其燃烧了起来。"热风"号打断了另1辆"黑豹"位于诱导轮处的

(组图)美军飞行员布雷迪上尉驾驶的P-47残骸,好奇的法国平民与其留下了大量合影。

履带。另2辆M10瞄准着其他方向,没来得及参战。

迪维尔中尉预感大战将至,他命令"沙暴"号与"西北风"号开到新的阵位上去。

"沙暴"号还没来得及就位,战斗就再次打响了。在1600米距离上,"西北风"号向1辆"黑豹"发射了3发穿甲弹。这辆"黑豹"冒着黑烟撤回

了。随后，在装甲掷弹兵的支援下，3辆"黑豹"急速杀来。3辆M10相继开火，领头的"黑豹"炸成了火球，瘫住不动了。其他2辆"黑豹"见势不妙，与装甲掷弹兵退回了谷地。不久，困兽犹斗的"黑豹"再次冲了出来。"西北风"号稳稳地瞄准，首发击中目标，1辆"黑豹"拖着黑烟撤退。其他"黑豹"吓破了胆，掉头退回了谷地。后来，迪维尔中尉在谷地找到了那辆冒出黑烟的"黑豹"，燃起的大火已经将其彻底烧毁了。

18时30分，"马叙"特遣队的防区沉寂下去，法军想当然地认为战斗暂时结束了。第5步兵连接到命令，环绕M10形成夜间防御阵地。然而，栋派尔方向再次传来了坦克发动机与履带的声音。迪维尔中尉命令"热风"号出击，"热风"号车长克罗肯博格（Krokenberger）军士笑着回答："我正等着他们来呢！"

德军4辆"黑豹"气势汹汹地杀了出来。"热风"号连续猛烈开火，在电光火石之间，炽烈的穿甲弹顷刻间击穿了领头的"黑豹"，导致其弹药殉爆。紧随其后的"黑豹"，也成了"狼獾"的猎物，被打成了废铁。第三辆"黑豹"见势不妙，想要躲进山谷的果园里。"热风"号连续发射了几发穿甲弹，都在其车体正面装甲上弹飞了。虽然没能击穿，但这辆"黑豹"还是停住不动了。第四辆"黑豹"躲进果园后，向"热风"号还击，2发穿甲弹"嗖"地飞来，击中了墓地的围墙。"黑豹"又发射了2发穿甲弹，1发击中了"热风"号炮塔后部的配重，从那块实心的铁块上弹飞了；1发从车长与装填手之间的空隙飞了过去。"热风"号的车组捏了一把冷汗，向果园深处开火，打出了最后1发穿甲弹。那辆"黑豹"发射了3-4发烟幕弹后，与法军脱离了接触。"马叙"特遣队防区的战斗，终于告一段落。

在栋派尔东南方，也就是"马叙"特遣队防区的对角线方向，"曼若内"特遣队也牢牢地扼住了德军命运的咽喉。"曼若内"特遣队要封堵四处逃散的德军，2辆M10已经调往别处。在大马士革，只有2辆M10与几辆M4。德军坦克、载满步兵的卡车与坐着军官的吉普车，一窝蜂地冲上通往埃皮纳勒的公路，试图逃出法军的包围。法军坦克与坦克歼击车毫不留情地开火，以密集的火力横扫过来，抱头鼠窜的德军人仰马翻。整条公路布满了德军坦克与车辆的残骸，德军步兵的胳膊、腿、躯干，散得到处都是。

一边倒的"大屠杀"结束后，2辆M10的炮弹已经打光了，补充了两次的燃料也耗尽了。他们刚收到后撤进行补给的命令，就看见1辆画着红十字标志的德军救护车，从栋派尔开了出来。德军救护车司机开始加速，试图从法军眼皮底下冲过去。法军官兵都怀着国仇家恨，对德军的痛恨，远远超过从大洋彼岸而来的美军。他们对德军没有任何怜悯之心。1辆M10的装填手端起冲锋枪扫射，却没能击中。阿隆格中尉愤怒地喊道："啊！这个混蛋！他们是逃不掉的！"

M10炮塔上的M2式12.7毫米重机枪对准目标，硕大的子弹撕裂了德军救护车的车身，车中传来了恐怖的尖叫声。这辆救护车歪歪扭扭地一头翻倒在了路边的沟渠里。法军官兵前往检查，找到了德军的罪证——救护车里装满了弹药。M10用机枪扫射救护车的残骸，引起了剧烈的爆炸，大火整整烧了30分钟。

美军第三次批次的战斗机抵达后，残酷无情的空袭场面再次引起了法军官兵的欢呼。阿隆格中尉动情地赞叹道："我们应该感激他们，亲吻他

法国海军燧发枪装甲团第4坦克歼击车中队第3坦克歼击车排的"西北风"号M10"狼獾"式坦克歼击车。

在躲避美军战斗机的追杀时,德军"黑豹"式中型坦克慌不择路地跌入了栋派尔外围的溪流中。其炮塔下方的车体侧面有明显的弹孔,发动机舱处的侧面装甲也有被打坏而留下的破损。

德军第112装甲旅坦克兵的尸体挂在"黑豹"残骸上无人收拾，变成了累累白骨。

们。他们勇敢地冲破德军高射炮的火网，来支援我们！"

栋派尔东南方与西北方打得热火朝天时，1辆"黑豹"神不知鬼不觉地摸上了第40北非炮兵团炮兵观察员所在的高地。高地下方的视野也很开阔，法军装甲步兵将1门M1式57毫米反坦克炮布设于此，但来不及进行伪装。这门反坦克炮瞄准偷偷开来的"黑豹"，一口气打出了20多发炮弹。炮管都打红了，也未能拦住"黑豹"的前进。"黑豹"吼叫着爬上高地，转动炮塔接连开火，2发榴弹在散兵坑附近炸响。法军炮兵观察员落入险境，眼看就要一命呜呼了。突然，1架P-47从九霄之上翻腾而下，如逐兔猎鹰般呼啸扑来，将这辆"黑豹"炸成了火球。

反坦克炮的炮长已经阵亡，其他炮兵抬着负伤的战友返回后方，只剩2名炮兵坚守在阵地上。第40北非炮兵团从高地上调了1名观察员去帮助他们。这3个难兄难弟忐忑不安地瞭望四周，发现1000米外的公路上，有1辆"黑豹"在前进。他们知道，在如此远的距离上，M1式57毫米反坦克炮很难伤及"黑豹"。"黑豹"一旦还击，他们很可能在劫难逃。但是，他们还是勇敢地操作反坦克炮，接连打出了20多发炮弹。有3-4发击中了目标，但没什么效果。每次开火，2名炮兵都会用询问的眼神看着炮兵观察员。虽然自己心里也是七上八下，但炮兵观察员仍然一动不动地站在反坦克炮后方，用望远镜观察敌情。

法军反坦克炮没能击毁"黑豹"，但德军坦克兵也没发现这门恼人的反坦克炮在哪儿。"黑豹"惊慌失措地发射了烟幕弹，法军反坦克炮兵却松了一口气。他们看不见"黑豹"，也意味着"黑豹"看不见他们了。在保持射击诸元不变的情况下，他们向烟幕中又发射了5-6发穿甲弹。反坦克炮的炮管再次烧红了，他们不得不停止射击。几分钟后，这辆"黑豹"探头探脑地开上了公路，爬上了山坡。反坦克炮已经打光了所有的炮弹，法军炮兵再也无能为力了。

炮兵观察员举着望远镜，无可奈何地看着"黑豹"逃之夭夭。然而，"黑豹"正在翻越铁路路基时，一道耀眼的闪光刹那间击中了它。"黑豹"失去了控制，直接翻了180°，倒扣了过去。炮兵观察员与2名炮弹简直不敢相信自己的眼睛！他们喜极而泣，紧紧拥抱在一起——"终于有人干掉了它！"

原来，这辆"黑豹"逃窜的方向，正是阿隆格中尉的第1坦克歼击车排的伏击阵地。法军水兵的M10盯死了这条"漏网之鱼"，将其"一网打尽"。阿隆格中尉轻描淡写地回忆："后来，我们找到了那辆坦克。车长是个德军中尉，头被击中了。"

后方遇险

栋派尔激战正酣之际，巨大的威胁正如暗夜的恶魔一样，向法军背后袭来。

13时30分，在伊伦河畔维尔南部偏僻角落居住的一名村妇，将电话直接打进了L战斗群指挥部。在电话中，她向朗格拉德上校发出警报——在300－400名步兵的支援下，德军大量坦克正开向栋派尔。

栋派尔的战斗正处于白热化阶段，背后又杀出个"程咬金"。L战斗群的"普茨"特遣队不在场，"曼若内"特遣队与"马叙"特遣队正陷入缠斗，保卫指挥部的兵力非常有限。德军坦克与步兵可以轻而易举地荡平伊伦河畔维尔的L战斗群指挥部，进而与栋派尔的德军对"曼若内"特遣队与"马叙"特遣队形成夹击之势。朗格拉德上校感到大事不妙，他迅速召集了伊伦河畔维尔的警戒兵力，召唤前沿阵地的M10回防，并呼叫驻守维泰勒的"普茨"特遣队火速驰援。

然而，第40北非炮兵团并未及时得到预警。第2装甲炮兵连的马泰（Mathé）中士首先发现了德军坦克。他是在巴黎入伍的新兵，当时正在楼顶瞭望。他举起望远镜，发现伊伦河西岸的葡萄园里，有行军纵队在开进。马泰中士看不出来那是友军，还是德军，就报告了梅尔（Merle）一级准尉。梅尔一级准尉举起望远镜，凝望一番之后，说道："那是法国平民正欢呼地簇拥着'谢尔曼'。"

炮兵观察员里邦（Ribon）举起望远镜，才发现那是德军坦克与装甲掷弹兵。德军坦克的车载机枪猛烈扫射，子弹"嗖"、"嗖"地飞来，再也没人怀疑什么了。德军第2112装甲营的4号J式中型坦克，正引导着第2112装甲掷弹兵团第2装甲掷弹兵营，滚滚而来。

此时，6辆"黑豹"从栋派尔冲了出来，炮兵观察员召唤火力，对其进行拦阻。克雷斯潘（Crespin）上尉命令贝尔特伦中尉："我指挥第1排，你指挥第2排。"

贝尔特伦中尉命令第2排的3辆M7掉头，准备平射德军坦克。在无线电中，能听见瞭望哨上的炮兵观察员，一边拼命地呼叫援兵，一边大喊："开火！这次是自由射击！"

德军坦克已经开到了距离法军炮兵阵地只有1000米的地方。第2排的3辆M7暴露在了德军坦克的机枪火力之下。贝尔特伦中尉命令第2排向法军主力方向撤退1000米，一旦抵达阵位，就按照电话中的命令开火。第1排的2辆M7将随后抵达。不幸的是，第2排刚出发，第1排的M7就撞断了电话线。维修电话线已经来不及了。贝尔特伦中尉只好命令1辆M7先撤退，与第2排会合，留下1辆M7掩护撤退。他登上半履带式装甲运兵车，向M7通报射击诸元。德军坦克的2发炮弹砸了下来，第1发距离这辆M7很近，第2发又落得太远。无论如何，再坚守阵地已经不现实了。他们迅速向第2排占据的新阵地开去，抵达目的地时，已经是夜间了。

对L战斗群指挥部遇袭的事情，"曼若内"特遣队与"马叙"特遣队一无所知。在消灭了那辆打算翻越铁路路基的"黑豹"后，大马士革的法军就开始准备休息了。这时，理查德（Richard）中尉开着吉普车狂奔而来，紧急召集他们回援后方。

朗格拉德上校仓促地在6号公路建立了防御阵地，只有第1坦克歼击车排的2辆M10，"普茨"特遣队第3坦克中队的几辆M4，几门M1式57毫米反坦克炮与少量装甲步兵。他们并不知道德军第2112装甲营不满编，一直以为来袭的德军是45辆4号J与1个装甲掷弹兵

在栋派尔镇内,德军"黑豹"式中型坦克的残骸停在街道上,其发动机舱已经彻底烧毁。

1944年9月13日,伊伦河畔维尔,法军第12非洲猎兵团第3坦克中队的"香槟"号76.2毫米炮型M4A3"谢尔曼"式中型坦克被德军4号J式中型坦克击毁。

营。在如此悬殊的兵力对比之下,每个执行阻击任务的法军都捏了一把汗。

在这关键时刻,德军却出现了严重的坦步脱节,原因则令人哭笑不得。德军装甲掷弹兵在沿途中的仓库中找到了大量樱桃酒。无论其中的波兰人,还是德国人,都把进攻的命令与掩护坦克的任务抛到了九霄云外,抱着酒桶大喝起来。第2112装甲营的坦克兵完全不知道第2装甲掷弹兵营已经掉进了酒桶,依然愣头愣脑地前进。

4号J从树林中鱼贯而出,准备在林间的空地上排列成进攻阵形,再席卷伊伦河畔维尔。"风暴"号向800米外的1辆4号J开火,希望这种威慑火力能阻吓德军坦克兵。这发穿甲弹不负众望地击毁了1辆4号J,其他德军坦克都吓呆了,躲进树林不敢出来。最终,只有12辆4号J展开了进攻阵形。双方的坦克大战一触即发。在200-300米的距离上,第3坦克中队的M4击毁了领头的2辆4号J。德军坦克毫不示弱,击毁了第3坦克中队的"香槟"号(Champagne)。当两翼的M4牢牢吸引住了德军坦克火力时,法军阵地中央的M10连续开火,击毁了3辆4号J。德军坦克向M10火力来袭的方向还击,但没有击中任何目标。

双方正打得不可开交之时,托尔上校拼命呼叫而来的第四批次空中支援抵达伊伦河畔维尔上空。P-47刚出现,德军坦克就纷纷如鸟兽散。法军官兵再次兴奋地向空中高喊:"雷电!胜利!"德军坦克兵早已吓破了胆,一直哆哆嗦嗦地藏在树林里,再也未敢出来。7辆4号J的残骸横七竖八地停在战场上,其中1辆是在完好无损的情况下,被德军遗弃的。

第2112装甲营的攻势彻底瓦解后,德军装甲掷弹兵才硬着头皮发起了进攻。战场上的4号J残骸似乎让装甲掷弹兵醒了酒。他们意识到，如果径直发起进攻，就会步德军坦克的后尘。于是，他们以树林为掩护，向左迂回，冲上了法军阵地的右翼。德军装甲掷弹兵用反坦克火箭筒，向50米外的M10开火。反坦克火箭弹像流星一样四散飞过，但无一命中。法军唯一的损失是"风暴"号牵引拖车上挂着的煎锅被打飞了。

在阵地右翼，法军只有2辆吉普车。他们勇敢地冲上去，用M1919A4式7.62毫米重机枪猛烈扫射，压制德军装甲掷弹兵。M4也开了上来，频频开火。M10炮塔上的12.7毫米重机枪打出了一条又一条弹链，枪管打得通红。阿隆格中尉回忆，他总能想起当时德军的惨状——"一眼瞥过去，德军装甲掷弹兵的头、胳膊、腿，全都飞上了天，落在距离我们只有几米的地方。"

在突如其来的火力打击下，德军装甲掷弹兵撤进了树林。随后，第13工兵营第2工兵连的2辆M3半履带式装甲运兵车驰援而来，抓获了部分德军俘虏。朗格拉德上校对战俘进行了审讯。在确认了当前德军的规模后，他决定将L战斗群指挥部撤往栋派尔方向，与主力会合。德军自知进攻无望，趁着夜色撤退了。L战斗群指挥部与警戒兵力，也向栋派尔转移。

海因茨·阿尔特曼的战争回忆（2）

海因茨·阿尔特曼参加过栋派尔坦克战。对这场毁灭了第112装甲旅的战斗，他是这样回忆的：

我们只知道发生在身边的事，美军的情况，我们一概不知。我们只是听说，美军的输油管道出了问题。这把他们吓坏了，因为没有了燃料，他们就得穿过大西洋，自己游回纽约。这更加增强了我们打赢的信心。我们动员了一切能动员的兵力，情况紧急，连东线的消防队都招来了。当时，我们只有采取这样的办法，才可能阻止盟军进抵莱茵河。所有人都明白，莱茵河失守意味着什么。我们的任务是突袭巴顿第3集团军的侧翼。我们接到命令后，就坐着坦克出发了。"黑豹"很大，开起来很有安全感。我们都是白天急行军，晚上停下来休息。我们在山谷两侧的山坡上安营扎寨，坦克群就在谷底的果园里。第二天早晨，法国平民向法军第2装甲师报信，说我们开来了50多辆坦克。他们很聪明，不用"谢尔曼"对抗我们的"黑豹"，而是召唤了空中支援。战斗机喷吐着火舌，用机枪与火箭弹屠杀我们的坦克。我们全都困在了山谷里。我们装甲旅没有装备任何防空武器，那些战斗机疯狂地扫射。我们从散兵坑里往外看，简直惨不忍睹。我亲眼看到美军战斗机投掷的凝固汽油弹击中了1辆"黑豹"。至今，我都还记得那情景——德军坦克在燃烧，坦克兵浑身是火，打开舱盖爬出来，跌落到坦克旁边，开始打滚。最后，他安静了下来，活活烧死在了我面前，遗体烧成了灰烬，冒着缕缕青烟。这让我想起了一句拉丁语名言：世间荣耀，终成灰土（Sic transit gloria mundi）。

傍晚，"黑豹"已经所剩无几。黎明时分，50多辆坦克，大概只剩下了8辆。于是，我们就撤退了。堂堂1个装甲旅，竟然没有炮兵，甚至没有侦察兵。最不幸的是，我们非常被动。我们不知道法军在哪儿，法军对我们却了如指掌。

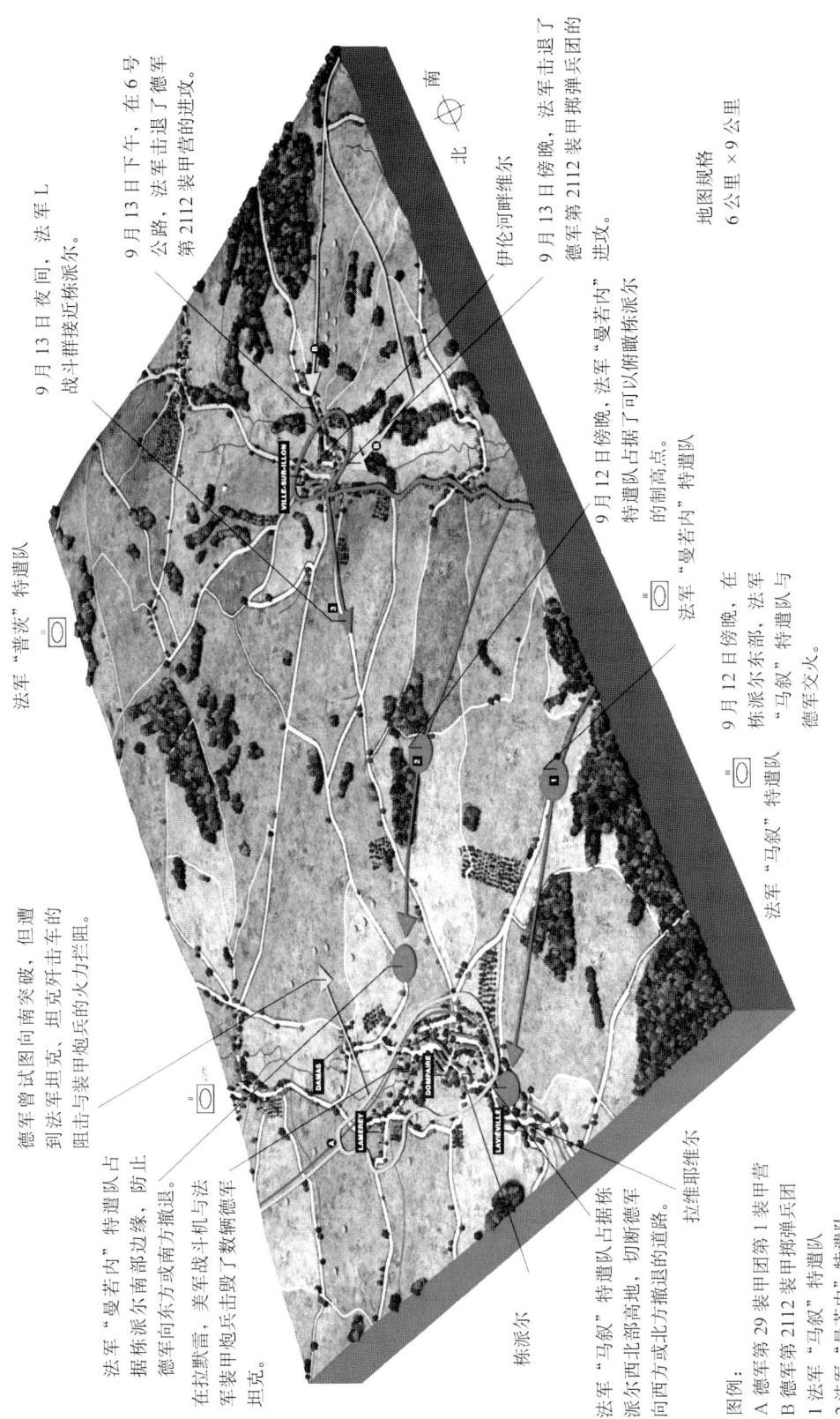

法军"普茨"特遣队

9月13日夜间,法军L战斗群接近栋派尔。

9月13日下午,在6号公路,法军击退了德军第2112装甲营的进攻。

伊伦河畔维尔

9月13日傍晚,法军击退了德军第2112装甲掷弹兵团的进攻。

9月12日傍晚,法军"曼若内"特遣队占据了可以俯瞰栋派尔的制高点。

法军"曼若内"特遣队

9月12日傍晚,在栋派尔东部,法军"马叙"特遣队与德军交火。

法军"马叙"特遣队

地图规格
6公里×9公里

德军曾试图向南突破,但遭到法军坦克、坦克歼击车的阻击与装甲炮兵的火力拦阻。

法军"曼若内"特遣队占据栋派尔南部边缘,防止德军向东方或南方撤退。

在拉默雷,美军战斗机与法军装甲炮兵击毁了数辆德军坦克。

拉维耶尔

栋派尔

法军"马叙"特遣队占据栋派尔西北部高地,切断德军向西方或北方撤退的道路。

图例:
A 德军第29装甲团第1装甲营
B 德军第2112装甲掷弹兵团
1 法军"马叙"特遣队
2 法军"曼若内"特遣队
3 法军"普茨"特遣队

1944年9月13日,栋派尔之战作战形势图。

解放栋派尔

枪炮声停止后，栋派尔边缘处的法国平民走出地下室，热烈地欢迎解放者。最初，他们以为解放者是美军，后来又认为解放者是加拿大军。1个14岁的小男孩向法军坦克兵送上当地盛产的黄香李子时，他简直不敢相信自己的耳朵——解放者说着一口流利的法语。

夜幕降临后，栋派尔看起来就像个巨大的火炬。到处都是燃烧的德军坦克残骸，将夜空照得彻亮。乍得行进步兵团第2步兵营第7步兵连组织了几支侦察队，携带机枪、反坦克火箭筒与白磷手榴弹，对栋派尔进行渗透。他们发现谷仓中躲藏着2辆"黑豹"，就打开舱盖，各扔了1颗白磷手榴弹。随后，他们又发现了2辆遭到遗弃的"黑豹"，同样用白磷手榴弹将其点燃。此时，第112装甲旅残部还据守着栋派尔的中心区域。他们自知大势已去，4辆"黑豹"与残存的装甲掷弹兵，偷偷溜出了栋派尔。

9月14日黎明，站在制高点上的法军，都被眼前的一幕惊呆了。整个栋派尔变成了巨大的"坦克墓地"。公路、街道、田野与树林，杂乱无章地散落着不计其数的德军坦克、火炮与各型车辆的残骸，到处都是德军官兵的遗骸。有的"黑豹"残骸已经彻底烧毁，有的则炸得四分五裂。

在栋派尔的街道上，法军缴获了2辆完好无损的"黑豹"。德军坦克兵斗志全无，没有进行任何破坏，就遗弃了座车。第12非洲猎兵团第2坦克中队第3坦克排缴获了其中的1辆。当天早晨，第3坦克排奉命搜查一座豪华的官邸。那里曾是德军第16步兵师师长黑切尔少将的师部。然而，他们没走多远，就在废墟中迷失了方向，误打误撞地开进了拉默雷，迎面遇上了堵住了整条路的1辆"黑豹"。他们向上级通报了相关情况后，接到命令——在拉默雷的公路出口建立防御阵地，对通往埃皮纳勒的公路进行侦察。在拉默雷，当地村民热烈地欢迎了他们。随后的几天，当地群众的盛情款待，让他们"连上厕所的时间都没有"。

第2步兵营第7步兵连继续向栋派尔中心方向开进。法军装甲步兵轻松地俘虏了一些没能逃走的德军官兵。这里的平民仍然谨慎地躲在地下室不敢出来，街道上空无一人。在教堂门前的广场上，第7步兵连发现了2辆Sdkfz 135/1式150毫米自行火炮。其中1辆完好无损，另1辆已经变成了残骸，乘员还坐在座椅上，已经烧成了焦炭。随后，法军装甲步兵开始四处驱赶落荒而逃的野狗。在法军到来之前，它们正在德军尸体上啃食人肉……

第4坦克中队的巴约中尉开着吉普车巡游战场。他看到广场上的恐怖场景，反而颇感兴奋，心中充满复仇的快感。1940年5月13日，在比利时，他曾与德军展开殊死搏斗。然而，绝大多数的S-35"索玛"式中型坦克与战友，都没能逃出德军包围圈……

巴约中尉记述道："52个月过去了，我们一雪前耻！"

法军进占栋派尔，并不意味着威胁与战斗的解除。当天早晨，德军"卢克"战斗群从埃皮纳勒以西启程，向栋派尔进发。"卢克"战斗群原本的任务是与第112装甲旅在栋派尔会合，进而攻占维泰勒。此时，不仅攻占维泰勒的计划成为了泡影，栋派尔也成了法军的囊中之物。"卢克"战斗群的兵力，包括第21装甲师第125装甲掷弹兵团的240名装甲掷弹兵，第29装甲团第1装甲营逃出来的4辆"黑豹"与第2112装甲营的15辆4号J。

以这些兵力，就想把已经站稳了脚跟的法军赶出栋派尔，无异于痴人说梦。法军炮

在栋派尔街头,法军官兵与缴获的"黑豹"式中型坦克合影。

法军官兵在缴获的"黑豹"式中型坦克车体正面与炮塔侧面涂上了法军第2装甲师的洛林十字标志,以防止遭到友军误击。

法军L战斗群占领栋派尔,街头停放着76.2毫米炮型M4A3"谢尔曼"式中型坦克、M31式坦克回收车、卡车、吉普车与摩托车。

在栋派尔街头,法军官兵检查缴获的"黑豹"式中型坦克,炮塔与车体附有防磁涂层。

兵观察员早已发现了德军的动向，第40北非炮兵团的M7扬起炮口，将炮弹劈头盖脸地砸向德军。"卢克"战斗群遭到迎头痛击。在1小时的战斗中，"卢克"战斗群损失了2辆"黑豹"与5辆4号J。再这样打下去，第112装甲旅的"家底儿"可就全没了。吕特维茨赶紧叫停了这次进攻，命令"卢克"战斗群与第112装甲旅残部，向埃皮纳勒以西撤退。

9月15日，法军稳固了栋派尔的阵地。L战斗群的全体官兵，怀着万分喜悦的心情，迎接了前来视察的勒克莱尔少将。当地群众"锣鼓喧天、鞭炮齐鸣"，欢庆栋派尔重回法兰西的怀抱。

双方损失比

海斯利普少将评价栋派尔之战为"完美空地协同作战的辉煌战例"。在大量空中支援参与作战的情况下，这个"辉煌战绩"的归属就变得模糊不清。多年以来，即使是参加了栋派尔之战的法军老兵，也依然对航空兵与地面兵力在这场战斗中发挥的作用，没有清晰的认知。然而，对相关数据的研究，足以为存在的争议提供更可靠的结论。

在栋派尔之战中，德军究竟损失了多少辆坦克，西方文献资料的数据并不统一。普遍的观点表示，9月12－14日的战斗结束后，第112装甲旅还剩21辆可操作的坦克，因此损失了69辆坦克。此外，还有"59辆"说、"63辆"说、"65辆"说等。这都是基于第112装甲旅处于满编状态而得出的结论。以上任何说法中的德军坦克数量，都超过了第112装甲旅实际坦克装备数量的总和。如果将德军损失的自行火炮与半履带式装甲运兵车包括在内，这些统计数据恐怕才能称得上是"准确"。无论如何，法军在栋派尔的胜利，严重削弱了德军第5装甲集团军群。西线德军司令部与G集团军群的作战报告都表示，在栋派尔之战中，德军坦克的损失"高得令人难以置信"。

很多参加了栋派尔之战的法军老兵，一直以为第112装甲旅装备了90辆坦克，也认可德军在栋派尔损失了60多辆坦克的说法。法军第2装甲师获悉与向L战斗群发布的情报，就是当面有德军1个装甲旅，但并不知晓其是否满编或不满编到什么程度。这些法军老兵也都是通过上级发布的战报，来了解己方取得的战绩。即使有人亲自去数战场上德军坦克残骸的数量，也难以覆盖整个栋派尔地区。因此，他们对德军坦克损失数量了解得不准确，也是可以理解的。只不过，这种"不准确"的确影响了对航空兵作用的评价。

第112装甲旅接收的36辆"黑豹"中，只有31辆抵达了栋派尔。9月13日夜间，有4辆"黑豹"撤出栋派尔。这意味着，在9月12－13日的战斗中，德军损失了27辆"黑豹"。9月14日，"卢克"战斗群损失了2辆"黑豹"。第112装甲旅共损失了29辆"黑豹"。

美军航空兵摧毁了多少辆德军坦克，更是众说纷纭。第406战斗机大队的作战报告称，在栋派尔之战中，P-47击毁26辆坦克，击伤15辆坦克。据此，巴约中尉认为，德军损失的坦克，有三分之二是美军战斗机的战绩，或美军战斗机与法军L战斗群各分得战绩中的50%。美国军事历史研究学者扎洛加认为，美军航空兵摧毁了德军16辆坦克。这些结论都是在第112装甲旅处于满编状态的基础之上得出的，显然没什么意义。

9月12－14日，德军损失了29辆"黑豹"与12辆4号J。法军只在9月13日的战斗中呼叫过空中支援，且第四批次的战斗机没有击毁突袭伊伦河畔维尔的4号J。因此，美军战斗机击毁的坦克，都是9月13日的战斗中第29装甲团第1装甲营损失的"黑豹"。

9月12日，法军能确认摧毁的"黑豹"只有1辆。只不过，法军坦克兵认为是法军装甲步兵击毁的，法军水兵认为是其M10的战果。在当晚的混战中，法军是否击毁了"黑豹"，已经无法确认了。根据法军的记述，在9月12-13日的战斗中，M4与M10至少击中了5辆"黑豹"，导致其燃起大火。然而，德军坦克兵扑灭了火焰后，这些"黑豹"又重新投入了战斗。9月14日，德军损失了2辆"黑豹"。由此可知，在9月13日的战斗中，德军损失了26辆"黑豹"。其中，德军遗弃了2辆完好无损的"黑豹"，法军装甲步兵用白磷手榴弹烧毁了4辆"黑豹"。9月12-13日的战斗中，7辆M10击毁了12-13辆"黑豹"，M4击毁了至少2辆"黑豹"。这意味着，美军战斗机击毁的"黑豹"，最多只有5-6辆。

9月13日，德军损失了26辆"黑豹"与7辆4号J，共33辆坦克。9月12-14日，德军共损失了41辆坦克。P-47击毁的坦克，只占26辆"黑豹"中的20%，33辆坦克中的15%，或41辆坦克中的13%。如果再考虑到第40北非炮兵团的战绩，那么美军战斗机的战绩可能会更低。

然而，即使这样的战绩，还是在地形非常有利于美军空袭的情况下取得的。栋派尔位于山谷中，德军愚蠢地龟缩在洼地里，"黑豹"一辆接着一辆，密集地排成"一字长蛇"。这无疑成了美军战斗机的靶子。美军空袭或法军炮击到来时，德军坦克只能在狭小的空间里挤成一团，慌不择路地四处乱撞，从而引发了更严重的混乱与损失。在这种情况下，美军战斗机击毁的德军坦克数量也不过如此。在欧洲西线的其他战斗中，美军航空兵能击毁的德军坦克数量也就更有限了。所谓"盟军只能依靠

（上下图）在栋派尔地区，法军第12非洲猎兵团的M4A2"谢尔曼"式中型坦克车组合影。

空中支援才能作战"的说法，也就不攻自破。

在栋派尔之战中，海军燧发枪装甲团的M10，才是真正的"黑豹"克星。这些坦克歼击车尽职尽责地完成了反坦克作战的任务。"风暴"号曾两次打光炮弹，"西北风"号用11发穿甲弹，击毁了3辆"黑豹"；"热风"号发射了53发炮弹，也击毁了3辆"黑豹"。法军装甲炮兵也发挥了不可磨灭的作用。在栋派尔之战中，第40北非炮兵团发射了3464发炮弹。德军战俘供述，他们对法军炮击的恐惧，要甚于美军战斗机。

除了坦克之外，栋派尔的德军还损失了大量其他装备与人员。萨尔班中尉表示，在栋派尔地区，德军损失了35辆其他装甲战斗车辆，包括自行火炮、各型装甲侦察车与半履带式装甲运兵车。第2112装甲掷弹兵团第1装甲掷弹兵营的全部卡车，都成了废铜烂铁。第16步兵师在栋派尔的全部车辆，也无一幸免。萨尔班中尉亦称，在栋派尔地区，德军损失了24门各型火炮。然而，有据可查的损失，只有第16步兵师损失的2门150毫米榴弹炮、4门105毫米榴弹炮、2门88毫米高射炮、3门Pak 40式75毫米反坦克炮与1门Flak 38式20毫米高射机关炮。由此可知，无论"35辆其他装甲战斗车辆"，还是"24门各型火炮"，很可能都是更大范围地域的统计数据。例如，从维泰勒开往栋派尔的途中，法军击毁的那门25毫米反坦克炮。在栋派尔之战中，第112装甲旅与第16步兵师共有350人阵亡，1000多人负伤。

相比之下，法军付出的代价微乎其微。9月12－14日，L战斗群损失了5辆M4、2辆M3A3、1门M1式57毫米反坦克炮、2辆M3半履带式装甲运兵车与2辆吉普车，共44人阵亡。乍得行进步兵团第2步兵营第7步兵连的伤亡损失最大。洛林－阿尔萨斯地区夹在法国与德国之间，历史上曾反复遭到两国的占领。在如此敏感的地区作战，极大地刺激了法军的民族自尊心与爱国热情。法军装甲步兵舍生忘死、猛冲猛打，造成了一些不必要的伤亡，但精神可嘉。其中，70%的伤亡来自第1步兵排，5个班长中有3个阵亡了。法军第12非洲猎兵团第4坦克中队的中队长加尼查特（Garnichat）也在战斗中牺牲。美军第406战斗机大队损失了1架P-47，但完全是因为飞行员兴奋得过了头，而不是德军击落的。

当然，在"上帝的归上帝，恺撒的归恺撒"的同时，也不能刻意贬低美军航空兵发挥的作用。当时的军事技术，战术航空兵难以精确地击毁坦克，但足以对坦克造成一定伤害，降低其作战能力。"黑豹"看似威风凛凛，但其行走机构非常脆弱。双排负重轮的设计导致其每个负重轮都很薄，81毫米迫击炮的炮弹在其近处爆炸，也有可能对其造成损害。负重轮损坏变形，"黑豹"就无法行动。如果内侧负重轮损坏，德军坦克兵就只能先卸下外侧负重轮，换上完好的内侧负重轮，再将外侧负重轮装回去。在炮火连天的战场上，这完全是无法完成的任务。"黑豹"的负重轮连81毫米迫击炮的炮弹都抵御不住，就更不用说美军战斗机发射的火箭弹、投掷的炸弹或法军装甲炮兵的炮击了。P-47的12.7毫米机枪扫射，亦可能打坏"黑豹"的观瞄设备与通讯设备，甚至通过车体后部的散热窗打坏发动机。"黑豹"一旦残废，很容易就会成为M4与M10的靶子。

在摧毁了德军意志的同时，美军战术航空兵也极大地提升了己方地面兵力的士气。有15名参加过栋派尔之战的法军老兵都指出，美军战斗机对挫败德军第112装甲旅，起到了重要作用。巴约中尉甚至认为，在栋派尔之战中，美军战斗机起了决定性作用。毕竟，他们面对的"黑豹"太强大，呼啸着扑向德军坦克的P-47，是他们最好的安慰与鼓励。

更重要的是，德军第112装甲旅的军官严重低估了法军装甲兵的作战素养。M4与M10无法正面对抗"黑豹"，法军心知肚明。他们选择在村镇街道的路口凭险据守，以逸待劳，最终全歼德军。相比之下，在维莱博卡日之战中，魏特曼上尉凭借"虎"式重型坦克的坚甲利炮，魏特曼单枪匹马冲入了英军阵地。虽然创造了"辉煌的"战绩，但他的座车也遭到暗算。这种差异产生的原因，恐怕更值得玩味。第29装甲团第1装甲营的军官都是从东线撤下来的老兵。在与法军交火之后，他们居然放弃了夜间侦察，还继续将所有的"黑豹"拥挤地停放在山谷中。显然，从东线学来的经验并不适用于西线，盟军坦克兵也绝不像德军预料的那样无能。

3. 逐河而战

在L战斗群取得了栋派尔之战辉煌胜利的同时，法军第2装甲师的另2个战斗群与美军第79步兵师，也继续向摩泽尔河推进。美军第15军一路高歌猛进，连续冲击摩泽尔河、默尔特河与沃祖斯河（Vezouse）。

跨越摩泽尔河

9月13日，在栋派尔以西作战的德军，也与第112装甲旅一样惨遭厄运。在路易斯·迪奥（Louis Dio）上校的指挥下，法军第2装甲师的D战斗群进攻肖蒙，击溃了"奥滕巴赫"战斗群。在进攻普赛的战斗中，第79步兵师第313步兵团遭遇了困难，其下辖的各步兵连之间失去了联系，负责支援的野战炮兵也未能就位。普赛的德军打算继续顽抗，美军甚至遭遇了少量执行后卫任务的坦克与自行火炮。傍晚，第2步兵营攻入普赛。F连的乔纳森·哈钦森（Jonathan Hutchinson）中尉，单枪匹马冲入德军阵地，连续投掷手榴弹，干掉了德军2门反坦克炮与1挺机枪，荣获优异服役十字勋章。布拉斯科维茨终于认识到了，德军第16步兵师必须向东撤退，否则只能遭到围歼。在此之前，第66军军长卢赫特炮兵上将就赞成撤退。此时，已经太晚了，第16步兵师的撤退演变成了溃退。

9月14日，美军第79步兵师收到了法军第2装甲师遭遇德军第112装甲旅的消息。他们并不知道第112装甲旅已经遭到痛击，因而选择小心翼翼地前进。第313步兵团第1步兵营攻占米尔库，切断了讷沙托－埃皮纳勒公路；第2步兵营清剿了普赛，俘虏74人。傍晚，在拉默库尔（Ramecourt），第2步兵营意外地遭遇了撤退的德军纵队。德军疲惫不堪，没有进行任何侦察，就闯进建筑物，准备休息。他们与正在建筑物中休息的美军步兵撞了个满怀。"狂野的战斗"一触即发，美军步兵占据了上风。第2步兵营俘虏德军200人。此时，德军纵队的后卫兵力仍然在公路上，丝毫不知道前锋已经遇险。美军步兵迅速占领阵地，准确的火力彻底撕碎了德军纵队。天亮时，第2步兵营已经击毙与俘虏德军500多人。在沙尔姆，第315步兵团向南扩展哨所，第106机械化骑兵战斗群在摩泽尔河东岸巡逻。

第15军的进攻一路高歌猛进，但海斯利普少将仍然感到焦虑。他必须以1个师的兵力掩护第3集团军的南翼，只剩1个师能进行全力进攻。他希望巴顿能再给他1个步兵师。然而，第3集团军已经没有更多的步兵师了。9月14日，布拉德利解除了第6装甲师B战斗群在奥尔良（Orléans）的任务。巴顿命令B战斗群前往特鲁瓦以西，接替法军第2装甲师。当天，在克莱蒙（Clefmont），法军第2装甲师与法军B集团军第1装甲师第2阿尔及利亚西帕希骑兵团会师。然而，第3集团军与第7集团军之间的连接依然很薄弱。有流言表示，埃皮纳勒地区仍然有德军坦克在活动。鉴于栋派尔爆发的坦克战，巴顿相信这个流言是真实的。他继续紧盯第3集团军西翼与南翼，命令法军第2装甲师要分出部分兵力，掩护向摩泽尔河西岸推进的第79步兵师西南方；第79步兵师在摩泽尔河西岸，等待渡河命令。为了逃出美军与法军的包围圈，德军第16步兵师残部，正以最快的速度，屁滚尿流地逃窜。他们有的驾驶着抢夺而来的民用车辆，有的步行，有的独自行动，有的乱哄哄地三五成群。

9月16日，美军第79步兵师在摩泽尔河西岸展开，第314步兵团第1步兵营仍然留在摩泽尔河东岸，与沙尔姆对峙。第106机械化骑兵战斗群，已经在第12军防区越过了摩泽尔河，随后转向南方，屏护沙尔姆桥头堡。更多的机械化骑兵渡河后，对莫尔塔涅河进行侦察。在沙尔姆以南9.6公里处的沙泰勒（Chatel），法军第2装甲师V战斗群的1支特遣队，遭遇了德军第111装甲旅15辆"黑豹"与2个装甲掷弹兵营的钳形攻势。V战斗群主力紧急驰援，击退了德军的进攻。德军1名被俘的军官供述，第111装甲旅损失了5辆"黑豹"与200多名装甲掷弹兵。然而，为了避免继续卷入大规模的战斗，勒克莱尔少将还是命令V战斗群撤过摩泽尔河。随后，德军又重新占领了沙泰勒。

9月17日，在班莱班附近，让·雷米（Jean Rémy）上

1944年9月，美军第749坦克营的M4"谢尔曼"式中型坦克掩护第314步兵团，轰击德军狙击手藏身的建筑物。

校指挥的第1摩洛哥西帕希行进骑兵团与约瑟夫·德·蒙萨贝尔（Joseph de Monsabert）中将指挥的法军第2军会师。在肖蒙地区，第6装甲师B战斗群接管了法军第2装甲师D战斗群的岗位。当天夜间，只有L战斗群与第1摩洛哥西帕希行进骑兵团仍然位于法军第2装甲师的右翼与后方。法军第2装甲师主力与美军第79步兵师，已经全部沿着摩泽尔河西岸展开。他们追击的德军第66军，已经遭到毁灭性打击。在5天的战斗中，德军第16步兵师的7000多名官兵，已经有2000多人伤亡，4000多人被俘。只有1000名衣衫褴褛的残兵败将，从包围圈中死里逃生。

挺进默尔特河

9月18日，海斯利普少将希望只动用法军第2装甲师，以较窄的正面发起进攻，从而使疲惫不堪的第79步兵师喘口气。然而，第12军防区传来了德军第111装甲旅袭击吕内维尔的消息。13时45分，在第15军军部，巴顿、海斯利普少将与两位师长开了会。巴顿命令第3集团军的进攻轴线，从东方转向东北方，2个师必须同时行动。在左翼，第79步兵师驰援吕内维尔，掩护第12军南翼；在右翼，法军第2装甲师从摩泽尔河沿线发起进攻。在第3集团军以南方向，第45步兵师正赶往第7集团军左翼，替换法军第2军。实际上，在第45步兵师拉平与法军第2装甲师的防线之前，法军第2装甲师都无法完全从屏护第15军南翼的任务中脱身。

德军第47装甲军所剩的2个装甲旅，都用于反击美军第12军。吕特维茨只能以第112装甲旅与第21装甲师残部，沿着莫尔塔涅河，掩护第5装甲集团军的左翼。在埃皮纳勒－朗贝维莱（Rambervillers）地区，第16步兵师第223掷弹兵团得到了少量坦克的支援。"奥滕巴赫"战斗群撤退时，抢救出了2门88毫米高射炮，部署在沙泰勒。

15时，在摩泽尔河东岸，第313步兵团渡过摩泽尔河，搭乘卡车，向安沃（Einvaux）前进，占领第79步兵师左翼。第106机械化骑兵战斗群掩护着第314步兵团，进军莫里维莱（Moriviller），并在此宿营。夜间，作为第79步兵师的预备队，第315步兵团紧随第313步兵团跨越了摩泽尔河。在整个渡河行动中，第79步兵师没有遭遇抵抗。

傍晚，法军第2装甲师继续开进。他们接到的命令是不要越过圣皮耶尔雷蒙（Saint-Pierremont）与热贝维莱（Gerbéviller）之间，与莫尔塔涅河东岸平行的公路。L战斗群继续留在摩泽尔河西岸，以掩护侧翼。在摩泽尔河上，

1944年9月18日，米尔库，美军第79步兵师的2名步兵，利用木梯翻过石墙。

法军架设了3座桥梁，比约特上校指挥V战斗群负责据守桥头堡，D战斗群前出进攻。在暗夜中，法军坦克再次兵临沙泰勒，冲破德军机枪的扫射，碾过街道上燃烧的德军卡车。天亮时，D战斗群已经肃清了沙泰勒，继续向莫尔塔涅河进发。

9月19日，第15军的2个师都已经跨越了莫尔塔涅河。在第79步兵师左翼的克塞尔马梅尼（Xerxaménil），第313步兵团遭遇第21装甲师第192装甲掷弹兵团残部。美军步兵迅速肃清了克塞尔马梅尼，打开了通往吕内维尔的公路。18时，第314步兵团步行抵达莫尔塔涅河河岸，进攻热贝维莱。美军没有发起夜袭，但德军仍然继续向东撤退了。

14时，法军D战斗群抵达莫尔塔涅河。他们只遭遇了德军微弱的抵抗，阻挡D战斗群前进的最大障碍是德军埋设的地雷与炸毁的桥梁。傍晚，在瓦卢瓦（Vallois），D战斗群

皮埃尔·比约特

皮埃尔·比约特（1906年3月8日—1992年6月29日），法国陆军少将。他的父亲加斯东·比约特（Gaston Billotte）上将，在法国战役中担任法军第1集团军群司令，1940年5月23日死于车祸造成的重伤。

1940年5月，比约特离开圣西尔军校。他加入第41坦克营，以上尉军衔担任第1坦克连连长。5月16日，在斯通尼（Stonne），他指挥"厄尔河"号（Eure）"夏尔"（Char）B1 bis式重型坦克，向德军第8装甲团发起进攻，接连击毁德军2辆4号中型坦克、11辆3号中型坦克与2号轻型坦克、2门Pak 35/36式37毫米反坦克炮。他的坦克中弹140多发，但无一造成损害。他因而获得了"斯通尼的屠夫"的绰号。6月12日，德军俘虏了他，将他送到了位于波美拉尼亚的战俘营。他设法逃脱，跑到了苏联，却又遭苏军关押。德军入侵苏联后，他成为了自由法国在莫斯科的代表。他辗转到了英国，成为了戴高乐的总参谋长，担任国防部长。1944年8月，他以上校军衔在第2装甲师服役，登陆诺曼底。在解放巴黎的战斗中，他向巴黎德军城防司令迪特里希·冯·肖尔蒂茨（Dietrich von

Choltitz）步兵上将下达了最后通牒，迫使他缴械投降。1944年9月，晋升为准将。他与勒克莱尔少将意见不合，调离后转往训练法国抵抗组织官兵，组建法军第10步兵师。

1946年，他晋升为少将，担任法军驻联合国代表团团长。1950年，因为反对法国政府的大西洋主义政策而辞职。他以左翼戴高乐主义者的身份，活跃在法国政治舞台上。1955—1956年，担任国防部长。在阿尔及利亚战争期间，他强烈反对以刑讯逼供的方式对待被俘的阿尔及利亚民族解放组织成员。1965—1977年，在克雷泰伊（Créteil）担任市长。在此期间，他曾兼任法国海外地区发展部部长，并创办了"参与社会主义运动"组织。

1944年9月20日，吕内维尔，美军第106机械化骑兵战斗群经过德军第112装甲旅的4号J式中型坦克残骸，其炮塔已经炸飞了。

1944年9月20日，热尔贝维莱（Gerbeviller），美军第314步兵团追击德军第21装甲师与第112装甲旅残部。

跨越了莫尔塔涅河，并侦察了默尔特河西岸的瓦蒂梅尼（Vathiménil）。

夜间，曼陀菲尔命令德军第112装甲旅与第21装甲师残部退守默尔特河。午夜时分，法军D战斗群攻占瓦蒂梅尼，使其南翼陷入包围。德军遗弃了200多辆各型车辆，包括第112装甲旅所剩无几的部分坦克，步行逃出了包围圈。收到莫尔塔涅河防线失守的消息，布拉斯科维茨大发雷霆，痛斥曼陀菲尔作战不力。此时，德军G集团军群已经没有任何预备兵力了，第5装甲集团军的侧翼已经敞开。

9月20日，在吕内维尔，美军第12军与第15军完成了连接。此时，吕内维尔仍然处于双方争夺中。第313步兵团第1步兵营准备通过吕内维尔，再转向东南方，迂回默尔特河的德军防线侧翼。在南方，第314步兵团也进抵默尔特河。在默尔特河东岸，据守蒙东森林（Forêt de Mondon）的德军以密集的火力，挡住了第314步兵团的渡河行动。法军第2装甲师D战斗群与V战斗群的行动，仅限于原地侦察。L战斗群在摩泽尔河西岸，继续监视德军在埃皮纳勒的桥头堡。当天，第45步兵师接管了L战斗群的岗位。第7集团军终于赶了上来，L战斗群得以归队。

冲向沃祖斯河

德军第112装甲旅与第21装甲师残部的溃败，导致整个第47装甲军南翼的形势也发生了变化。第47装甲军南翼从莫尔塔涅河撤退后，沿着默尔特河下游布设警戒线。美军第12军与第15军防区的变化，使第15军有了从吕内维尔迂回德军默尔特河防线的机会。第313步兵团留1个步兵营在吕内维尔，掩护坦克进行巷战，主力转向东南方，席卷默尔特河沿线的德军防线。

9月21日，在蒙塞勒（Moncel），第313步兵团主力袭击了位于蒙东森林外围的第21装甲师残部警戒阵地。美军攻占蒙塞勒，但在接近森林时，遭到了德军猛烈的火力打击。森林中遍布德军散兵坑与战壕。作为进攻帕尔鲁瓦森林（Forêt de Parroy）的必要前奏，威奇少将准备先拿下蒙东森林。在森林北部边缘，第313步兵团侦察了德军阵地。第314步兵团第3步兵营正在默尔特河沿岸展开激战，以从西方穿过森林。在圣克莱芒（St.Clément），3个步兵连成功地渡过了默尔特河。然而，在距离森林1800米时，他们也遭到了德军猛烈的火力阻击。第3步兵营占据的桥头堡面积狭窄，没有用于维持安全的纵深。当夜，第3步兵营又撤回了默尔特河西岸。

9月22日，第47装甲军的兵力愈发捉襟见肘。在北翼，第15装甲掷弹兵师至少要分出1个装甲掷弹兵团的兵力，守卫吕内维尔与马恩-莱茵运河之间的区域，以掩护第58装甲军左翼。第21装甲师残部，兵力不超过1个团，几乎没有任何突击炮或反坦克炮。然而，他们在默尔特河东岸的防线长度，却远非1个团的兵力所能据守。第112装甲旅，只剩了1辆"黑豹"与6辆4号J，几乎损失了全部运输车辆，装甲掷弹兵与勤务兵只能步行。

9月22-23日夜间，在弗兰（Flin）与瓦蒂梅尼之间，法军V战斗群的装甲步兵渡过默尔特河，坦克穿过蒙东森林南部，在贝纳梅尼（Bénaménil）抵达沃祖斯河。在贝纳梅尼，德军坦克与步兵顽强抵抗，击退了法军坦克的进攻。

西线德军司令部发来警报，称美军很可能在24小时后，在第47装甲军后方展开空降行动。曼陀菲尔已成惊弓之鸟，他请求第5装甲集团军全体撤退。这样的请求自然

1944年9月，吕内维尔，美军第749坦克营的M4"谢尔曼"式中型坦克纵队开上街头。

1944年9月21日，吕内维尔，美军第79步兵师的1名中尉正在与迫击炮兵进行联络。

1944年9月22日，默尔特河，美军第314步兵团的2名步兵，手持M1"加兰德"式7.62毫米半自动步枪，在河岸的灌木丛进行警戒。

1944年9月22日，默尔特河，美军第749坦克营的M4"谢尔曼"式中型坦克与第314步兵团在散兵坑中警戒。

不会得到批准。G集团军群司令部调来了1个高射炮营，前往第47装甲军后方的布拉蒙（Blâmont），以对抗可能的空降行动。实际上，美军并没有这样的空降计划，只是德军对盟军"市场花园"行动的"过敏反应"而已。

吕特维茨希望通过第47装甲军南翼的局部反击，缓解北翼日益增长的压力。在蒙塞勒，德军3辆坦克与少量步兵突破了第313步兵团的阵地。他们一直冲到了蒙塞勒西北方，但随后遭到美军包围，突入的德军全军覆没。对美军来说，吕内维尔附近的德军一直如鲠在喉。这里毗邻帕尔鲁瓦森林，德军第15装甲掷弹兵师恣意地从森林中发起进攻。第315步兵团的2个步兵营，接管了吕内维尔。当天，德军再次发起进攻，一直冲到了吕内维尔东北部的体育馆附近。最终，美军还是击退了德军。

第79步兵师继续试图将第112装甲旅与第21装甲师残部赶出蒙东森林，但几乎毫无进展。德军经验丰富，在丛林战中极富技巧。在蒙东森林北部边缘，第313步兵团重创了德军步兵，但依然没能突破德军防线。第314步兵团的4个步兵连涉水渡过了默尔特河，但重型武器只能留在河对岸。如果没有坦克与火炮的近距离支援，步兵很难攻克密林中的德军阵地。天黑时，美军步兵停止前进，工兵开始架设桥梁。

9月23日，第79步兵师仍然无法完成对德军的包围。中午时分，美军步兵与德军展开白刃战，渐渐逐退了德军。在几个炮兵连的火力掩护下，德军残部向东撤退。美军占领了蒙东森林，默尔特河与沃祖斯河之间的区域已经敞开。但是，吕特维茨已经通过"榨干第112装甲旅与第21装甲师残部的最后一滴血"，为第47装甲军赢得了不少时间，也给美军造成了一定伤亡。在突破德军阵地的战斗中，第314步兵团第3步兵营伤亡200人，大部分军官非死即伤。

法军V战斗群的侦察兵渡过了沃祖斯河，将第112装甲旅旅部赶出了东热万（Domjevin）。当天，在残部仅剩的7辆坦克并入第21装甲师后，第112装甲旅彻底撤编。下午，第15装甲掷弹兵师的1个营南下而来，收复了东热万，并沿着沃祖斯河建立了防线。夜间，德军后卫兵力撤过了沃祖斯河。第47装甲军调整防线，准备沿着沃祖斯河，在奥热维莱尔（Ogéviller）与阿布兰维尔（Hablainville）之间，向南沿着山脊展开，最终在阿泽拉耶（Azerailles）附近，与第19集团军完成连接。德军疲惫地沿着这条防线掘壕固守，等待美军的进攻。

9月29日，第15军再次调离第3集团军，归入第7集团军建制，直到战争结束。

第五章　钢铁的碰撞
——美军第12军方向

1. 艰难的开局

第12军位于第3集团军防区的正中央，洛林坦克战中的"重头戏"也将在此展开。

1944年8月31日，在科梅尔西，美军第4装甲师在默兹河东岸建立了桥头堡。第12军得以继续向摩泽尔河与南锡前进。德军拼命地撤退，第12军没有遭遇太多抵抗，也没有德军即将停下来阻击美军的迹象。在之前的16天里，第12军向东狂飙了402公里。

河岸受挫

9月1日，美军第80步兵师抵达第4装甲师A战斗群北翼，进入科梅尔西桥头堡。第4装甲师B战斗群也跨越了默兹河，抵达A战斗群南翼。当天，第4装甲师第37坦克营遭遇了德军1个坦克排的侦察性突袭。德军坦克迅速撤退，德军榴弹炮随即阻止了美军的追击。德国空军甚至"破天荒"地进行了罕见的白昼空袭，出动29架Fw-190式战斗机与Ju-88式轰炸机，以火箭弹与炸弹轰炸了第4装甲师。第4装甲师毫不示弱，以12.7毫米重机枪猛烈还击，击落德军3架飞机。这一切都预示着，9月注定是个多事之秋。

9月2日，第80步兵师替换下了A战斗群。在北翼的圣米耶勒（St.Mihiel）以北，第319步兵团跨越默兹河。第35步兵师为第12军预备队，警戒第3集团军南翼。在接下来的行动中，第12军军长埃迪少将只能动用第4装甲师与第80步兵师。

在突袭默兹河的战斗中，第12军获得速胜。埃迪少将的作战风格谨慎而保守，却也在默兹河速胜的鼓励下，出人意料地提出了以第4装甲师突袭摩泽尔河，第80步兵师随后跟进的计划。然而，第4装甲师长伍德少将与第80步兵师师长麦克布赖德少将，都很抵触埃迪少将的"突发奇想"。他们认为，摩泽尔河与之前的战斗中遭遇的河流不同，第12军并不知晓其沿岸的德军兵力部署，以步兵夺取桥头堡，才是最为保险的作战计划。

实际上，此时任何坦克突袭的计划，都是纸上谈兵。第12军缺乏燃料，几近瘫痪。第12军占领了多个德军铁路调车场，缴获了不少满载燃料的油罐车。这些缴获的汽油，只够机械化骑兵与少量坦克继续向默兹河以东挺进。9月2日，机械化骑兵也差不多耗尽了燃料，剩余的汽油只够前进32公里。

9月3日，在第12军军部，巴顿以惯常的乐观主义态度，讨论了跨越摩泽尔河后，应该如何突破"西部壁垒"。巴顿的乐观是有理由的，送往第3集团军的汽油已经在路上了。当晚，第4装甲师接收了8000加仑汽油。9月4日，运抵科梅尔西的汽油，已经足够第4装甲师继续前进了。

当天，埃迪少将也制订好了作战计划。根据他的计划，第80步兵师第317步兵团将在南锡以北的蓬塔穆松，通过古罗马时代的渡口，建立桥头堡。第318步兵团以1个步兵营，支援A战斗群进行大范围的迂回，从南锡以南向东迂回。在第80步兵师的中央，第318步兵团的另2个步兵营将在贝尔维尔-马尔巴什（Belleville-Marbache）地区，东渡摩泽尔河，建立桥头堡。第319步兵团将在图勒建立桥头堡，再向东进攻南锡，与A战斗群的装甲步兵完成连接。

15时，唐纳德·卡梅伦（Donald Cameron）上校指挥第317步兵团，沿着弗利雷（Flirey）-蓬塔穆松公路，向摩泽尔河进发。美军来不及进行侦察，对摩泽尔河西岸渡口处的地形也知之甚少。美军认为，推进至1914年的法国边境位置后，法国抵抗组织提供的情报，也变得越来越不可靠。第80步兵师仍然试图速胜，对德军穷追不舍，迫使其疲于奔命，再迅速渡河。然而，在第12军短缺燃料的期间，德军第3装甲掷弹兵师已经在摩泽尔河畔帕尼到米勒利（Millery）之间建立了防线。

1944年9月3日，蒙塞克（Montsec），美军第80步兵师的观察员使用炮队镜观测德军阵地。

1944年9月8日，摩泽尔河沿岸，美军红十字会工作人员坐上M8"灰狗"式装甲侦察车，向第80机械化骑兵连分发点心。

他们刚从意大利抵达法国，仍然穿着热带军装；其作战经验丰富，士气高昂；师属炮兵建制完整，机动车辆则多为意军装备的型号。在第3装甲掷弹兵师的左翼，是第92空军野战团守卫的迪耶于卢阿尔（Dieulouard）。第92空军野战团是临时训练组成，官兵多是从南锡附近匆忙征调而来的高射炮兵与空军补充兵员。

第317步兵团进抵蓬塔穆松之前，第20军的机械化骑兵曾抵达于此。美军打草惊蛇，德军迅速做好了准备。在蓬塔穆松，穆松（Mousson）高地（382米）、圣热讷维耶沃（Sainte Geneviève）高地

（382米）与法莱斯（Falaise）高地（373米）上的德军，正监视着第317步兵团的一举一动。美军机械化骑兵侦察了摩泽尔河西岸后，认为摩泽尔河东岸的德军兵力不足以守住现有阵地。1个月以来的速胜，促使第12军的情报部轻信了这样的乐观结论，并建议第80步兵师跨越摩泽尔河，因为"当面没有多少德军"。

傍晚，第317步兵团抵达能够俯瞰摩泽尔河的悬崖，进行集结。在摩泽尔河畔帕尼北侧、旺迪埃（Vandières）以南与迪耶于卢阿尔附近，他们发现了3个渡口。第317步兵团正面的情况，依然不明。22时，麦克布赖德少将决定不在夜间冒险渡河，而将在早晨发起进攻。蓬塔穆松以东的穆松高地，穆松高地以北2.7公里处的358高地，都能俯瞰第317步兵团即将建立渡口的位置。午夜之前，卡梅伦上校召集了各营长，制订9月5日的作战计划，准备先攻占这两个制高点。根据卡梅伦上校的计划，9月5日9时30分，在布莱诺莱斯－蓬塔穆松以东，第1步兵营将乘坐冲锋舟渡河，再向南进军法奎森林（Forêt de Facq），进行重组后，向西进发，从后方迂回穆松高地；第2步兵营在摩泽尔河畔帕尼，涉水渡河，向东进攻385高地，再沿着山脊线向南，进攻6公里外的358高地；第3步兵营为预备队，在第1步兵营后方集结，一旦前方取得立足点，就进行渡河。卡梅伦上校得到上级保证，将得到战斗机与师属炮兵的支援。

实际上，美军并未来得及对步兵、野战炮兵与航空兵的协同作战进行协调。卡梅伦上校得到的完全是空头许诺。9月5日，第19战术航空军所有的空袭都集中于布列塔尼半岛，没有飞机抵达摩泽尔河前线。第80步兵师的师属炮兵，也只有支援第1步兵营的第313野战炮兵营执行了火力支援任务。在得不到足够火力支援的

1944年9月5日，蓬塔穆松，美军第317步兵团第3步兵营准备进攻河对岸的穆松高地。

行动中，第317步兵团将撞得头破血流。

9月5日早晨，天气晴朗，第317步兵团的3个步兵营开下悬崖，向河岸进发。河对岸的山坡上，德军步兵在战壕中监视着美军的行动。德军榴弹炮与迫击炮的火力准确地砸了下来，第2步兵营还没抵达摩泽尔河畔帕尼，就无法前进了。第1步兵营抵达布莱诺，以河岸附近的建筑物作为掩护进行重组。在布莱诺前方，有条与摩泽尔河平行的运河。第1步兵营发现了一座人行桥，德军的爆破没能将其彻底摧毁。过河之后，他们只前进了180米，就遭到德军机枪的猛烈压制。第1步兵营试图在重组时，德军迫击炮发射的炮弹，又准确地砸了下来。美军准备用于渡河的橡皮艇，大多毁于炮火。15时，第1步兵营撤回运河，在铁路路堤后方掩蔽。麦克布赖德少将命令第1步兵营继续尝试渡河，第3步兵营在蓬塔穆松附近渡河。然而，第3步兵营没能找到渡口，被迫撤退了。

当晚，第317步兵团重新集结，试图再次进攻。在暗夜中，第1步兵营悄悄地跨过运河，抵达了摩泽尔河与运河之间的空地。突然，MG42电锯般恐怖的扫射声划破夜空，密集的弹雨横扫而来。第1步兵营伤亡惨重，幸存者在极度的惊骇中撤了回去，在混凝土工厂的建筑中隐蔽。第2步兵营通过几艘驳船，在旺迪埃渡过了摩泽尔河。

9月6日4时15分，第2步兵营正在黑暗中前进时，突然听到了一句德语的命令声。德军机枪的扫射随即扑面而来，将美军压制在地。这句命令反而拯救了大部分的美军官兵。在听到这句德语命令后，他们纷纷卧倒。德军发射的照明弹腾空而起，迫击炮弹纷纷落下。距离运河最近的1个步兵连得到了撤退的命令。下午，第2步兵营主力才从德军的火力压制中脱出身来，返回了出发阵地。

第305战斗工兵营的冲锋舟，将第3步兵营I连与L连的4个步兵排送过了河。德军的拦阻火力又准又狠，美军46艘冲锋舟，损失了38艘。在河东岸90米处，美军步兵掘壕固守。天亮后，他们遭到了德军机枪与迫击炮的打击。美军释放烟幕进行掩护，并调第2步兵营前来增援。德军步兵冲出散兵坑，以冲锋枪、手榴弹与刺刀展开近战，沿着河岸发起进攻。11时，河岸上的美军被打垮，160名官兵阵亡或被俘。

埃迪少将迅速叫停了第317步兵团在蓬塔穆松的渡河行动，命令其向西撤退。在没有足够的侦察，缺乏野战炮兵火力掩护，低估德军兵力的情况下，试图达成奇袭效果，贸然进攻严阵以待的德军阵地，决定了第317步兵团失败的命运。

第318步兵团与第319步兵团的目标，是法国历史最悠久的要塞城市图勒。9月4日，第318步兵团的2个步兵营，沿着摩泽尔河北岸，向迪耶于卢阿尔以南4.8公里处的马尔巴什进发。第319步兵团在图勒东郊渡过了摩泽尔河。渡口处的地形对德军没有优势，德军也没有进行大规模反制。

9月5日早晨，第318步兵团与第319步兵团并肩展开行动。在马尔巴什周边植被茂密的高地与山脊上，德军第92空军野战团早已严阵以待。第318步兵团第3步兵营试图攻占能够俯瞰马尔巴什与公路的326高地，丛林中的德军进行了殊死抵抗。

9月6日，在野战炮兵的支援下，第3步兵营发起进攻。15时，第3步兵营攻占了制高点，德军死伤75人。美军的损失也很大，营长约翰·小斯诺登（John Snowden II）中校重伤。但是，他拒绝撤下火线，

维莱莱塞克堡航空照片

后因重伤不治而牺牲。

9月6日拂晓,第318步兵团第2步兵营向拉旺加德森林西部边缘发起进攻。在坦克与坦克歼击车的支援下,第2步兵营很快冲破了德军第92空军野战团1个营的阻击。德军撤入丛林,负隅顽抗。河东岸的德军20毫米高射机关炮,也以猛烈的火力阻击美军。9月7日,第2步兵营攻占了356高地。此时,第318步兵团已经占据了马尔巴什南北两侧的制高点,以及从西侧通往马尔巴什的道路。9月7-8日,美军侦察兵渗透到了马尔巴什外围。

第319步兵团的行动,比摩泽尔河以北的美军要迟缓得多。在摩泽尔河河套形成的突出部,德军第3伞兵补充团在南锡以西16公里处布设了阵地,两侧还有2座旧式法军要塞。9月5日,在第319步兵团北翼,第3步兵营攻占贡德勒维尔(Gondreville),并楔入德军突出部。在第319步兵团南翼,德军1个伞兵营,据守着维莱莱塞克堡(Fort Villey-le Sec)。这座旧式要塞周围环绕着壕沟,壕沟壁为石块垒砌而成。要塞外墙、内墙与天花板为1.5米厚的钢筋混凝土,装甲炮塔装有机枪与1门75毫米炮。在要塞周围的丛林中,德军布设了铁丝网、机枪阵地与火炮。在战斗中,K连的赫谢尔·哈丁(Hershel Hardin)中尉指挥的步兵排遭到了德军机枪的火力压制。他端着冲锋枪,单枪匹马发起进攻,消灭了德军机枪阵地。不久,他的步兵排再次遭到德军机枪火力压制。他再次独自挺身而上,用冲锋枪压制了德军机枪阵地,再投掷手榴弹将德军伞兵悉数炸死。最终,他荣获优异服役十字勋章。

9月6日,第319步兵团进抵维莱莱塞克堡,但遭到了德军机枪的交叉火力压制。9月7

日,在坦克与反坦克炮的火力支援下,美军再次发起进攻。在埃利奥特·切斯顿(Elliott Cheston)中校的指挥下,第3步兵营冲到了壕沟旁边。他用冲锋枪发射曳光弹,为坦克指示目标。M4瞄准曳光弹的弹着点,压制要塞的炮眼。然而,美军步兵无法跨越壕沟。在德军猛烈的反坦克火力下,美军坦克被迫撤退。在要塞中,德军伞兵通过炮眼向外扫射,投掷手榴弹,驱散了美军步兵。

9月8—9日,第553掷弹兵师的部分兵力增援第92空军野战团,向第80步兵师防区北部发起了最后的反击,收复了马尔巴什,并在利韦丹(Liverdun)发起了数次突击。9月10日,第92空军野战团与第553掷弹兵师的后卫兵力也撤过了摩泽尔河。德军伞兵放弃了维莱莱塞克堡,撤往南锡。第319步兵团才得以占领维莱莱塞克堡。

南翼渡河之战

埃迪少将一直担心第12军南翼遭到德军反击。随着美军第6集团军群的不断北上,他的担忧也逐渐减少。德军需要考虑的是如何避免遭到美军第3集团军与第7集团军的夹击,而不是反击第3集团军南翼。查尔斯·里德(Charles Reed)上校指挥的第2机械化骑兵战斗群侦察了第12军东南方的马东河(Madon),德军与之爆发了短促的交火后,迅速向东撤退了。

9月6日,在克西罗库尔(Xirocourt)与圣雷(Ceintrey)之间的公路上,第42机械化骑兵侦察营与第696野战炮兵营以猛烈的火力拦截了德军的行军纵队,击毙德军151人、俘虏178人,击毁30辆各型车辆。9月7日,第42机械化骑兵侦察营攻占了马东河上一座完好无损的重型桥梁。第15军即将前来掩护第12军南翼,第35步兵师终于能够解放出来,参加第12军的攻势了。

9月7日,埃迪少将按捺不住,构思了新的渡河作战计划。这个计划与他最初制订的计划很相似,只不过主攻方向换成了第12军南翼——第4装甲师与第35步兵师将进行大规模迂回,越过摩泽尔河与默尔特河,直插南锡后方;第4装甲师完成任务后,将继续向北方与东方前进。然而,第4装甲师师长伍德少将却不同意这个计划。在电话中,他对第12军参谋长拉尔夫·卡奈因(Ralph Canine)上校说:"这个任务都要吓死我们了!"

伍德少将表示,跨越马东河后,第4装甲师将进入大片河流纵横的水网地带。在抵达南锡后方之前,他的坦克要连续跨越摩泽尔河、莫尔塔涅河、默尔特河与马恩-莱茵运河。这还不包括各种坦克无法直接涉水通过的支流。他认为,无论有没有德军抵抗,从第12军南翼进行突破,都是个大麻烦;第12军应该将主攻方向放在北翼,毕竟这里的天堑只有摩泽尔河;A战斗群可以在第20军防区渡河,直插德军后方。

埃迪少将不同意伍德少将的观点。他认为,第12军南翼的摩泽尔河上游,要比南锡附近的主河道更容易跨越;在第12军北翼,德军的视野更加良好,不利于美军渡河。机械化骑兵也报告,南锡以南的德军正在撤退,而南锡以北的德军还在坚守阵地。

埃迪少将与伍德少将僵持不下。最终,第12军采取了折中方案——第4装甲师A战斗群部署在第12军北翼,B战斗群部署在第12军南翼;第35步兵师在南锡以南进攻,将德军兵力吸引过去;随后,第80步兵师在南锡以北渡河;A战斗群与B战斗群利用步兵建立的桥头堡,向纵深突击,合围南锡。

9月8日,巴顿与埃迪少将访问了第4装甲师师部。巴顿私下表示，伍德少将的师部"距离前线太近了"。德军炮弹直接从师部上空飞过，甚至能听见附近战斗的枪炮声。巴顿私下认为，如果伍德少将能将师部向后方略微转移，就更稳健了。然而，当着伍德少将的面，巴顿并未这样说。他对伍德少将的风格表示钦佩，并表示："看到师长距离前线如此之近，这着实令人一振。"

9月9日，第12军设定9月11日5时，为第35步兵师发起进攻的时间。第35步兵师已经接收到了足够的汽油，所有车辆的油箱都加满了燃料。机械化骑兵沿着马东河建立了屏障。当天早晨，机械化骑兵曾试图在格里波尔（Gripport）与弗拉维尼（Flavigny）之间攻占几座桥梁，但无功而返。

9月10日早晨，在德军炮兵零散的轰击下，第134步兵团与第137步兵团准备进攻摩泽尔河以西的高地，从而建立渡口。查尔斯·凯勒（Charles Keller）上校指挥的第1135工兵战斗群负责支援。美军只遭遇了德军的微弱抵抗，部署在东岸的德军炮兵，对美军炮兵

曼顿·斯普雷格·埃迪

曼顿·斯普雷格·埃迪（1892年5月16日－1962年4月10日），美国陆军中将。

1913年，埃迪毕业于明尼苏达州的沙特克（Shattuck）军校。1918年，作为步兵少尉服役。随后，他晋升为上尉，在第4步兵师第11机枪营担任连长，后担任机枪营营长。1919年，晋升为少校，先后在美军步兵学校、指挥与参谋部学校、里弗代尔（Riverdale）军校任教。

1942年3月，他晋升为准将，担任第9步兵师副师长。7月，晋升为少将，担任第9步兵师师长。1942年11月，他率部登陆法属北非。1943—1944年，先后参加了突尼斯战役、西西里岛战役与诺曼底战役。第9步兵师攻占瑟堡后，他获得了优异服役十字勋章。1944年8月，担任第12军军长，从此先后参加了洛林战役、阿登战役与莱茵河战役。在德国投降之前，他因长期处于高度紧张状态，而患上了严重的高血压，不得不提前返回美国。

1948—1950年，他担任美军指挥与参谋部学院校长。在此期间，作为学院评审委员会主席，他全面建立了军官教育水平的考核系统，进阶系统与教育水平系统。后来，他前往德国担任第7集团军司令。最终，他以中将军衔退休。

埃迪中将作战风格以求稳为先，带有强烈的步兵主义色彩，与布拉德利上将非常相似。二战时期，陆战已经是以机械化战争为主导。这种典型的步兵作战风格思想，很难有大的斩获，他在二战中也始终没有什么可圈可点的表现。

美军第12军军徽。

1944年9月，美军第12军作战序列					
	第4装甲师	第6装甲师	第35步兵师	第80步兵师	军直属兵力
主力	第8坦克营 第35坦克营 第37坦克营 第10装甲步兵营 第51装甲步兵营 第53装甲步兵营	第15坦克营 第68坦克营 第69坦克营 第9装甲步兵营 第44装甲步兵营 第50装甲步兵营	第134步兵团 第137步兵团 第320步兵团	第317步兵团 第318步兵团 第319步兵团	
师属炮兵	第22装甲野战炮兵营 第66装甲野战炮兵营 第94装甲野战炮兵营	第128野战炮兵营 第212野战炮兵营 第231野战炮兵营	第127野战炮兵营 第161野战炮兵营 第216野战炮兵营 第219野战炮兵营	第313野战炮兵营 第314野战炮兵营 第315野战炮兵营 第905野战炮兵营	第2机械化骑兵战斗群 第106机械化骑兵战斗群 第702坦克营 第737坦克营
勤务兵力	第25机械化骑兵侦察营 第24装甲工兵营 第144装甲通信连 第126军械维修营 第4装甲医护营 师属宪兵营	第86机械化骑兵侦察营 第25装甲工兵营 第146装甲通信连 第128军械维修营 第76装甲医护营 师属宪兵营	第35机械化骑兵侦察连 第60战斗工兵营 第35通信连 第735军械维修连 第110医护营 第35军需连 师属宪兵营	第80机械化骑兵侦察连 第305战斗工兵营 第80通信连 第780军械维修连 第305医护营 第80军需连 师属宪兵营	第602坦克歼击车营 第603坦克歼击车营 第654坦克歼击车营 第704坦克歼击车营 第610反坦克炮营 第691反坦克炮营 第808反坦克炮营
军级配属兵力	第704坦克歼击车营 第191野战炮兵营 第253装甲野战炮兵营 第696装甲野战炮兵营 第177野战炮兵集群 第489高射炮兵营 第86化学迫击炮营A连 第995重型机械化桥连	第603坦克歼击车营 第777高射炮兵营	第737坦克营 第654坦克歼击车营 第106机械化骑兵战斗群 第448高射炮兵营 第86化学迫击炮营B连	第702坦克营 第610反坦克炮营 第691反坦克炮营 第633高射炮兵营	第177野战炮兵集群 第182野战炮兵集群 第183野战炮兵集群 第404野战炮兵集群 第410野战炮兵集群

美军第4装甲师军徽。　　美军第6装甲师军徽。　　美军第35步兵师军徽。　　美军第80步兵师军徽。

约翰·雪利·伍德

约翰·雪利·伍德（1888年1月11日—1966年7月2日），美国陆军少将。如果说巴顿的性格特点是刚烈直率、桀骜不驯、口无遮拦，那么伍德少将则完全是有过之而无不及。

伍德的父亲是阿肯色州最高法院的法官。1907年，伍德毕业于阿肯色州大学，是橄榄球队的四分卫与队长。1912年，毕业于西点军校。在西点军校期间，他经常为同学的学术课程进行辅导，因而获得了"P"的绰号，也就是"教授"（Professor）的英文首字母。1912年6月，他担任岸防炮兵少尉，同时在西点军校担任橄榄球助理教练与化学教师。1918年，他前往欧洲参加第一次世界大战，先后在第3步兵师与第90步兵师服役。战后，他在第18步兵师服役，并前往法军参谋学校进修。1919年，他转入野战炮兵，在威斯康星州大学担任军事科学与战术学教授。

1921年，担任第11野战炮兵团副团长。1924年，从进修的美国陆军指挥与总参谋部学院毕业。在校期间，他展现出了古怪的性格——在教师发表演讲时，他在下面读报以表示对其的轻蔑。1924—1927年，担任摩托化炮兵旅副旅长。1927—1929年，担任第16野战炮兵团第2野战炮兵营营长。1929—1931年，在巴黎军事学校进修。1932—1937年，在卡尔弗（Culver）军校担任军事科学与战术学教授。1937年8月，晋升为中校，担任第80野战炮兵团第3野战炮兵营营长。1939—1940年，担任第3集团军参谋长。1940年11月，晋升为上校，担任第1步兵师师属炮兵司令。1941年4—6月，担任第2装甲师师长。10月，担任第1装甲军参谋长。11月，晋升为准将，担任第5装甲师A战斗群指挥官。

1942年5月，他担任第4装甲师师长，经常训诫官兵打扫卫生。最初，第4装甲师的官兵对此很反感，因而给他起了个绰号——"纸屑与烟蒂"。9月，他率领第4装甲师参加田纳西州的军事演习。上级如此评价第4装甲师："进攻中急于求成，进攻战术过于分散而不集中，但体现出来的进攻精神非常可嘉。"第2集团军司令发现第4装甲师不按照既定计划进行演习，将其批评为"一群无组织无纪律的乌合之众"。伍德少将对其进行了强烈抗议，这改变了第4装甲师官兵对其不满的印象。随后，第4装甲师前往加利福尼亚州南部，在莫哈韦沙漠（Mojave Desert）的沙漠训练中心（Desert Training Center）训练。伍德少将极为注重仪表，与后来的上司巴顿几乎一模一样。在气温高达50℃的莫哈韦沙漠，他仍然要求每个官兵的衬衫纽扣要一直扣到领口与袖口。第4装甲师的官兵生不如死、叫苦不迭，再次对他们的师长产生了不满。

1944年7月28日，第4装甲师参加"眼镜蛇"行动。在激烈的战斗中，官兵们很快明白了伍德少将严整军纪与刻苦训练的意义。伍德少将经常驾驶炮兵观测机，直接在第4装甲师前锋上空指挥作战。他认为师长必须身先士卒，并表示："如果你不在前线盯着战事，而是在后方等着情报传来，那么当麻烦找上你时，早已无兵可调了。"他经常住在帐篷里，与士卒同甘共苦。他刚烈的性格也与巴顿气味相投。巴顿对他大吵大嚷时，他会像关在笼子里的猛兽那样来回踱步，并以同样的高声叫嚷回敬巴顿，因而获得了"杰克虎"（Tiger Jack）的绰号。从"眼镜蛇"行动到跨越默兹河的1个月时间里，第4装甲师所向无敌，远程奔袭1600多公里，俘虏德军11000多人，伍德少将因而获得了优异服役十字勋章。

但是，他的直言不逊与口无遮拦，也使他前途暗淡。他公开质疑盟军最高司令部制订的作战计划，宣称这种作战计划是"以错误的方式"赢得了战争。他嘲讽布拉德利上将舒舒服服地住在指挥车的车厢里，而不肯像他一样住帐篷。布拉德利厌烦伍德的个性，因而拒绝将他升任军长。他与埃迪少将的关系更糟，他公开批评埃迪少将谨小慎微的作战风格，认为这使美军丧失了战机，导致以后将付出更惨重的代价。他甚至拒绝将第4装甲师的作战报告交给埃迪少将。12月3日，埃迪少将向巴顿投诉，巴顿不得不撤掉了伍德少将的职位。盟军最高司令部、艾森豪威尔与巴顿，都向他保证，撤掉他的师长职位，仅仅是因为医疗报告显示他已经生病，只要稍作休息就让他重任第4装甲师师长。实际上，这不过都是"缓兵之计"。他从未等到过这个机会，只能返回美国担任装甲兵补充与训练中心主任。1946年，他从军中退役。后来，他先后在奥地利担任联合国国际难民组织执行官，在日本、韩国与瑞士担任联合国重建管理委员会执行官。1957—1958年，在内华达州，他百无聊赖地担任县级民防主任。

后世普遍认为，伍德少将是二战中最优秀的师长之一。在美国陆军中，他是首屈一指的装甲师师长，而且是难得的学术型指挥官。在整个职业生涯中，他撰写的军事论文经常刊登在专业期刊上。

英国著名军事理论家、战略家，利德尔·哈特（Liddell Hart）认为，伍德少将是"美军装甲兵中的隆美尔"，是"二战时期最具活力的装甲兵指挥官之一"，"在欧洲战场的盟军指挥官中，他最先展现出了指挥机动兵力的艺术与节奏的精髓"。

第19战术航空军军部记述，伍德少将"比巴顿还巴顿"（Out-Pattoned）。

美军威利斯·克里滕伯格（Willis Crittenberger）中将表示："在我认识的所有人中，伍德少将的领导才能是最高的。"

然而，伍德少将特立独行的性格却为官僚系统复杂的人际关系所不容，成为了"李广难封"的悲剧典型。尽管如此，曾在伍德少将麾下担任第4装甲师A战斗群指挥官，后来晋升为四星上将的布鲁斯·克拉克，仍然在多年后给予了伍德少将盖棺定论式的评价："尽管战争之神没有垂青伍德，但他在不同的环境下，所展示出来的头脑、学识与魅力，都足以使他载入伟大将领的史册中。"

1944年9月10日，皮埃尔维尔（Pierreville），美军第134步兵团第2步兵营跨越马东河。

1944年9月10日，南锡地区，美军第4装甲师的M4"谢尔曼"式中型坦克与M3A1半履带式装甲运兵车残骸。德军火炮发射的榴弹击中了M3A1侧面，在装甲上撕开了巨大的裂口，并引起了大火。

194 | 辉煌与泥泞——洛林坦克战

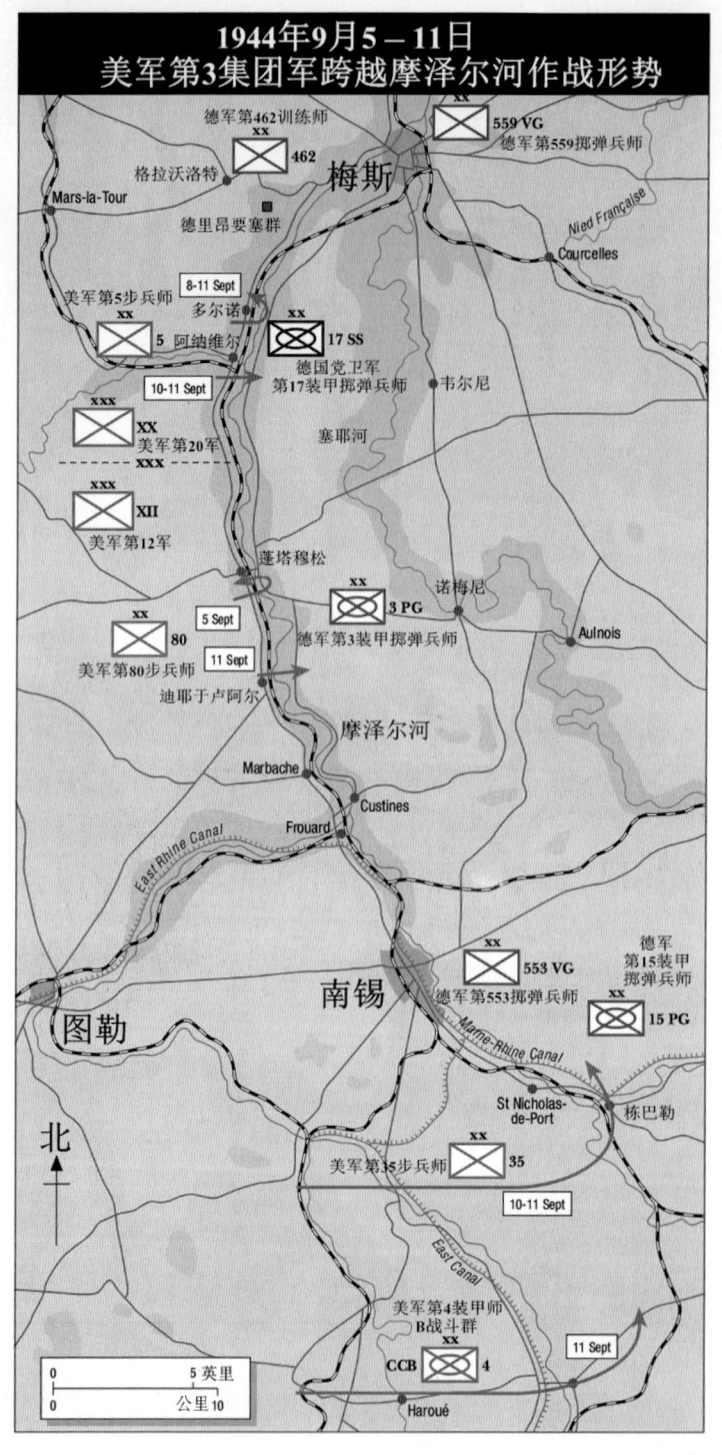

进行了还击。中午过后,在弗拉维尼附近,第134步兵团第2步兵营找到了一座桥梁。桥梁完好无损,但布设有地雷。第134步兵团团长巴特勒·米尔顿伯格(Butler Miltonberger)上校命令第2步兵营前往夺取桥梁。在摩泽尔河西岸的穆兰布瓦(Moulin Bois),第2步兵营与德军步兵、装甲侦察车,爆发了激烈的战斗。

19时,第2步兵营开始渡河。3小时后,第2步兵营主力已经在摩泽尔河东岸的桥梁出口处建立了阵地。然而,由于种种原因,负责支援步兵的坦克歼击车,未能及时抵达。午夜,德军飞机向桥梁投掷炸弹,但全部失的。德军炮兵也开始炮击,几次齐射击中了桥梁。第2步兵营孤立在了摩泽尔河东岸,并遭到了德军炮兵2小时30分钟的连续炮击。在坦克的支援下,第15装甲掷弹兵师第104装甲掷弹兵团横扫第2步兵营阵地。美军伤亡极为惨重,只有少数人在夜间游回了摩泽尔河西岸。第2步兵营只剩了295名官兵,第134步兵团只好暂停行动。

9月11日,第134步兵团转而在蓬特圣樊尚(Pont St. Vincent)守卫第35步兵师左翼。这里是马东河与摩泽尔河的交汇点,还有通往南锡的铁路与公路。第134步兵团的1个步兵连据守着能够俯瞰蓬特圣樊尚的旧式法军要塞。8时,德军2个步兵连渡过摩泽尔河,在要塞以北的森林中进行迂回,摸到了要塞附近。他们用反坦克火箭筒炸开了要塞的墙壁，俘虏了部分美军，守住了要塞的角落。随后，更多的德军步兵进入森林。第35步兵师师部收到消息后，命令第134步兵团第1步兵营前往解围。美军野战炮兵迅速压制了森林中的德军兵力集结地，使其无法继续前进。

同时，罗伯特·西尔斯（Robert Sears）上校指挥的第137步兵团开始行动。他们先是在渡口以北8公里处进行了1小时的佯攻。随后，主力在克雷韦尚（Crévéchamps）展开。第12军军属炮兵与第35步兵师师属炮兵对第137步兵团正面进行了30分钟的炮火准备。拂晓，第2步兵营与第3步兵营渡过了摩泽尔河。在河对岸，第104装甲掷弹兵团的4个装甲掷弹兵连，据守着混凝土防御阵地。他们以密集的火力，将美军压制在河岸上。美军步兵在临时挖掘的浅坑中躲避，增援兵力也无法抵达。下午，在摩泽尔河畔纳维莱（Neuviller-sur-Moselle），第1步兵营进行奇袭。夜幕降临之前，第1步兵营的2个步兵连渡过了摩泽尔河。在黑夜中，他们向东方的洛雷（Lorey）前进，试图与第4装甲师B战斗群联系。

在第137步兵团以南的巴永附近，B战斗群抵达河岸，却发现无法过河。美军坦克兵觉得，与其百无聊赖地原地等着工兵，还不如自谋出路。第8坦克营沿河北上，阿尔宾·伊尔齐克（Albin Irzyk）少校与C连第1坦克排排长威廉·马歇尔（William Marshall）中尉发现，这里的河段与第137步兵团试图渡河的地点完全不同。这里河水更缓慢，两侧还有河岸陡峭的运河，以及摩泽尔河与运河之间的长满灌木丛的沙滩。坦克可以涉水渡河，但河底都是淤泥。

伊尔齐克少校问："你能开过运河吗？"

马歇尔中尉考虑了一下，坚定地回答："我们全力以赴。"

马歇尔中尉的M4沿着河岸开进，找到了他认为最适合渡河的地点。他先将圆木推进河里，然后命令第1坦克排向对岸的河堤上发射设置了延时引信的榴弹。榴弹射入泥土后爆炸，河岸塌方，形成了坦克可以攀爬的坡度。马歇尔中尉

1944年9月12日，巴永，美军第8坦克营的M4"谢尔曼"式中型坦克与步兵跨越摩泽尔河支流。

1944年9月12日，巴永，美军第8坦克营的M4A1"谢尔曼"式中型坦克跨越摩泽尔河支流。

1944年9月12日，巴永，美军第8坦克营的76.2毫米炮型M4"谢尔曼"式中型坦克，跨越摩泽尔河的运河。

的M4以低挡速缓慢前进，碾过河底的圆木，发动机咆哮着，翻过了河堤。随后，他从座车上拽出绳索，到美军控制的河岸。在绳索的帮助下，1辆M4沿着前车的路径，挣扎着开了上去，并压垮了河岸。其他M4不再需要绳索的帮助，先后开过了运河。

接下来，马歇尔中尉下车，蹚水走入摩泽尔河，以试探深度。他发现河水很深，一旦犯错，坦克就会陷入深渊。他再次一马当先地开入摩泽尔河，从容不迫地前进。在河中央时，河水已经漫过了车体侧面。驾驶员雷·菲斯特（Ray Fist）下士担心河水会淹没发动机舱盖，导致熄火。他加大油门，一下开上了浅滩。第1坦克排鱼贯而过，抵达了摩泽尔河西岸，并再次开过了西岸的运河。

第704坦克歼击车营A连的M18，也试探着渡河。菲尔·霍西（Phil Hosey）抵达河岸，他很怀疑M18能否过得去："我们让驾驶员与副驾驶员关闭舱盖，其他3个人坐在炮塔上。操作手册上说，M18的最大涉渡深度为1.2米，渡口的河水看起来比这要深。我们开了过去，河水迅速漫到了炮管处，涌到炮塔周围。我想，一切都完了。驾驶员与副驾驶员已经没在水下0.3米处了，发动机舱盖也是如此。驾驶员加大油门，我们居然冲过了河水的最深处！操作手册说，M18的高度是2.286米。我们涉渡的深度，肯定达到了1.98米。"

当然，有些坦克还是没能成功渡河，而是陷在了河床的最深处。其他坦克用绳索，将这些陷住的坦克拖过了河。第8坦克营的渡河行动，没受到德军太多干扰。美军在东岸建立阵地，迅速与德军展开交火。在暗夜中，第8坦克营

D连向北推进,1个排的M5A1及时与第137步兵团第1步兵营会师。马歇尔中尉以勇敢的渡河行动,荣获优异服役十字勋章。

当天早晨,在班维尔奥米鲁瓦尔(Bainville-aux-Miroirs)西北3.2公里处,B战斗群第51装甲步兵营进行集结。这里有座损坏的桥梁,可以修复使用。装甲步兵得到了1个坦克连、1个工兵排与少量坦克歼击车与装甲炮兵的支援。第51装甲步兵营准备乘坐冲锋舟渡河,建立桥头堡,以掩护工兵修桥。然而,第51装甲步兵营一直没等来冲锋舟,于是决定全营涉水渡河。15时,在德军微弱的抵抗下,A连渡过了摩泽尔河。C连负责进攻摩泽尔河西岸的班维尔。冒着德军榴弹炮、迫击炮与轻武器的射击,C连攻占了班维尔,准备在A连左翼渡河。然而,在伤亡35人后,C连放弃了渡河。随后,B连接管A连阵地,A连前往肃清德军,却遭到了猛烈抵抗。A连消灭德军1个机枪阵地后,转为原地固守,准备过夜。

午夜时分,在巴永附近的渡口,工兵架设了51米长的浮桥。第320步兵团第2步兵营,第8坦克营1个轻型坦克连、3个中型坦克连与部分坦克歼击车,都抵达了摩泽尔河东岸。

9月12日,第51装甲步兵营奉命转移至巴永的渡口过河。德军第104装甲掷弹兵团出动1个装甲掷弹兵营,进攻第8坦克营的阵地。在极佳的射击阵位上,A连严阵以待,击毁德军3辆坦克、4辆卡车与其他几辆轮式车辆。美军坦克与步兵击毙大量德军,俘虏150人。第137步兵团第2步兵营与第3步兵营从桥头堡冲出

1944年9月12日,巴永,在抵御德军进攻的战斗中,美军第8坦克营的1辆M4"谢尔曼"式中型坦克中弹起火。

1944年9月12日,摩泽尔河畔纳维莱,美军第654坦克歼击车营的M10"狼獾"式坦克歼击车,通过机械化桥开过摩泽尔河。

重围，向南挺进，与B战斗群会合。13时，德军第104装甲掷弹兵团向默尔特河撤退。美军战斗机不间断地骚扰着德军纵队，B战斗群与第137步兵团紧追不舍。第2步兵营的反坦克火箭筒小组，将德军5辆坦克赶进了树林。E连舍伍德·莱茵斯（Sherwood Lines）中士携带步话机，爬树进行侦察。他惊愕地发现，德军机枪阵地就在27米之外。在树枝上，他低声联系野战炮兵，报告了德军坦克的坐标。美军野战炮兵以准确的火力，击毁了3辆坦克。因此，莱茵斯中士荣获优异服役十字勋章。

北翼渡河之战

在第12军北翼，第80步兵师的行动一直不顺利。但是，埃迪少将从未放弃过以步兵师从北翼突破的计划。他在日记中写道："这次我们肯定能成功渡河。"

在遭到德军当头棒喝后，麦克布赖德少将与他的参谋们，制订了更为谨慎的作战计划，也更注重支援兵力的作用。他们准备在蓬塔穆松以南6.4公里的新渡河过河。第317步兵团负责在摩泽尔河东岸建立桥头堡，最初的目标是攻占迪耶于卢阿尔以东的山丘与山脊。第317步兵团成功渡河后，第318步兵团跟进，再向北进发，攻占穆松高地与周围的制高点。第319步兵团正在图勒地区展开行动，第318步兵团还有1个步兵营配属第4装甲师A战斗群。因此，麦克布赖德少将只能调动5个步兵营。美军步兵建立桥头堡后4小时内，A战斗群将建立重型桥梁，随后直奔南锡以东36.8公里处的萨兰堡。第305战斗工兵负责支援步兵渡河，第1117工兵战斗群负责架设重型桥梁。

第80步兵师的首次渡河行动打草惊蛇，导致其对岸的德军全部处于高度警戒状态。为了避免德军有所察觉，第317步兵团甚至限制了防区内的兵力与车辆的机动。美军野战炮兵每天都轰击经过特殊挑选的目标，以迷惑德军。在战斗打响之前，美军野战炮兵再进行火力准备，德军也无从判断美军主攻方向。美军也试图以反炮兵火力摧毁德军炮兵阵地，却一无所获。当时，风一直吹向德军防线，减小了可通过声效修正弹道的距离。摩泽尔河以东的大量山地与谷地，也遮蔽了德军火炮的炮口焰。德军的主要注意力都集中在梅斯与南锡，在迪耶于卢阿尔没有预备兵力。

然而，周密的作战计划，只是有利于美军建立桥头堡。如何从桥头堡冲出，就要另当别论了。第80步兵师防区内的摩泽尔河两岸，自古以来就是兵家必争之地。在圣热讷维耶沃，有凯尔特人留下的土木工事遗迹；在穆松高地上，有中世纪时期的要塞教堂；在土伦山（Mont Toulon）上，还有罗马营垒的废墟。迪耶于卢阿尔的摩泽尔河，平均宽度为46米，深度为1.8－2.4米。对现代化陆军来说，这并不是难以跨越的障碍。河岸上有几个步兵可以涉渡的渡口，但河床上的淤泥，阻止了坦克的行动。摩泽尔河的此处河段，两侧分别是15米宽、1.5米深的驳船渠与奥布里恩（Obrion）运河。河岸的滩涂上，布满沼泽地与树林。美军坦克与步兵通过河滩，就要面对陡然升起的摩泽尔高原。北部是穆松高地，中央是382高地，南部是法莱斯高地。大量溪谷、沟渠与低矮的山岭，都通向这些制高点，为德军的反击提供了极佳的走廊。道路通常一边是峭壁，一边是陡坡，严重限制了坦克的机动。从这道山岭向东北方，地形平缓地向塞耶河盆地倾斜。向东北方延伸，通往萨兰堡的道路，都受到圣让山（Mont-St-Jean）与土伦山的控制。总体来看，迪耶于卢阿尔的地形，既不利于美军守住桥头堡，也不利于美军冲出桥头堡。

9月10日，美军第9轰炸机司令部的58架B-26，空袭了屈斯蒂讷（Custines）桥梁，目的是阻止南锡的德军增援迪耶于卢阿尔。9月11日，美军再次空袭了蓬塔穆松，以转移德军的注意力。美军1名炮兵观察员报告，空袭非常成功，"看上去整个山头都被炸飞了"。后来，美军才发现这个报告过于乐观。整个夜间，美军野战炮兵都在不停地轰击蓬

1944年9月，摩泽尔河沿岸，美军M4"谢尔曼"式中型坦克执行间接火力支援任务，支援步兵渡河。

1944年9月12日，迪耶于卢阿尔，美军第80步兵师通过便桥跨越摩泽尔河。

塔穆松。

此时，第4装甲师A战斗群已经等得越来越不耐烦。他们决定在第318步兵团第1步兵营防区内自行架桥过河。第4装甲师的大部分架桥材料都给了B战斗群，A战斗群的装甲工兵只好使用大量的圆木，作为架桥材料。在架桥地点，前来支援的1辆推土机翻车滑到了河里，行动被迫停止。A战斗群指挥官布鲁斯·克拉克（Bruce Clarke）上校，申请行动暂停24小时，并要求调来更多的架桥材料。作为装甲兵指挥官，克拉克上校曾接受过专业的工兵训练，因而极为重视装甲兵配备的架桥设备。除了用于进攻南锡的架桥材料外，第12军的架桥材料已经耗光。为了保证第3集团军能顺利跨越摩泽尔河，第12集团军群紧急调配了3890吨架桥材料，以专门的运输车队，从诺曼底滩头直接送往第3集团军前线。

午夜时分，美军9个野战炮兵营以雷霆万钧之势，向卢瓦西（Loisy）以南的道路开火。在布瓦德屈尔（Bois de Cuite），美军工兵操作50挺12.7毫米重机枪猛烈开火，对进攻方向形成密集的弹幕。美军向伯佐蒙（Bezaumont）发射了30发白磷弹，将其烧成火海，从而在黑夜中引导步兵前进。9月12日4时，第317步兵团开始渡河。第2步兵营遭到了德军迫击炮的轰击，一度陷入混乱。第3步兵营穿过驳船渠与摩泽尔河之间的岛屿，在奥布里恩运河涉水渡河。5时30分，第3步兵营完成了渡河。8时，第2步兵营涉水或乘坐木船渡河，抵达了圣热讷维耶沃。

至此，美军只遭遇了德军零星的抵抗。在河岸上，德军的警戒兵力很薄弱。第317步兵团发现，德军甚至没有占领制高点。蒙蒙的细雨遮蔽了德军炮兵观察员的视线，美军野战炮兵的徐进弹幕射击，也可能摧毁了德军电话线，切断了其通信，迫使德军预备队四处躲藏。然而，第1步兵营跟进第2步兵营，通过人行桥时，德军炮兵火力还是砸了下来，炸坏了桥梁。美军工兵冒着德军炮火修复了桥梁，第1步兵营通过后，直奔圣热讷维耶沃岭。第317步兵团的3个步兵营全部抵达后，在山岭上形成了2700米长的阵地。中午，第318步兵团渡河，在圣热讷维耶沃岭的反斜面与伯佐蒙以西构筑阵地。当晚，他们在维尔奥瓦（Ville-au-Val）、卢瓦西、摩泽尔河畔奥尔特维尔（Autreville-sur-Moselle）设置路障，收紧环形防御阵地。夜幕降临时，在迪耶于卢阿尔桥头堡中，美军已经集结了5个步兵营。

最初，慑于德军直射火炮的威胁，美军工兵不打算在夜幕降临之前架设桥梁。第317步兵团的迅速挺进，使德军直射火炮失去了阵地。麦克布赖德少将担心第317步兵团遭到

1944年9月12日，迪耶于卢阿尔，美军M4"谢尔曼"式推土坦克开过在摩泽尔河支流上推出的陆桥。

德军坦克或突击炮的进攻，因此命令重型舟桥连迅速展开作业。这个命令对后来的战况产生了重要的影响。午夜时分，第313野战炮兵的105毫米榴弹炮、第702坦克营的2个中型坦克连与部分反坦克炮，都进入了桥头堡。

9月12日，迪耶于卢阿尔桥头堡周围的德军，依然没有活动迹象。埃迪少将乐观地请求更多空中支援，以追歼被第317步兵团赶走的德军。下午，在蓬塔穆松上空，第19战术航空军遭遇了德军16－20架战斗机。美军以损失1架P-47为代价，击落德军5架战斗机。这也是洛林战役中，第3集团军上空爆发过的极少数空战之一。

同时，掣肘的消息再次降临到了巴顿的头上。当天，布拉德利召集霍奇斯与巴顿，到位于德勒（Dreux）的第12集团军群司令部开会。布拉德利警示他们，第1集团军与第3集团军的行动，将再次不可避免地陷入停顿。霍奇斯估计，如果第1集团军即将陷入激战，他的补给还能维持10天。巴顿估计，第3集团军的弹药还能维持4天，但加上缴获的德军燃料，第3集团军足以"直奔莱茵河"。然而，布拉德利告诉他，第3集团军只有2天时间用于跨越摩泽尔河。如果他无法完成这个任务，第3集团军就只能在南锡与卢森堡地区转入防御。蒙哥马利即将在荷兰发动攻势，英军第21集团军群将优先获得补给。9月底，第3集团军获得的燃料，将从40万加仑降低到27万加仑。布拉德利给巴顿施加的压力，很快就转移到了埃迪少将身上。巴顿强令他指挥第12军迅速跨越摩泽尔河。

此时，德军第3装甲掷弹兵师，正向第80步兵师围拢过来。在伯佐蒙以南，其还能得到第553掷弹兵师的增援。9月13日凌晨3时，在10－15辆3号G式突击炮的支援下，第29装甲掷弹兵团的2个装甲掷弹兵营进攻迪耶于卢阿尔桥头堡。弗兰克·威廉斯（Frank Williams）上尉指挥的第2步兵营F连首当其冲。他们勇敢地抵抗德军，接到撤退命令后，才向南转移。德军横扫圣热讷维耶沃岭南端，攻占伯佐蒙，兵锋直指美军架设的重型桥梁。在德军的步步紧逼下，第317步兵团不得不从圣热讷维耶沃岭北端撤到了第318步兵团的阵地上。在第318步兵团团部，美军步兵拼死抵抗，暂时遏制了德军的进攻。第318步兵团团长哈里·麦克休（Harry McHugh）上校负伤，部分参谋人员被俘，120人阵亡。

第317步兵团与第318步兵团散乱地向桥头且战且退。在桥头处，撤退的步兵与从对岸开来的卡车相遇，引发了严重的混乱。在黑夜中，军官们试图收拢乱哄哄的散兵。有时，1名少校在指挥1个排，1个上尉却在指挥1个营。第317步兵团属加农炮连遭到两翼包抄，几乎被切断，但炮兵仍然坚守在炮位上，以M3式105毫米榴弹炮平射德军。因此，他们获得了优异集体嘉奖令。5时，在卢瓦西与伯佐蒙以西十字路口处，美军步兵掘壕固守，向德军猛烈开火。德军突击炮很快粉碎了他们的抵抗，战壕中的美军步兵非死即伤。他们的英勇抵抗，为第318步兵团第2步兵营营长约翰·戈尔登（John Golden）中校调集援兵，赢得了弥足珍贵的时间。在近距离的混战中，美军步兵与德军展开逐屋争夺。在180米距离上，第702坦克营B连的M4，击毁了德军领头的突击炮。战斗已经打到了距离美军重型桥梁不到100米的地方。美军第167战斗工兵营与第248战斗工兵营的3个战斗工兵连，正绝望地守卫着最后的防线。

美军的迪耶于卢阿尔桥头堡，已经摇摇欲坠！

2. 装甲狂飙

在险象环生的迪耶于卢阿尔桥头堡，第80步兵师陷入鏖战之时，第4装甲师也正在摩泽尔河西岸紧锣密鼓地准备渡河行动。在随后的战斗中，第4装甲师将教科书般地演绎二战时期美国陆军装甲兵的作战教义——通过步兵打开的突破口，像迅猛的骑兵一样，以高速机动的冲击，直捣敌军纵深，横扫敌军后方。

突出重围

9月13日凌晨，第4装甲师A战斗群开往迪耶于卢阿，准备跨越摩泽尔河。A战斗群的前锋是查尔斯·特罗弗（Charles Trover）上尉指挥的第25机械化骑兵侦察营D连。D连抵达摩泽尔河西岸的桥头时，美军1名控制官禁止他们过河。此时，第317步兵团与第318步兵团在河对岸陷入德军第29装甲掷弹兵团的疯狂反击。美军野战炮兵正全力轰击滚滚而来的德军突击炮与装甲掷弹兵。在黑夜中，控制官担心野战炮兵会将D连当成德军，造成不必要的误伤。他坚持要等野战炮兵收到A战斗群将进入桥头堡的消息后，才能放行。

特罗弗上尉只好通过无线电，向克拉克上校报告了情况。他表示，将保持与A战斗群的联系，不断传回桥头堡的战况，并继续施压，争取尽快进入桥头堡。克拉克上校批准了特罗弗上尉的计划，并保证可以随时率领A战斗群赶到。A战斗群在迪耶于卢阿尔以西进行集结，部分榴弹炮进入阵位，准备支援机械化骑兵，车辆抓紧时间继续补充燃料。

6时15分，德军装甲掷弹兵已经打到了距离美军重型桥梁不到100米的地方。桥头堡岌岌可危，控制官再也坐不住了，他允许了D连过桥。特罗弗上尉的M8"灰狗"式装甲侦察车向前开过了两座桥墩。在开到第三座桥墩时，他发现德军装甲掷弹兵，已经渗透到了桥梁上①。美军装甲侦察车枪炮齐鸣，迅速击溃了德军装甲掷弹兵。机械化骑兵一路风驰电掣，火力全开，冲破德军的层层阻击，攻入卢瓦西。德军的反击已成强弩之末，又被美军机械化骑兵打了个措手不及。在第313野战炮兵营的追射之下，德军撤退了。

在圣热讷维耶沃的制高点，机械化骑兵遭遇了处于车体掩蔽状态的德军突击炮。在无线电中，特罗弗上尉向克拉克上校报告："我对付不了它们。"他命令D连在山坡的反斜面阵地隐蔽，等待A战斗群主力跟进。

7时，第37坦克营抵达格里斯库尔（Griscourt）与迪耶于卢阿尔之间的区域，等待克拉克上校的命令。桥头堡的局势仍然处于危机之中，工兵甚至做好了爆破桥梁的准备。此时，第12军组成了临时的作战委员会。埃迪少将、伍德少将、麦克布赖德少将与克拉克上校，在一起商讨随后的作战计划。埃迪少将曾犹豫地试图改变作战风格，战术越来越大胆。第80步兵师连日以来的苦战，却像响亮的耳光一样，将他清醒地打回了保守的原型。第3装甲掷弹兵师的反击，已经缩小了桥头堡的范围。这种情况下，将大规模机械化兵力投入狭窄而危险的区域，无疑是冒风险的。

埃迪少将向克拉克上校表示："如果你不愿意冒险过河，我们也不会指责你什么。"

---

① 在休·科尔的记述中，德军装甲掷弹兵未能突破美军工兵据守防线，也就没能踏上桥梁一步。然而，从第4装甲师的记录来看，还是有少量德军装甲掷弹兵，利用黑夜作为掩护，渗透到了桥梁上。

克拉克上校认为，是否应该过河的问题，直接指挥坦克作战的指挥官，更有发言权。于是，他转而征求第37坦克营营长克莱顿·艾布拉姆斯（Creighton Abrams）中校的意见。大家的目光也就落在了这位美军王牌坦克兵的身上。

艾布拉姆斯中校环视了周围的诸位上级，伸出右臂，指向摩泽尔河东岸，以坚定的语气说出了将第4装甲师推上辉煌之路的那句话："冲过去，才能打赢这场仗！"[①]

克拉克上校当即拍板：

克莱顿·威廉斯·艾布拉姆斯

克莱顿·威廉斯·艾布拉姆斯（1914年9月15日—1974年9月4日），美国陆军四星上将。

艾布拉姆斯出生于铁路工人家庭。高中时代，他在学校担任过学生会主席、校报编辑、校橄榄球队主力队员，还是著名的"演说家"。1936年，他从西点军校毕业，进入第1骑兵师服役。1940年，转入装甲兵晋升为上尉。1941年，从第1装甲师调出，参与第4装甲师的组建。1943年9月，晋升为中校，担任第37坦克营营长。

在解放欧洲大陆的战斗中，第4装甲师一直是第3集团军的前锋，而第37坦克营一直是第4装甲师的前锋。艾布拉姆斯的座车绰号为"霹雳"（Thunderbolt），亦译"雷电"或"流云闪电"。他曾更换过7辆坦克，绰号从"霹雳1号"排到"霹雳7号"。前4辆更换于训练时期，后3辆更换于欧洲战场。他的车组乘员为：炮手，约翰·加图斯基（John Gatusky）；驾驶员，鲍勃·史迪威（Bob Stilwell）；装填手，莱恩·卡兹（Len Katz）；航向机枪手，埃米尔·汉纳斯（Emil Hanus）。其中，炮手加图斯基中士被誉为第37坦克营的"神炮手"（Top Gun），即使是非常难以瞄准的目标，也逃不过他的锁定。他的车组乘员阵容一直保持到了二战结束。在阿登战役中，他担任第4装甲师B战斗群指挥官，在冰天雪地中打通了前往巴斯托涅的道路，解救了遭到围困的第101空降师。1945年4月，他晋升为上校。

为了避免座车成为显眼的目标，美军坦克兵经常会涂掉坦克上的白星标志。然而，艾布拉姆斯却没有这样做。他极具进攻精神，经常身先士卒，曾两次荣获优异服役十字勋章，但座车却从未被击毁过。二战时期，他指挥的座车击毁了德军50辆坦克与装甲战斗车辆，是与第3装甲师的拉斐特·普尔（Lafayette Pool）上士、第740坦克营的弗洛伊德（Floyd）中士齐名的美军王牌坦克兵。巴顿如此评价艾布拉姆斯："我是美军中最棒的坦克兵，但艾布拉姆斯是全世界最棒的坦克兵。"他还曾对记者表示："如果你们想采访艾布拉姆斯，那么最好尽快去。他总是身先士卒，如果一直担任营长，那么恐怕很难活到战争结束。"

1946—1953年，他先后担任美军装甲兵学校战术部主任、第1步兵师第63坦克营营长、第

[①] 英文原文："That's the shortest way home!"

2装甲骑兵团团长，先后进修于指挥与总参谋部学院、陆军军事学院。1953年，参加朝鲜战争，先后担任第1军、第10军与第9军参谋长。1956年，晋升为准将。1960—1962年，担任第3装甲师副师长，晋升少将后担任师长。1963年，晋升为中将，担任第5军军长。1964年，他晋升为四星上将，担任美国陆军副参谋长。1968年，担任驻越美军司令。他积极推动越南战争越南化，将美军从战争泥潭中拯救了出来。1961—1971年，他曾三次登上美国《时代》杂志封面。1972年，担任美国陆军总参谋长。1974年1月，他着手为美军组建了现代化的游骑兵营。1974年9月，由于长期大量吸烟，他患上了严重的肺癌，因手术并发症而去世。

"那我们就上！"

8时，艾布拉姆斯中校指挥第37坦克营A连与第53装甲步兵营B连跨越摩泽尔河，接连冲过了机械化骑兵清扫过的圣热讷维耶沃、伯佐蒙与卢瓦西。在蓬塔穆松以北的高地上，德军一直监视着A战斗群的行动，并以榴弹炮与迫击炮火力，持续干扰美军前进。

9时13分，第37坦克营D连与营属突击炮排的105毫米榴弹炮型M4过桥，装甲步兵与装甲炮兵跟进。当他们路过第80步兵师的阵地时，1名步兵向他们打招呼："德军很快就会把你们赶回来的。"

显然，迪耶于卢阿尔桥头堡的苦战，已经使第80步兵师的很多官兵丧失了自信。然而，这句预言丝毫没有灵验。A战斗群的行军纵队一路绝尘而去，开启了通往传奇之战的旅程。9时30分，麦克布赖德少将重组第80步兵师，冒着德军炮火发起反击。第702坦克营A连支援步兵前进，在战斗中损失了5辆M4，但他们迅速地收复了失地。第29装甲掷弹兵团的反击看似凌厉，实际上其后方也并不稳固。第317步兵团的2个步兵连一直坚守在

在欧洲战场上，艾布拉姆斯的首辆座车，绰号"霹雳5号"的75毫米炮型M4"谢尔曼"式中型坦克。

第37坦克营联络官/副作战官比尔·德怀特（Bill Dwight）上尉的座车。车体侧面的卡通形象是当时流行的广播剧中的形象——独行侠（Lone Ranger）的搭档，阿帕奇族印第安人唐托（Tonto）。

德军重围之下的382高地上。当天凌晨，他们发起反击，将德军装甲掷弹兵赶下了山坡。在朗德雷蒙（Landremont），第317步兵团的警戒阵地，击退了德军的试探性进攻。这里也是第80步兵师的阵地楔入德军纵深最远的地方。当天下午，第80步兵师恢复了最初建立的桥头堡环形阵地。

10时，A战斗群前锋将德军赶进了圣热讷维耶沃以东的树林，控制了通往萨兰堡的公路。第25机械化骑兵侦察营D连屏护左翼，第37坦克营D连与突击炮排屏护右翼。

最初，德军G集团军群司令部与第1集团军司令部，都没太重视美军第80步兵师建立迪耶于卢阿尔桥头堡的行动。第3集团军跨越摩泽尔河属于"天要下雨，娘要嫁人"的事。然而，当克诺贝尔斯多夫得知美军坦克已经突破桥头堡的德军防线时，第1集团军司令部立即炸了锅。他十万火急地调了几辆突击炮、1个步兵营与2个反坦克炮连，前往贝尼库尔（Bénicourt），以阻挡美军进抵诺梅尼（Nomény）。在贝尼库尔，第37坦克营D连的M5A1与德军机械化纵队撞了个满怀。美军坦克兵大吃一惊，一边以37毫米炮猛烈开火，一边召唤B连

的M4前来支援。在这场几乎一边倒的战斗中，B连与D连击毁德军4辆3号G式突击炮、几辆Sdkfz 251半履带式装甲车，俘虏100多人。中午，美军肃清了贝尼库尔。

克诺贝尔斯多夫的希望破灭后，他又请求布拉斯科维茨，德军应该撤出南锡，并增调兵力歼灭迪耶于卢阿尔桥头堡的美军，哪怕此行动将威胁第1集团军的南翼。布拉斯科维茨不情愿地同意了他的请求。当天，第553掷弹兵师的3个掷弹兵营从南锡出发。党卫军第17装甲掷弹兵师的2个营与第106装甲旅残部，也从梅斯方向赶来，增援第3装甲掷弹兵师。根据希特勒的反攻计划，德军第1集团军下辖的第15装甲掷弹兵师将调给第5装甲集团军。此时，第15装甲掷弹兵师的第104装甲掷弹兵团，仍然在南锡以南作战。克诺贝尔斯多夫收到了严格的命令，要求他彻底放开第15装甲掷弹兵师，不许耽误洛林反攻计划。但是，他还是找出了各种各样的借口，成功地握住了第115装甲掷弹兵团，将其用于进攻迪耶于卢阿尔桥头堡。第15装甲掷弹兵师的其他兵力，正从阿纳维尔撤出，通过第1集团军后方，前往吕内维尔。这些德军车队自以为在后

方区域，就可以高枕无忧。他们不知道的是，汹涌而来的美军坦克，将给他们带来灭顶之灾。

午后，A战斗群领头的"阿贝"（Abe）特遣队直奔萨兰堡。在摩泽尔河岸边，另2个特遣队还在源源不断地过桥。领头的特遣队以第37坦克营为主力，跟进的特遣队以第53装甲步兵营为主力，尾随的特遣队是装甲工兵、第318步兵团第1步兵营与满载7天补给物资的运输车队。所有的食物都装在战斗车辆上，野战厨房的卡车卸掉了所有炊事设备，改为运载弹药与燃料。每辆补给卡车都处于超载状态，有些卡车甚至运载了7-8吨补给。德军炮兵发射的炮弹在美军纵队附近爆炸，偶尔能击毁1辆轻型车辆，但已经无法阻止美军前进。A战斗群正实践着巴顿的格言："冒着敌军炮火前进，速度才最快；敌军很少会缩短射程。"

A战斗群的钢铁洪流，以6.7米的正面宽度，一往无前地冲破德军的阻击。16时15分，美军前锋进抵诺梅尼时，A战斗群指挥部的部分兵力，还在过桥。整整5个小时，A战斗群长龙般的车队，才完全通过摩泽尔河上的桥梁。

克拉克上校坐在观测机

1944年9月13日,迪耶于卢阿尔,美军第4装甲师第66装甲野战炮兵营B连的M7"牧师"式105毫米自行榴弹炮,通过机械化桥跨越摩泽尔河。

1944年9月,迪耶于卢阿尔桥头堡,在通往伯佐蒙与迪耶于卢阿尔的十字路口,战场上散落着美军M4"谢尔曼"式中型坦克与4号L48式坦克歼击车的残骸。

上是德军几辆突击炮镇守的停车场,停放着大量各型车辆。美军坦克与步兵如恶虎般扑了上去,炮弹与机枪子弹像死神的镰刀,横扫排列整齐的德军车辆。"钢铁风暴"席卷而过,德军车辆纷纷化为灰烬。美军坦克一口气摧毁了停车场中的半数德军车辆,幸存的车辆慌不择路地向南逃窜。随后,C连与装甲步兵归队。在诺梅尼附近,"阿贝"特遣队遇到了密集的雷区,不得不向南迂回,在诺梅尼以东1000米处重新回到了公路上。

A战斗群遭遇的德军路障、高射炮阵地、少量坦克与突击炮,都在M4或M7的炮火之下灰飞烟灭。在塞耶河畔欧努瓦(Aulnois-sur-Seille),A战斗群驱散了德军1个团级补给站的卫戍兵力,在塞耶河上占领了完好无损的桥梁。美军担心会有同情德军的平民进行破坏,因此留了1个工兵班镇守桥梁。在莱蒙库尔(Lemoncourt),第37坦克营的突袭打垮了大量德军步兵。M4的炮火与扫射所过之处,德军步兵尸横遍野。德军步兵惊恐地躲进干草堆或农舍中,妄图逃过一劫。美军坦克兵操作M4炮塔上的12.7毫米重机枪,以灼热的燃烧弹,将德军的藏身之处打成火海,将德军步兵

上,在空中指挥A战斗群前进。有1架炮兵观测机报告,在美军前进公路以南3公里处的利克西耶尔(Lixières)附近,发现德军坦克,规模不明。艾布拉姆斯中校命令第37坦克营C连与少量装甲步兵前出,对抗德军坦克的威胁。C连抵达目的地,发现炮兵观测机发现的"德军坦克",实际

活活烧死。

在A战斗群两翼，两支轻型机械化纵队，依然积极地执行着屏护任务。第25机械化骑兵侦察营D连开过贝尼库尔，在诺梅尼以北的克莱默里（Clemery），耗费了不少时间通过复杂地形。在阿布库尔（Aboucourt）、莱特里库尔（Letricourt）、克兰库尔（Craincourt）与代尔姆（Delme），机械化骑兵遭遇德军路障。随后，他们返回了莱蒙库尔，掩护A战斗群行军路线的直角弯处。第37坦克营D连与营属突击炮排，从利克西耶尔向东进发，与A战斗群平行推进，直抵塞耶河。在塞耶河畔，他们发现德军已经炸毁了桥梁，地面的泥泞也使坦克无法前进。他们返回了塞耶河畔欧努瓦，直到第二天机械化骑兵的1个排来接应。

17时，在距离萨兰堡4800米处的弗雷讷昂索努瓦（Fresnes-en-Saulnois），A战斗群将德军1个补充营打得四散奔逃。其主力撤往萨兰堡，少数官兵躲入建筑物，在夜间试图逃跑时被美军俘虏。在A战斗群上空，克拉克上校依然在观测机上指挥。此时，A战斗群的补给运输车队才抵达圣热讷维耶沃。桥梁的损毁与桥头堡的堵塞，数次打断了补给运输车队的行军。克拉克上校认为，补给运输车队的护航兵力太有限，行军路线还有数个拐弯。他决定，补给运输车队前锋继续前进，向圣热讷维耶沃以东的平原进发；后方的补给运输车队在桥头堡过夜，天亮后再出发。

在萨兰堡以西的高地上，A战斗群建立了环形防御阵地，准备过夜。装甲炮兵的M7与第191野战炮兵营的155毫米榴弹炮，进行360°全向射击，猛轰射程内所有德军占领的城镇与十字路口，以打乱德军部署，使其无法判断A战斗群阵地的准确位置与美军随后的进攻方向。萨兰堡的德军炮兵，也以火力予以还击。

夜间，A战斗群的车辆源源不断地开进营地。在莱蒙库尔，美军俘虏了党卫军的罗多尔·维尔纳（Theodore Werner）上校。在临时战俘营中，他饶有兴趣地观看了美军车队开进的壮观场景。他曾在东线服役2年，作战经验丰富，获得过金质十字勋章。此时，他刚加入党卫军不久。美军战俘审讯组组长约翰·普里松纳（John Prisoner）中尉，记录了维尔纳上校的评论："作为曾在战线长达2400公里的东线服役过的陆军指挥官，我不得不承认，美军能打垮我们，不仅因为美军有着最好的装备。最主要的决定因素是美军卓越组织协调能力下的人为功效。我很想知道你们这个装甲师的师长是谁。我确定，你们一定属于巴顿将军指挥的第3集团军。巴顿之于美国陆军，相当于隆美尔元帅之于德国陆军。但是，只有师长才能解释，为什么第3集团军能以如此迅猛的速度前进，多次在我们毫无防备的情况下，打垮了我们。"

当天，A战斗群向德军纵深推进了32公里。在战斗中，A战斗群击毁或缴获德军12辆坦克与突击炮、85辆各型车辆与15门火炮，俘虏534人，击毙与击伤的德军难以计数。A战斗群付出的代价，仅仅是12人阵亡与16人负伤。第4装甲师的战地日志记述："A战斗群快速突入德军防线纵深。德军如此混乱，以至于美军几乎是闲逛般地开入德军宿营地，就俘虏了一群一群的德军。"

横扫千军

9月13日，B战斗群继续开进。在没有遭到任何抵抗的情况下，B战斗群前进了1.6公里。在梅翁库尔（Méhoncourt），德军第115装甲营的2辆4号中型坦克埋伏在能够俯瞰公路的树林中，击毁了第8坦克营C连的2辆M4。第一辆M4中的2名乘员阵亡,第二辆M4的车长左臂肘部以下被榴弹炸断。医务兵将他抬往后方时,他说道:"好吧,看来我是没机会与你们一起到中缅印战区收拾日本人了。"

在伊尔齐克少校的指挥下,第8坦克营很快就报了这一箭之仇。C连遭遇了德军1辆卡车,载满了步兵。第1坦克排用榴弹击毁了卡车,俘虏了幸存的德军步兵。伊尔齐克少校的下个目标是默尔特河以西的洛特河畔布兰维尔(Blainville-sur-l'Eau)。美军发现,这里有德军步兵驻守,反坦克炮已经封锁了所有通道。伊尔齐克少校命令C连1个排的M5A1进行迂回,M4发起正面冲锋。在美军的装甲攻势之下,德军步兵土崩瓦解,或阵亡或被俘。C连还击毁了4辆自行火炮与不少反坦克炮。B战斗群通往默尔特河的道路,已经敞开了。

在摩泽尔河畔,马歇尔中尉曾展示了精彩绝伦的渡河技巧。在默尔特河,他再次敏锐地找到了坦克可以涉渡的地方。工兵效仿坦克兵,在类似的地点架设桥梁。午夜时分,在德军时有时无的干扰炮击之下,"伊尔齐克"特遣队建立了桥头堡。

9月14日拂晓,"伊尔齐克"特遣队继续前进。他们首先要面对的障碍,是树木茂密的德维特里蒙森林(Foret de Vitrimont)。唯一通过森林的道路,是伐木工人走出的小径,狭窄而泥泞。伊尔齐克少校担心,德军会利用森林进行伏击。幸运的是,德军并没有据守这里。在有条不紊地前进了4公里后,他们开出了森林。在森林北出口不远的高地上,美军望见了于迪维莱(Hudiviller)。他们几乎刚露头,就遭到了德军的炮击。伊尔齐克少校判断,自己的兵力不足以攻占这座城镇,因而及时向B战斗群求援。第22装甲野战炮兵营的M7抵达,猛烈炮击德军阵地。"伊尔齐克"特遣队掩杀过去,冲入于迪维莱,一举击毁德军2辆坦克①、11辆半履带式装甲运兵车、7门反坦克炮与7辆炮兵牵引车,击毙100多人、俘房40人。

9月14日黎明,在冰冷的雨水中,美军补给运输车队抵达A战斗群阵地。伍德少将认为,A战斗群的兵力不足以独自攻占萨兰堡这样大的城市,且萨兰堡的德军已经严阵以待,进攻的突然性已经不复存在了。因此,他命令A战斗群与B战斗群在阿拉库尔(Arracourt)会师,切断南锡

1944年9月13日,梅翁库尔,美军第8坦克营与德军第115装甲营交火。德军4号中型坦克击毁了前方的M4"谢尔曼"式中型坦克,美军医护兵将伤员转移到了后方坦克的侧面进行掩护。

---

① 根据第4装甲师的战史记录,第8坦克营在于迪维莱击毁了2辆"虎"式重型坦克。实际上,在洛林战役中,并没有"虎"参战。第8坦克营击毁的可能是4号中型坦克。

1944年9月16日，美军第4装甲师的M4"谢尔曼"式中型坦克通过机械化桥开过摩泽尔河。

德军的退路，包围第553掷弹兵师。

12时，A战斗群出发，通过宿营地以南的林间小径，向阿拉库尔进发。克拉克上校依然在空中的观测机上，指挥A战斗群前进。在尚布雷（Chambrey），A战斗群摧毁了德军零散的车辆。在阿拉库尔，A战斗群遭遇了第15装甲掷弹兵师的后卫兵力。在突如其来的进攻之下，德军被彻底打懵了。美军坦克兵看到满眼的德军车辆、人员与物资，仿佛狼群看到了新鲜的肉块。第37坦克营A连急速冲了上去，75毫米炮、12.7毫米重机枪与7.62毫米重机枪全部开火，向德军卡车与马车牵引的火炮喷射致命的火焰。德军车辆与火炮纷纷炸裂，烧成一堆一堆的废铁，步兵则像过街老鼠一样四处乱窜，相继倒毙在美军射出的弹雨中。B连从左翼迂回，切断了德军的退路。第94装甲野战炮兵营C连进入阵地，亲眼目睹了第37坦克营如何"屠杀"阿拉库尔的德军。1辆M7上的机枪手，列兵劳伦斯·多伊尔（Lawrance Doyle），发现德军1辆卡车正在逃跑。他询问上级："中尉，我来一发么？"① 后来，这句话成了第94装甲野战炮兵营的标志性名言。在阿拉库尔地区，A战斗群摧毁的德军车辆，足以装备1个师。

A战斗群取得了辉煌的战绩，伍德少将非常兴奋。他调遣第35坦克营C连与第10装甲步兵营的1个连，前往增援A战斗群。他们抵达阿拉库尔后，向克拉克上校报告，从迪耶于卢阿尔到阿拉库尔，一路上没有发现德军。在补给通道安全的情况下，第25机械化骑兵侦察营D连从塞耶河畔欧努瓦撤出，前往阿拉库尔。

第37坦克营攻占阿拉库尔后，准备开往瓦耶（Valhey）。12小时前，美军侦察兵已经渗透到了瓦耶。他们返回后报告，在瓦耶没有发现德军。然而，德军250人与2门88毫米高射炮，已经潜入了瓦耶，布设了伏击阵地。美军1架炮兵观测机飞过瓦耶上空时，遭到了德军88毫米高射炮的射击。艾布拉姆斯中校这才意识到，瓦耶有德军驻守。他通过无线电向A连连长威廉·斯潘塞（William Spencer）上尉发出警报："小心，那里可能有埋伏。"

然而，第37坦克营的官兵依然觉得，瓦耶不过是下一座即将解放的法国城镇而已。

14时30分，德军1辆摩托车前往蒙库尔侦察。德军侦察兵惊愕地发现，美军坦克正滚滚而来。他掉头狂奔，回到瓦耶，发出了战斗警报。德军迅速以1门88毫米高射炮，封锁了通往瓦耶的公路。美军坦克刚出现，德军88毫米高射炮就开火了，打断了领头坦克的履带。其他坦克赶紧开下公路，

---

① 英文原文："Should I give 'em a boist, Lieutenant?"

越野冲向瓦耶。A连开进瓦耶，斯潘塞上尉的座车穿过广场，拐弯后开上另一条公路。他们完全没有发现，另1门88毫米高射炮就在附近。德军炮兵要么是没有注意到斯潘塞上尉的座车，要么是准备放过领头坦克，伏击跟进的坦克。总之，这门88毫米高射炮依然指向A连开进广场的方向。

约瑟夫·萨多夫斯基（Joseph Sadowski）中士的"缺席者"号（Absentee）M4，小心翼翼地跟随着斯潘塞上尉的座车前进。在18米距离上，88毫米高射炮发射的1发穿甲弹，击中了"缺席者"号的侧面装甲。坦克停了下来，乘员们震得头晕目眩。萨多夫斯基中士挣扎着催促车组逃出坦克。德军机枪与步枪就射了过来，迫使他们躲进了建筑物。此时，萨多夫斯基中士才发现，航向机枪手拉塞尔·海（Russel Hay）还在坦克里。他勇敢地冒着德军的扫射，跑到了燃烧的坦克残骸旁边。他爬上坦克正面装甲，试图打开航向机枪手的舱盖，但用了很大力气，也没能打开。随后，他径直站了起来，以更大的力气撬动舱盖。德军机枪与步兵再次向他开火，2发子弹击中了他，但他没有倒下。然而，更多的子弹扫射了过来。萨多夫斯基中士英勇牺牲，摔在了"缺席者"号残骸旁边的泥地上。

最终，A战斗群全歼了瓦耶的德军。第37坦克营继续向蒙库尔（Moncourt）进发，萨多夫斯基中士的遗体留在了坦克旁边。几天之后，美军重返瓦耶，发现法国平民已经隆重地安葬了在解放瓦耶的战斗中牺牲的美军官兵。在瓦耶的墓碑旁边，已经堆满了鲜花。在美军将萨多夫斯基中士的遗体转移到军事公墓的仪式上，法国平民再次举行了哀悼仪式。萨多夫斯基中士的父母，得到了美军追授的国会荣誉勋章。二战中，美国陆军装甲兵只有3人获得了国会荣誉勋章，萨多夫斯基中士是其中之一。

第37坦克营B连连长詹姆斯·利奇（James Leach）上尉的任务，是侦察马恩－莱茵运河上的渡口。在瓦耶东南方2.4公里处的博泽蒙（Bauzemont），B连发现了完好无损的桥梁。这可是千载难逢的好机会！美军坦克快马加鞭，试图冲上近在咫尺的桥梁。突然，桥梁发生了巨大的爆炸，石块从扬起的灰尘中纷纷落下。B连还在寻找德军的影子，德军30多人就从隐蔽处跳了出来。他们举着白旗，欢天喜地，叽叽喳喳地围着美军说个不停。原来，他们都是德军强征来的波兰人，在第15装甲掷弹兵师担任工兵。美军坦克兵对负伤的波兰人进行了包扎，并将他们收拢在一起。在扫荡运河北岸的战斗中，B连已经俘虏了100多人。

A战斗群得知博泽蒙与林维尔（Rinville）的桥梁都已经被炸毁，前锋只好向东转向莱耶（Ley）。这里也是A战斗群夜间警戒哨的最东端。19时，在阿拉库尔，A战斗群建立环形防御阵地。装甲炮兵与野战炮兵依然向所有射程内的城镇与十字路口开火。侦察兵向南进发，在马恩－莱茵运河联系上了B战斗群。

当天，A战斗群推进了40公里，击毁德军10门88毫米高射炮、26辆装甲车与136辆各型车辆，击毙230人、俘虏400人。A战斗群付出的代价只是伤亡33人，损失2辆坦克。他们不仅拦截并消灭了试图前往进攻B战斗群的德军第15装甲掷弹兵师纵队，还彻底打乱了第5装甲集团军的集结计划。

9月15日，在德军防线后方，美军A战斗群与B战斗群继续散布着死亡的恐怖。A战斗群的3个特遣队四处出击，前锋抵达了野战炮兵射程的极限之处，侦察兵则继续向东前进。在南锡以东，第10装甲步兵营组成警戒阵地，像渔网一样兜住了第553掷弹兵师向东溃退而来的败兵。10时，第10装甲步兵营接到情报，德军大量兵力撤出南锡，正在开过来。17时，第10装甲步兵营拦住了德军步兵的纵队。在美军密集的火力之下，德军纵队遭到了毁灭性打击。第10步兵营击毁德军1辆装甲车、3辆指挥车与14辆卡车，俘虏17人。幸免于难的德军步兵头也不回地逃回了南锡，再也不敢向东撤退了。当天的战斗中，A战斗群击毁或缴获德军8辆坦克与自行火炮、16门火炮与232辆各型车辆，俘虏1000多人。A战斗群付出的代价仅为3人阵亡、15人负伤，损失4辆坦克。

9月15日早晨，迈克斯(Maixe)与克雷维克（Crévic），B战斗群再次进抵马恩-莱茵运河，发现所有渡口都处于德军的严密防御之下。伍德少将命令B战斗群将德军"切成碎片"，霍姆斯·达格（Holmes Dager）准将回答："我们正在这样做。"B战斗群以密集的炮火轰击德军阵地，但德军并未动摇。马歇尔中尉也没能找到坦克可以涉渡的地方。坦克无法渡河，只能原地炮击对岸的德军。第8坦克营B连的休·麦克纳利（Hugh McNally）中尉经常将头部露出炮塔，以在指挥战斗时，获得更好的视野。在这场战斗中，他的面部负伤，失去了左眼。冒着德军的阻击火力，美军装甲步兵试图渡河，但直到夜幕降临，也未能成功。在萨默维尔（Summerviller）以西3.2公里处，第35步兵师协助第8坦克营C连的1个坦克排跨越了运河。随即，步兵迅速过桥，建立了桥头堡，工兵开始架设桥梁。

夜间，巴顿与伍德少将深入德军防线后方，访问了阿拉库尔，随后又访问了第12军军部。巴顿发现，与热情洋溢的伍德少将不同，埃迪少将明显"非常焦虑"。他轻松地告诉埃迪少将，要"多喝几杯，早点睡觉，准备进攻'齐格菲'防线"。

9月16日早晨，B战斗群跨越了萨默维尔的桥梁，继续进攻。达格准将表示，德军都集中于迈克斯，A战斗群可趁机进攻其后方。A战斗群以3个坦克连与2个装甲步兵连前往支援，抵达目的地后才发现德军已经撤走。A战斗群转向进攻库尔贝索（Courbesseaux），击毁德军7门88毫米高射炮，击毙近200人。在进攻哈拉库尔（Haracourt）的途中，B战斗群遭到了德军炮兵的轰击。B战斗群接近哈拉库尔时，德军反坦克炮与机枪也响了起来。伊尔齐克少校呼叫野战炮

二战中的美军装甲师

第一次世界大战时期，美国陆军就装备过坦克并进行过实战。然而，作为独立的兵种，美军装甲兵的成立时间较晚。受到德军装甲兵横扫欧洲的刺激，美军才如梦方醒。

1940年7月10日，在肯塔基州的诺克斯堡（Fort Knox），美国陆军成立装甲兵。作为美军装甲兵的重要奠基人之一，阿德纳·霞飞（Adna Chaffee）少将出任装甲兵司令。7月15日，第7机械化骑兵旅与第2暂编坦克旅分别改编为第1装甲师与第2装甲师。8月，美军成立第1装甲军。得益于美军强大的工业能力与充足的人力，美军更多的装甲师宛如雨后春笋般组建起来。二战结束之前，美军已经组建了16个装甲师，番号为1-14，16与20。

二战时期，美军装甲师分为"重型"与"轻型"两种编制。最初，美军第1装甲师、第2装甲师与第3装甲师为重型装甲师。1944年6—7月，第1装甲师改编为轻型装甲师。第2装甲师与第3装甲师的编制一直保持到了二战结束。美军其他装甲师均为轻型装甲师。其主要区别在于坦克的装备量。重型装甲师下辖2个装甲团，共6个坦克营；1个装甲步兵团，下辖3个装甲步兵营。轻型装甲师下辖3个坦克营与3个装甲步兵营。其他兵力编制相同，均下辖3个装甲炮兵营、1个机械化骑兵侦察营、1个装甲工兵营、1个军械维修营、1个装甲医护营、1个装甲通信连，并配属1个坦克歼击车营、1个高射炮兵营等。

美军轻型装甲师的编制与德军装甲师很相似，明显是受德军影响的结果。然而，二者的作战方式却截然不同。德军装甲师通常要打头阵，负责突破敌军防线。随着反坦克武器的发展与纵深防御战术的加强，德军装甲师的战术将导致严重的损失。在美军的作战教义中，突破防线是在航空兵、野战炮兵与独立坦克营的支援下，以步兵为主力完成的任务；步兵在敌军防线上打开缺口后，装甲师将从缺口冲向纵深，横扫敌军后方。从扮演的角色来看，更像传统的骑兵执行的任务。

第3集团军参加洛林战役的3个装甲师均为轻型装甲师。1944年，每个轻型装甲师装备168辆75毫米炮型或76.2毫米炮型M4、18辆105毫米炮型M4、77辆M5A1、54辆M7式105毫米自行榴弹炮、54辆M8式装甲侦察车、540辆M3半履带式装甲运兵车、1031辆吉普车与卡车、8架轻型飞机，共10754名官兵。

在实战中，美军装甲师通常会编成兵种合成化程度极高且更为灵活的暂编单位——"战斗群"。美军大多数装甲师会编成A、B、R共3个战斗群。有的装甲师将主力集中于A、B两个战斗群，R战斗群通常在后方负责主力的维护、轮换、休整与补给。有的装甲师将主力相对平均地分配给3个战斗群。每个战斗群还可以根据不同任务的需要，分成2—4个特遣队，特遣队通常以指挥官的名字命名。除此之外，美军装甲师还可能根据任务的需要，配属从步兵师调来的步兵营或从军属炮兵集群调来的野战炮兵营。

在来自不同单位的不同兵种如此混成的情况下，美军装甲师的战斗群仍然能保持高效的作战，要得益于其先进而高效的指挥、组织、控制与管理体系。

以第4装甲师A战斗群的参谋系统与指挥链为例，战斗群指挥官负责前沿，副指挥官负责后方，情报官隶属于作战官。战斗群指挥官通过作战官发布大部分命令给下级军官，有时他也会直接向下级军官下达命令，并将命令通知作战官。作战官负责完善命令的细节，使命令与具体的实际情况相符合。作战官完善命令之后，不会再与战斗群指挥官进行具体确认，直接下达给下级军官。战斗群副指挥官负责战斗群的行军，控制纵队的紧密与疏散程度，以及战斗群停止前进时的综合管理工作。他将与师部时刻保持联系，发送并接收命令。如果战斗群指挥官缺席，他还要接管战斗群的指挥。作战官与情报官时刻保持协商。在战斗群后方，后勤官指挥补给卡车队，包括勤务连、维修连与1个高射炮兵排。他直接向战斗群副指挥官发送报告与接受命令。每次行动展开之前，各参谋部门都要对计划进行协调。每个晚上，各参谋部门都要对白天的行动进行总结，使之有机结合，并部署第二天的作战计划。战斗群指挥部赋予了下级军官最大的权责，允许他们根据实际情况执行命令。命令包括具体的任务目标与期望,内容非常明确。下级军官可以就任务的细节,与战斗群指挥官进行商量。

二战时期,在美军16个装甲师中,第4装甲师可谓一枝独秀的精锐王牌。美军装甲师往往有自己的绰号,例如第2装甲师绰号"地狱车轮"(Hell on Wheels),第3装甲师绰号"矛头"(Spearhead),第4装甲师却从未有过官方赋予的绰号。二战结束后,第4装甲师获得了非官方的绰号——"盛名足矣"(Name Enough),意思是第4装甲师不用什么绰号,世人皆知这支威武之师的赫赫战功。1954年,其又获得了绰号"突破师"(Breakthrough Division)。亦有人称其为"罗斯福的屠夫"(Roosevelt's Butchers)。

1941年4月15日,在纽约州的派因兵营(Pine Camp),美军以第1装甲师的部分核心官兵为基干,组建了第4装甲师。其接收的新兵主要来自新英格兰(New England)和中大西洋海岸(Mid-Atlantic Coastline)地区的工业城市,因而兵员平均素质水平较高,普遍受过更良好的教育或有更多机会接触机械设备。首任师长是亨利·贝尔德(Henry Baird)少将。1942年5月,伍德少将接管了这位60岁老将的岗位,成为新任师长。1943年12月,第4装甲师出发,前往英国本土,准备参加解放欧洲大陆的反攻。

第4装甲师组建后,一直持续不断地派送官兵,前往其他新组建的装甲师作为基干。这导致第4装甲师编制混乱,官兵军衔长期处于变动中。然而,这也带来了意想不到的好处。新兵们随时可能调往其他装甲师担任士官,因此都接受了士官所需的训练。1944年,第4装甲师已经成为了"全员士官师"。在未来的战斗中,这些随时可以接替士官岗位的列兵,将极大地增强第4装甲师的组织、管理与指挥水平,使之爆发出惊人的战斗力。

1944年2月,第4装甲师驻扎于威尔特郡(Wiltshire)。在两天时间内,巴顿对第4装甲师进行了考察,给予了"优秀"的评价。2月22日,在观看了第4装甲师的大规模演习后,巴顿对其充满了信心。3月,在迈恩黑德(Minehead)的英军坦克靶场,第4装甲师的3个坦克营进行了实弹射击训练,坦克兵的炮术显著提高。在整个6月持续不断的训练中,第4装甲师的3个坦克营各配发了1000发主炮炮弹,相当于每辆坦克都可以发射20发炮弹。在物资供应紧张的战时来说,这已经很奢侈了。7月11日,第4装甲师登陆"犹他"海滩。12月3日,加菲少将接替伍德少将,担任第4装甲师师长。

第4装甲师多次在第3集团军下辖的各军中来回调配,反复隶属于第3军、第8军、第12军或第20军。在解放欧洲大陆的战斗中,其始终贯彻着美国陆军装甲兵的作战教义,充分发扬了美军装甲师的"扫荡"职能,像传统的骑兵一样直插德军纵深,横扫德军后方。在阿登战役中,第4装甲师远程奔袭,拯救了在德军战线后方,困守巴斯托涅的第101空降师。为了表彰其在1944年12月22日—1945年3月27日进行的英勇战斗,美军授予其优异集体嘉奖令,成为了首个获得此项荣誉的美军装甲师。1945年3月,威廉·霍格(William Hoge)少将出任第4装甲师师长,直至战争结束。二战中,第4装甲师总共的作战损失代价为6212人。其中,1143人阵亡、4551人负伤、453人被俘、65人失踪。

二战结束后,第4装甲师改编为第1治安旅,执行德国占领区的警备管制任务。1949年,其重新编为第4装甲师,不过又很快结束了使命。1954年,美军再次重新组建第4装甲师。1957年,将其部署于德国。1971年5月,第4装甲师改编为第1装甲师。

1944年9月11-14日，美军第4装甲师包围南锡作战形势

兵火力支援，随后一鼓作气拿下了哈拉库尔。随即，A战斗群与B战斗群完成了会师，R战斗群仍然位于运河南岸。

A战斗群与B战斗群的会师，具有重要的意义。在萨兰堡附近，德军第3装甲掷弹兵师已经切断了A战斗群的补给线。A战斗群与B战斗群会师后，就能够使用B战斗群的补给线了。然而，第4装甲师应该如何继续行动，却一直处于争议中。克拉克上校认为，第4装甲师应该直奔阿拉库尔东

北方37公里处的萨尔堡。埃迪少将认为，第12军尚未完成对南锡德军的包围，很多地区仍然进行胶着的战斗。

当时，第4装甲师的突破，使德军一筹莫展。在德军看来，第12军的犹豫，无疑贻误了战机。第1集团军参谋长维利·曼泰（Willy Mantey）上校表示："从缴获的地图上，我们得知美军的进攻方向是萨尔布吕肯。这次迅猛突击，必然会摧垮我们的摩泽尔河防线，歼灭第1集团军主力。

此外，美军还将兵不血刃地从萨尔布吕肯突破'西部壁垒'。虽然，他们并未及时抓住战机，达成上述效果。"G集团军群参谋长海因茨·冯·吉尔登费尔特（Heinz von Gyldenfeldt）上校也认为，当时第3集团军如果能利用第4装甲师的突破口向南迂回，完全可以将第19集团军一网打尽；然而，第3集团军却连侦察兵都没有向南派出。

当然，第4装甲师挥师北上萨尔堡或南下席卷第19集团

军，绝不是像两位德军上校这样动动嘴皮子这么简单。埃迪少将与伍德少将都意识到，无论第12军，还是第4装甲师，此时保有的物资量，都不足以支持这样的远征。A战斗群与B战斗群身后，德军依然在围困迪耶于卢阿尔桥头堡，第553掷弹兵师撤出南锡，但在南锡东北方的高地上建立了防御。第4装甲师像脱缰的野马一样冲向德军纵深，第35步兵师与第80步兵师，却囿于德军的纠缠，而无法跟进。对美军来说，与其进行好高骛远的进攻，还不如巩固好现有的领地。

解放南锡

第12军南北两翼的进攻行动，目标都是为了对南锡进行迂回包围。美军之所以决定包围南锡，而不是进行正面强攻，主要是因为南锡的德军兵力与其地形利于德军防御。南锡并非梅斯那样的要塞化城市，但地形也是易守难攻。数个世纪以来，南锡都是法军位于摩泽尔河与默尔特河以东的桥头堡。德军守卫南锡时，所处的方向与法军相反，但仍然可以利用格朗库罗讷的数个制高点与艾耶森林（Forêt de Haye）作为阻挡美军的天然障碍。

9月初，法国抵抗组织向美军报告，德军在艾耶森林中集结了大量兵力，密集地布设了地雷，挖掘了大量野战防御工事。德军反坦克炮封锁了所有通道，美军轻型坦克或装甲侦察车束手无策。茂密的森林挡住了飞行员的视线，空中侦察也无济于事。埃迪少将只能在完全不了解德军兵力与部署的情况下，硬着头皮制订进攻南锡的作战计划。

9月9日，法国抵抗组织再次发来情报，称德军大量兵力正在格朗库罗讷构筑防御工事，艾耶森林中至少有5000名德军，囤积了大量弹药。法国抵抗组织的情报非常准确。当天，布拉斯科维茨命令第1集团军必须死守南锡，以其作为

1944年9月，南锡，美军第35步兵师的吉普车陷入泥泞。

1944年9月15日，栋巴勒，美军第320步兵团蹚水过河。

反攻第3集团军侧翼的出发阵地。

9月10日,第9轰炸机司令部7个轰炸机大队的B-26,从布列塔尼半岛飞来,轰炸了艾耶森林,但战果不明。9月11日,美军再次空袭了森林中高地上的德军观察哨,但战果依然不明。埃迪少将在日记中写道:"没人知道艾耶森林中究竟有什么。"

9月12日,埃迪少将命令第12军组建用于进攻南锡的临时特遣队。第80步兵师副师长欧文·萨默斯(Owen Summers)准将负责指挥,兵力来源于第35步兵师第134步兵团与第80步兵师第319步兵团。埃迪少将依然很犹豫,并没有命令特遣队立即进攻南锡。在德军后方活动的法国抵抗组织情报组,则出色地完成了第12军交付的任务——切断从东方通往艾耶森林的电线。第4装甲师A战斗群与B战斗群的突破,终于迫使布拉斯科维茨更改了死守南锡的命令。他通知德军第1集团军,在南锡西部保留1个小型桥头堡,主力可以撤出南锡。实际上,布拉斯科维茨是想要从南锡抽调第553掷弹兵师的兵力,用于进攻迪耶于卢阿尔桥头堡。

9月13日,迪耶于卢阿尔桥头堡遭到德军猛攻,第80步兵师调回了萨默斯准将。在进攻南锡之前,第319步兵团进行了重组。第1步兵营与第3步兵营集结于贡德勒维尔,第2步兵营留在摩泽尔河河套处。在第12军南翼,第35步兵师进展迅速,巴德少将调来了预备队。在洛雷,第320步兵团的2个步兵营扩展了第137步兵团建立的桥头堡。在摩泽尔河沿线,德军疲于应对四处渡河而来的美军,第137步兵团与第320步兵团又恰好进攻了第15装甲掷弹兵师与第553掷弹兵师的结合部。德军不得不撤过默尔特河,袭扰美军的炮火也渐渐松懈了下来。

9月14日,在利韦丹与彭佩(Pompey)之间,第319步兵团第2步兵营沿着陡峭的河岸,清剿德军。E连的埃德加·劳埃德(Edgar Lloyd)少尉率部冲过火力封锁,向德军机枪阵地投掷了1颗手榴弹,炸死了大部分的机枪手。随后,他与德军1名幸存的机枪

(上下图)1944年9月15日,栋巴勒,美军第737坦克营的M4A3"谢尔曼"式中型坦克支援第320步兵团进攻德军。

手展开殊死搏斗，用拳头活生生地打死了他。在这场战斗中，他独自接连干掉了德军5个机枪阵地。最终，他荣获国会荣誉勋章。爱德华·温特博特姆（Edward Winterbottom）下士的步兵班遭到了德军机枪的火力压制，打坏了他的步枪，使他身负重伤。然而，他依然奋勇前进，一直逼近到距离德军机枪只有13米的地方，用1颗手榴弹消灭了德军机枪手。最终，他荣获优异服役十字勋章。威廉·汉弗莱（William Humphrey）中士冲锋在前，用刺刀与手榴弹，接连杀死德军几个机枪手，最终荣获优异服务十字勋章。当天傍晚，第320步兵团的2个步兵营也进抵默尔特河，第737坦克营抵达了距离南锡只有9.6公里的地方。夜间，法国抵抗组织发来报告，称德军已经撤出了艾耶森林。

显然，美军第12军两翼包抄的战术是行之有效的。德军第553掷弹兵师与第92空军野战团禁不住后方的崩溃，弃守艾耶森林。第12军通往南锡的道路终于畅通无阻了。9月15日，第35步兵师副师长埃德蒙·西布里（Edmund Sebree）准将，以第134步兵团、第737坦克营、少量坦克歼击车与强大的炮兵，组建了"西布里"特遣队。在3名法国抵抗组织成员的引导下，"西布里"特遣队一路开进南锡。第134步兵团的1个步兵营一直推进到了南锡的最东端，没有遭遇任何抵抗。第12军终于解放了南锡。此后，第3集团军司令部将转移至此。遗憾的是，卫戍南锡的德军逃了出去，他们将继续阻击美军。

在B战斗群左翼，第35步兵师第137步兵团与第320步兵团进抵默尔特河与马恩-莱茵运河。9月15日8时，第320步兵团第1步兵营与第3步兵营进攻栋巴勒（Dombasle），第553掷弹兵师后卫兵力仓皇逃窜。下午，第1步兵营冒着德军迫击炮与机枪火力，威廉·吉利斯（William Gillis）少校率部冲锋，勇猛地跨过简易桥梁，在运河对岸建立了桥头堡阵地。第216野战炮兵营以密集的炮火，轰击运河后方的道路，阻止德军接近桥头堡。在罗西埃奥萨利内（Rosières-aux-Salines）西北，德军后卫兵力顽强地阻击第137步兵团的进攻。在圣尼古拉-蓬特（St. Nicolas-du-Pont），德军步兵以机枪与迫击炮，击退了第137步兵团冲锋舟的渡河行动。

9月16日早晨，第137步兵团渡过了默尔特河与马恩-莱茵运河。第1步兵营1个步兵连攻占了瓦朗热维尔（Varangéville），第2步兵营向南锡靠拢。在沙特勒斯（Chartreuse），第2步兵营G连的1个排，遭到了德军机枪的火力压制。保罗·福尔（Paul Fall）中士匍匐前进，消灭了1座机枪阵地。随后，他再次率部发起进攻，连续捣毁了2座机枪阵地。最终，他荣获优异服役十字勋章。美军第737坦克营A连与第654坦克歼击营B连开过第320步兵团防区的桥梁，沿着默尔特河，支援第2步兵营进攻。

中午时分，在距离沙特勒斯1.6公里处，美军1架炮兵观测机发现德军16辆坦克或突击炮与800多名步兵。他们以传统的进攻阵形开进，每辆坦克或突击炮后方都伴随着1个步兵排。美军炮兵观察员迅速报告敌情，召唤后方对其进行火力覆盖。这简直是一场教科书般的"美军式作战"——第737坦克营属突击炮排的105毫米榴弹炮型M4，6个野战炮兵营的105毫米榴弹炮与155毫米榴弹炮，纷纷扬起炮口。根据火力控制中心的指示，冰雹般的炮弹砸向了德军的进攻阵形。随着尖厉的呼啸声，田野仿佛火山爆发一样地炸裂开，冲击波仿佛重锤般地震碎了兵秣马，准备向美军第3集团军发起大规模的装甲反击。在这片风雨飘摇的土地上，阿拉库尔坦克战即将拉开序幕，将洛林坦克战的强度推向最高峰。

百战沙场秋点兵

第3集团军攻入洛林后，巴顿与蒙哥马利之间，依然龃龉不断。9月10日，布拉德利命令霍奇斯的第1集团军在莱茵河的科布伦茨、波恩（Bonn）与科隆（Cologne）抢占渡口，并掩护英军第21集团军群侧翼；巴顿的第3集团军在莱茵河德曼海姆与美因茨抢占渡口。蒙哥马利立即提出抗议，认为这分散了盟军的主攻方向。盟军总参谋长沃尔特·史密斯（Walter Smith）上将安抚了蒙哥马利的情绪，保证英军第21集团军群的进攻方向，才是盟军的主攻方向，就像艾森豪威尔保证的那样。

9月13日，艾森豪威尔发布命令，再次确定并扩充了9月4日宣布的战略计划。他着重强调了后勤补给的重要性，即将攻入德国北部的英军第21集团军群将优先获得补给。第3集团军的任务，仅仅是"在摩泽尔河上建立桥头堡，持续牵制德军，防止梅斯地区的德军向北增援"。英军第21集团军群与美军第1集团军在莱茵河上建立了桥头堡，第3集团军才可以进军萨尔，并继续进军莱茵河。不过，艾森豪威尔也给了布拉德利相机而动的权力——如果第3集团军在摩泽尔河建立了稳固的桥头堡，就可以继续前进。

从后勤补给的角度来看，西北欧战场的形势，确实很不利于第3集团军。此时，西北欧战场上的盟军有两条补给线。盟军可以在诺曼底滩头卸载物资，向东北方与东方进行运输；或者在法国南部的地中海沿岸卸载物资，一路向北进行运输。无论物资走哪条补给线，第3集团军都是距离卸载物资的海岸最远的盟军集团军。

诺曼底沿岸的港口与滩头，每天可以为第1集团军与第3集团军提供6000吨物资；第1集团军获得3500吨，第3集团军获得2500吨，但依然不够用。根据诺曼底战役以来的经验，第12集团军群司令部认为，每个处于进攻状态的师，每天要消耗600吨物资；每个集团军日常需要的补给物资量，要达到7000吨以上。唯一的解决办法就是利用安特卫普的港口进行补给。从诺曼底的瑟堡港，到第3集团军的补给中心南锡，盟军的列车要驶过长达737.6公里的铁路线。瑟堡港全部的铁路与公路都用于运输物资，也只能维持21个师的需要。盟军估计，如果安特卫普的港口能投入使用，即使只计算铁路的运输量，也足以满足54个师的需要。

无论艾森豪威尔制订怎样的战略计划，巴顿都雄心勃勃地紧盯着莱茵河。他认为摩泽尔河后方的德军纵深，一定没有预备队。只要他能达成突破，就能直抵莱茵河。布拉德利却完全不这么想，他并不看好七扭八歪的摩泽尔河。他对第3集团军的定位，仅仅是守住第1集团军与第7集团军之间的区域，确保正在从布列塔尼半岛赶来的第9集团军能安全地进入阵地。就算第3集团军能冲向莱茵河，也应该沿着梅斯-法兰克福路线，而不是从洛林东部实现突破。令人意想不到的是，一直反对巴顿继续前进的蒙哥马利，反而希望第3集团军能在9月14-16日佯攻梅斯与南锡，防止德军第1集团军北上阻碍他的"市场花园"行动。

9月14日早晨，受到第4装甲师冲破迪耶于卢阿尔桥头堡消息的鼓舞，布拉德利告诉艾森豪威尔："第3集团军前线的形势一片大好。巴顿肯定能一鼓作气地跨越莱茵河。"他甚至相信，在接下来的48小时里，他将向艾森豪威尔与新闻媒体，讲述巴顿是如何从洛林直抵莱茵河的。9月15日，在布拉德利的感染下，已经意识到德军正从法莱斯的惨败中恢复过来的艾森豪威尔，也变得特别乐观。他记述道："我希望，我们能尽快实现9月4日下达的任务目标，攻占鲁尔、萨尔与法兰克福。"相比之下，巴顿、第3集团军的参谋人员与师长们更为乐观。第20军遭遇顽强抵抗，但也已经跨越了摩泽尔河；第15军势如破竹，仿佛攻入无人之境；第12军的桥头堡陷入激战，但第4装甲师的穿插非常成功，证明德军根本没有纵深防御，他们防线已经崩溃了。

9月16日，巴顿下达命令，第20军继续进军法兰克福，以少量兵力围困梅斯；第12军向东北方快速挺进，攻占达姆施塔特，在莱茵河以东建立桥头堡；第15军继续拱卫第3集团军南翼，随时准备进攻曼海姆，跨越莱茵河。巴顿的命令是以3个军同时进攻，但实际上他希望以第12军为主力，进行中央突破。根据他的计划，第4装甲师将从阿拉库尔发起进攻，在萨尔格米讷与萨尔布吕肯之间突破"西部壁垒"；第35步兵师从缺口突入，以1个步兵团跟进第4装甲师，其他兵力守卫突破口；第80步兵师清扫迪耶于卢阿尔桥头堡，再攻占萨尔布吕肯，随后向莱茵河进发。这还仅是以现有兵力为基础，制订的作战计划。实际上，巴顿还有更具野心的想法。第6装甲师正在赶往第12军的途中。他希望布拉德利能将正在布列塔尼半岛的第83步兵师调给第20军，换出第7装甲师。随后，他会将第4装甲师、第6装甲师与第7装甲师集中在第12军，以浩浩荡荡的装甲集群，全力冲向莱茵河。

美军不知道的是，德军密谋的洛林反攻计划，已经箭在弦上。第3集团军没有机会实践"巴顿的野望"了。

山雨欲来风满楼

9月11日，曼陀菲尔正式接管了第5装甲集团军。他的参谋长是沃尔夫·冯·卡尔登（Wolf von Kahlden）上校，曾在东线担任古德里安第2装甲集团军的参谋长。然而，曼陀菲尔刚得到第5装甲集团军的指挥权，洛林反攻的出发阵地与机动空间，就不复存在了。为了挽救崩溃的第66军，第112装甲旅过早地投入作战，遭到了毁灭性打击。

9月14日，布拉斯科维茨告诉伦德施泰特，无论是进攻摩泽尔河以西，还是进攻孚日山脉，第5装甲集团军都没有能力完成了。为了自保，布拉斯科维茨建议修改作战计划。新作战计划为，从圣迪耶（St. Dié）－朗贝维莱－埃皮纳勒地区出发，进行小规模的反击。他根本不求这次反击能否打垮美军第4装甲师，只要能保证德军第1集团军与第19集团军不遭到分割，并屏护德军正在孚日山脉构筑的"孚日山前哨"（Vosges Outpost）防线，就已经谢天谢地了。此时，第5装甲集团军只有第111装甲旅可用，第113装甲旅还在赶往斯特拉斯堡的铁路上。布拉斯科维茨准备先以第111装甲旅，从吕内维尔出发，截断美军第4装甲师。

伦德施泰特拒绝为布拉斯科维茨的新计划承担任何责任。他表示，自己的权力"仅限于调动司令部门口的卫兵"。他告诉布拉斯科维茨，如果想修改希特勒制订的计划，需要上报柏林的德军最高司令部。布拉斯科维茨只好逐级上传请示。布拉斯科维茨将这次目标有限的反击计划伪装得雄心勃勃，成功地骗过了希特勒。24小时后，德军最高司令部批准了他的计划。

根据新的作战计划，第19集团军将收缩右翼的防线，将右翼撤至埃皮纳勒与勒米尔蒙（Remiremont），使第47装甲军得以用于第5装甲集团军的行动。第11装甲师正在贝尔福休整，等兵力补充至满编后，也将归于曼陀菲尔调遣。希特勒保证，一旦他的直觉告诉他"时机到了"，第107装甲旅与第108装甲旅也将调入第5装甲集团军参加反攻。当然，这2个装甲旅后来都调到了其他方向。曼陀菲尔一直没有足够的炮兵，布拉斯科维茨只表示"有可能"会从第19集团军调1个炮兵营给他。希特勒会见了伦德施泰特后，曼陀菲尔又得到了德国空军将予以支援的保证。与第5装甲集团军能得到更多炮兵支援的承诺相比，这个保证就更是"空头支票"了。

第5装甲集团军已有的兵力，状况也很不理想。在开往前线的途中，盟军的空袭与德军坦克的机械故障，使第111装甲旅损失了11辆坦克；在进攻法军第2装甲师的战斗中，又损失了5辆"黑豹"；与第112装甲旅相同，其摩托化反坦克炮连也没有接收到反坦克炮。第113装甲旅在铁路运输途中遭到了盟军的空袭，被炸得七零八落。第21装甲师残部已经

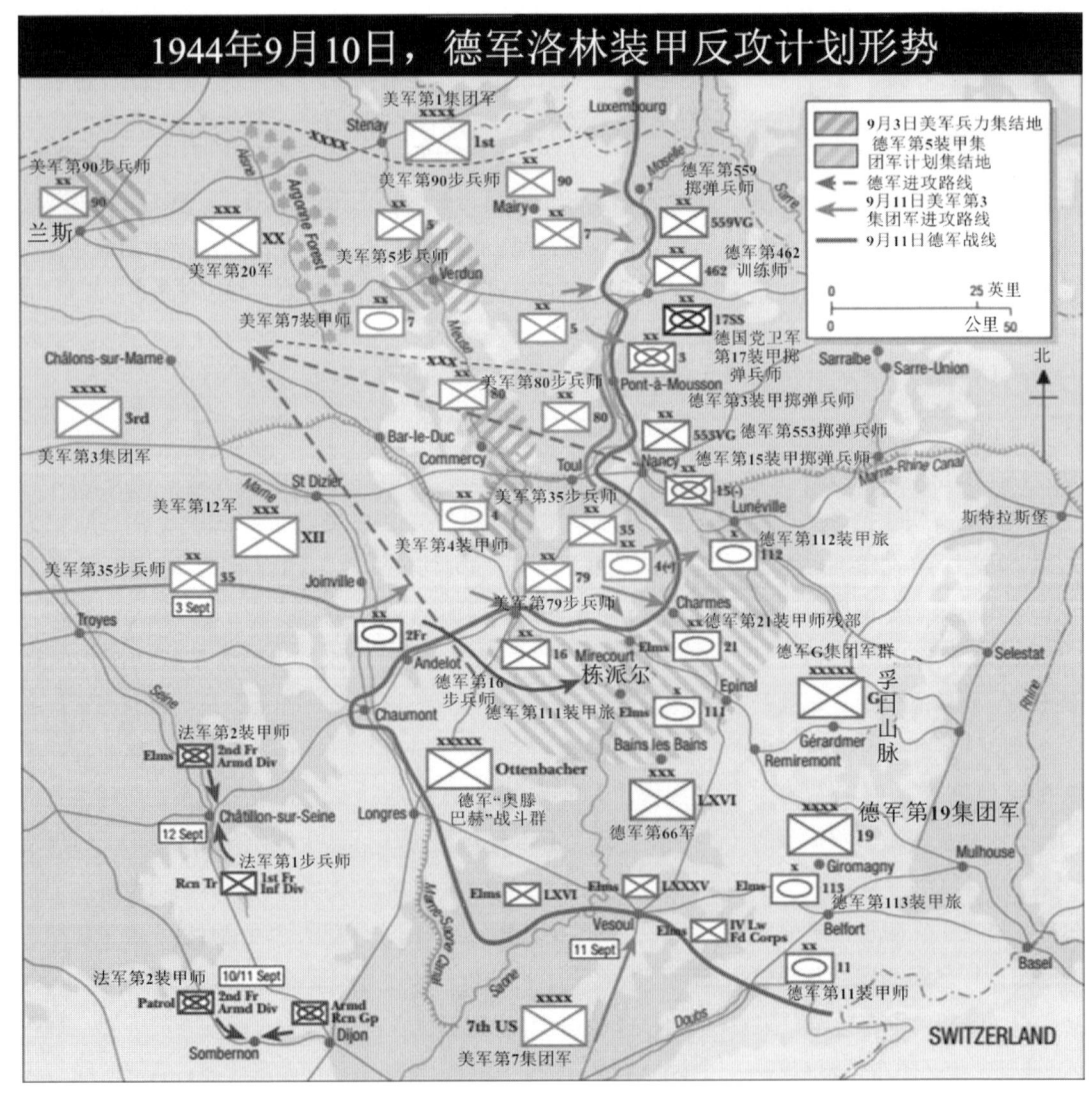

完成集结,并补充了足够的装甲掷弹兵,但只有很少的坦克与自行火炮。伦德施泰特与西线装甲兵总监霍斯特·施通普夫(Horst Stumpff)中将都认为,第21装甲师与第130装甲教导师,应该优先得到坦克、自行火炮、牵引式火炮与牵引车辆的补充。然而,此时东西两线的德军装甲师都很缺乏这些装备。

9月16日,西线德军司令部发布了新作战计划的细节。根据命令,第5装甲集团军将不等第11装甲抵达,进攻行动不得晚于9月18日。首个目标是消灭美军第12军突入吕内维尔的兵力,以此为出发阵

哈索–埃卡德·冯·曼陀菲尔

哈索-埃卡德·冯·曼陀菲尔(1897年1月14日—1978年9月24日),德国陆军装甲兵上将,曾获得钻石宝剑橡叶骑士铁十字勋章。

1908年,他进入纽伦堡军官学校学习。1916年,他在第3"冯·齐滕"(von Zieten)轻骑兵团服役,参加第一次世界大战。1919年1月,加入自由军。5月,在魏玛共和国第25骑兵团服役。1920—1930年,在第3普鲁士骑兵团服役。在10年间,他的骑术水平突飞猛进,获得了德国金质骑士勋章与德国金质国民运动勋章。1932—1935年,先后服役于第17巴伐利亚骑兵团、"爱尔福特"(Erfurt)骑兵团、第2装甲师第2摩托化步兵营。

1937年,他加入德军装甲兵。1939年2月,在柏林第2装甲兵学校任教。他未能参加波兰战役与法国战役,在此期间钻研了大量装甲兵作战理论。

1941年,他先后担任第7装甲师第7摩托化步兵团第1摩托化步兵营营长与第6摩托化步兵团团长,晋升为上校,在东线消灭了大量苏军。1942年7—11月,在法国休整,担任第7装甲师第7装甲旅旅长。1943年2月,前往北非,担任"曼陀菲尔"步兵师师长。8月,他重返东线,担任第7装甲师师长,参加了库尔斯克战役与第聂伯河(Dnieper)战役。1944年2月,担任"大德意

志"(Großdeutschland)装甲掷弹兵师师长。9月,他前往西线,担任第5装甲集团军司令。12月,参加阿登战役。1945年3月,他再次来到东线,担任第3装甲集团军司令。在奥得河(Oder)前线,他指挥德军据守号称"柏林之锁"的"塞洛"(Seelow)高地,使苏军付出了惨重的伤亡代价。5月,他向英军投降。

战后的关押期间,他参与了美军战史的编纂工作。1953—1957年,他担任联邦德国自由民主党(Free Democratic Party of Germany)的国会议员,并主张重建德国国防军。1957年,加入德国党(German Party)。1959年,他因二战期间曾判处失职的德军哨兵死刑而被法庭判处18个月的徒刑。在前联邦德国总统的求情下,只服刑了两个月。1968年,他受邀访问了西点军校,并担任过战争题材电影的军事顾问。

地，席卷蓬塔穆松的美军，将防线恢复到南锡以北地区。第5装甲集团军左翼的第47装甲军进攻吕内维尔，再越过马恩－莱茵运河，迂回美军侧翼；右翼的第58装甲军将沿着马恩－莱茵运河前进。

第47装甲军，下辖第111装甲旅、第112装甲旅与第21装甲师残部。其任务是，在朗贝维莱与吕内维尔之间，以最少的兵力，据守第5装甲集团军西侧；主力向北，跨越马恩－莱茵运河，与瓦尔特·克吕格尔（Walter Krüger）装甲兵上将指挥的第58装甲军完成连接。第47装甲军出击后，第19集团军将扩展右翼，接管朗贝维莱以北的德军防线。

第58装甲军，下辖第113装甲旅与第15装甲掷弹兵师部分兵力。其任务是，在美军第4装甲师切断摩泽尔河以东的公路之前，南下发起进攻。第113装甲旅将在拉加尔德（Lagarde）与穆塞（Moussey）之间跨越马恩－莱茵运河，抵达吕内维尔以东，再向西进攻第4装甲师A战斗群。马恩－莱茵运河与塞耶河之间的地带，地形非常适合坦克机动。地面坚实，略有起伏，坦克可以进行隐蔽；公路网能通往南锡与萨兰堡之间的公路。不过，此地区的森林较少，德军坦克难以找到抵御侦察或空袭的掩蔽物。在马恩－莱茵运河以北，是茂密的帕尔鲁瓦森林，第15装甲掷弹兵师的少量兵力，在这里构筑了稀薄的警戒阵地。德军炸毁了桥梁与森林浓密的植被，阻挡了美军坦克的前进。第15装甲掷弹兵师完成了与第47装甲军的接触后，将在毗邻吕内维尔的尚泰厄（Chanteheux）向北转移，再与第113装甲旅一起西进。

第5装甲集团军尚未完成集结，曼陀菲尔不得不到处收拢正在与美军对峙的兵力。吕特维茨不停地强调，第47装甲

海因里希·冯·吕特维茨

海因里希·冯·吕特维茨（1896年12月6日－1969年10月9日），德国陆军装甲兵上将，曾获得橡叶骑士铁十字勋章。

1914年8月，吕特维茨以候补军官的身份参军。12月，晋升为少尉。第一次世界大战时期，他作为步兵排长，在东线作战。战后，先后加入自由军与魏玛共和国国防军，在第8普鲁士骑兵团服役。1931年，升任骑兵连长。1936年，升任第4骑兵团第1骑兵营营长。1938年，第4骑兵团第1骑兵营改编为第1侦察营。1939年3月，晋升中校，担任第1摩托化侦察营营长。9月2日，在波兰战役中，他受了重伤。1940年，先后担任第11步兵团第1步兵营营长与第101步兵团团长。1941年7月，担任第59步兵团团长。10月，晋升为上校。1942年6月，担任第20步兵旅旅长。1942年11月－1943年5月，担任第20装甲师师长。1943年6月，晋升为中将。1944年2月，担任第2装甲师师长。9月，担任第47装甲军军长。11月，晋升为装甲兵上将。在阿登战役中，他负责围攻美军第101空降师据守的巴斯托尼。1945年4月16日，他向美军投降。1947年7月，从美军战俘营获释。

瓦尔特·克吕格尔

瓦尔特·克吕格尔（1892年3月23日—1973年7月11日），德国陆军装甲兵上将，曾获得骑士铁十字勋章。

1910年3月17日，他以候补军官的身份加入第181皇家萨克森（Königlich Sächsische）步兵团。10月，进入梅斯军官学校进修。11月，晋升为候补军士。1911年2月，转入第19皇家萨克森轻骑兵团。8月，晋升为少尉。第一次世界大战爆发后，他在第18预备枪骑兵团担任骑兵排长，在西线作战。1915年10月，晋升为中尉，调任第24预备步兵师担任军械官。1916年5月，担任第107预备步兵团的步兵连长。1917年，调入师部工作。1918年，晋升为上尉，在第108步兵团担任步兵营长。

战后，他再次回到第19皇家萨克森轻骑兵团。1923年，在第12骑兵团担任第1骑兵连连长。1929年，调入第2骑兵师师部。1931年，晋升为少校。1934年，晋升为中校。1936年，作为骑术运动员，参加了在柏林举办的夏季奥运会。1937年，晋升为上校。

1939年9月，担任第171预备步兵团团长。11月，调入第1步兵旅。1940年2月，担任第1步兵旅旅长。1941年4月，晋升为少将。1942年1月，担任第1装甲师师长。10月，晋升为中将。1944年2月，晋升为装甲兵上将，担任第58装甲军军长。1945年3—4月，转入预备役。随后，担任德国第4军区副司令。5月，他向英军投降，后转入美军战俘营。1947年获释。

旅的左翼已经拉得太长。9月17日，第111装甲旅的第2111装甲营与第112装甲旅残部，仍然在沙泰勒与法军第2装甲师对峙。他很担心，第19集团军能否及时接管阵地。第58装甲军的兵力非常分散，第113装甲旅的第2113装甲营完成了集结，第130装甲团第1装甲营还在卸车。曼陀菲尔表示："希特勒最大的错误，就是在完成兵力集结之前，就命令发起反攻。"

然而，在希特勒的强令之下，曼陀菲尔只能"赶鸭子上架"了。

黑云压城城欲摧

美军根本没有意识到，德军即将发起大规模反攻。

在南锡东南方，第12军南翼向吕内维尔进发。吕内维尔是默尔特河与沃祖斯河的交汇处，北方是若利韦（Jolivet），西北方是德克斯维尔（Deuxville），东方是帕尔鲁瓦森林与蒙东森林。B战斗群曾进抵吕内维尔，但并未发起进攻。第2机械化骑兵战斗群的第42机械化骑兵侦察营，将负责击退德军第15装甲掷弹兵师第115侦察营，攻占吕内维尔。

9月15日，第42机械化骑兵侦察营的2个连，从南方发起进攻。在C连领头的M8"灰狗"式装甲侦察车中，4级技术兵尤金·费尔（Eugene Fehr）担任无线电操作员。他忽然感觉座车震颤了一下，驾驶员对着他喊道："我控制不了方向了。"

费尔回忆道："我们爬出去，发现1发88毫米炮弹打掉了右前轮。"

实际上，费尔并没有证据证明是88毫米高射炮或反坦克炮在向他们开火。他们将德军任何直射火炮都称为"88毫米炮"。

费尔的车组立即钻到了路边的沟渠里。他们刚抬头，就看到又1发炮弹击毁了他们的座车，吓得他们撒腿就跑。不过，费尔觉得还是很幸运的——"炮弹呼啸着打飞了轮胎，车组毫发无损。"

C连的5级技术兵凯尔·鲁茨（Kyle Roots）是吉普车驾驶员。德军发射的1发穿甲弹击中了吉普车上7.62毫米重机枪的机枪支架。弹头弹飞后，打烂了机枪手"大眼斯彭斯"（Bug-Eyes Spence）的手。鲁茨回忆道："他伤残后，就那样平静地等待医疗兵将他抬走。他对我说：'好吧，我猜暂时我是不能与你握手了。'我倒是宁愿他疼得大喊大叫，他现在这样，我更难受。"

在试探性进攻吕内维尔的战斗中，C连损失了1辆M8与2辆吉普车，被迫撤退进行重组。德军缴获的其中1辆吉普车，装有SCR-510式无线电机。费尔表示，当他们在无线电中听到德军试图操作这台无线电机时，大家就更换了通信频道。

当天，在C连右翼，安德鲁斯（Andrews）上尉指挥的A连，穿过了蒙东森林，在森林南部驱散了德军步兵，攻占了德军军火库。在森林中，德军堆积的弹药散落各处，机械化骑兵不得不召唤工兵前来进行爆破。B连跟随A连进入蒙塞勒，也发现了德军军火库。在弗兰，B连与第121机械化骑兵侦察营会师。

同时，德军第5装甲集团军已经倾巢出动。第111装甲旅第16装甲团第1装甲营、第2111装甲掷弹兵团第1装甲掷弹兵营、第15装甲掷弹兵师第104装甲掷弹兵团与第21装甲师第192装甲掷弹兵团协同进攻。第11装甲师尚未补充与集结完毕，但第15装甲团第1装甲营，至少出动了6辆"黑豹"。

德军的调兵遣将，并非没有走漏风声。B连连长亨利·埃布雷（Henry Ebrey）上尉命令林多费尔（Lindoerfer）中尉指挥他的机械化骑兵排，在通往巴卡拉（Baccarat）的公路进行警戒。有个法国平民来报告，称8公里外的巴卡拉，有6辆德军坦克。实际上，法国平民看到的正是第15装甲团第1装甲营的6辆"黑豹"。林多费尔中尉并未将这个情报当回事。在1个月前的战斗中，他们经常接到法国平民的类似报告，后来发现都是空穴来风。然而，美军抓获的德军战俘也供述，在圣迪耶火车站，德军160辆坦克正在卸车。这个明显夸张的数字，吓了第2机械化骑兵战斗群司令部一大跳。他们向第12军请求调来坦克、坦克歼击车与野战炮兵，以抵御德军坦克的进攻。第3集团军司令部与第12军军部都未重视这项情报，回复称这些德军坦克是用于进攻第7集团军的。

9月16日，在马兰维莱（Marainviller），克拉茨（Kraatz）中尉指挥的1个坦克排，击毁了德军1辆装甲侦察车。只有1辆孤零零的装甲侦察车，看起来更不像大规模装甲集群的迹象了。第2机械化骑兵战斗群七上八下的心，又恢复了平静。

当天，第4装甲师温德尔·布兰查德（Wendell Blanchard）上校指挥的R战斗群投

1944年9月16日，吕内维尔，美军第42机械化骑兵侦察营的M8"灰狗"式装甲侦察车与法国平民。

入作战。R战斗群下辖第35坦克营与第10装甲步兵营的部分兵力，第704坦克歼击车B连，第696装甲野战炮兵营与第489高射炮兵营。法国平民告诉美军，吕内维尔的德军已经做好了迎击他们的准备，反坦克炮都处于隐蔽良好的伏击状态。下午，R战斗群与第42机械化骑兵侦察营分三个方向，协同进攻吕内维尔。R战斗群从西北方进攻，第704坦克歼击车营B连掩护其左翼；第42机械化骑兵侦察营B连从东南方进攻，C连从西方进攻。为了避免遭到德军反坦克炮的伏击，第35坦克营的105毫米榴弹炮型M4，以准确的火力，从远距离不断轰击德军阵地。德军禁不住榴弹的轰击，只好撤退。16时10分，第42机械化骑兵侦察营B连与C连，分别从东西两侧开入吕内维尔。最终，美军将德军第115侦察营赶进了吕内维尔北方与东北方的森林。当天，在蒙东森林附近，第2机械化骑兵侦察营也取得了丰硕的战果，击毙德军72人、俘虏70人，击毁22辆各型车辆。

第42机械化骑兵侦察营B连的詹姆斯·哈特（James Hart）中士，奉命指挥第1机械化骑兵排的1班，前往默尔特河警戒桥梁。这座桥梁是美军关键的补给通道。在默尔特河西岸，哈特中士在森林边缘的制高点上布设了阵地。不久，他们就发现了德军第5装甲集团军的大队人马。德军装甲纵队沿着公路向吕内维尔开进，哈特中士逐个清点着德军车辆的数量。猛然间，他发现身后的森林小径中，也有德军在开进。在30米外，德军装甲掷弹兵正穿过森林。美军装甲侦察车枪炮齐鸣，击毙了几名德军装甲掷弹兵。德军根本不在意美军的火力，依然马不停蹄地赶往吕内维尔，只进行了零星的还击。

哈特中士只能继续开火，试图拖住德军的脚步。终于，德军1辆"黑豹"开出了林间小路，气势汹汹地杀了过来。作为装甲侦察车的炮手，5级技术兵尤金·史密斯（Eugene Smith）使出了吃奶的劲儿，狂热地将炮塔旋转了180°，对准"黑豹"一口气发射了17发37毫米穿甲弹，但全部从"黑豹"的装甲上弹飞了。"黑豹"转动炮塔，以令人恐怖的75毫米炮捕捉孱弱不堪的"灰狗"。在这千钧一发之际，1发37毫米穿甲弹鬼使神差地击中了露头指挥的德军坦克车长，瞬间将其击毙。"黑豹"的炮塔停止转动，倒车退了回去，消失在了美军的视野中。此时，哈特中士指挥的班已经与B连完全脱离了接触。他们只好在森林中过夜，最后向西与第106机械化骑兵战斗群接触。4天后，他们才回归本队。

当天夜间，美军与法国抵抗组织游击队，发现德军第115侦察营有少量兵力贼心不死地渗透了回来，双方爆发了小规模战斗。

在朗贝维莱与巴卡拉，德军第15装甲团第1装甲营的

6辆"黑豹"正前往奥热维莱（Ogéviller）。格拉夫·冯·霍约斯（Graf von Hoyos）中尉回忆道："我们一路猛踩油门，让发动机发出巨大的噪音。这样，美军就会以为整个前沿有很多德军坦克。"

事与愿违的是，除了哈特中士的人马之外，吕内维尔的美军并不知晓德军的行动。

9月17日，美军开始着手清剿吕内维尔外围森林中的德军。美军第2机械化骑兵战斗群，在蒙东森林附近集结。第42机械化骑兵营A连与B连警戒从南方通往吕内维尔的公路。在若利韦与帕尔鲁瓦森林中，第35坦克营A连的1个坦克排，以损失1辆M4为代价，击毁德军2门反坦克炮，D连击毁1辆半履带式装甲运兵车与1门反坦克炮，俘虏第115侦察营15人。在这场战斗中，德军75人阵亡、81人被俘，美军只有2人阵亡、15人负伤。

当天的战斗结束后，第42机械化骑兵营的很多官兵都前往吕内维尔洗澡与换洗衣物。R战斗群与第42机械化骑兵侦察营的兵力，并不足以对吕内维尔进行绵密的防御。德军越来越多的兵力渗透了回来，他们甚至向后方报告，已经收复了吕内维尔。吕特维茨接到报告后，自然没有考虑将在吕内维尔遭遇美军的情况。他命令第111装甲旅直接开进吕内维尔，以此为出发阵地，前往进攻美军第4装甲师。

阿拉库尔坦克战的前哨之战，就在对阵双方都浑然不觉的情况下，突然爆发了。

9月18日拂晓，在巴卡拉附近，德军进行集结。6时，第111装甲旅沿着公路，向吕内维尔开进。根据吕特维茨的计划，第113装甲旅将于5小时后向吕内维尔进发。7时，在谢内维埃（Chenevieres），泰勒·塞思（Seth Taylor）中士指挥的第42机械化骑兵侦察营A连第2排，听到了坦克发动机的轰鸣声——第111装甲旅领头的7辆"黑豹"冒了出来，车身上坐满了装甲掷弹兵。这些"庞然大物"惊得美军机械化骑兵瞠目结舌。塞思中士急匆匆地发出信号，遭遇德军7辆坦克与100多名装甲掷弹兵。随后，塞思中士又追加消息，将来袭德军坦克的数量增加到了17辆。他满头冷汗地紧盯德军装甲纵队，眼看着越来越多的坦克与装甲掷弹兵滚滚而来。

在贝纳梅尼，A连第1排也遭遇了德军，双方展开交火。排长迈克·拜尔（Mike Bayer）中尉报告，他们发现德军40辆各型车辆，装甲侦察车发射的37毫米穿甲弹，在德军坦克装甲上弹飞了。随后，塞思中士的第2排也展开伏击，同样根本无法伤及德军坦克。第16装甲团第1装甲营以为第115侦察营正据守着吕内维尔，对突如其来的美军火力，他们也感到无比震惊。坦克上的装甲掷弹兵手忙脚乱地跳下来，四处寻找掩护。

美军机械化骑兵无法抵御"黑豹"，只能边打边撤。A连的牵制行动，使里德上校获得了调兵遣将的时间。8时，他命令E连连长韦尔什（Welsh）上尉指挥6辆M8式75毫米自行榴弹炮与F连第3坦克排的M5A1，在公路上设伏。F连其他的M5A1，守卫其他通往吕内维尔的道路。

在距离59号公路820米处，韦斯林（Wessling）少尉指挥的2辆M8式75毫米自行榴弹炮正在警戒。法国平民的1辆马车停在路旁，马车上装满了干草。韦斯林少尉站在地上，用望远镜向谢内维埃望过去，发现1辆M8式装甲侦察车风风火火的开了过来，马不停蹄地奔向吕内维尔。他以为，这辆装甲侦察车也是在赶时间，前往预定的伏击阵地。随后，1辆吉普车像没头苍蝇一样乱撞而来。驾驶员向韦斯林少尉大喊："开火！开火！"

韦斯林少尉一时之间如丈二和尚般摸不着头脑。他环顾四周，却没发现任何德军目标，那为什么要开火呢？此时，法国平民不知道从哪儿冒了出来，拼命地拽走了路旁的马车。马车刚动起来，韦斯林少尉就看到了目标——德军3辆坦克埋伏在公路旁的壕沟里，只露出炮塔，马车恰好挡在了双方之间。

韦斯林少尉回忆道："如果我早知道德军坦克埋伏在那里，我就会向马车上的干草堆发射1发烟雾弹，让干草燃烧起来。这样能拖延一段时间。我的自行榴弹炮，根本就不适于进行坦克战。"

眼睁睁地看着"黑豹"的炮管转了过来，韦斯林少尉心想："韦斯林，在这场战斗中，你是输定了！"

他命令车长："距离910米，开火！"

车长回答："我已经告诉炮手距离730米了。"

韦斯林少尉急切地说："无论如何，开火就行，打完再修正弹道！"

M8式75毫米自行榴弹炮与"黑豹"同时开火了。韦斯林少尉赶紧卧倒，还没等趴到地上，眼前就冒出了炫目的火光。"黑豹"发射的炮弹在9米外爆炸，14片尺寸各异的弹片扎进了他的身体。韦斯林少尉忍着剧痛爬了起来，跑到了森林边缘，向韦尔什上尉报告。韦尔什上尉蹲下来，用他的手帕包扎了韦斯林少尉鲜血淋漓的手腕。

韦斯林少尉命令半履带式装甲运兵车的驾驶员，到森林中启动车辆；命令自行榴弹炮转移到其他掩蔽条件更好的土路阵位上继续开火，从而射击"黑豹"的侧翼。然而，有1辆自行榴弹炮的履带已经被打断，无法机动了。E连绝望地试图拖住德军前进的脚步。M8式75毫米自行榴弹炮集中火力猛轰，只打断了1辆"黑豹"的履带。

查尔斯·哈里斯（Charles Harris）中尉回忆："我们发射的很多炮弹都击中了目标，但全部弹飞了。"

对美军轻型装甲战斗车辆来说，德军坦克的火力却是致命的。"黑豹"无坚不摧的火力击毁了3辆M8式75毫米自行榴弹炮、1辆装甲侦察车与2辆吉普车。韦斯林少尉在森林中跑了90米，找到了正在商议战况的韦尔什上尉、哈里斯上尉与第42机械化骑兵侦察营副营长波茨（Potts）少校。他问韦尔什上尉："现在，我们做点什么？"

韦尔什上尉回答："你什么都不用做，你去找军医治伤。"

韦斯林少尉表示不用去，但韦尔什上尉与1名中士强行将他架上了1辆吉普车。中士开着吉普车，向森林深处的医疗站开去。在土路阵地附近，韦斯林少尉看到了C连的车辆。他跳下吉普车，看到了第42机械化骑兵侦察营营长詹姆斯·皮特曼（James Pitman）少校。皮特曼少校站在路边，问韦斯林少尉究竟发生了什么。

这也是韦斯林少尉最后一次看到皮特曼少校。在随后的战斗中，皮特曼少校阵亡，第2机械化骑兵战斗群指挥官里德上校严重负伤，不得不撤出战斗。

韦斯林少尉回忆道："在这场战斗中，我们损失了6辆自行榴弹炮中的4辆，还损失了3辆半履带式装甲运兵车，有2人阵亡。德军坦克击穿了第1排的1辆自行榴弹炮，炸死了炮手劳伦斯·坎贝尔（Lawrence Campbell）下士。列兵考尔德伦（Calderone）在公路上奔跑时，德军射出的子弹击中了他的心脏。蒂洛森（Tillotson）中士是第1排的车长。德军发射的1发炮弹，打飞了他座车炮塔上的12.7毫米高射机枪与机枪架，碎片在他的右眼以上部位划出了伤口。

当时,德军对我们火力全开。我们只有这些伤亡,已经算得上奇迹了。E连用了3个月时间才完全恢复,我们等了很长时间,才补全了损失的全部装备。有的战友将全部物品都放在了自行榴弹炮上。座车损失之后,个人物品也损失殆尽。德军发射的炮弹炸伤了我,弄得我的新军装上布满了弹孔与鲜血,所以我非常气愤。"

前方的战斗打响时,F连其他几个排还在宿营地。4级技术兵弗兰克·杰罗尼莫(Frank Gernonimo)刚修理完坦克,就接到消息称,1个突击炮排与1个机械化骑兵侦察连,已经与德军交火了。与韦斯林少尉一样,杰罗尼莫也将"黑豹"称为是装有"88毫米坦克炮"的"虎"式重型坦克。

F连的官兵对战局的形势一无所知,但四处都是德军来袭的警报,他们深感已经陷入了包围。第1坦克排与第2坦克排前出,掩护林间小径;第1坦克排的1个坦克班掩护着通往吕内维尔的十字路口,另1个坦克班掩护着桥梁。第3坦克排进入阵地,在报告中称德军坦克在来袭方向的公路上进行警戒。第42机械化骑兵侦察营营部、补给车队与医疗队已经撤走了。营部命令F连,要不惜一切代价守住阵地!

杰罗尼莫回忆道:"德军距离我们越来越近,射来的炮弹也越来越频繁与准确。当时,正好有座房子挡在了我们与德军视线之间。当然,德军也可能知道我们就在房子后面。利用房屋的掩护,3名坦克兵从M5A1上下来,清理了悬挂系统上的烂泥。"

此时,他们身后突然响起了隆隆的车辆声。第2机械化骑兵战斗群司令部、第2机械化骑兵侦察营与第42机械化骑兵侦察营A连的纵队出现,正撤往吕内维尔。他们不知道险情已经迫近F连阵地,被德军逮了个正着。德军抓住战机,以直射火炮与迫击炮猛烈开火。德军炮弹呼啸而至时,机械化骑兵纷纷从车辆上跳下来。炮弹在地面上爆炸后,又跳起来追赶他们的车辆。杰罗尼莫还看见了滑稽的一幕:1名厨师丢掉了钢盔,就将饭锅扣在头上。

沿着唯一没有堵塞的道路,F连从桥梁上撤了过去,抵达森林边缘,躲过了德军火力。E连幸存的3辆M8式75毫米自行榴弹炮开了回来,失去了座车的乘员徒步返回。他们搭乘几辆装甲侦察车与吉普车撤离。F连第3坦克排的5辆M5A1,有4辆陷入了烂泥。排长萨姆·福勒(Sam Fowler)的座车还能动,车组跳下坦克,试图将1辆M5A1从烂泥中拖出来。突然,德军射来的1发炮弹炸响,炸断了炮手的腿。随后,又1发炮弹打断了排长座车的履带。排长福勒抱起炮手,一路狂奔100米,将他放进1辆吉普车进行撤离。

在美国的俄克拉荷马州,陈列于第45步兵师博物馆的M8式75毫米自行榴弹炮。

二战中的美军机械化骑兵

二战爆发前，美国陆军开始对部分骑兵团进行机械化或半机械化的改编，例如怀俄明州国民警卫队的第115半机械化骑兵团。二战爆发后，美国陆军的骑兵团中，有的进行了机械化改编，装备装甲战斗车辆；有的作为步兵投入作战；只有少数还保留着骑乘马匹的作战形式。

根据美军的作战教义，机械化骑兵的组织、训练与装备，都是为了以渗透战术、发扬火力与机动，从而执行侦察任务；只有在必要时，才与敌军交战。在实战中，作为战场上的"多面手"，美军机械化骑兵往往要执行作战教义规定之外的其他任务。在欧洲战区，美军机械化骑兵还要进行车上或车下的进攻、静态防御、警戒屏护、掩护缺口与反侦察任务。

在欧洲战区，美军机械化骑兵有三种编制：

1.每个军的军部直辖1个机械化骑兵战斗群，通常下辖2－3个机械化骑兵侦察营（Squadron）①。

2.每个装甲师下辖1个机械化骑兵侦察营，通常称为"装甲侦察营"。

3.每个步兵师下辖1个机械化骑兵侦察连（Troop）②。

美军机械化骑兵的基本单位是机械化骑兵侦察营。在机械化骑兵战斗群中，每个机械化骑兵侦察营下辖1个营部连、3个机械化骑兵侦察连、1个轻型坦克连、1个突击炮连与1个医疗分队。装甲师中的机械化骑兵侦察营，与之的区别是下辖4个机械化骑兵侦察连。

每个机械化骑兵战斗群指挥部装备3辆M20式装甲侦察车、5辆吉普车、4辆0.75吨卡车、2辆2.5吨卡车、1辆1吨拖车与4辆0.25吨拖车。

每个机械化骑兵侦察营营部装备4辆M8"灰狗"式装甲侦察车、5辆M3A1半履带式装甲运兵车、1辆M32式坦克回收车、10辆吉普车、13辆2.5吨卡车、1辆4吨T式清障车、10辆0.25吨拖车、12辆1吨拖车、2辆弹药拖车。

每个机械化骑兵侦察连下辖1个连部排与3个机械化骑兵侦察排。连部排装备3辆M8"灰狗"式装甲侦察车、4辆M3A1半履带式装甲运兵车、5辆吉普车、1辆2.5吨卡车、5辆0.25吨拖车与1辆1吨拖车。每个机械化骑兵侦察排装备3辆M8"灰狗"式装甲侦察车与6辆吉普车。其中，3辆各装备1挺M1919A4"勃朗宁"式7.62毫米重机枪或M2式12.7毫米重机枪，3辆各装备1门M2式60毫米迫击炮的吉普车。

每个轻型坦克连下辖1个连部排与3个轻型坦克排，共装备17辆M5A1"斯图亚特"式轻型坦克、1辆M3A1半履带式装甲运兵车、1辆M32式坦克回收车、2辆吉普车、1辆2.5吨卡车、1辆0.25吨拖车与2辆1吨拖车。其中，连部排装备2辆M5A1，每个轻型坦克排各装备5辆M5A1。1945年2月，开始换装为M24"霞飞"（Chaffee）式轻型坦克。

每个突击炮连下辖1个连部排与3个突击炮排，共装备6辆M8式75毫米自行榴弹炮、8辆M3A1半履带式装甲运兵车、1辆M32式坦克回收车、2辆吉普车、1辆2.5吨卡车与3辆弹药拖车。装甲师中的机械化骑兵侦察营，其突击炮连下辖4个突击炮排。

每个医疗分队装备4辆吉普车、1辆0.75吨卡车与1辆0.75吨救护车。

二战结束后，根据战争时期机械化骑兵的应用经验，美军组建了执行军级侦察与屏护任务的装甲骑兵团。

---

①②在美军机械化骑兵编制中，"Squadron"、"Troop"的规模分别等同于营、连；在英军装甲兵与骑兵中，"Squadron"、"Troop"分别等同于连、排，通常译为"中队"、"分队"。请读者注意其区别。

吉普车刚开动，福勒就瘫倒在地——他已经精疲力竭，而眼前战友腿部鲜血直流的惨烈景象，也使他几乎精神崩溃了。

"黑豹"刀枪不入，德军装甲掷弹兵就没那么幸运了。美军第42机械化骑兵侦察营C连赶来，下车后进行英勇的徒步作战。M1919A4猛烈地喷吐火舌，M1式半自动步枪与M1式卡宾枪"丁丁当当"地轮流射击，打得德军装甲掷弹兵不敢抬头。美军机械化骑兵拼死抵抗，将德军拖住了整整3个小时。

11时，德军坦克兵厌倦了与美军机械化骑兵的纠缠。"黑豹"扭过巨大的车身，冲破美军轻武器的火网，继续向吕内维尔前进。整个下午，美军机械化骑兵撤进森林后，依然拖住了德军装甲掷弹兵的前进。

在装甲掷弹兵的支援下，第16装甲团第1装甲营的"黑豹"直抵吕内维尔。R战斗群已经接到了德军来袭的消息，但主力大多在城镇外围。战斗伊始，德军将R战斗群位于吕内维尔东南方的少量兵力，驱赶到了城区北部。布兰查德上校命令第35坦克营A连前出，在城区西北部就位；第35坦克营主力在德克斯维尔东北方就位；第704坦克歼击车营B连第1排支援城镇北部的第10装甲步兵营，第3排从城镇外围进入城区。第4装甲师A战斗群接到吕内维尔遇袭的消息后，立即派出"亨特"（Hunter）特遣队前往支援。13时，"亨特"特遣队出发，包括第37坦克营A连、第53装甲步兵营B连、第94装甲野战炮兵营C连、第704坦克歼击车营C连第2排。第6装甲师B战斗群也接到命令，从南锡以东火速驰援吕内维尔。第183野战炮兵集群的第273野战炮兵营与第738野战炮兵营负责进行火力支援。

在吕内维尔城内，德军8辆"黑豹"与装甲掷弹兵取得了立足点。第704坦克歼击车营B连第3排前往拦截。城区南部有座铁路桥，正处于双方的激烈争夺之中，也是德军进攻必经的瓶颈地带。曼金（Mankin）中士的M18机动至阵位，利用地形接近，在近距离上迅速地猎杀了1辆"黑豹"。只见M18的炮口火光一闪，"黑豹"车体内顿时一声闷响，停住不动了。曼金中士指挥M18敏捷地转移阵地，再次击毁了1辆"黑豹"。莫纳科（Monaco）中士与奇日塔吉罗（Czytajlo）中士的M18反复机动，灵活地消灭了5辆"黑豹"。

德军第11装甲师的霍约斯中尉回忆："我们的首个目标是马兰维莱，美军根本挡不住我们。'黑豹'非常优秀，是当时世界上最好的坦克，'虎'太笨重了。在马兰维莱外围，我们据守着阵地。前方，第111装甲旅打得很激烈。美军野战炮兵动用了220毫米重炮，炮声如擂鼓一般。美军击毁了我们40辆坦克。黄昏时分，美军火力与抵抗渐渐弱了下来。我们开始前往吕内维尔，开到城郊，才遭遇抵抗。在街道上，双方爆发了极为激烈的坦克巷战。美军12辆坦克冲向我们的6辆'黑豹'，击毁了我们2辆坦克。我不知道击毁了多少辆坦克，第二天我们就得到了撤退的命令，因为美军正在突破我军后方的蒙东森林。"①

---

① 霍约斯中尉的回忆有很多不准确之处。首先，美军没有220毫米榴弹炮，只有M1式240毫米榴弹炮。然而，在吕内维尔附近，第738野战炮兵营装备的是M1式203毫米榴弹炮。在各种军事回忆录中，各国官兵在描述敌军火炮时，都会出现各种各样奇怪的口径，这并不罕见。其次，在吕内维尔，德军第11装甲师第15装甲团第1装甲营与第111装甲旅第16装甲团第1装甲营损失的坦克与突击炮，加起来也没有40辆。再次，美军M18有可旋转的炮塔，德军坦克兵很难准确知其为坦克，还是坦克歼击车。1个坦克歼击车排只有4辆M18。这6辆"黑豹"应该是遭到了M4与M18的围攻。

M18成功的机动防御作战，暂时遏制了德军的进攻。在这场战斗中，第704坦克歼击车营B连只有5人伤亡，但没有损失任何M18。

16时，在吕内维尔西北方，"亨特"特遣队进行集结。在德克斯维尔，第37坦克营A连担任机动预备队。"亨特"特遣队主力策应R战斗群，杀入吕内维尔。在城内城外，到处都在爆发激烈的战斗。特鲁伊特（Truitt）中尉利用建筑物作为观察哨，引导第94装甲野战炮兵营C连击毁了德军1门反坦克炮与大量车辆。第35坦克营与第53装甲步兵营从城外围拢过来，稳扎稳打地驱逐着城内的德军。

16时30分，巴顿来到第12军军部。在听取了战况的简报后，他表示并不担心德军对吕内维尔的进攻，他真正关注的方向依然是莱茵河。

此时，战场已经分成了两个部分。在前方，"黑豹"与部分装甲掷弹兵攻入吕内维尔；在后方，第42机械化骑兵侦察营依然与德军展开缠斗。傍晚时分，第42机械化骑兵侦察营主力几乎陷入德军包围。他们不知道德军前锋已经打到了哪里，但用于撤退的公路被切断，已经是千真万确。美军1架炮兵观测机发现有条林间小径，引导机械化骑兵撤了出去。在森林东部，他们与A连会合。随后，他们在林中穿梭了6.4公里，开上了4号公路，与B连的2个排会合。

在第2机械化骑兵战斗群指挥官重伤与第42机械化骑兵侦察营营长阵亡的情况下，副营长波茨少校接管了指挥权。他半开玩笑地与收拢而来的官兵说："谁说欧洲战区的仗好打来着？"

此时，他们听说R战斗群已经与德军交战，第738野战炮兵营也开始炮击马兰维莱的德军坦克。波茨少校的镇定也极大地鼓舞了他们的士气。在他的指挥下，机械化骑兵继续向吕内维尔撤退。第42机械化骑兵侦察营试图撤过铁路桥时，要通过德军火力封锁的公路。机械化骑兵只能逐次地撤退，失去车辆的官兵，则攀附在车辆侧面。美军2辆吉普车首先出发，第一辆吉普车开上公路时，所有人都屏息凝神地盯着。终于，这辆吉普车安全地开出去了。1－2分钟后，2辆装甲侦察车出发。随后，2辆M5A1与2辆M8式自行榴弹炮跟了上去。10辆撤开出去之后，桥梁公路两侧的德军机枪才响了起来。杰罗尼莫所在M5A1是倒数第七辆离开的车辆。当时，有1辆M5A1、2辆装甲侦察车与2辆吉普车一起行动。2辆M5A1走在前面，一路压制道路两侧的德军机枪火力。

这6辆车辆刚开上公路，德军发射的1发炮弹就从领头的M5A1前方掠了过去。在撤往吕内维尔的路途上，每个人的心都提到了嗓子眼，总担心会有1发炮弹击中车辆。杰罗尼莫所回忆道："我们的驾驶员已经将油门踩到了坦克底板上，速度表显示已经达到了最高速度，但我们仍然在催促他加速前进。进入吕内维尔时，我们看到了1辆M18，还有更多隐蔽的M4从废墟中伸出了炮管。看到友军，我们高兴极了。德军炮击吕内维尔时，我们已经穿过了城区，在R战斗群的装甲炮兵阵地附近宿营。当天的经历，真是一场冒险。"

在吕内维尔以西3.2公里处，第738野战炮兵营营长威廉·加里森（William Garrison）上校与副营长霍勒斯·弗赖尔森（Horace Frierson）少校，登上山丘观察战场局势。在山丘上，他们发现山顶有座第一次世界大战纪念碑。德军发现山顶"鬼鬼祟祟"的人影，就向他们开火。加里森上校与弗赖尔森少校将纪念碑作为掩体。他们发现树林中有德军反坦克炮，在炮击撤退的美军车辆。他们用无线电命令203毫米重型榴弹炮开火。此时，美军炮兵阵地距离目标只有1370米。这远远小于203毫米重型榴弹炮惯常的射击距离。雷神之锤般的巨炮发出慑人的怒吼，硕大的炮弹在树林中天崩地裂地炸响，迅速压制了德军反坦克炮。

第3集团军司令部意识到，第738野战炮兵营正处于德军的直接威胁之下，因而命令其撤往后方。约翰·丹尼尔斯（John Daniels）中尉回忆："如果吕内维尔陷落，德军将俯瞰我们整个营。然而，炮兵们是如何以人力，从烂泥中拖出了15吨的重炮，始终是个谜。"

激战正酣之际，德军的通信却出了问题。此时，曼陀菲尔已经将第111装甲旅从第47装甲军，调给了第58装甲军。第111装甲旅与第15装甲掷弹兵师的部分兵力只占据了吕内维尔南部，并未夺取整个吕内维尔。克吕格尔却误以为他们已经彻底攻占了吕内维尔，因而命令第111装甲旅主力从吕内维尔北上，第113装甲旅也不用再前往吕内维尔。德军对吕内维尔的进攻，就这样打成了"糊涂仗"。

夜幕降临时，第10装甲步兵营部分兵力还驻守在城区东北方的高地上。第35坦克营与1个装甲步兵连，在城区内与周边布防。第35坦克营D连、第704坦克歼击车营B连与第10装甲步兵营部分兵力，位于吕内维尔与德克斯维尔之间的高地上。第37坦克营A连依然在德克斯维尔以西作为预备队。20时，第10装甲步兵营与第42机械化骑兵侦察营，从不同的方向进入城区南部，发现德军已经撤离。夜间，美军击退了德军的几次袭扰。

9月19日拂晓，德军榴弹炮与迫击炮开始了无休止的轰击。此时，第37坦克营副营长威廉·亨特（William Hunter）少校接到了第4装甲师A战斗群遭到德军装甲集群袭击的消息，立即请求返回阿拉库尔。埃迪少将批准了他的请求。亨特少校命令第53装甲步兵营B连留守吕内维尔，特遣队主力回援。当天，第111装甲旅第2111装甲营的30辆4号J支援装甲掷弹兵，试图从东面进攻吕内维尔。吕内维尔的美军以为是昨天的德军卷土重来，因而并未意识到第111装甲旅主力已经北上。第704坦克歼击车营B连再次力挽狂澜，一举击毁德军1辆坦克、1辆突击炮与1挺重机枪，俘虏5人。中午，德军迫击炮发射的1发炮弹，炸死了第704坦克歼击车营营长威廉·贝利（William Bailey）上校。在德军炮击下，另有1名军官与6名士兵阵亡，1名军官与16名士兵负伤。

第704坦克歼击车营C连第2排排长理查德·巴斯（Richard Buss）少尉，奉命支援第35坦克营的坦纳（Tanner）上尉。

在美国得克萨斯州的巴斯特罗普（Bastrop），陈列于第553号对外战争退伍军人站（VFW Post）的M1式203毫米榴弹炮。

在城区南部，他们沿着街道进行侦察。在铁路桥附近，有不少建筑物，铁路上也停着几辆货车车厢。这都为德军提供了藏身之所。巴斯少尉询问，德军坦克是否有可能在铁路桥附近隐蔽？坦纳上尉表示，德军坦克应该是穿过了田野，向右转弯，然后就再未出现过了。

瓦勒（Walle）中尉步行前往铁路路堤，发现270米外的森林边缘，停着2辆坦克。[①]他兴奋地返回，建议巴斯少尉亲自去看看。巴斯少尉跑到铁路路堤，一眼就看到了仿佛靶子一般的德军坦克。他向身后打手势，召唤亚历山大·罗迈克（Alexander Romek）中士将M18开上来。随后，罗迈克中士也跳下M18，与巴斯少尉一起观察。他确定了2辆德军坦克的位置后，就回到了M18上，向炮手马佐拉（Mazolla）下士简要地介绍了情况。

M18缓缓地开上铁路路堤，瞄准目标。"轰"的一声炮响，1发穿甲弹脱膛而出，击中了目标。巴斯少尉惊愕地发现，目标似乎没有受到任何伤害。如此近的距离依然打不穿，难道德军坦克都是实心的铁球？他命令马佐拉下士再打1发炮弹，却仍然没有效果。

实际上，这2发穿甲弹都击穿了德军坦克的装甲。巴斯少尉回忆："忽然，我看到火球冒了出来。那种燃烧并不是我们认为的剧烈爆炸。火焰是耀眼的橘红色，突然蹿了出来。烈火直蹿到树梢，足有18米高。"

巴斯少尉准备消灭另1辆德军坦克时，发现其已经动了起来。这辆坦克躲入丛林，开

1944年9月22日，吕内维尔，美军第603坦克歼击车营的M18"地狱猫"式坦克歼击车在"卡诺"（Carnot）大街上执行警戒任务。

1944年9月29日，吕内维尔，美军步兵检查德军第111装甲旅的3号G式突击炮残骸。美军发射的炮弹击中了它的诱导轮，炸断了履带。

---

① 根据第4装甲师战史的记述，在这场战斗中，第704坦克歼击车营C连第2排遭遇的是2辆"黑豹"。然而，此时第111装甲旅第16装甲团第1装甲营早已北上。美军战史中所称的"黑豹"，很可能是美军将德军第2111装甲营的4号J坦克认成了"黑豹"。

出了M18的射程。巴斯少尉命令罗迈克中士的M18后撤,在铁路路堤后方隐蔽。他自己依然在原地观察,想看看德军是否会重新在森林与田野的边缘建立阵地。不久,他们接到了返回的命令,装甲步兵接管了M18的阵地。

18时,美军第6装甲师B战斗群抵达吕内维尔,替换第4装甲师R战斗群。在吕内维尔东南方,冒着德军榴弹炮、迫击炮与轻武器的密集射击,第603坦克歼击车营C连①与之展开交火。R战斗群北上,在塞尔(Serres)以北19公里处集结。

在吕内维尔之战中,德军损失了13辆坦克与突击炮、16门火炮、232辆各型车辆、1070人阵亡或被俘。美军R战斗群与第2机械化骑兵战斗群,损失了4辆M4、3辆M8式75毫米自行榴弹炮、几辆M8"灰狗"式装甲侦察车、M3半履带式装甲运兵车与吉普车。

最终,德军第15装甲掷弹兵师的部分兵力,在吕内维尔附近的森林中布防。曼陀菲尔命令第111装甲旅向帕尔鲁瓦前进,与第113装甲旅合力进攻第4装甲师A战斗群。德军进攻吕内维尔的行动,就这样虎头蛇尾地结束了。

甲光向日金鳞开

9月18日3时,巴顿向伍德少将发布了第4装甲师的新作战计划。第4装甲师将向德国边境长驱直入;A战斗群从阿拉库尔出发,进攻萨尔格米讷;B战斗群从代尔姆出发,进攻萨尔布吕肯。5小时后,吕内维尔传来了遇袭的消息。无论巴顿、埃迪,还是伍德,都认为德军的行动只是局部反击而已。A战斗群奉命暂停前进,派"亨特"特遣队支援R战斗群,等吕内维尔稳固之后再进发,B战斗群则继续执行作战计划。

在吕内维尔,德军意想不到地碰了"钉子"。希特勒"宏伟"的反攻计划,显然不能消耗于此。德军最高司令部不断施压,命令曼陀菲尔加快进攻节奏。此时,希特勒与德军最高司令部,又将反攻的目标改成了收复南锡,而不是原先的萨兰堡,以解救陷入包围的第553掷弹兵师。希特勒如此反复无常,有时会漫不经心地丢掉1个师,有时又会处心积虑地设法拯救几个营。

然而,美军第15军跨越摩泽尔河的行动,彻底粉碎了德军第5装甲集团军集中兵力进行反攻的计划。这也印证了吕特维茨对第47装甲军左翼的担忧是有道理的。曼陀菲尔只能修改计划,并重组第5装甲集团军。他从第47装甲军调走第111装甲旅,配属第58装甲军;命令第47装甲军以第15装甲掷弹兵师,沿着莱茵-马恩运河,在安维尔(Einville)-吕内维尔布防,以第21装甲师与第112装甲旅残部,在默尔特河布防;命令第58装甲军,以第111装甲旅与第113装甲旅,进攻阿拉库尔。在第5装甲集团军组织零散混乱与德军最高司令部不断催促的双重压力之下,曼陀菲尔已经焦头烂额。午夜,曼陀菲尔致电克吕格尔,命令他必须在天亮时发起进攻,否则将对他进行严厉的惩罚。

9月18日夜间,第4装甲师当前的状况风云突变。美军空中侦察、A战斗群的侦察兵与越来越多的法国平民,都报告称有大量德军坦克正在向阿拉库尔集结。A战斗群奉命原地警戒,抵御可能冲向南锡的德

---

① 在《洛林1944:巴顿对决曼陀菲尔》中,扎洛加认为,9月18日,在吕内维尔城内,第603坦克歼击车营的M18与第111装甲旅的"黑豹"爆发过激战。在第603坦克歼击车营的作战报告中,却找不到相关记述。实际上,第603坦克歼击车营C连直到第二天才抵达,也没有遭遇德军坦克的记录。

军装甲集群。美军估计，其兵力可能为1个装甲师、1个装甲掷弹兵师与1个装甲旅。

此时，"亨特"特遣队尚未归队，因此A战斗群并不满编。A战斗群的防区从萨兰堡以南的一直延伸到马恩-莱茵运河，兵力为第37坦克营B连、C连与D连，第10装甲步兵营C连，第53装甲步兵营A连、C连与D连，第25机械化骑兵侦察营D连，第24装甲工兵营，第166工兵营C连，第704坦克歼击车营C连，第66装甲野战炮兵营、第94装甲野战炮兵营A连、第191野战炮兵营与第489高射炮兵营B连。

在阿拉库尔，是A战斗群指挥部、第704坦克歼击车营C连的1个排、装甲炮兵、野战炮兵与高射炮兵；在北翼的尚布雷与阿拉库尔之间，是第37坦克营B连与第10装甲步兵营C连；在南翼，第24装甲工兵营与第166工兵营C连扼守道路。在阿拉库尔东北方6.4-8公里处，理查德·拉米森（Richard Lamison）上尉指挥的第37坦克营C连镇守交通枢纽勒泽（Lezey）。

C连的最前哨是威尔伯·贝拉尔（Wilbur Berard）中尉指挥的第2坦克排，各辆M4都处于极佳的隐蔽阵位，炮口封锁了道路。贝拉尔中尉的M4，在距离道路只有几米处的灌木丛后方。厄尔·拉德劳尔（Earle Radlauer）中士的M4位于道路以北，距离公路180米处的沟渠中，头顶有茂密的树木为掩护。蒂莫西·邓恩（Timothy Dunn）中士的M4，在公路以南140米处的高地上，以大量树枝进行了伪装。第1坦克排的另2辆M4，处于预备状态。

23时30分，C连第1坦克排的坦克兵听到了机械化纵队开进的声音。他们迅速报告，德军装甲纵队正滚滚而来，但随后开下了公路。贝拉尔中尉怀疑，德军装甲纵队开进了营地。他率领坦克兵步行前往侦察，试图寻找德军拐下公路的位置。在黑暗中，贝拉尔中尉在路面上摸出了坦克履带压出的车辙。通过履带留下的宽度，他判断是德军坦克压出来的。他们还听到了不远处的德军，正在谈话的声音。贝拉尔中尉返回后，立即将发现的敌情报告给了爱德华·鲍茨（Edward Bautz）少校。鲍茨少校与第94装甲野战炮兵营的库克（Cook）上尉协商，准备炮击德军营地。贝拉尔中尉回到警戒哨，命令邓恩中士在公路上布设了12颗反坦克地雷。侦察排的哈里斯（Harris）中尉指挥1个侦察班出发，以获取更多的情报。他们发现了德军点燃的篝火，还抓获了德军4名战俘。

9月19日凌晨1时30分，第94装甲野战炮兵营A连向怀疑的德军营地所在位置，进行了猛烈的炮击。在闪烁的火光中，105毫米榴弹纷纷炸响，德军匆忙地撤出了营地，向莱耶（Ley）以北的十字路口机动。然而，第37坦克营的105毫米榴弹炮型M4，早已锁定了这个关键位置。德军刚露头，就再次遭到了猛轰。

6时，第113装甲旅已经完全跨越了马恩-莱茵运河，在距离阿拉库尔以东14.5公里处的布尔多奈（Bourdonnay）就位，准备向西进攻32公里外的尚庞乌（Champenoux），打通与第553掷弹兵师的联系。然而，第113装甲旅"等得花儿都谢了"，第111装甲旅也没有跟上来。在曼陀菲尔的"逼迫"之下，克吕格尔只能以第113装甲旅单独发起进攻。

当时，阿拉库尔周边下起了晨雾与蒙蒙细雨，能见度不到100米。德军第130装甲团第1装甲营的42辆"黑豹"与第2113装甲掷弹兵团，以雨雾为掩护，杀向阿拉库尔。美军俘虏了1名骑摩托车的德军，他供述有21辆坦克，正从莱耶开往勒泽。第37坦克营早已处于警戒状态，D连的爱德华·马伦

（Edward Mallon）上士指挥着1个排的M5A1，在通往蒙库尔的公路进行警戒。德军装甲纵队的前锋是轻型车辆，M5A1当头一棒地击毁了1辆Sdkfz 251半履带式装甲运兵车与1辆卡车。德军以轻武器还击，美军轻型坦克尚能泰然应对。当5辆"黑豹"张牙舞爪地破雾而出时，马伦上士就无法继续淡定下去了。他只能用无线电向艾布拉姆斯中校发出警报，边打边撤地退向勒泽。

拉米森上尉接到德军坦克接近的警报后，从霍华德·史密斯（Howard Smith）中尉指挥的C连第1坦克排调了1个坦克班，准备进行伏击。史密斯中尉从电话中得知了德军坦克的来袭方向，他命令1辆M4藏在谷仓的干草堆里，2辆M4在道路两侧进入隐蔽状态。

对可能遭遇的"黑豹"，美军坦克兵的内心是忐忑的。9月10日，第12军作战部向军内下辖的坦克兵发放了带有图解的作战手册。作战手册中不鼓励他们正面对抗"黑豹"，而是建议他们打击"黑豹"的侧翼。触目惊心的文字说明表示，"任何口径的火炮都无法击穿'黑豹'车体正面装甲；在900米距离上，75毫米炮弹唯一击穿'黑豹'正面装甲的方法，是射击其炮塔防盾下缘，炮弹可能会滑向下方，从而击穿车体的顶装甲"。

7时，德军领头的3辆"黑豹"，一头扎进了史密斯中尉的伏击圈。美军坦克兵恪守作战手册上的战术指导，专打"黑豹"薄弱的侧后装甲。在几秒钟内，3辆M4向68米外的2辆"黑豹"猛烈开火，瞬间将其打成了废铁。在后方跟进的"黑豹"见势不妙，掉头向南撤退。在恐惧与迷茫之中，这辆"黑豹"不知不觉地闯入了C连第2坦克排的阵地。贝拉尔中尉重新部署了阵地，邓恩中士的M4正好对准了这辆"黑豹"的侧翼。邓恩中士的炮手像瞄准鸭子的猎人一样，将"黑豹"套入瞄准镜，接连发射了3发M61式被帽穿甲弹，将其打得燃烧起火。德军坦克兵从残骸中爬出来，准备弃车逃跑。邓恩中士没有丝毫怜悯，他冷酷地向"黑豹"的残骸发射了1发M48式榴弹，将德军坦克车组送上了西天。

第130装甲团第1装甲营前锋遭到莫名其妙的痛打，不敢继续前进，转而掉头南下。在浓雾的遮挡之下，C连的2个坦克排看不到德军的动向。但是，美军坦克兵从德军坦克发动机的声音判断，德军装甲纵队正在向南撤退。德军不知道的是，拦住他们的美军，只有2个中型坦克排与1个轻型坦克排而已。

首战告捷后，拉米森上尉将第1坦克排全部调了过来，第2坦克排继续在勒泽以东进行警戒。他认为德军正在向小伯藏格（Bezange-la-Petite）进发，随即决定亲率兵力予以拦截。他从第3坦克排抽调了1个坦克班，加上自己的座车，共4辆M4。他们非常熟悉当地的地形，在弥漫的雾气中，仍然轻车熟路地抵达了小伯藏格以西的高地。这座高地是道南北走向的山岭，与勒泽通往小伯藏格的公路平行。

拉米森上尉的4辆M4开上山岭，进入车体掩蔽状态。他们刚进入阵位3分钟，德军8辆"黑豹"就出现了。此时，雾气已经开始消散，能见度得到了极大的改善。拉米森发现领头的"黑豹"时，双方相距823米。德军坦克兵根本不知道自己再次置于美军坦克的炮口之下，正排着阅兵式般的队列，缓缓地向南开进。随后，拉米森上尉指挥了一场教科书式的战斗。4辆M4只露出炮塔，瞄准"黑豹"的右侧装甲，像打靶一样地开火。M61式被帽穿甲弹火星四射地冲出炮口，追风逐电地飞驰而去，坚硬的弹头瞬间撕裂了"黑豹"薄弱的侧面装甲。5

辆"黑豹"发生剧烈爆炸，逐个燃起的烈焰与升起的黑烟，宣告了这些钢铁怪兽命运的终结。

幸存的3辆"黑豹"意识到危险就在附近，赶忙转动炮塔，试图寻找或瞄准山脊上的美军坦克。然而，拉米森上尉指挥4辆M4迅速倒车，躲到了山脊的反斜面上。美军坦克以山体为掩护，向南开进了470米。随后，4辆M4再次开上制高点，将还处于"一脸茫然"状态的3辆"黑豹"全部击毁。

在公路上，8辆"黑豹"的残骸剧烈地燃烧，但依然有炮弹不断飞向美军坦克。拉米森上尉命令4辆M4倒车，躲开德军炮击。他亲自跳下坦克，步行登上制高点，用望远镜观察。在"黑豹"残骸附近，他发现了德军1门75毫米反坦克炮。拉米森上尉回到坦克上，率领4辆M4开上制高点，轻松击毁了这门反坦克炮。随后，他们留在了制高点上，负责警戒小伯臧格公路。

小伯臧格公路上的4辆"黑豹"全军覆没时，还有4辆"黑豹"正行驶在从莱耶通往勒泽的公路上。贝拉尔中尉在夜间布设的陷阱，终于等来了"猎物"。这4辆"黑豹"没头没脑地闯进美军伏击圈后，所有的M4都开火了。随着如晴天霹雳般炸响的炮声，致命的火力从四面八方射来，3辆"黑豹"瞬间一命呜呼。幸存的1辆"黑豹"还击，发射的穿甲弹，打坏了贝拉尔中尉座车的2个负重轮。贝拉尔中尉发动车辆，发现坚韧不拔的M4依然能够行驶。这辆"黑豹"躲到了田野上1架美军重型轰炸机的残骸后方。1辆M4发射了1发榴弹，将重型轰炸机残骸打得燃烧了起来。C连第2坦克排轮番向"黑豹"的藏身之处发射穿甲弹，但他们并不知道是否击毁了目标，也再没看到德军坦克从那里开出来。

后来，贝拉尔中尉的警戒哨又遭遇了一系列短促而激烈的遭遇战。德军1辆"黑豹"冒失地开了过来，成了M4的"刀下鬼"。德军屡次从莱耶方向开来，但都在美军伏击火力的痛击之下，仓皇撤退。

傍晚，第10装甲步兵营A连向贝拉尔中尉的警戒哨，增援了1门M1式57毫米反坦克炮、1挺重机枪与装备反坦克火箭筒的装甲步兵。午夜，德军1辆坦克再次试图通过"死亡路口"，却压响了邓恩中士埋设的反坦克地雷。美军坦克、反坦克炮与火箭筒一股脑地射向这辆倒霉的德军坦克。

最终，警戒哨上的美军，将此战绩归于反坦克炮的火力。凌晨，德军1辆摩托车与1辆指挥车开了过来。警戒哨上的重机枪猛烈扫射，将其全部摧毁。这是贝拉尔中尉警戒哨最后的遭遇战。自始至终，他们都牢牢守住了阵地。

阿拉库尔坦克战是在数个相互独立的战场上展开的。在拉米森上尉与贝拉尔中尉指挥C连第1坦克排与第2坦克排痛打德军时，灵巧迅捷地"地狱猫"也在山岭之间猎杀"黑豹"。

当天7时30分，在大雾之中，第37坦克营的联络官威廉·德怀特（William Dwight）上尉驾驶吉普车，从A战斗群指挥部前往第37坦克营营部。在小伯臧格附近，他听到了隆隆的炮声，也就是C连第1坦克排与德军交战的声音。开过伯臧格后，他遇到了正在行驶的装甲纵队。在雾气中，他隐约觉得那是美军坦克，就径直开到了装甲纵队的尾端。此时，他才瞠目结舌地发现，眼前的坦克并不是M4，而是1个装甲连的"黑豹"！不过，雾气也保护了德怀特上尉。德军并未察觉，跟上来的是美军吉普车。

德怀特上尉迅速通过无线电，向第37坦克营发出警报。

然而，第37坦克营的兵力正处于分散状态，难以迅速完成集结。他急切地想要召集兵力，以免第37坦克营遭到突袭。于是，他掉头返回A战斗群，寻求增援。A战斗群指挥部仅有的兵力，是负责指挥部警戒任务的第704坦克歼击车营C连第3排，装备4辆M18。克拉克上校将这4辆M18全部给了他。德怀特上尉与第3排排长埃德温·利珀（Edwin Leiper）中尉进行了短暂的商讨后，就再次跳上吉普车，引导第3排前往小伯藏格附近的279高地。

在蒙蒙的细雨中，利珀中尉的吉普车在前方领头，随后依次是埃米洛·斯塔塞（Emilo Stacey）中士、帕特·费拉罗（Pat Ferraro）中士、埃德温·麦格克（Edwin McGurk）中士与史蒂文·克雷夫斯基（Steve Krewsky）中士的座车。当时，阿拉库尔附近弥漫的大雾如此浓重，以至于纵队尾部的M18车组，看不到领头的M18。

在小雷基库尔（Réchicourt-la-Petite）以北，当他们逐渐接近279高地时，吉普车中的利珀中尉震惊地看到了德军坦克从树林中伸出的炮管，最近的德军坦克距离他还不到9米。他立即命令第3排散开迎敌。这个战术机动动作，第3排曾苦练数月，4辆M18就像演习时进行的那样，流畅地进入了阵位。

斯塔塞中士几乎与利珀中尉同时发现了第2113装甲营的领头坦克，他急迫地命令炮手弗雷德里克·斯图尔特（Frederick Stewart）下士开火。斯图尔特下士"手起刀落"，1发夺命的穿甲弹钻破迷雾，径直击穿了这辆4号J的装甲。德军坦克燃起大火，映出了更多的德军坦克排列成的楔形装甲方阵。斯塔塞中士迅速转换目标，他的M18猛地一震，76.2毫米炮再次喷出烈焰，将1辆德军坦克打成了燃烧的"铁棺材"。德军1辆坦克反应了过来，发射了1发穿甲弹，击穿了斯塔塞中士座车的炮塔。斯塔塞中士与斯图尔特下士腿部负伤，一等兵乔治·诺布洛克（George Knoblach）负伤，驾驶员一等兵约翰·格林（John Green）毫发无损，但列兵理查德·格雷厄姆（Richard Graham）阵亡了。车组抬着他的遗体，从土坡上撤了下去。

费拉罗中士马上为斯塔塞中士报了仇，炮手约翰·艾登申克（John Eidenschink）下士以精准的火力，一炮击毁了那辆开火的德军坦克。在目标方位尚不明确的情况下，就损失了3辆坦克，德军显然陷入了被动。1辆坦克绕过燃烧的坦克残骸，试图寻找掩护，避开不知从何处射来的美军火力，然而却暴露了薄弱的侧翼。克雷夫斯基中士将其逮了个正着，炮手弗洛伊德·伊顿（Floyd Eaton）下士手疾眼快，向填满了瞄准镜的目标猛轰过去，心满意足地看着德军坦克燃烧起来，冒出了滚滚浓烟。随后，他梅开二度，再次击毁了1辆坦克。

这场惊心动魄的对射只持续了5分钟，美军损失了1辆M18，却击毁德军5辆坦克。

利珀中尉决定避其锋芒，命令3辆M18向高地方向转移了几百米，在一处洼地中进入车体掩蔽状态。这里的视野更为开阔，但高地下方依然雾气升腾，第3排的乘员只能听到德军坦克开动的噪音，却看不到目标的位置。A战斗群副指挥官哈尔·帕蒂森（Hal Pattison）回忆称，当时的雾气如此浓重，以至于坦克歼击车的炮手无法通过瞄准镜，锁定130米外的德军坦克。1小时后，第3排发现2300米外的制高点上，有装甲纵队在缓慢地开进。此时，雾气已经开始消散，但视线条件仍然不足以判断其是敌是友。他们仔细观察，发现装甲纵队的最后2辆坦克，炮管上有炮口制退器。德军坦克才有这种装备，他们因此确认了目标。

费拉罗中士认为目标太远，因此决定先发射1发榴弹，通过炸点修正弹道。德怀特上尉通过望远镜观察，报出了修正的射击诸元。艾登申克下士与伊顿下士调整坦克炮，将穿甲弹一股脑地砸向目标。

克雷夫斯基中士的副驾驶员保罗·科兰杰洛（Paul Colangelo）回忆：“我们意识到那是德军后，就迅速开火。我们利用速度与机动性的优势，不停地开火并转移阵地。那天，我们打得非常狂野，简直就像在靶场射击一样。德军根本不知道是谁在炮击他们。”

费拉罗中士与克雷夫斯基中士的M18，各击毁了2辆坦克。克雷夫斯基中士击毁的2辆坦克中，有1辆是"黑豹"。德军坦克发现目标后，纷纷向第3排的阵地开火。1发穿甲弹击中了费拉罗中士座车的右侧主动轮，并击穿了车体装甲，导致其丧失机动能力。费拉罗中士挣扎着爬出残骸，一瘸一拐地撤往后方。瓦伦丁·福克（Valentine Folk）下士与一等兵亨利·戈德温（Henry Godwin）负伤。

德怀特上尉发现有块巨大的岩石，后方隐藏着1辆"黑豹"。他召唤剩下2辆M18的车组，命令他们去干掉它。麦格克中士与克雷夫斯基中士观察了目标的位置。他们认为，必须开出车体掩蔽位置，才能击毁这辆"黑豹"，但这风险太大，很可能自身难保。此时，利珀中尉命令克雷夫斯基中士的M18开过去，拖走费拉罗中士瘫痪的座车。

当时，副驾驶员科兰杰洛接到命令，立即去接个重要的电话。他没走多远，德军坦克发射的穿甲弹，就击毁了他的座车。科兰杰洛回忆道：“这发穿甲弹正好击中了副驾驶员的位置。试想一下，如果我还在车里，会怎么样？那天真是上帝保佑。”幸运的是，这发穿甲弹击穿了副驾驶员正面的装甲后，又从车底钻了出去。车组全部幸存，大难不死地逃了出来。

第3排唯一幸存的M18，是麦格克中士的座车。这辆M18转移到了其他可以掩蔽车体的阵地上，继续坚持奋战。麦格克中士定睛观望，发现2辆德军坦克从树林中开了出来，正在穿过蒙库尔附近的墓地。这2辆德军坦克，正巧背对着麦格克中士的M18，将整个炮塔与车体后部暴露在了美军的炮口之下。炮手多米尼克·索伦蒂诺（Dominick Sorrentino）稳稳地锁定目标，先后将其击毁。在打光了炮弹后，麦格克中士的车组使用12.7毫米重机枪与7.62毫米卡宾枪，猛烈阻击德军装甲掷弹兵的进攻。其他尚能作战的战友，也从损毁的M18上卸下12.7毫米重机枪，架设在地面上助战。

第704坦克歼击车营C连第3排缠斗"黑豹"时，C连第1排也赶到了战场。实际上，第3排刚出发，C连连长托马斯·埃文斯（Thomas Evans）上尉就将第1排调了回来，十万火急地催促其投入战斗。第489高射炮兵营B连予以支援，第24装甲工兵营迅速在第1排阵地前方布设了反坦克地雷。

第1排的阵地位于第3排据守的高地对面，德军正位于两座高地之间。在第1排的阵地上，埃文斯上尉可以俯瞰正在与第3排交战的德军装甲纵队。在雾气的遮蔽之下，美军只能听到德军坦克开进的声音，但看不到目标的位置。雾气消散后，埃文斯上尉惊愕地看到了30－40辆坦克，还有大量装甲掷弹兵，在疯狂地进攻第3排的阵地。德军距离第3排的阵地只有180米，却遭到迎头痛击。德军急忙撤退，改变了进军方向，却不知自己正在进入第1排的伏击阵地。

第1排的M18屏住火力，保持沉默。德军坦克开到距离美军阵地1370米时，第1排的M18纷纷开火。战斗仿佛回到了线列步兵时代，处于车体掩蔽状态的M18将76.2毫米炮笔直地指向缓缓开来的德军坦克。随着无线电中"开火"的命令，第1排的M18车身随着火炮击发的后坐力猛烈地震颤，齐射的炮弹如流星一般飞驰而出。领头的2辆坦克瞬间中弹起火，燃烧了起来。显然，这不知从何处袭来的火力，将其他德军坦克车组，吓得惊慌失措。他们拼命转动车身，将正面装甲冲向他们怀疑的火力来袭方向。这反而将薄弱的侧后装甲，暴露给了第1排的M18。

埃文斯上尉回忆道："我实在不明白，他们为什么要这样做。这是个天大的错误。随后的战斗，我们简直就像在猎杀一群火鸡。"

德军没有察觉第1排的所在，但第1排仍然遵守着战术教义，转动炮塔、瞄准目标、猛烈开火、倒车隐蔽、全速装弹，连续击毁德军11辆坦克。亨利·哈特曼（Henry Hartman）中士座车的炮手，一等兵弗兰克·阿莫迪奥（Frank Amodio）击毁了6辆坦克，大部分是"黑豹"。汤姆·多诺万（Tom Donovan）中士座车的炮手，约翰·尤安－伊茨科（John Ewan-itsko）下士击毁了3辆坦克。

在小雷基库尔以北的这场战斗中，第704坦克歼击车营C连第1排与第3排，以损失3辆M18、1人阵亡、2人重伤与3人轻伤为代价，联合击毁德军19辆坦克[①]。

15时，第37坦克营C连第1坦克排的3辆M4前来增援第704坦克歼击车营C连第3排。M4抵达时，利珀中尉与麦格克中士的车组都松了一口气。在180－270米距离上，M4的火力横扫失去了坦克支援的德军装甲掷弹兵。那辆躲藏在岩石后方的"黑豹"，早已逃之夭夭。德军装甲掷弹兵用"铁拳"式反坦克火箭筒，打坏了1辆M4，但美军坦克还是定住了战场的乾坤。

第37坦克营C连挫败德军前锋后，第113装甲旅转而到处试探，在美军防线上寻找突破口。德军通常以1个坦克连配属1个装甲掷弹兵排，发起连续的猛攻。A战斗群的兵力纷纷前出，分散于各处抗击德军，导致A战斗群指挥部警戒兵力空虚。德军坦克四处乱窜，很快就威胁到了A战斗群指挥部的安全。第37坦克营B连正拱卫着A战斗群北翼。利奇上尉奉命立即率领B连驰援阿拉库尔的A战斗群指挥部。

当时，B连的3个坦克排分散在几公里长的战线上，需要先合兵一处，才能前往阿拉库尔。利奇上尉只接到了驰援的命令，但并不知道战场形势如何，因此坦克仍然以谨慎的速度前进。他自己乘坐吉普车，一马当先，先行开往A战斗群指挥部探听情况。

利奇上尉抵达A战斗群指挥部时，德军坦克发射的炮弹

[①] 实际上，第704坦克歼击车营C连第1排与第3排在279高地附近与第113装甲旅的战斗诸多细节，不同文献资料的记述与不同美军参战官兵的回忆，存在很大出入。不少文献资料，包括第4装甲师战史，都认为第3排遭遇并击毁的德军坦克全部为"黑豹"，但第704坦克歼击车营战史认为第3排最初遭遇的是4号J。考虑到战斗的前半段是在大雾中进行的，对敌军坦克型号的判断不准确，实属正常。第704坦克歼击车营战史与不少参战官兵，都将此战中遭遇的"黑豹"称为"虎"，但对4号J型号的判断却很准确。第4装甲师战史的记述中，第3排共击毁了11辆坦克，但A战斗群勘察后的结论是击毁了8辆坦克。在战后接受的采访中，埃文斯上尉表示，在当天的战斗中，第1排与第3排击毁了28－29辆坦克。这远超过官方战史中击毁19辆的战绩。在战斗的细节上，第4装甲师战史、第704坦克歼击车营战史与几位参战官兵的回忆，也存在差异。在战场所处的位置、角色的不同，对战场形势的误解与回忆的偏差，都可能造成这种差异。本文记述的内容，是综合各种文献资料的不同说法，进行整理而成，只采信了相对保守的数据结论。

1944年9月19日，小雷基库尔，美军第704坦克歼击车营C连击毁的德军"黑豹"式中型坦克。

1944年9月19日，阿拉库尔，德军第113装甲旅"黑豹"式中型坦克的残骸。

正在指挥部周围不断炸响。克拉克上校与帕蒂森中校，在壕沟里躲避德军炮火。他们看到了利奇上尉，克拉克上校大喊："你的连死到哪儿去了？"

利奇上尉回答："长官，他们还在路上，正在赶来。"

克拉克上校望着滚滚而来的德军坦克，命令道："你看到了吧？我要你全部消灭它们。"

此时，第66装甲野战炮兵营已经做好了鱼死网破的准备，M7"牧师"式105毫米自行榴弹炮以平射火力，猛轰600米外的德军坦克。德军坦克兵吃不准这猛烈爆炸的来头，"黑豹"纷纷犹豫起来，变得逡巡不前。美军装甲炮兵的抵抗，为B连的增援赢得了时间。

11时，利奇上尉准备指挥B连，前往A战斗群指挥部365－550米外的制高点。B连刚就位几分钟，就遭到了5辆"黑豹"的正面进攻。B连抢先开火，将德军坦克逼退到了附近的树林中。M4继续开火，但根本无法击穿"黑豹"的正面装甲。

在远距离上，"黑豹"得以发挥火力优势，B连有3辆M4中弹。其中，默温·马斯顿（Merwin Marston）中尉的座车彻底损毁，炮塔遭到击穿，炮手与装填手阵亡。B连的几辆M4开出阵地，试图引诱"黑豹"前来追击，从而使其暴露侧翼，但德军并没有上当。无论如何，B连终于成功地保卫了A战斗群指挥部的安全。

利奇上尉回忆道："我排兵布阵，命令坦克排成直线形的横队。我们必须压制住德军，但我们冲上去时，德军突然掉转车头，撤离了战场。他们跑得很快，一眨眼工夫，就跑出去好几公里。宜将剩勇追穷寇，我们肯定得追上他们。"

在A战斗群上空，查尔斯·卡彭特（Charles Carpenter）少校驾驶着1架L-4"蚱蜢"式（Grasshopper）炮兵观测机，飞翔在雾气之中。这架炮兵观测机属于第4装甲师师属炮兵，主要任务是为装甲炮兵指示目标。然而，卡彭特少校却在机翼上安装了6支"巴祖卡"式反坦克火箭筒，将其改装成了简易的"反坦克攻击机"。飞过小雷基库尔后,他发现德军1个坦克连正开向A战斗群的取水处。在取水处,美军6名步兵负责供应饮用水。卡彭特少校通过无线电机,向师属炮兵发送了目标的坐标,然后推下操纵杆,以陡峭的角度俯冲了下去。他瞄准1辆坦克,发射了2枚反坦克火箭弹,但没有击中目标。爬升起来之后,他俯冲下去,再次发射了2枚反坦克火箭弹。1枚反坦克火箭弹击中了目标,击伤了1辆坦克,迫使其乘员弃车而逃。其他德军坦克的乘员已经风声鹤唳,吓得四散奔逃。当天下午,卡彭特少校再次驾机升空作战,向德军目标发射了16枚反坦克火箭弹。后来,A战斗群的地面人员确认了他的战绩,宣称他击毁了德军2辆坦克与几辆装甲侦察车,炸死了不少装甲掷弹兵。在他的掩护下,取水处的6名步兵及时躲到了溪流中,一直潜伏到了天黑。

阿拉库尔坦克战打响时,第37坦克营A连正处于"亨特"特遣队指挥下,还在吕内维尔。亨特少校接到A战斗群遇袭的消息,但吕内维尔的战局,使他们难以脱身。13时,亨特少校率领第37坦克营A连与第94装甲野战炮兵营C连回

援。在无线电中,艾布拉姆斯中校命令亨特少校"睁大眼睛,擦净瞄具,严阵以待,干掉它们"。14时,第37坦克营A连抵达阿拉库尔,第94装甲野战炮兵营C连进入阵位。第37坦克营B连返回阿拉库尔,与A连会合。A连留下1个中型坦克排守卫A战斗群指挥部,其他坦克与B连一起,准备前往小雷基库尔,寻歼聚集在279高地以南洼地中的第113装甲旅主力。

A连连长威廉·斯潘塞(William Spencer)上尉、利奇上尉与亨特少校,先行前往小雷基库尔侦察。他们发现,在小雷基库尔东南方的溪谷中,隐蔽着4辆"黑豹"。他们制订了作战计划,A连的6辆M4从西面进攻,B连的14辆M4从南面进攻,并释放烟幕进行掩护。A连进入阵地后,才发现溪谷中不止4辆"黑豹",而是盘踞着12辆"黑豹"。

A连与B连并未因此而改变计划,他们释放的烟幕在德军面前展开。斯潘塞上尉领头冲锋,他的座车是1辆76.2毫米炮型M4。此时,A连只有2辆76.2毫米炮型M4,另1辆是查尔斯·德克拉纳(Charles Decraene)中尉的座车。斯潘塞上尉左侧是特纳(Turner)

中尉指挥的3辆M4,右侧是德克拉纳中尉指挥的2辆M4。

斯潘塞上尉的座车与德克拉纳中尉的2辆M4发起正面进攻,双方在370米距离上展开对射。在狭路相逢的较量中,76.2毫米炮型M4依然不是"黑豹"的对手。美军发起进攻几分钟后,德军坦克就击毁了斯潘塞上尉的座车,斯潘塞上尉死里逃生。德克拉纳中尉的坦克继续前进,也很快遭到击穿。座车中弹时,剧烈的晃动震昏了德克拉纳中尉。他恢复知觉后,命令坦克继续前进。然而,德军坦克发射的又1发炮弹再次击穿了这辆M4。德克拉纳中尉与3名乘员阵亡,车组只有1人幸存。

斯潘塞上尉的座车与德克拉纳中尉大无畏的冲锋,为特纳中尉与利奇上尉赢得了战机。特纳中尉的3辆M4迅速迂回,利用山脊为掩护,瞄准230米外的德军坦克,猛烈地开火。德军坦克发现右翼的危险后,转动炮塔,击毁了1辆M4。B连迂回到了德军坦克左翼,从高地上泰山压顶般地冲了下来。

利奇上尉回忆道:"德军坦克的装甲比我们坚固,火力也比我们强。但是,我们的坦克主炮能发射烟雾弹,以'障眼法'形成烟幕,挡住德军

第五章 钢铁的碰撞

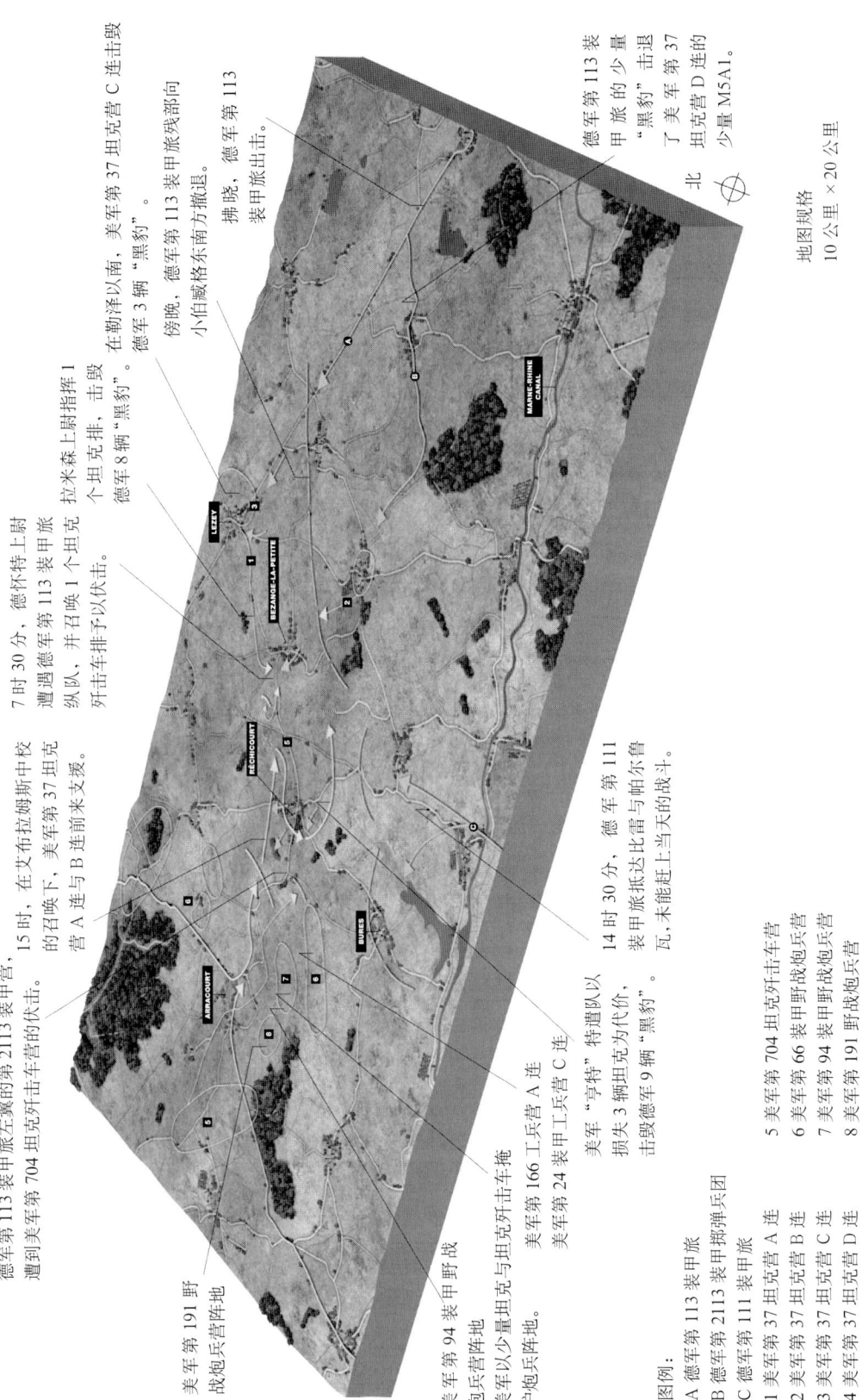

德军第113装甲旅左翼的第2113装甲营，遭到美军第704坦克歼击营的伏击。

15时，在艾布拉姆斯中校的召唤下，美军第37坦克营A连与B连前来支援。

美军第191野战炮兵营阵地

美军以少量坦克与坦克歼击车掩护炮兵阵地。

美军第166工兵营

美军第24装甲工兵营C连

美军"亨特"特遣队以损失3辆坦克为代价，击毁德军9辆"黑豹"。

图例：
A 德军第113装甲旅
B 德军第2113装甲营掷弹兵团
C 德军第111装甲旅

1 美军第37坦克营A连
2 美军第37坦克营B连
3 美军第37坦克营C连
4 美军第37坦克营D连
5 美军第704坦克歼击营
6 美军第66装甲野战炮兵营
7 美军第94装甲野战炮兵营
8 美军第191野战炮兵营

1944年9月19日，阿拉库尔坦克战作战形势图。

7时30分，德怀特上尉遭遇德军第113装甲旅纵队，并召唤1个坦克歼击车排予以伏击。

拉米森上尉指挥1个坦克排，击毁德军3辆"黑豹"。

在勒泽以南，美军第37坦克营C连击毁德军3辆"黑豹"。

傍晚，德军第113装甲旅残部向小伯歇格东南方撤退。

拂晓，德军113装甲旅出击。

德军第113装甲旅的少量"黑豹"击退了美军D连的少量M5A1。

北

地图规格
10公里×20公里

14时30分，德军第111装甲旅抵达比雷与帕尔鲁瓦，未能赶上当天的战斗。

视线。随后,我们借机迅速转移,再向他们开火。我向德军坦克发射了实芯穿甲弹与被帽穿甲弹。射击其正面装甲,炮弹很可能会弹飞。所以,我选择射击侧面。这样,我就能把它打成筛子。这次对决,我们打得很痛快。当天,隆隆的炮声一直不断。"

德军坦克兵一直在应对A连的进攻,完全没想到两翼遭到迂回。A连与B连愤怒地向德军喷射复仇的火焰,从三个方向同时射来的穿甲弹,暴风骤雨般地凿穿了"黑豹"的装甲,打垮了德军的抵抗。

这场战斗中,第37坦克营A连与B连,击毁了德军9辆"黑豹"。其中,A连特纳中尉的座车,击毁了其中的5辆。A连6人阵亡、4人负伤,B

查尔斯·卡彭特

查尔斯·卡彭特(1912年8月29日—1966年3月22日),美国陆军中校。

大学毕业后,卡彭特在高中担任历史教师。1942年,他加入美国陆军。他受过高等教育,具备较高的文化水平,因而获得了少尉军衔。在飞行学校,他接受了驾驶轻型观测机的训练,执行侦察与炮兵观测任务。

1944年,他晋升为少校,加入第1轰炸机师。第1轰炸机将他配属给第4装甲师,担任炮兵观测机驾驶员。作为历史教师,他却毫无书生的文气。在没有飞行任务时,他总跃跃欲试地想参加战斗。在进攻阿夫朗什的战斗中,他乘坐吉普车,跟随坦克与步兵前进,寻找适合炮兵观测机起降的区域。美军前锋遭到德军反坦克炮与机枪火力压制时,他爬上坦克炮塔,操纵12.7毫米重机枪横扫德军,并向躲避德军火力的步兵大喊:"上!"实际上,他没有任何指挥权,却自作主张地成为了指挥官,领导美军一鼓作气打垮了德军。他指挥这辆坦克继续前进,一路追击德军。每到道路转弯处,他就探进炮塔,高声鼓励坦克兵继续前进。在开过数个弯道后,他发现前方有1辆坦克,就命令开火。然而,那并非德军坦克,而是美军的M4式推土坦克——幸好只打掉了推土坦克的推土铲。军事法庭逮捕了他,行刑队差点将他枪毙。伍德少将及时赶到,阻止了行刑,但告诉他军事法庭的审判恐怕在所难免。巴顿却非常欣赏他的进攻精神,亲自赶到了现场,将他救了出来,还授予他1枚银星勋章。他对军事法庭狂暴地咆哮道:"如果每个人都能像卡彭特这样奋勇作战,这场战斗早就一鼓作气拿下了。第3集团军需要的就是这样的美国勇士。"此后,他成了伍德少将的私人飞行员。

早在进攻库唐斯(Coutances)时,有的美军飞行员就将"巴祖卡"式反坦克火箭筒安装在了炮兵观测机上,击毁过德军卡车。当然,在德军密集的防空火力下,慢速而脆弱的炮兵观测机是很危险的。

所以，这些飞行员只是稍作尝试，就放弃了。卡彭特执行了大量侦察与炮兵任务后，正因为炮兵观测机上没有武器，而甚感不爽。他听到了反坦克火箭筒装上炮兵观测机的流言后，就要求上级允许他这样做。在几名军械兵的协助下，他将2支M1"巴祖卡"式反坦克火箭筒装在了L-4"蚱蜢"式炮兵观测机上。随后，他连续两次加装了更多的火箭筒。最终，他安装了6支M9"巴祖卡"式反坦克火箭筒，并将他的座机称为"火箭人罗茜"（Rosie the Rocketeer）。

通常情况下，他会驾驶炮兵观测机在高空观察目标情况，然后盘旋而下，突然向目标俯冲下去。即使发射的反坦克火箭弹未能击毁坦克，德军坦克兵也可能因为坦克的燃烧、发动机、履带或炮塔的损坏而遗弃坦克。他执行过几次空袭后，获得了"巴祖卡查理"（Bazooka Charlie）的绰号。

在击毁了4辆坦克与1辆装甲车后，美国《星条旗报》（Stars and Stripes）、美国联合通讯社（Associated Press）、《大众科学》（Popular Science）杂志、《纽约太阳报》（New York Sun）与《自由》（Liberty）杂志，开始争相报道他的事迹。他向记者表示，他想做的就是"进攻，进攻，再进攻"。最初，德军并不愿意主动向炮兵观测机开火。他们担心这样会招致美军野战炮兵或战斗机的打击。在遭到卡彭特的空袭后，他们变得恼羞成怒。卡彭特表示："我是得护好我的座机了。现在，只要我出现，德军就会用各种武器向我开火。他们的火力倒是不能把我的座机怎么样，但我发射的反坦克火箭弹肯定让他们吃了不少苦头。"

在卡彭特的带动下，美军其他飞行员也开始模仿他改装座机。但是，他们往往在试验阶段就放弃了。他们表示，反坦克火箭筒的射程很有限，很难想象，如何在冒着德军密集防空火力的情况下，在近到"甚至能看清德军步兵鞋带"的距离上，驾驶因俯冲角度过于陡峭而剧烈震颤的炮兵观测机发起进攻。然而，这对卡彭特来说，似乎不是问题。他经常驾驶着"火箭人罗茜"，在90米或70米的距离上发射反坦克火箭弹。这使他又获得了"疯子少校"（The Mad Major）的绰号。他也一直"不负众望"，变得越来越疯狂——他曾降落在刚空袭过的德军装甲纵队附近，拿起德军丢弃的步枪，抓获了6名俘虏。

美军战地记者肯·科耶恩（Ken Koyen）曾与卡彭特一起执行空袭任务。在他看来，在卡彭特的座机中，就像坐着"装有火箭的云霄飞车"。卡彭特发现了德军2辆坦克，1辆挨着村庄中的建筑物，1辆隐蔽在树林里。卡彭特俯冲下去，在距离地面270米高度上发射了2枚反坦克火箭弹，又像P-47那样以极为陡峭的角度爬升了起来。德军坦克旁边的房屋已经淹没在了红色的烟尘中。卡彭特稍微考虑了风向后，再次俯冲了下去，发射了

卡彭特少校的座机"火箭人罗茜"，注意每个翼下的3支"巴祖卡"式反坦克火箭筒。

2枚反坦克火箭弹,在目标旁边炸起了大量烟尘。在最后的俯冲中,他又发射了2枚反坦克火箭弹,在距离坦克4.5米的地方爆炸。他爬升了起来,在目标上空绕了几圈,仔细地检查了战果。

有报道称,卡彭特的战绩为击毁德军14辆坦克。现在,更多的人认为这个战绩可能只是美军的宣传而已。美军官方承认的战绩是他击毁了6辆坦克。然而,目睹过他空袭的其他飞行员、地面官兵或随行人员的证言,都表示他的战绩要比这高得多。更不可思议的是,他从未被德军防空火力击伤过,因而又获得了"幸运少校"(The Lucky Major)的绰号。为了表彰他的英勇与战绩,美军授予他1枚铜星勋章、1枚橡叶簇银星勋章与1枚橡叶簇航空勋章(Air Medal)。

1945年,卡彭特患上了淋巴肉芽肿病。1946年,他以中校军衔退役,回到伊利诺斯州的厄巴纳(Urbana)高中,继续担任历史教师。医生认为他活不过两年,他却顽强地坚持了20年。1966年,他死于癌症。

美军技术兵正在向L-4"蚱蜢"式炮兵观测机上安装"巴祖卡"式反坦克火箭筒。

连没有任何损失。

随后,B连乘胜追击,向蒙库尔掩杀过去。在制高点上,B连发现德军已经在蒙库尔边缘的树林中掘壕固守。此时,天色将晚,但光线尚且足够坦克瞄准。B连居高临下,对准德军阵地倾泻弹雨,炸得德军哭爹喊娘。天光彻底暗下来后,B连返回A战斗群。在回程的路途中,到处都是燃烧的"黑豹"残骸,仿佛是第37坦克营的灯塔,指引美军返回勒泽。

当晚,巴顿亲自来到阿拉库尔视察战绩辉煌的第4装甲师A战斗群。当天,A战斗群以6人阵亡、13人负伤,损失5辆M4与3辆M18为代价,击毁德军43辆坦克与6辆其他型号的装甲战斗车辆。伍德少将报告,美军击毁的德军坦克,绝大多数是新出厂的"黑豹"。巴顿听到如此悬殊的损失比,自然满心欢喜,并毫不吝啬地用溢美之词,盛赞了艾布拉姆斯中校与埃文斯上尉。

巴顿与伍德少将仍然认为,第113装甲旅的进攻只是"局部反击"。巴顿也表示第4装甲师的战线拉得太长,兵力也很分散,但鉴于"在此地区,德国杂种的坦克已经损失殆尽。这样打下去,战争的结束将比任何人预料的都更早!"他命令第4装甲师继续前进,R战斗群将支援A战斗群,一路冲向萨尔地区。第35坦克营的2个坦克连与第10装甲步兵营的部分兵力,抵达了阿拉库尔,以掩护R战斗群、第320步兵团与第602坦克歼击车营的集结。

9月20日，A战斗群编成了2个特遣队——"艾布拉姆斯－韦斯特"（Abrams-West）特遣队与"奥登-雅克"（Oden-Jaques）特遣队。前者下辖第37坦克营，第10装甲步兵团主力（不包括B连）、第704坦克歼击车营C连与第94装甲野战炮兵营。后者下辖第35坦克营的2个坦克连，第53装甲步兵营与第66装甲野战炮兵营。在巴顿的催促之下，"奥登－雅克"特遣队在左，"艾布拉姆斯－韦斯特"特遣队在右，并肩向东北方进发，准备在萨尔河上建立渡口，再进军萨尔格米讷。

然而，就在第4装甲师即将展开长驱直入的攻势之时，A战斗群后方又传出了德军坦克来袭的消息！

这些德军坦克又是从哪来的？

这还要回溯到2天之前，从9月18日说起。

寒声一夜传刁斗

9月18日，吕内维尔。

18时，克吕格尔命令德军第111装甲旅北上。第16装甲团第1装甲营，还没洗去当天的征尘，就要继续踏上杀伐之路。第111装甲旅已经经历过两次战阵的磨砺，远非初出茅庐的第113装甲旅可比。在沙泰勒，第111装甲旅铩羽而归，但至少逼得法军第2装甲师V战斗群撤回了摩泽尔河。在吕内维尔，第111装甲旅只投入了1个装甲营，并未全力进攻，就打得美军机械化骑兵"仓皇北顾"。如果不是通信失误或吕内维尔并非希特勒的最终目标，第111装甲旅的钢铁洪流，恐怕早已将"卐"字旗插上吕内维尔城头了吧？

既然"失败是成功之母"，那么以德军装甲兵优异的作战素养，肯定已经在两次试探性的进攻中"积累了作战经验"。有"黑豹"这样优秀的装备，又有实战经验，接下来的进攻何愁不胜？

午夜时分，伴随着洛林初秋的微凉，第16装甲团第1

（上下图）1944年9月，帕尔鲁瓦，德军第111装甲旅装备的美制M8"灰狗"式装甲侦察车。在吕内维尔之战中，第111装甲旅缴获了美军第42机械化骑兵侦察营的"灰狗"，很快转为自己使用。

装甲营完成集结。在通往尚庞乌的公路上，德军装甲车辆纵队排成整齐的队列，正蓄势待发。晚风吹拂，公路两旁的森林树枝摇曳，仿佛即将赢得的胜利，在向他们招手。凶猛的"钢铁巨兽"纷纷启动引擎，震耳欲聋的轰鸣响彻公路。在领头的"黑豹"上，连长回望了一眼身后雄壮的装甲纵队，再转过头直视前方，以无比坚定的语气，在无线电中说出了那句德军装甲兵标志性的命令："坦克，前进！"（Panzer vor！）

然后，他们就迷路了。

漆黑的深夜中，德军坦克兵完全无法在洛林支离破碎的地形地貌中辨识方向。他们拿出地图，仔细辨认，却依然毫无头绪。德军装甲纵队根本找不着北，仿佛遇上了"鬼打墙"一般，在森林的公路中深一脚、浅一脚地四处乱撞。

终于，在比雷（Bures）附近，德军遇到了一位法国农民。德军坦克兵仿佛抓到了救命稻草，赶紧问他尚庞乌怎么走？这位法国农民并不懂得兵法，但一看德军威猛的坦克与长龙般的车队，就知道他们来头不小。美军解放的炮声就在远方隆隆作响，岂能给侵略者指明进攻方向？法国农民满怀爱国壮志，"热情洋溢"地为德军指了个错误的方向。德军坦克兵对照着地图望向法国农民指示的路线，一时之间仿如醍醐灌顶，不禁感激涕零——洛林不愧是"德意志自古以来神圣不可分割的领土"，"老乡"就是好啊！

德军装甲纵队挥别这位史册上根本没有记录姓甚名谁的法国农民，一路绝尘而去。

德军坦克大摇大摆地奔向目的地，按照法国农民指引的那样"左转、左转、再左转"——咦？这好像是个圈哦？他们这才反应过来，这个法国农民"良心大大地坏了！"

9月19日下午，第16装甲团第1装甲营与第2111装甲掷弹兵团的部分兵力，才抵达兵力集结地，根本没来得及参加当天的坦克大战。然而，前方却传来了第113装甲旅惨败的消息，告急的作战报告像雪片一样飞进第5装甲集团军司令部。

1944年9月，帕尔鲁瓦，德军第111装甲旅装备的美制M3半履带式装甲运兵车，缴获自吕内维尔之战中的美军第42机械化骑兵侦察营。

1944年9月，帕尔鲁瓦，德军第111装甲旅的"黑豹"式中型坦克。

14时，布拉斯科维茨上报："第113装甲旅对小伯臧格的进攻，已经卡住了。"

18时，他再次上报："第5装甲集团军已经没有更多兵力，封堵美军的突破了。"

21时20分，第5装甲集团军司令部收到报告："在勒泽与小伯臧格之间，美军第4装甲师的60辆坦克，成功地突破了第113装甲旅的防线，正在进攻蒙库尔。"

布拉斯科维茨与曼陀菲尔都急得像热锅上的蚂蚁。在迪约兹附近的米尔塞（Mulcey）与布朗什－埃格利斯（Blanche-Église）之间，第5装甲集团军已经没有兵力阻挡美军了。当天，美军认为消灭了德军43辆坦克，第5装甲集团则估计自己有50辆坦克非毁即伤，相当于第113装甲旅的1个装甲营已经报销了。不过，克吕格尔不愿承认自己败给了美军装甲兵，他声称第113装甲旅的损失都是美军野战炮兵造成的。布拉斯科维茨对第58装甲军的失败感到怒不可遏，他不顾第58装甲军已经"残废"的现实，命令曼陀菲尔第二天要不惜伤亡代价地再次发起进攻。

曼陀菲尔一筹莫展之际，吕特维茨又来"火上浇油"地表示，第15装甲掷弹兵师正绝

（组图）1944年9月20日，比雷，德军第111装甲旅的"黑豹"式中型坦克。在参加洛林装甲反攻的德军4个装甲旅中，只有第111装甲旅留下了大量从德军角度摄制的照片，并参与了德军的新闻宣传。

望地试图封堵默尔特河与安维尔之间的缺口；美军第15军已经突破了第21装甲师与第112装甲旅残部的几处防线，第47装甲军被迫撤往默尔特河，根本无力北上增援了。

9月20日早晨，第58装甲军命令第111装甲旅派少量坦克出去巡逻，做个样子应付一下布拉斯科维茨的命令。第58装甲军主力，依然在莱耶与比雷之间原地待命。曼陀菲尔苦口婆心地劝说布拉斯科维茨，必须放弃进攻，甚至必须放弃整个反攻计划。布拉斯科维茨厉声斥责曼陀菲尔，说他"缺乏进攻精神"，并再次强令第5装甲集团军进军南锡。曼陀菲尔碰了一鼻子灰，只好再次硬着头皮，命令第111装甲旅发起进攻。

实际上，美军第4装甲师A战斗群，并非被打了个措手不及。

9时，A战斗群接到侦察兵的报告，称在马恩－莱茵运河以南，发现德军150－180辆坦克，其中20辆正在跨越运河。无论如何，这个数字都太过夸张。美军侦察兵显然将看到的所有德军车辆，都当成了坦克。A战斗群接到报告后，仍然选择继续向东北方前进，并未过多理会。11时35分，第37坦克营突破了布朗什－埃格利斯之间的德军防线。12时25分，A战斗群再次接到报告，阿拉库尔以南出现德军16辆坦克。12时35分，第37坦克营已经冲过了迪约兹。随后，他们接到报告，称第4装甲师后方遇袭。伍德少将紧急命令艾布拉姆斯中校，立即回防阿拉库尔，消灭勒泽附近的德军坦克。

这场战斗的开局，简直就是吕内维尔之战与9月19日阿拉库尔坦克战的翻版。最初，德军第16装甲团第1装甲营以晨雾为掩护，悄悄地渗透过了美军第704坦克歼击车营C连第1排与第2排的警戒线。A战斗群的后卫兵力正准备随队前进，318高地上的炮兵观察员突然发出警报——在装甲掷弹兵的支援下，德军8辆"黑豹"咆哮着冲了过来！

德军第16装甲团第1装甲营前锋的进攻方向，是A战斗群的辎重车队。第191野战炮兵营B连刚进入行列状态，就接到了德军坦克来袭的警报。第191野战炮兵营装备的是M1式155毫米榴弹炮，而非外形低矮、适于隐蔽且弹道平直的反坦克炮。德军8辆"黑豹"气势汹汹地杀过来，眼看着"骑兵席卷炮兵阵地"的经典场景就要上演。然而，美军野战炮兵却没有选择落荒而逃。B连迅速展开防御，降低炮口进行平射。在1000米距离上，美军榴弹炮的火力席卷战场，击毁德军2辆"黑豹"，装甲掷弹兵死伤惨重。第35坦克营的M4与第602坦克歼击车营的M18迅速赶来增援，击退了德军的进攻。随后，第191野战炮兵营的3个野战炮兵连紧锣密鼓地围绕阿拉库尔进行部署，当天发射了232发榴弹与11发烟雾弹，击毁德军4辆坦克与4辆其他型号车辆。

克拉克上校命令艾布拉姆斯中校指挥第37坦克营返回勒泽，一劳永逸地剿灭阿拉库尔周边的德军坦克。此时，第111装甲旅也做好了战斗准备。旅长布龙萨特－舍伦多夫上校命令第2111装甲营的豪普特曼·荣汉尼斯（Hauptmann Junghannis）上尉，指挥1个战斗群，前出至奥默赖（Ommeray）以西，占领241高地与260高地。

13时，第37坦克营B连报告发现德军，随即建立警戒哨。艾布拉姆斯中校准备集结第37坦克营的3个中型坦克连与第10装甲步兵营的2个装甲步兵连，向勒泽东南方3.2公里处进发，歼灭莱耶附近的德军。艾布拉姆斯中校与各连长开会，讨论作战计划时，德军

2辆4号J向B连阵地发起试探性进攻。在B连警戒哨的最南端，利瑟兰（Litherland）中士的M4还击，击毁了1辆4号J。格雷迪（Grady）中士的M4向另1辆4号J开火，但没有击中目标。利瑟兰中士座车在转向时遭到1辆4号J的击伤，但这辆M4依然能够机动。在美军早有防备的情况下，德军只好撤了下去。

根据艾布拉姆斯中校的作战计划，第37坦克营与第10装甲步兵营，将在勒泽以东与以北方向集结。他们将通过隐蔽的道路，抵达莱耶以北，再发起进攻。A连与B连直取莱耶，A连的9辆M4在左侧前进，B连的13辆M4在右侧前进；C连攻占并据守曼纳库尔（Mannecourt）高地；装甲炮兵对莱耶进行火力准备。

炮火准备刚结束，第37坦克营A连与B连就发起了冲锋，第10装甲步兵营A连与C连乘坐M3半履带式装甲运兵车跟进。A连与B连的M4高速前进，没有遭遇任何德军火力的拦阻。美军坦克抵达莱耶边缘时，德军1辆坦克正从谷仓中倒车出来。A连的诺埃（Noe）中士手疾眼快，迅速击毁了这辆倒霉的德军坦克。A连继续前进时，遭到了战壕中德军步兵的射击，埃利森（Ellison）中士与格里格斯（Griggs）中士的座车开上去，并列机枪与航向机枪"哒哒哒"地扫射，将德军步兵压制在了战壕中。美军装甲步兵下车作战，迅速清剿了莱耶的德军残兵。

在曼纳库尔高地，C连遭遇了几辆4号J。其中2辆4号J挤在树林里，还没来得及开火，C连就将其打成了燃烧的火炬。C连转向南方，在接近公路时，遭遇了1门75毫米坦克炮与2门20毫米机关炮的阻击。C连正杀得眼红，不费吹灰之力，就将德军火炮炸得稀烂。在曼纳库尔高地的山坡上，C连遭遇了更多的德军坦克，坦克战一触即发。M4的火力又准又狠，当即击毁德军3辆4号J。其中，史密斯中尉击毁了1辆，邓恩中士击毁了2辆。在山谷的隘口处，德军

德军第2111装甲营的豪普特曼·荣汉尼斯上尉，佩戴着表示曾在1942年的克里米亚战役中服役的标志，以及一级铁十字勋章。

步兵用"铁拳"式反坦克火箭筒，击毁了1辆M4。但是，这丝毫没有阻挡C连前进的脚步。他们通过隘口，仰攻曼纳库尔高地。C连不知道的是，德军荣汉尼斯上尉指挥的1个连的4号J与2门75毫米反坦克

1944年9月，阿拉库尔地区，德军荣汉尼斯上尉（中）的车组与1辆4号J式中型坦克的合影。

1944年9月，阿拉库尔地区，德军坦克兵与1辆4号J式中型坦克合影。这辆508号4号J就是上图中荣汉尼斯上尉合影的那辆坦克。

炮，正等待着他们。

C连第3坦克炮一跃而起，领头冲上了制高点。美军坦克刚露头，德军坦克就开火了。4号J早已锁定了曼纳库尔高地的山顶，瞬间击毁了1辆M4。C连第1坦克排与第2坦克排开上山顶，与4号J展开对射。双方的坦克各自据守着制高点，穿甲弹飞驰的弹道你来我往，打得不亦乐乎。在3分钟内，C连的4辆M4瘫痪在地，但他们也击毁了7辆4号J。此时，C连已经有1人阵亡、15人负伤、5人失踪，不得不从制高点上撤了下去。

拉米森上尉意识到遭遇了强敌，就通过无线电呼叫援兵。艾布拉姆斯中校闻讯，准备亲自率领B连前往曼纳库尔高地。在出发之前，利奇上尉打算先步行前往侦察。他刚离开坦克，座车就遭到了德军的炮击。在第4装甲师的战史记录中，是德军反坦克炮正在向他们开火。在利奇上尉的回忆中，是1辆"黑豹"在进攻他的座车。这种矛盾并不罕见，无论美军坦克兵，还是德军坦克兵，都会将不知从何处射来的火力，归因于"敌军反坦克炮"。

利奇上尉回忆道："我们准备留下来，巩固阵地。但是，在我们的右翼，德军坦克再次冒了出来。我从坦克上下来，准备到山上进行侦察。当我站在坦克前方时，我们右侧有1辆德军坦克向我们开火，但这发炮弹打偏了。我来不及进坦克，只能告诉驾驶员，快点倒车。第二发炮弹也没击中。这时，我的座车停了下来。德军肯定窃喜，他们锁定了目标。第三发炮弹，'嗖'地击穿了M4右侧的装甲，炸掉了驾驶员博格斯（Boggs）的脑袋，将航向机枪手一等兵波波维奇（Popovitch）撕成了两截。我们有一辆坦克开了过来，向德军坦克匆匆开了一炮。可惜，没能击中那个混蛋。不过，德军显然有所顾忌，立即撤退了。来给我们解围的，正是艾布拉姆斯中校。战友们纷纷对他竖起大拇指，他非常勇敢。"

艾布拉姆斯中校率领B连前进，进入车体掩蔽阵位，准备消灭阻击C连的德军坦克。然而，他们却发现德军已经撤走了。在夜幕降临之际，他们选择不再追击，B连与C连开下高地，准备返回莱耶。在A连阵地上，唐纳利（Donnelly）中尉发现第37坦克营兵力集结地以西1370米处，有1辆德军坦克。他的M4发射了1发炮弹，但没有击中目标。他命令沃林（Walling）中士向其开火，沃林中士的首发炮弹也没有击中目标。他重新估算了距离，认为德军坦克应该在1460米上。调整坦克炮的仰角后，他再次发射了3发炮弹，其中至少1发炮弹击中了目标，并击毁了这辆德军坦克。

随后，艾布拉姆斯中校准备夜袭蒙库尔。第4装甲师已经有了1个多月的实战经验，但第37坦克营还从未执行过夜间的突击任务。美军装甲兵的作战教义与战术手册都表示，坦克是无法在夜间进行有效部署的。显然，艾布拉姆斯中校根本就不把这些教条当回事。

第94装甲野战炮兵营早已计算好了目标区域的全部射击诸元。即使炮火准备未能毁伤德军，也能迫使其抱头鼠窜、四处躲藏。美军3个坦克连与2个装甲步兵连紧密配合，在行进间猛烈开火。M7"牧师"式105毫米自行榴弹炮发射的榴弹与燃烧弹，将蒙库尔炸成一片火海。第37坦克营的官兵首次进行夜间突击，四散飞射的曳光弹弹道与烈火熊熊燃烧的壮观场景，使他们感到颇为新奇。美军坦克与装甲步兵即将抵达目标时，炮火准备精确地戛然而止。德军步兵已经被炮火炸得精神崩溃，卷缩在散兵坑里，一动不敢动。第10装甲步兵营A连进入蒙库尔，用步枪、冲锋枪、手榴弹与刺刀，风卷残云地清剿了蒙库尔的德军残兵。随后，第37坦克营A连与第10装甲步兵营A连在蒙库尔警戒，其他兵力返回莱耶进行集结。

当天，"艾布拉姆斯－韦斯特"特遣队，击毁了德军16辆坦克，击毙257人，俘虏18人。在战斗中，第37坦克营与第10装甲步兵营表现得极为残酷。他们冷血地追杀每个试图逃跑的德军，甚至没有尝试俘虏他们。德军坦克兵战俘供述，在几天以来的战斗中，他们投入作战的32辆坦克，已经损失了28辆。

除了"艾布拉姆斯－韦斯特"特遣队之外，第4装甲师的其他各支兵力，也都取得了辉煌的战绩。下午，在A战斗群南翼，第35坦克营副营长查尔斯·基姆西（Charles Kimsey）少校率领"基姆西"

（组图）1944年9月20日，比雷，德军第111装甲旅的"黑豹"式中型坦克上搭载的装甲掷弹兵。

特遣队，沿着马恩－莱茵运河一路清剿德军。在比雷以西，他们遭遇了正在巡逻的5辆"黑豹"。在近距离的战斗中，M4再次大获全胜，不容分说地将5辆"黑豹"打成了废铁。但是，当"基姆西"特遣队准备乘胜冲进比雷时，却遭到了德军坦克的远程炮击，不得不放弃了进攻。

在吕内维尔与阿拉库尔之间，第704坦克歼击车营A连组成了警戒线。梅尔文·希克林（Melvin Hicklin）中士透过阴冷的薄雾，发现德军2辆"黑豹"、1辆4号J与1辆突击炮，正在座车前方横向开过。德军目标全部暴露了薄弱的侧面装甲，希克林中士自然不会放过这个千载难逢的好机会。他谨慎地估算射程，认为目标距离1830米。炮手菲利普·霍西（Phillip Hosey）中士估算，M18的炮口初速为823米/秒，那么需要2秒，炮弹就能击中目标；领头车辆的速度为4.57米/秒，因此炮口应该瞄准目标前方9.14米处；暂且以德军坦克装甲战斗车辆长度为6米计算，为了击中其车体侧面的中央部位，炮口瞄准的提前距离，也应该缩短为6米。在精确的计算之下，霍西中士发射的首发炮弹，就击中了领头坦克的侧面装甲。随后，他又击毁了德军装甲纵队末尾的目标，将其打得燃烧起火。中央的2辆坦克夹在残骸之间，进退两难，成了霍西中士的"活靶子"。他接连开火，将这2个目标也打成了废铁。希克林中士的车组看见，至少有3个目标的乘员爬了出来，弃车而逃。

9月20日，第4装甲师A战斗群痛打第111装甲旅，再次赢得了阿拉库尔坦克战的胜利。其中，最为激烈的战斗，当属曼纳库尔坦克战。这场坦克战的结局，倒是颇具戏剧性的效果。就像很多混乱的战斗一样，双方对己方损失的记载与敌方损失的记载，都出现了很大的差距。第4装甲师的作战报告表示，第37坦克营损失7辆M4与2辆汽车，12人阵亡、39人负伤；击毁德军18辆坦克、4辆其他型号车辆，击毁或缴获3门火炮，击毙250人，俘虏15人。A战斗群战地日志记载，第37坦克营损失12辆坦克，击毁德军8辆坦克。德军第5装甲集团军的作战报告认为，双方各损失了11辆坦克。当天，第58装甲军报告，损失11辆坦克，估计击毁了美军18辆坦克；整个装甲军只剩13辆坦克尚可作战，第111装甲旅有6辆，第113装甲旅有7辆。不过，后方已经调来了新出厂的45辆坦克，正通过军列运往洛林前线。

更令人玩味的是，双方也都认为自己赢得了曼纳库尔坦克战的胜利。德军第5装甲集团军认为，第111装甲旅依然控制着曼纳库尔高地与周围的制高点，因此德军是当之无愧的胜利者。美军第4装甲师认为，曼纳库尔高地与周围的制高点相对平缓，对第4装甲师来说毫无占领或死守的意义，更何况当天已经重创了第111装甲旅，因此美军才是名副其实的胜利者。最终，德军荣汉尼斯上尉回到柏林接受了嘉奖，美军艾布拉姆斯中校也获得了优异服役十字勋章。他们各自获奖的原因，都是"打赢了曼纳库尔坦克战"。

第4装甲师A战斗群所向无敌，巴顿却没有丝毫的兴奋。他意识到，9月18日的吕内维尔之战与9月19－20日的阿拉库尔坦克战，都是德军既定的大规模反攻。无论A战斗群消灭了多少德军坦克，他都高兴不起来。他想要的是冲向莱茵河，而不是在洛林与德军坦克纠缠。埃迪少将打电话给巴顿，表示德军现在已经决心固守下去了。埃迪少将非常熟悉巴顿热血的风格，因此对巴顿用几乎"垂头丧气"的悲观语气回答，感到大吃一惊："我

(组图)1944年9月20日,比雷,德军第111装甲旅的装甲掷弹兵,他们大多数人看起来都还很稚嫩。

们最初制订的作战计划,很可能无法完成了。不过还好,我们可以多杀一些德国鬼子。"

相比之下,德军从上到下,都炸开了锅。这倒是与巴顿的无奈或第4装甲师的欢呼相映成趣。德军G集团军群的战地日志尖锐地批评:"第5装甲集团军显然只将任务局限于防御作战。"布拉斯科维茨气得上蹿下跳,他将曼陀菲尔臭骂了一顿,痛批了他的战术,并收回了他的"自由指挥权",命令他只要美军发起进攻,第5装甲集团军就必须反击。曼陀菲尔抗辩称,第5装甲集团军只有2个装甲旅,作战能力非常有限,但他没有得到任何回复。

"艾布拉姆斯－韦斯特"特遣队攻占蒙库尔后,曼陀菲尔趁机报告,称奥默赖以东4公里处的德军防线,已经遭到突破。他请求第58装甲军撤到热吕库尔(Gelucourt)与拉加尔德之间,以缩短防线,将左翼的第47装甲军撤过马恩－莱茵运河,在帕尔鲁瓦森林与蒙东森林以东就位。布拉斯科维茨的唯一回复,就是战术上的简短说教与命令他反击。曼陀菲尔的撤退计划,与西线德军司令部的进攻计划,完全不符。此时,美军第4装甲师A战斗群正在进攻莫朗日与迪约兹,B战斗群正在进攻萨兰堡,即将楔入德军第1集团军与第5装甲集团军之间。伦德施泰特命令第1集团军调动预备队,从代尔姆向东南方向发起进攻,封堵这个缺口;第5装甲集团军调动第11装甲师,在穆瓦延维克(Moyenvic)连接第1集团军。

无论如何,希特勒为洛林反攻准备的4个装甲旅,已经轮番上阵并一败涂地。当得知德意志第三帝国"省吃俭用"才组建起来的"新锐装甲劲旅",在几乎没发挥什么作用的情况下,就遭到了美军的粉碎时,"愤怒的元首"再次"咆哮"了——44年装甲旅"好棒!好棒!"的,怎么这么快就被打成了"渣渣"？真应该把你们这群废物交给斯大林，送往西伯利亚！

9月21日，希特勒撤掉了布拉斯科维茨的职务，命令赫尔曼·巴尔克（Hermann Balck）装甲兵上将，担任G集团军群司令。G集团军参谋长也从海茵茨·冯·居尔登费尔特（Heinz von Gyldenfeldt）中将，换成了隆美尔的老部下——弗里德里希·冯·梅林津（Friedrich von Mellenthin）上校。巴尔克修改了布拉斯科维茨的反击计划，将目标改为萨兰堡与作为交通枢纽的穆瓦延维克——第1集团军负责进攻萨兰堡的美军第4装甲师B战斗群；9月22日7时，第58装甲军将进攻瑞韦利兹（Juvelize）附近的高地，为攻占穆瓦延维克做准备。在东线作战时，巴尔克曾担任第11装甲师师长。他自然不会忘记这支装甲精锐，将其主力向西调遣。在基层担任军官时，巴尔克就以对下属残忍而傲慢著称。15时，在第5装甲集团军司令部的会议上，他颁布了新的军法——在战斗中，如果有人胆敢在没有充分缘由的情况下，驾驶战斗车辆撤回后方，他将受到军事法庭的制裁并"杀无赦"。

当天，德军忙于临阵换将与调遣兵力，也就没有进行大规模进攻。10时15分，美军A战斗群准备清剿阿拉库尔周边的德军残兵。在马恩-莱茵运河以南，第25机械化骑兵侦察营与第42机械化骑兵侦察营完成连接，对A战斗群的清剿区域进行屏护。11时20分，"基姆西"特遣队奉命清剿帕尔鲁瓦的德军。有报告称，在当地发现德军3辆坦克与数量不明的步兵。第35坦克营C连与第704坦克歼击车营的少量M18，第53装甲步兵营B连与1个侦察兵班，将分别从两翼进行包抄。12时，第37坦克营A连与B连，第10装甲步兵营C连，开始清剿小伯臧格以西的德军。美军猛烈的空袭与炮火准备，将德军炸得晕头转向。A战斗群只遭遇了少量处于车体掩蔽状态的德军坦克与步兵，除此外几乎没有遭遇更多抵抗。在美军的追歼之下，第111装甲旅抱头鼠窜，被迫将勤务车辆撤往马恩-莱茵运河以南。在撤退之前，德军摧毁了马恩-莱茵运河位于帕尔鲁瓦地区的所有桥梁。在撤退途中，他们损失了1辆坦克、1辆突击炮与1门反坦克炮。美军一路解放了宽库尔（Coincourt）与帕尔鲁瓦。在战斗中，第35坦克营C连的1个坦克排陷入烂泥而无法动弹。当晚，德军炮兵向其开火，击毁了1辆M4。

巴顿再次认为，美军已经剿灭了阿拉库尔附近的德军。他催促第12军继续进军"西部壁垒"。伍德少将报告，卡彭特少校驾驶观测机在树梢高度进行侦察，既没有遭到防空火力射击，也没有发现德军坦克的踪迹。这给予了埃迪少将很大的信心，他命令伍德少将，一旦做好准备，就继续展开行动。伍德少将准备在9月22日进行休整，修理损坏的坦克，随后A战斗群将与B战斗群合兵一处，彻底消灭萨兰堡的德军。

美军再次未能意识到，德军仍然在酝酿着新的反击计划。当晚，德军第111装甲旅驻扎在布尔多奈，有21辆坦克尚可作战，包括10辆"黑豹"与11辆4号J；第113装甲旅驻扎在克叙雷（Xures），有19辆坦克尚可作战，包括6辆"黑豹"与13辆4号。这40辆坦克已经是第58装甲军仅有的"家底"了。

德军屡战屡败，因而痛定思痛。他们发现之前的每次进攻，都会首先遭遇美军装甲侦察车或轻型坦克。这些前哨兵力为美军主力进行预警，将德军"闪击战"的突然性完全消解。德军决定"以其人之道还治其人之身"，在夜间派出了侦察兵，用白色的胶带标记画

1944年9月20日，比雷，德军第111装甲旅的机枪组，装备MG34式7.92毫米通用机枪。

出了美军机械化骑兵的警戒阵地范围，从而对其进行迂回或渗透。

9月22日拂晓，在巴尔克的强令之下，第111装甲旅展开行动。然而，这场战斗再次重蹈了吕内维尔之战、9月19日与9月20日两次阿拉库尔坦克战的覆辙，几乎是之前历次战斗的重演。

当天早晨，阿拉库尔地区依然大雾弥漫。7时，在盖布朗格（Guéblange），德军第111装甲旅已经做好了进攻的准备。根据作战计划，第11装甲师第111装甲掷弹兵团的1个装甲掷弹兵营将赶来予以支援。然而，这个装甲掷弹兵营却姗姗来迟，导致第111装甲旅的行动延后了2小时30分钟。9时45分，德军坦克与装甲掷弹兵发起进攻。在雾气的遮挡之下，美军机械化骑兵未能发现德军侦察兵事先布设的白色胶带标记，因而被打了个措手不及。第25机械化骑兵侦察营D连遭到德军装甲掷弹兵的突然袭击，边打边撤地退往瑞韦利兹以东。F连派出1个轻型坦克排，前往阻击德军装甲掷弹兵。

在瑞韦利兹西北方，德军12辆坦克与装甲掷弹兵悄悄地渗透进了F连的警戒阵地。雾气非常浓重，有些德军坦克开到距离F连阵地只有70米处时，美军才发现了敌情。战斗立刻爆发，默里·法默（Murray Farmer）上尉指挥F连与德军坦克展开周旋。M5A1纷纷开火，但37毫米穿甲弹全都从德军坦克装甲上弹飞了。美军机械化骑兵的火力与装甲完全无法与"黑豹"和4号J相抗衡，很快就损失了7辆M5A1，法默上尉英勇牺牲。德军坦克与装甲掷弹兵势如破竹，一路冲到了距离第25机械化骑兵侦察营营部不到180米的地方，迫使其营部、E连、F连与勤务连，向东南方撤退了1.6公里。

10时40分，第111装甲旅前锋从东北方向，进抵瑞韦利兹以西的高地。此时，雾气开始消散，美军航空兵得以参战，P-47开始空袭德军。然而，美军的空袭只是延缓了第

111装甲旅进攻的速度,并未能阻止其向瑞韦利兹前进。德军坦克兵锋直指第37坦克营的宿营地,冲到了距离勤务连阵地只有550米的地方。

就像之前的几次坦克战那样,第704坦克歼击车营再次挺身而出,成为阻击德军坦克的中流砥柱。第704坦克歼击

(上下图)1944年9月,阿拉库尔地区,德军第111装甲旅装备的"旋风"式自行高射炮。

车营C连1个排的3辆M18进入车体掩蔽状态，给德军当头一棒，击毁了2辆"黑豹"。在M20式装甲侦察车上，埃文斯上尉操作12.7毫米重机枪猛烈扫射，击退了蜂拥冲向C连阵地的德军装甲掷弹兵。德军坦克恼羞成怒，咆哮着与C连展开对射。1辆M18中弹起火，另1辆M18履带被打断，丧失机动能力，但2辆坦克歼击车的车组都安然无恙地逃了出来。

埃文斯上尉看到德军坦克重新开动了起来，就从装甲侦察车上跳了下去，爬上了那辆瘫痪的M18。在炮塔中，他独自装填炮弹，调整炮塔与坦克炮的指向，冷静地进行瞄准，成功地击毁了1辆坦克。他觉得自己的好运应该已经走到了尽头，于是从M18中跳了出去，冒着德军的火力，匍匐着爬走了。没过多久，这辆M18就遭到了德军坦克的炮击，剧烈地燃烧了起来。埃文斯上尉的英勇作战，使他获得了美军授予的优异服役十字勋章。

12时30分，第111装甲旅如愿以偿地攻占了瑞韦利兹与附近的制高点。在其右翼，第113装甲旅也抵达了莱耶西北方的十字路口。不过，瑞韦利兹也就此成为了第58装甲军反击的终点。第111装甲旅攻占瑞韦利兹以西的制高点后，德军

1名军官通过无线电向上级报告，已经攻占了首个目标，将根据命令继续前进。他得到的回复是，将有更多的坦克赶来增援，布尔多奈附近的炮兵将予以火力支援。然而，美军幸运地截获了这段无线电通信，因而对德军的行动了如指掌。

在装甲炮兵的支援下，艾布拉姆斯中校指挥第37坦克营与第10装甲步兵营前来围捕德军。第37坦克营A连攻占了瑞韦利兹东南方的制高点，C连从西北方迂回，占领了三十字架（Les Trois Croix）处的制高点。在制高点上，A连与C连能够俯瞰瑞韦利兹以东的河谷，将正从索比耶树林（Bois de Sorbier）中开出来的德军装甲纵队尽收眼底。

第37坦克营再次打响了一边倒的战斗，3个坦克连仿佛展开了射击竞赛。美军坦克与装甲步兵居高临下，向360—1820米外的德军开火。A连所处的阵位极佳，恰好能够射击德军坦克的侧面装甲。斯潘塞上尉指挥的7辆M4飞快地向德军开火，穿甲弹纵横交错的弹道编织成了死亡的火网，领头的几辆"黑豹"瞬间炸裂。在斯潘塞上尉的指引下，美军装甲炮兵密集的弹雨横扫而来，将德军淹没在一片地狱般的火海之中。德军残余坦克开始撤

退，美军坦克又像围猎羊群的恶狼一样，将德军装甲掷弹兵赶进了马尔萨勒（Marsal）。随即，P-47就呼啸着俯冲下来，进行猛烈的扫射与轰炸，像猎鹰瞬间拧断野兔的脖子一样，成片地射杀四处乱窜的德军装甲掷弹兵。德军尸横遍野，景象惨不忍睹。

埃文斯上尉回忆道："当时，我们俯瞰着山谷。我永远也忘不了那个场景，战场上到处都是燃烧的车辆残骸。在450—540米外，德军1名坦克兵爬出燃烧的坦克残骸。他的上衣在冒烟，后背正燃烧着烈火，高举双手向我们走来。在距离我们不到90米的地方，他倒下了。在猛烈的炮火之下，我们爱莫能助。在我们的注视之下，那个狗娘养的混蛋整个身体都烧着了。我们却帮不上任何忙。"

在战斗中，德军第111装甲旅旅长布龙萨特-舍伦多夫上校遭到美军机枪火力的扫射，重伤不治，一命呜呼。第16装甲团第1装甲营营长格哈德·特伯（Gerhard Tebbe）少校、营参谋官瓦尔特·舒伯特（Walter Schubert）中尉与营副官霍斯特·吉特曼（Horst Gittermann）中尉回忆，当天早晨，布龙萨特-舍伦多夫上校曾与曼陀菲尔爆发了激烈的

争吵。在战败之际,他几乎是冷漠地从半履带式装甲指挥车上走下去,刻意将自己暴露在美军火力之下,绝望地放弃了生命。

16时40分,第37坦克营B连与第10装甲步兵营A连,将德军逐出了瑞韦利兹。在向东北方溃退的途中,第111装甲旅的残兵败将再次遭到了美军装甲炮兵的追射与P-47的空袭。曼陀菲尔的原计划是如何突破美军防线,现在却演变成了要绞尽脑汁地思考如何抵挡美军的追击。此时,他还有第113装甲旅的少量坦克,但这些兵力还要用于守卫穆瓦延维克与布尔多奈之间的公路。他向德国空军求援,得到的答复是"机场地区正处于大雾中,战斗机无法起飞支援"。

19时30分,第58装甲军唉声叹气地向第5装甲集团军司令部发出报告——第111装甲旅正撤往布朗什-埃格利斯地区;在这种战况下,即使再投入刚刚抵达的第11装甲师第111装甲掷弹兵团,也无济于事;请求停止执行9月23日的进攻计划。曼陀菲尔意识到大势已去,也就批准了克吕格尔的申请。9月18-22日,经过5天的惨烈激战,原有近90辆坦克与2500人的第111装甲旅,此时只剩了7辆坦克与80多人。

在当天的战斗中,美军第4装甲师A战斗群有7人阵亡、13人重伤,损失了1辆M4、2辆M18、7辆M5A1、1辆半履带式装甲运兵车与1辆卡车,宣称击毁德军17辆坦克,击毙311人、俘虏94人。斯潘塞上尉指挥作战成功,荣获优异服役十字勋章。第111装甲旅报告,当天击毁美军10辆"谢尔曼"。显然,双方记录的战绩均有不准确之处。美军宣称击毁的德军坦克数量与第111装甲旅剩余的坦克数量之和,已经超过了当天第111装甲旅的坦克总数。美军宣称击毁的"17辆

1944年9月20日,比雷,德军第111装甲旅的装甲掷弹兵准备搭乘"黑豹"式中型坦克。

1944年9月22日,阿拉库尔地区,曼陀菲尔(左)与布龙萨特-舍伦多夫上校(右)讨论作战计划。

坦克"中，应该有少量半履带式装甲运兵车，或是简单叠加各部上报的战绩所致①。德军则是将每个击毁的目标，都当成了M4。实际上，他们击毁的大部分美军装甲战斗车辆，不过是不堪一击的M5A1而已。

9月23日，双方都没有太大规模的行动。第25机械化骑兵侦察营始终保持着与德军的目视接触，在与德军侦察兵爆发遭遇战后，遭到了德军炮兵的轰击。随后，德军4辆坦克与装甲掷弹兵，逐退了第35机械化骑兵侦察营位于蒙库尔的警戒哨。在猛烈的炮火准备后，美军一度攻占了奥默赖与克叙雷，但最终遭到德军击退。

当天，美军战斗机一直不停地空袭阿拉库尔附近的德军目标。德国空军"不给力"，只能以高射炮进行还击。美军飞行员报告，在阿拉库尔突出部以北、以东与以南地区，德军高射炮兵构成了马蹄形阵地，且防空火力异常活跃。不过，这种被动防御式的防空战术，注定只能起到有限的作用。在不间断的空袭中，第405战斗机大队的1架P-47猛烈地扫射了德军1辆半履带式装甲指挥车，车中的第113装甲旅旅长泽肯多夫上校当场殒命。

9月19－23日，在阿拉库尔周边5天的激战中，第4装甲师A战斗群以25人阵亡与88人负伤、损失25辆坦克与坦克歼击车（14辆M4、7辆M5A1与4

1944年9月22日，阿拉库尔，美军第37坦克营的医护兵正在包扎伤员。

1944年9月22日，阿拉库尔，美军M25"龙"（Dragon）式坦克运输车，正在回收战损的M4A1"谢尔曼"式中型坦克。

---

① 第4装甲师战史记录的战绩更高，其表示斯潘塞上尉指挥A连的7辆M4，进攻了德军22辆坦克，击毁了其中的17辆，只有5辆逃了回去。这已经超出了第111装甲旅当时的坦克保有量。

辆M18）为代价，毁伤德军130辆坦克与自行火炮[①]。

德军作战报告表示，在此期间围绕阿拉库尔展开的战斗中，第5装甲集团军击毁美军50辆坦克。这相当于德军报称战绩的50%都是"水分"。这种现象并不奇怪，德军在东西两线的战绩"含水量"都不低。美军第1集团军第19军在亚琛包围圈以北作战时期，德军宣称击毁的美军坦克与坦克歼击车数量，"水分"含量甚至超过65%。

至此，第5装甲集团军已经彻底无力进攻，坦克与装甲掷弹兵损失惨重，2个装甲旅的旅长全部阵亡。曼陀菲尔赔得血本无归，也未能接近陷入包围的第553掷弹兵师。

杀气三时作阵云

美军第4装甲师A战斗群东挡西杀之时，B战斗群也在南征北战。只不过，与A战斗群在阿拉库尔风生水起般的战斗相比，B战斗群的一路艰苦奋战，则可谓"披荆斩棘"。

B战斗群的任务是北上支援仍然在迪耶于卢阿尔桥头堡苦战的第80步兵师。其分为2个特遣队，分别是第8坦克营长汤姆·康利（Tom Conley）上校指挥的"康利"特遣队与威廉·威瑟斯（William Withers）上校指挥的"威瑟斯"特遣队。

9月17日早晨，在滂沱的大雨中，B战斗群向萨兰堡进发。在萨兰堡，德军的卫戍兵力十分薄弱，以其中的第954保安营为例，其只有3个步兵连，每个连只有80人。然而，这些"杂牌"不乏炮兵与反坦克武器的支援，并决心利用地形，对B战斗群进行层层阻击。B战斗群攻克了多个路障与雷区，但一路上一直在遭受德军榴弹炮与迫击炮的猛轰。大雨将田野变成了水乡泽国，坦克只能沿着公路前进，一旦开下公路，就会陷入烂泥。他们距离萨兰堡越近，遭遇的抵抗就越激烈。达格准将悲伤地报告，称遭到了"德军最猛烈的抵抗"。夜幕降临时，B战斗群决定原地过夜，而不是贸然在陌生的环境中前进。

9月18日，达格准将决定对德军进行迂回，进攻萨兰堡以西5.6公里处的弗雷讷昂索努瓦。"康利"特遣队前往目标以东地区进行集结，发现远方山脊上有3辆德军车辆正在开进。第704坦克歼击车营A连的几辆M18，在最大射程上开火，以卓越的炮术，将3辆车辆全部炸成了碎片。"威瑟斯"特遣队直接进攻萨兰堡，第51装甲步兵营遭到了德军榴弹炮、迫击炮、反坦克炮、反坦克火箭筒与机枪的猛烈射击。德军步兵以极富技巧的战术，成功地守住了路障。第51装甲步兵营B连跳下半履带式装甲运兵车，呼叫炮火支援。19时30分，B连发起进攻，伤亡12人。最终，在萨兰堡边缘，他们占领了几座建筑物。当晚，"威瑟斯"特遣队开下公路进行集结。B战斗群制订作战计划，达格准将准备在9月19日总攻萨兰堡。

9月19日凌晨2时，B战斗群通知B连，美军野战炮兵将对萨兰堡进行炮火准备，B连距离炮击区域太近，必须撤回来。2小时后，以夜幕作为掩护，B连撤回了"威瑟斯"特遣队集结地。B连撤走后，德军尾随而至，占领了萨兰堡以南的高地。随后，"威瑟斯"特遣队又接到了不可思议的消息——炮火准备取消了！

7时30分，B战斗群只好以第35坦克营B连支援第51装

[①] 双方均有些战损的坦克，会在修复后重新投入使用。从战史叙述的细节来看，第704坦克歼击车营应该损失了5辆M18，但其战史记录认为损失了4辆，很可能其中1辆得到了修复。9月19日，第113装甲旅损失的"黑豹"中，也有5辆在9月20日得到修复，并重新投入作战。

甲步兵营A连与C连，强攻萨兰堡。在开阔地上，C连遭到德军猛烈火力的反复压制。此时，第253野战炮兵营又莫名其妙地恢复了火力支援，反而造成了更大的混乱。15时，第51装甲步兵营A连终于攻入萨兰堡城区，但一直遭到德军榴弹炮与迫击炮的密集轰击。19时45分，C连从南方接近萨兰堡边缘，德军退入萨兰堡东部的农业学院，准备在高地上拼死一搏。

9月20日凌晨，德军炮兵再次以密集的炮火轰击第51装甲步兵营的阵地。德军炮火甚至向美军后方的公路延伸，以阻止美军援兵抵达。德军的炮击与抵抗，甚至击伤了美军7辆坦克。第51装甲步兵营B连召唤炮火轰击农业学院的德军制高点，却仍然无果。德军狙击手反而愈战愈勇，骚扰行动异常活跃。在美军已经攻占的城区，装甲步兵在清剿德军散兵游勇。美军认为，当地平民普遍亲德，所以才没有收到鲜花、美酒、歌声与拥抱的待遇。实际上，城区内未曾停息的激战与德军持续的炮击，可能才是平民保持沉默的主要原因。随后，第51装甲步兵营接到撤出萨兰堡的命令，准备与B战斗群主力会合，继续向东推进。

9月21-23日，B战斗群一直在集结地待命。他们偶尔接到萨兰堡以北方向出现德军坦克的消息，第8坦克营与第35坦克营B连会前出，以拦截可能出现的德军坦克。大部分的时间，B战斗群都在执行警戒任务，或无奈地忍受德军持续不断的炮击。他们不知道的是，西线德军正筹划着对他们的反击。第5装甲集团军进攻阿拉库尔的A战斗群大败而归后，巴尔克又打起了B战斗群的主意。伦德施泰特调整了第1集团军的布防，以挤出兵力进攻B战斗群。他命令第462训练师将防线向北扩展至蒂永维尔，将第106装甲旅与第559掷弹兵师从梅斯以北调到了萨兰堡附近。巴尔克与曼陀菲尔都非常重视这次反击，他们抵达前沿阵地，准备亲临战场观战。

9月24日拂晓，德军炮兵以异乎寻常的火力强度，对B战斗群的阵地进行了炮火准备。B战斗群警觉地意识到，这是德军即将发起大规模进攻的前兆。5时45分，在第106装甲旅30辆"黑豹"与4号L70式坦克歼击车的支援下，第559掷弹兵师第1126掷弹兵团与第1127掷弹兵团，从三个方向扑向B战斗群的环形防御阵地。在左翼，德军坦克与步兵以大雾为掩护，穿越了萨兰堡森林，通过开阔地，向美军发起进攻。8时30分，"黑豹"已经冲垮了B战斗群右翼的部分阵地。

B战斗群的主防御阵地位于山脊之上，因而占尽了地利。在制高点上，美军发现了正在通过开阔地的德军坦克与步兵。所有的坦克与自行火炮，都向德军猛烈开火。突如其来的炮击打得德军步兵晕头转向，迫使他们手忙脚乱地躲进了森林。

德军坦克与坦克歼击车转动车体，履带翻卷起田野上潮湿的泥浆，冲向B战斗群据守的山脊。美军M4与M18处于车体掩蔽状态，利用山脊的掩护，只露出炮塔射击。德军坦克与坦克歼击车仰攻高处，而且很难击中美军坦克与坦克歼击车的炮塔。不过，在远距离的对射中，美军也很难撼动"黑豹"与4号L70式坦克歼击车的正面装甲。第704坦克歼击车营A连的M18灵活机动地转换阵地，击毁了德军4辆"黑豹"。

伊尔齐克少校指挥第8坦克营C连，参加了这场阻击第106装甲旅的战斗。尽管曾经亲临生死一线的战场，他也一直混淆了德军坦克装甲战斗车辆的型号。他一直认为，B战斗群遭遇的是"虎"与"黑豹"。实际上,第106装甲旅没有装备"虎"。

伊尔齐克少校回忆道:"我们一直据守制高点,居高临下,对周围一览无遗。我们很擅长进攻,现在却要防御,这有点难。那段时间,天气一直很差。9月24日,不仅大雾弥漫,而且还下着雨,能见度很低。我们的坦克与坦克歼击车,沿着山脊排成一排。德军坦克大多数是'黑豹',还有几辆'虎'。二战时期,'虎'的88毫米坦克炮绝对算得上数一数二。如果双方的坦克正面对垒,'虎'的优势就会很明显。在糟糕的天气状况下,我们无法呼叫空中支援。这就给了德军很大优势。德军坦克一旦进入我们的射程,即使没有把握击中目标,我们也会猛烈开火,以密集的火力压制德军,拼死一战。我们的战术是,让坦克爬上山坡,只露出炮塔,能开火就足够了。发射2-3发炮弹后,就撤回来。德军想要铲平整个山脊,我的坦克刚倒车回去,2发炮弹就在它刚才所在的位置上炸开了。我听过的最可怕的声音,就是'虎'的炮弹落到山脊上,又弹起的声音。震耳欲聋,非常吓人。德军层层推进,我们也不停地还击。那种感觉,就像在玩跷跷板。对面不时出现火光,就说明我们击中了目标。双方进入了僵持阶段,很难说谁占上风。"

美军第405战斗机大队第509战斗机中队与第510战斗机中队的P-47,一直在萨兰堡附近的上空盘旋。当天的云量达到了80%,飞行员看不到战场的位置。在空地协同小组急切的呼叫声中,美军飞行员决定以依靠仪器导航的方式寻找战场。

10时,战场上空的天气开始放晴。1个战斗机中队未能找到战场,随即空袭了发现的德军行军纵队。另1个战斗机中队的飞行员,在云缝中发现了战场上双方激烈对射的火光。在空地协同小组的指引下,美军飞行员即将以高超的飞行技巧,上演精彩绝伦的近距离空中支援作战行动。

在240米的高度上,空地协同小组通过无线电引导飞行员,向目标进行俯冲。P-47逐渐降低高度,像疾风一般呼啸而至。美军飞行员进行超低空

1944年9月,萨兰堡,德军第106装甲旅遗弃的"黑豹"式中型坦克残骸。

飞行，战斗机的银翼距离地面的高度，只有4.6米左右，几乎是从德军坦克与坦克歼击车的头顶掠过。P-47对准德军目标，进行了"跳弹"轰炸。投掷出去的炸弹，像疯狂的老鼠一样，在战场上蹦来蹦去，如死神的咆哮般炸响。P-47重新拉起，再次俯冲下来，8挺12.7毫米机枪火力全开。弹雨像钢铁风暴一样横扫战场，打得德军坦克与坦克歼击车火花四溅，吓得车组乘员驾驶着"钢铁巨兽"左躲右闪，抱头鼠窜地逃离战场。

美军战斗机抵达战场15分钟后，第106装甲旅与2个掷弹兵团的攻势就彻底瓦解了。在战场上，第106装甲旅丢下了11辆坦克与坦克歼击车的残骸，德军300多具步兵的尸体横七竖八地散落在战场上。巴尔克与曼陀菲尔乘兴而来、败兴而归，垂头丧气地离开了战场。第405战斗机大队表现卓越，因而荣获了优异集体嘉奖令。巴顿则热情洋溢地表示，参与空袭的每个飞行员，都应该获得荣誉勋章。

整个下午，萨兰堡森林中的德军炮兵都在狠狠地进行报复，将B战斗群的阵地炸得弹片四散飞溅。B战斗群的1座医疗站被毁，伤亡120人，但他们牢牢地守住了阵地。

4. 阿拉库尔保卫战

1944年9月19-22日，在阿拉库尔，美军第4装甲师A战斗群机动灵活地粉碎了德军第111装甲旅与第113装甲旅的进攻。此期间的阿拉库尔之战，是阿拉库尔之战的第一阶段。9月25-29日，随着德军援兵的抵达，阿拉库尔之战进入第二阶段，作战方式也从运动战变成了阵地战。

金山西见烟尘飞

阿拉库尔坦克战爆发之前与打得如火如荼之时，整个西线的战局形势也对其产生了影响。9月15日，在比利时，美军第1集团军的第3装甲师突破了"西部壁垒"，兵锋直指德国本土的亚琛。9月17日，在荷兰，盟军展开"市场花园"行动，以大规模的空降行动突袭德军纵深。艾森豪威尔毫不动摇地贯彻执行着以东北方为主攻方向的战略原则，蒙哥马利又发起了引人瞩目的空降行动。这意味着英军第21集团军群与美军第1集团军将再次优先获得更多补给。9月23日，布拉德利通知巴顿，补给将优先供应西线北部的行动，第15军即将调归第7集团军，第6装甲师也肯定会调离。巴顿懊恼地称当天是"军事生涯中最倒霉的日子之一"。9月24日，他会见了3个军的军长。尽管巴顿情绪低落，但他们还是认为，即使调走了这些兵力，第3集团军也足以守住现有的防线。

西线再次陷入危机，四处都在向希特勒伸手要增援。伦德施泰特恳请希特勒将第107装甲旅与第108装甲旅调到亚琛以北，曼陀菲尔则申请增援2个装甲师，以替换遭到重创的4个装甲旅。希特勒根本没有援兵可派，只是草率地命令他继续进攻。德军第1集团军无法撼动B战斗群的阵地，第5装甲集团军也拼光了血本。作为曾在东线担任过第11装甲师师长的巴尔克，自然会打起这支装甲精锐的主意。洛林前线的危急状况，也迫使他不得不调动这最后的装甲预备队。

在东线的战斗中，德军第11装甲师积累了丰富的作战经验，素有"幽灵师"（Ghost Division）的绰号。早在第47装甲军进攻吕内维尔时，第11装甲师第15装甲团的少量"黑豹"就参加了战斗。当时，第11装甲师主力还在G集团军群左翼的第19集团军防区内。第5装甲集团军在阿拉库尔遭到美军痛打之际，第11装甲师还在赶往兵力集结地的路上。在蒙贝利亚尔（Montbéliard），第15装甲团的10辆坦克装上了军列，却迟迟无法抵达战场。在德军防区纵深的上空，美军战斗机进行着自由的游猎行动。为了躲避无处不在的空袭，德军列车只能在夜间前进，白天只好躲在隧道里。即使躲在隧道里，德军坦克兵也依然提心吊胆。列车的蒸汽机空转产生的滚滚浓烟，依然吸引着美军战斗机对隧道口的围攻。有些运载着第11装甲师履带式车辆的军列，是沿着莱茵河谷开进的，秋季低沉的浓雾遮蔽了铁路线。这些军列通过科尔马与斯特拉斯堡，再经过萨韦尔恩（Saverne），在萨尔堡下车。轮式车辆在公路上开进，一路上也得到了晨雾的掩护。9月22日黄昏，在科尔马附近，第15装甲团第1装甲营第2装甲连开出了隧道。他们完全低估了美军飞行员利用光线条件的能力。在血色的残阳之下，P-47以机枪与火箭弹对其进行了猛烈的打击。他们只能再次停下来，修理空袭造成的车辆损伤。

9月23－24日，第5装甲集团军也在全力抢修战损的坦克装甲战斗车辆。第5装甲集团军残破的3个装甲旅，已经没有保持独立编制与指挥权的必要。曼陀菲尔奉命将第111装甲旅残部编入第11装甲师，第112装甲旅编入第21装甲师，第113装甲旅编入第15装甲掷弹兵师。第11装甲师70%的兵力正源源不断地开来，成为第5装甲集团军的主力。

9月24日，德军第11装甲师进行集结。此时，第15装甲团第1装甲营有20辆"黑豹"，其中16辆尚可作战；第111装甲旅第16装甲团第1装甲营残部编入后，使其拥有了30辆"黑豹"；第15装甲团第2装甲营，有10辆4号中型坦克。第110装甲掷弹兵团与第111装甲掷弹兵团的建制相对完整，亦有少量装甲掷弹兵是从野战补充营调来的。第119装甲炮兵团下辖3个装甲炮兵营，第1装甲炮兵营装备6辆"黄蜂"式105毫米自行榴弹炮与6辆"胡蜂"（Hummel）式150毫米自行榴弹炮，第2装甲炮兵营装备半履带式车辆

（上下图）1944年9月23日，迪约兹，德军第11装甲师的"黑豹"式中型坦克。

牵引的12门105毫米榴弹炮，第3装甲炮兵营装备轮式车辆牵引的12门150毫米榴弹炮。其中，第1装甲炮兵营留在了贝尔福缺口，第2装甲炮兵营与第3装甲炮兵营前往阿拉库尔前线。第209装甲工兵营、第277高射炮营、第89装甲通信营与第61装甲补给纵队已经就位。第11装甲侦察营尚在赶往阿拉库尔前线途中。第61装甲歼击营正在萨尔韦恩（Saverne）训练，等待接收4号L48式坦克歼击车。其师属的野战补充营已经接收了2000人，但尚未完成训练，其中半数是德国空军的官兵。第111装甲旅残部的装备与车辆，都分给了有需求的各部。第111装甲旅残部的装备与车辆，要比第11装甲师的崭新许多。第11装甲师的官兵不禁五味杂陈——羡慕、惋惜、"恨铁不成钢"。

第11装甲师第119装甲炮兵团团长埃里克·哈蒙中校指挥的"哈蒙"（Hammon）战斗群①，留在了贝尔福缺口。"哈蒙"战斗群下辖第15装甲团第6装甲连连长弗朗茨·格拉夫·霍约斯（Franz Graf Hoyos）中校指挥的10辆4号中型坦克、第119装甲炮兵团第1装甲炮兵营与少量自行高射炮、1个装甲掷弹兵连、1个装甲工兵连与1个通信排。在贝尔福缺口，"哈蒙"战斗群一直坚守到了11月。哈蒙是个狂热的纳粹分子，在第11装甲师并不是很受欢迎。不过，这支活跃在贝尔福缺口的小规模战斗群，确实牵制了远比他们多的美军。

阿拉库尔附近没有太多可供坦克隐蔽的树林，但塞耶河与马恩-莱茵运河之间12公里长的区域，是理想的坦克作战地带。这片田野星罗棋布地点缀着法国乡村的石质建筑。维特斯海姆少将准备从马恩-莱茵运河以北的布尔多奈出发，进攻第4装甲师A战斗群据守的突出部。但是，曼陀菲尔依然命令第11装甲师打通与第1集团军的联系。因此，第11装甲师的进攻轴线只能沿着塞耶河河谷，目标指向迪约兹。

在阿拉库尔遭到美军数次痛击后，曾经死抱着东线作战经验不放的曼陀菲尔，终于"学乖了"。他不想重蹈覆辙，因而命令德军侦察兵打探了美军阵地的情况。德军侦察兵报告，穆瓦延维克没有美军，马尔萨勒的美军兵力薄弱。曼陀菲尔就将穆瓦延维克作为第11装甲师进攻的首个目标，9月25日7时是发起进攻的时间。在希特勒与德军最高司令部的压力之下，曼陀菲尔只能硬着头皮继续进攻。此时，即使加上第11装甲师的增援，曼陀菲尔也只有54辆坦克可以参战。此时，堂堂的第5装甲集团军，兵力规模已经沦落成了"第5装甲营"，根本不可能对美军产生致命威胁。

9月24日夜间，第11装甲师进入出发阵地。维特斯海姆少将命令第15装甲团主力在迪约兹以南的森林中集结，少量坦克在马里蒙特（Marimont）东北方1000米处的树林中集结。各坦克连将分散成坦克排，支援装甲掷弹兵的进攻。第119装甲炮兵团的2个装甲炮兵营与第277高射炮营的88毫米高射炮，将一起执行火力支援任务。第110装甲掷弹兵团的1个装甲掷弹兵营、第209装甲工兵营的1个装甲工兵连与第111装甲旅残部，在布朗什-埃格利斯屏护第11装甲师兵力集结地。第113装甲旅残部驻守在奥默赖。

德军第11装甲师的抵达，

---

① 在《洛林1944：巴顿对决曼陀菲尔》中，扎洛加认为第11装甲师调到阿拉库尔前线的兵力称为"哈蒙"战斗群。参照德军第11装甲师的战史，就可以发现扎洛加的结论与事实完全不符。

1944年9月24日，德军第11装甲师作战序列	
团/营	团长/营长
第15装甲团	卡尔-古斯塔夫·施滕克霍夫（Karl-Gustav Stenkhoff）上校
第1装甲营	于尔根·赖夏特（Jürgen Reichardt）少校
第2装甲营	罗登豪泽（Rodenhauser）上尉
第110装甲掷弹兵团	海因里希-格奥尔格·哈克斯（Heinrich-Georg Hax）上校
第1装甲掷弹兵营	卡尔·蒂梅（Karl Thieme）少校
第2装甲掷弹兵营	约翰内斯·施奈德（Johannes Schneider）上尉
第111装甲掷弹兵团	维尔纳·冯·鲁普维希特（Werner von Rupprecht）中校
第1装甲掷弹兵营	维尔纳·韦尔施泰特（Werner Wehrstädt）上尉
第2装甲掷弹兵营	奥托·格伦布特（Otto Grumbt）上尉
第119装甲炮兵团	埃里克·哈蒙（Erich Hammon）中校
第1装甲炮兵营	金特·拉姆（Günther Rahm）上尉
第2装甲炮兵营	霍夫曼（Hoffmann）上尉
第3装甲炮兵营	瓦尔特·舍费尔-克内尔特（Walter Schaefer-Kehnert）上尉
第11装甲侦察营	卡尔·博德（Karl Bode）少校
第61装甲歼击营	阿尔诺德·凯斯勒（Arnold Kessler）少校
第209装甲工兵营	海因茨·伯迪克（Heinz Bödicker）少校
第277高射炮营	约亨·门策尔（Jochen Menzel）少校
第89装甲通信营	阿诺尔德·施托伊尔（Arnold Steuer）少校
第61装甲补给纵队	

美军并非毫无察觉。当天，A战斗群观察到，在阿拉库尔以北与以东地区，出现了更多的德军坦克。傍晚，美军战斗机空袭了迪约兹，但战果不明。21时45分，1名法国平民报告美军，德军1个师的兵力正从莫朗日向迪约兹开来。美军俘虏的1名德国党卫军军官称，将有1个师从萨兰堡以西至代尔姆地区出发，向南锡发起进攻。第12军情报部也截获了德军无线电，情报显示德军正派出骚扰兵力，准备沿着萨兰堡的溪谷南下。

9月25日拂晓，倾盆的大雨使阿拉库尔地区变得泥泞不堪。恶劣的路况严重拖延了第11装甲师进攻的脚步。9时，在比预定时间晚了2小时后，德军才发起进攻。德军榴弹炮、反坦克炮与高射炮，对美军阵地进行了火力准备，美军也进行了还击。在开阔地上，双方红色与绿色的弹道交织成一片。第110装甲掷弹兵团倾

德军第11装甲师军徽。

巢出动，第1装甲掷弹兵营进攻瑞韦利兹，第2装甲掷弹兵营从米尔塞出发，直奔马尔萨勒。

9时30分，第25机械化骑兵侦察营A连报告，在马尔萨勒以南发现德军步兵。战斗的程序模式几乎与阿拉库尔之前的数次激战无异。德军装甲前锋照例轻而易举地赶走了执行屏护任务的美军机械化骑兵。不到1小时，德军就在没有遭遇太多抵抗的情况下，攻占了马尔萨勒、瑞韦利兹东南方的257高地、莱耶以西与以南的制高点。

9时50分，当前线的简报发送到G集团军群司令部时，巴尔克都惊讶于第11装甲师获得的成功。连日以来，他每每接到第5装甲集团军的简报，内容都是某个装甲旅的进攻再次受挫，损失惨重。他以为，第11装甲师的进攻也会非常艰难。此时，他当然喜出望外。

10时10分，巴尔克命令，第5装甲集团军要出动全部坦克，从左翼进攻大伯臧格（Bezange-la-Grande）；第106装甲旅与第559掷弹兵师的2个掷弹兵团，从右翼进攻蒙塞勒。曼陀菲尔也信心大增，命令第58装甲军全线出击，目标是攻占从穆瓦延维克以西11公里处的蒙塞勒，继而攻占大伯臧格与巴泰莱蒙（Bathelémont），再折返回马恩－莱茵运河处，第47装甲军据守的埃纳梅尼（Hénaménil）。第5装甲集团军参谋长沃尔夫·冯·卡尔登（Wolf von Kahlden）上校通知吕特维茨，第47装甲军要策应第58装甲军的行动，在马恩－莱茵运河以南发起进攻，以反炮兵火力压制巴泰莱蒙东北方山地上的美军炮兵阵地。当然，这个命令无异于痴人说梦。此时，美军A战斗群能调动6个炮兵营，而德军只有2个炮兵营。双方炮兵一旦展开对射，德军炮兵必然遭到灭顶之灾。

在烟幕的掩护之下，德军第11装甲师进行重组。他们一举攻占了穆瓦延维克，并与美军第35坦克营的少量M4与第53装甲步兵营C连交火。机械化骑兵再次报告，德军200－300名步兵从北方接近瑞韦利兹，在马尔萨勒发现德军30辆坦克。第11装甲师不愧是经验丰富的行家里手，以稳扎稳打、步步为营的节奏，逐步逼退了美军。中午，德军攻占塞耶河畔维克（Vic-sur-Seille），完成了与第1集团军连接的任务。

12时20分，艾布拉姆斯中校报告A战斗群：“第37坦克营的阵地遭到德军5辆坦克与数量不明的步兵的进攻，我将与你们保持联系。"13时，第35坦克营出动，围绕阿拉库尔展开防御。第35坦克营营部位于阿拉库尔以东，A连负责警戒营部以东的公路，B连负责保卫营部，C连部署在阿拉库尔以南与以西，D连负责守卫南方。

在瑞韦库尔（Juvrecourt）西北方2400米处，第51装甲步兵C连击退了德军的进攻。第111装甲掷弹兵团突袭第10装甲步兵营B连，他们被迫后撤并召唤第37坦克营B连支援。中午刚过，第37坦克营B连与第10装甲步兵营B连就杀了个回马枪，收复了蒙库尔。战斗快结束时，第10装甲步兵营营长阿瑟·韦斯特（Arthur West）中校差点丢了性命。艾布拉姆斯中校给了他1辆M5A1作为指挥车。他和车组正在车外行动，德军榴弹炮发射的1发炮弹恰巧击中了坦克顶部，将其彻底炸毁。

A战斗群突出部的尖端是瑞韦利兹，第110装甲掷弹兵团汹涌而来，进攻第37坦克营与第53装甲步兵营的阵地。美军能明显感受到，这些新来的德军坦克兵与装甲掷弹兵，与之前的对手不一样。他们利用散兵坑与战壕部署机枪与迫击

1944 年 9 月 25 日，美军第 4 装甲师作战序列		
A 战斗群	B 战斗群	R 战斗群
第 35 坦克营	第 8 坦克营	第 37 坦克营
第 53 装甲步兵营	第 10 装甲步兵营	第 696 装甲野战炮兵营
第 66 装甲野战炮兵营	第 51 装甲步兵营	第 489 高射炮兵营主力
第 94 装甲野战炮兵营	第 22 装甲野战炮兵营	
第 191 野战炮兵营	第 179 野战炮兵营	
第 602 坦克歼击车营	第 253 野战炮兵营	
第 704 坦克歼击车营	第 177 野战炮兵集群	
第 25 机械化骑兵侦察营 A 连	第 691 反坦克炮营	
第 489 高射炮兵营 B 连	第 25 机械化骑兵侦察营主力	
第 46 装甲医护营 A 连	第 489 高射炮兵营 A 连	
第 126 军械维修营 A 连	第 24 装甲工兵营	
第 166 工兵营	第 46 装甲医护营 C 连	
师属炮兵司令部	第 126 军械维修营 B 连	
	第 995 舟桥连	

炮，无论进攻还是防御，作战意志都很坚决，甚至会利用第一次世界大战时期的混凝土防御工事，抵御美军的炮击与空袭。这很快引起了美军的警觉与重视。利奇上尉表示："他们当然吸引了我们的注意。有些真正的'老油条'开始进攻我们了。"第37坦克营的3个中型坦克连都卷入了战斗，仍然无法击退德军装甲掷弹兵的渗透。美军装甲步兵数量不足，难以维持阵地。德军装甲掷弹兵靠得太近，迫使第704坦克歼击车营炮塔敞开的M18撤出阵地。

此时，第11装甲师也成了强弩之末。瓢泼的大雨与美军野战炮兵的猛烈炮火隔绝了战场，德军屡屡受挫，不得不暂停进攻。第37坦克营已经动用了全部兵力，但阵地依然处于德军坦克与炮兵的轰击之下，承受的压力节节攀升。A战斗群的其他兵力都在执行清剿后方德军的任务，第37坦克营几乎没有掩护侧翼的兵力，

1944年9月25日，比雷，德军第11装甲师的"黑豹"式中型坦克正在前往博泽蒙。

瑞韦利兹的突出部尖端很难维持。在他们身后，只有1座桥梁可供撤退通行。克拉克上校意识到了形势的危急，他决定西撤，将防线收缩到更利于防御的地形上。为了避免德军追击，克拉克上校决定先"虚晃一枪"，迫使德军转入防御，再转身撤退。

18时55分，美军装甲炮兵与野战炮兵猛轰德军阵地。第37坦克营B连与C连向德军发起佯攻，掩护装甲步兵撤退。克拉克上校的计划非常有效。第58装甲军参谋长汉斯·丁勒（Hans Dingler）上校获悉，美军40辆坦克从小伯臧格与勒泽发起进攻，在穆瓦延维克与马尔萨勒，与德军17辆坦克展开交火。他认为，这明显是美军准备借助将持续几天的恶劣天气，向第47装甲军展开大规模攻势的前奏。22时15分，第58装甲军报告，美军80辆坦克发起进攻，收复了宽库尔与257高地。丁勒上校"坚定不移"地认为，这里的德军兵力薄弱，美军必将于第二天早晨大举来袭。他请求德军将主攻方向从A战斗群突出部以北改为以南，因为美军已经意识到阿拉库尔以北是德军的主攻方向了。22时30分，巴尔克批准了他的请求，并命令第58装甲军于9月26日9时继续进攻。

德军还在疑神疑鬼之时，第37坦克营与第10装甲步兵营早已瞒天过海，给德军唱了出精彩的"空城计"。在第94装甲野战炮兵营B连的掩护下，他们向西撤退，沿着小雷基库尔－伯臧格公路布防。深夜，德军才发现，美军已经撤走了。

9月25日，A战斗群突出部尖端遭到了德军猛烈进攻，但美军的战绩依然远高于自身的损失。在当天的战斗中，第25机械化骑兵侦察营击毁2辆4号中型坦克，估计击毙击伤德军40人。第37坦克营击毁6辆坦克与20辆其他型号的车辆，击毙100多人。美军16人阵亡、47人负伤、29人疲劳过度。第19战术航空军对吕内维尔－萨尔堡地区进行侦察，空袭了铁路、沿途的车辆与油库。德军以猛烈的防空炮火还击，3架P-47失踪，确认有2架损失于德军高射炮的打击。第58装甲军记录，当天击落美军1架P-47。

A战斗群从瑞韦利兹撤出后，伍德少将重组了第4装甲师的3个战斗群。他将劳苦功高的第37坦克营撤到后方的R战斗群进行休整。

千磨万击还坚韧

伍德少将意识到，第11装甲师的进攻，意味着德军将继续进攻第4装甲师A战斗群据守的阿拉库尔。他准备将B战斗群从萨兰堡调过来，协助A战斗群保卫阿拉库尔。

9月25日下午，B战斗群接到命令，将阵地转交给第35步兵师第320步兵团。第51装甲步兵营的官兵都很高兴，以为他们将返回后方进行休整了。营参谋部得到指示，要井然有序地换防，而不是迅速地撤走。然而，傍晚时分，营联络官带着新的命令返回。埃迪少将命令B战斗群不等第320步兵团抵达，即刻驰援阿拉库尔。

在黑夜中，B战斗群匆忙集结。格雷梅塞森林（Forêt de Grémecey）是B战斗群前往阿拉库尔的必经之路，情报显示这里有德军驻守。各连连长都很担心，准备出发时，他们脑海中都浮现出了遭遇伏击的情景。第51装甲步兵营考虑到了行军路途的安全问题，因此命令每个装甲步兵排以10分钟为间隔出发。第51装甲步兵营B连发现附近有德军坦克，召唤第8坦克营支援。M4抵达后，向德军坦克开火，并报告击毁德军3辆坦克。不过，总体来说，B战斗群并没有遇到什么麻烦，他们安全地驶出了格雷梅塞森林。

9月26日1时15分，冒着滂沱的大雨，B战斗群继续南下。有些车辆陷入了泥泞，拖延了行军速度。黎明时分，他们终于抵达了奥埃维尔（Hoéville）与塞尔（Serres）之间的兵力集结地。随后，第51装甲步兵营接到命令，要前往阿拉库尔以南的318高地，接替第320步兵团的2个步兵营。营参谋们着手联系第320步兵团，其他官兵抓紧时间小憩。

A战斗群前锋从突出部尖端的瑞韦利兹，向西撤退3.2公里。美军撤走后，德军尾随而至。9时，第559掷弹兵师向西南方前进。11时，在没有遭遇任何抵抗的情况下，第11装甲师一路收复了瑞韦利兹、勒泽、蒙库尔与宽库尔。第15装甲掷弹兵师通过帕尔鲁瓦，抵达比雷以南的高地。曼陀菲尔宣称这是第5装甲集团军取得的重大胜利，并迫不及待地向柏林邀功。同时，他命令第11装甲师在比雷集结，准备继续进攻阿拉库尔。

11时，第51装甲步兵营开动，前往318高地驻防。12时30分，在行军途中，B战斗群遭遇德军坦克的进攻。美军召唤火力支援，宣称野战炮兵以精确的火力击毁3辆"黑豹"。13时，第51装甲步兵营通过阿拉库尔。营属侦察排将护送主力抵达318高地，

A连与C连接管了第320步兵团2个步兵营据守的长达4570米的阵地。B连进入阿拉库尔与小雷基库尔之间的洛维尔（Rouville）。第51装甲步兵营左翼是第10装甲步兵营据守的265高地，右翼是第25机械化骑兵侦察营B连。

在交接阵地时，第320步兵团的官兵轻松地告诉第51装甲步兵营，这片区域"太安静了"。话音落下没多久，德军炮兵的火力就很不给面子地砸了下来。第10装甲步兵营与第53装甲步兵营的阵地上也纷纷落下炮弹，第4装甲师突出部全线陷入了德军密集的炮击。美军装甲炮兵与野战炮兵迅速还击，双方再次展开你来我往的炮战。美军抓获了第11装甲侦察营的2名战俘，他们供述德军将在当天发起两次进攻。

15时，A战斗群一度准备收复穆瓦延维克。在瑞韦库尔，第35坦克营A连完成了与第53装甲步兵营的连接；在301高地，B连完成了与第166工兵营的连接，替换了第704坦克歼击车营的1个排。最终，克拉克上校叫停了进攻穆瓦延维克的行动。

根据伍德少将的计划，第4装甲师重组后，将围绕阿拉库尔展开防御。阿拉库尔周边环绕着山丘，在制高点上能够居高临下地俯瞰德军防区。第4装甲师将阿拉库尔突出部分成两个部分，3个装甲步兵营将在制高点上掘壕固守，替代3个坦克营，成为阿拉库尔保卫战的主角。A战斗群负责突出部的北部，第53装甲步兵营据守瑞韦库尔；B战斗群负责突出部的东部与南部，第10装甲步兵营负责据守东部的265高地，第51装甲步兵营负责据守南部的318高地。第4装甲师的师属炮兵也进行了明确的任务划分：第22装甲野战炮兵营支援B战斗群，第66装甲野战炮兵营支援第B战斗群，第191野战炮兵营与第696装甲野战炮兵营负责总体支援，第704坦克歼击车营作为预备队。

16时，第10装甲步兵营完成部署。A连部署在右翼，B连部署在左翼，C连部署在中央，营属重武器连配属A连，以机枪封锁A连前方的溪谷与森林地带。16时30分，德军进攻小雷基库尔。这已经比预定的进攻时刻表晚了2小时，泥泞的路况拖慢了德军坦克的前进速度。第51装甲步兵营A连奉命延伸左翼阵地，与第10装甲步兵营完成连接。然而，A连连长莱希（Lahey）中尉传回了发现德军坦克的消息。第691反坦克炮营A连前出，以支援第51装甲步兵营抵御可能遭

1944年9月26日，阿拉库尔地区，德军第11装甲师的"黑豹"式中型坦克发起进攻。

1945年，小雷基库尔，美军第704坦克歼击车营的官兵重返阿拉库尔，与战场上的坦克残骸合影。这辆坦克残骸是"黑豹"A式中型坦克，隶属于德军第11装甲师。

阵地。

当天夜间，天气晴朗，月光皎洁。在318高地上，第51装甲步兵营的官兵能看到，遥远的地平线上，有3辆坦克的残骸在剧烈地燃烧，将夜空映得一片火红。在德军时有时无的炮击之下，有的人在抓紧时间休息，有的人则谨慎地保持着警戒状态。每个人都知道，德军不会善罢甘休，天亮就意味着战斗的开始。

9月26日结束时，德军第58装甲军还有33辆坦克，包括27辆"黑豹"与6辆4号中型坦克。当天，美军有107人阵亡或负伤，42人疲劳过度。美军1名军医记述道："艾布拉姆斯中校非常关心在此期间产生的战斗疲劳问题。他认为，只要我们处于静态防御中，因战斗疲劳退下火线的人就会越来越多。这很可能是由于第4装甲师接受的训练，都是如何在快速机动的状态下作战，而且一直在作为前锋，执行进攻任务。"

在成功逼退了美军的突出部后，曼陀菲尔心满意足地制订起了随后的作战计划。巴尔克与曼陀菲尔都很关注位于阿拉库尔–巴泰莱蒙公路以东，美军占据的驼峰制高点——293高地与318高地。在这两座制高点上，美军能够俯瞰

遇的德军坦克。

在小雷基库尔，德军占领了265高地。在第94装甲野战炮兵营的火力支援下，第51装甲步兵营A连的2个装甲步兵排与1个重武器排攻上制高点。在3辆"黑豹"与炮兵的支援下，德军1个装甲掷弹兵排拼死抵抗。经过激烈的战斗，美军歼灭了德军的1个装甲掷弹兵排，但自身也伤亡惨重。美军55名官兵攻上265高地，却只有13个人返了回来。战斗结束后，265高地进入了"真空"状态。在詹姆斯·菲尔茨（James Fields）中尉指挥1个装甲步兵排，以夜幕为掩护，在265高地上构筑了防御

第5装甲集团军的防区。9月27日，德军的目标就是拔除这两座制高点，使美军失去炮兵观察哨，抵消其野战炮兵的火力优势。根据曼陀菲尔的计划，第111装甲掷弹兵团将先攻占265高地，以防止265高地上的美军召唤野战炮兵火力拦阻德军进攻293高地与318高地的行动；第58装甲军要从第15装甲团、第11装甲侦察营、第115装甲营、第111装甲旅与第113装甲旅残部"搜刮"出25辆坦克与突击炮，组成1个战斗群。这个战斗群将在马恩－莱茵运河与帕尔鲁瓦湖（Étang de Parroy）之间的区域，沿着狭窄的道路前进，一举拿下293高地与318高地；如果进攻得手，战斗群将继续前进，进而攻占阿拉库尔。

曼陀菲尔的作战计划，遭到了维特斯海姆少将的坚决反对。维特斯海姆少将表示，第1集团军与第5装甲集团军已经完成了连接，现在已经是转入防御的时候了。他认为曼陀菲尔的作战计划依然是在死抱着东线的作战经验不放。在从法国南部执行后卫任务的战斗中，他一直指挥第11装甲师与盟军作战。在美军掌握制空权且野战炮兵具备绝对火力优势的情况下，曼陀菲尔计划中这种东线式的装甲集结，将沦为彻底的灾难。在西线的战场条件下，以小规模的装甲战斗群进行突破，才是最有效的战术。然而，巴尔克与曼陀菲尔拒绝了维特斯海姆少将的提议，坚持认为集中坦克进行突破才是打败美军的不二法门，何况德国空军已经承诺将出动50架飞机进行掩护。

对美军来说，曼陀菲尔策划的这次进攻，没有丝毫的突然性可言。第10装甲步兵营与第51装甲步兵营早已森严壁垒，枕戈待旦。不过，第3集团军情报部门提供的情报依然夸大了德军的兵力规模。他们通知埃迪少将，德军即将以3-4个师的兵力，集中150-200辆坦克，向第12军发起进攻。

9月27日凌晨，第111装甲掷弹兵团的1个装甲掷弹兵营悄悄地潜伏进了小伯臧格，随后抵达265高地以南。拂晓，美军机械化骑兵前往小雷基库尔－伯臧格－桑克雷，执行屏护任务。8时，在几辆坦克的支援下，德军装甲掷弹兵开始进攻第10装甲步兵营据守的265高地。此时，265高地上仍然只有菲尔茨中尉指挥的A连1个装甲步兵排。德军装甲掷弹兵疯狂地进攻，美军装甲步兵在近距离上与之展开搏杀。

美军刚击退了德军的进攻，菲尔茨中尉就听到有人喊医务兵。他知道高地上根本没有医务兵，所以就跳出战壕，前往救治。他刚进入伤员所在的散兵坑，战斗就再次打响了。他手下的1名班长头部中弹，当场阵亡。菲尔茨中尉转身，恰好看到了打死这名班长的德军装甲掷弹兵。他还没来得及开火，1发子弹就击中了他的左脸颊，又从右脸颊穿了出去。他的舌头、牙齿与鼻腔严重受伤，满嘴都是鲜血、破碎的牙齿与颌骨，已经说不出话来了。然而，他却没有离开高地寻求医治，而是坚守在高地上指挥作战。

高地上没有医务兵，菲尔茨中尉就自己处理伤口。他将止血敷布塞进嘴里，然后用另一块止血敷布捂住右脸颊上的弹孔，以延缓失血。他不能说话，就用手势指挥，或者将命令写在纸条上，在战壕与散兵坑之间传递。

德军装甲掷弹兵进攻失利，就调来了3辆坦克助战。菲尔茨中尉发现德军领头坦克的车长，将头部露出炮塔舱盖。他用右手捂着右脸颊的伤口，只用左手瞄准射击，一枪就击中了德军领头坦克车长的头部。美军装甲步兵以步枪和机枪，向德军坦克射出密集的子弹。德军3辆坦克狼狈逃窜，头也不回地撤走了。

德军发现坦克居然没有起到任何作用，只好继续以装甲掷弹兵发起进攻。德军的2挺MG42对美军阵地形成了交叉火力，打得美军装甲步兵抬不起头。美军1名机枪手阵亡，机枪已经不响了。菲尔茨中尉见状，冒着德军机枪火力跳出战壕，从阵亡的战友手中接过了这挺M1919A4，向德军机枪阵地猛烈开火。他的机枪火力如此准确，子弹像长了眼睛一样，将德军2挺MG42都打哑了。中午，在久攻不克的情况下，德军不得不撤退了。德军连续6小时进攻，但265高地上的美军装甲步兵始终岿然不动。

制高点稳固后，菲尔茨中尉率部撤下了265高地。第10装甲步兵营的救护站距离265高地只有800米，但救护站已经处理不了他的伤势了，需要送往野战医院进行医治。然而，他依然拒绝立即撤走，而是坚持要先向营长报告战况。他不能说话，就用纸与笔画出了草图，标明了265高地周围的德军部署。后来，他记述道："我一直不明白，为什么德军没能打垮我们。实际上，我们根本挡不住他们。我们这群疯狂的装甲步兵，只是一直没有放弃而已。当天，我们排打得非常英勇。哪怕德军坦克距离我们那么近，用75毫米坦克炮轰击我们的散兵坑，也没人想要撤退。"最终，美军授予他荣誉勋章[1]。

第10装甲步兵营的阵地绵延3200米，其他地段上也打得难解难分。冒着美军野战炮兵猛烈的火力拦阻，德军第111装甲掷弹兵团接连发起了7次猛攻，在第10装甲步兵营的阵地上打出了楔子。美军防线向后弯曲，但德军也始终无法达成突破。A连1个装甲步兵班的班长阵亡，一等兵克莱德·沃克曼（Clyde Workman）代理指挥。德军1门迫击炮不停地轰击沃克曼的阵地。在一览无遗的开阔地上，沃克曼匍匐前进了270米，投掷手榴弹，炸死操作迫击炮的德军步兵。至此，他已经击毙了德军包括几个狙击手在内的10名装甲掷弹兵。随后，德军1辆坦克来袭。他爬上1辆M3半履带式装甲运兵车，操作12.7毫米重机枪向德军坦克猛烈开火，将德军坦克打得燃烧起火[2]。后来，美军授予他优异服役十字勋章。

10时，在阿拉库尔突出部南部，曼陀菲尔东拼西凑来的"战斗群"，终于展开行动。在318高地上，第51装甲步兵营早就发现了敌情。德军坦克从比雷出发，刚抵达1600米外的富拉斯（Fourasse）农场，维特斯海姆少将"预言"的灾难就降临了。美军调集了6个野战炮兵营与装甲野战炮兵

---

[1] 1920年6月26日，詹姆斯·菲尔茨出生于美国得克萨斯州的卡多（Caddo）。1942年2月，在休斯敦（Houston），他应征入伍。1945年2月27日，美军授予他荣誉勋章。巴顿亲自为他佩戴了荣誉勋章，将他的军衔晋升到了上尉。随后，巴顿就将他送回了美国。巴顿亲自记述道："我太了解战争了。我告诉加菲，我不想让菲尔茨中尉继续上前线了。很不幸，我发现无论谁获得了荣誉勋章，甚至是优异服役十字勋章，都会想要超越自己，结果导致自己丢了性命。为了保存勇猛精神的种子，这样的人应该活下去才对。"除了荣誉勋章之外，他还获得过银星勋章（Silver Star）、铜星勋章（Bronze Star）、紫心勋章（Purple Heart）和法国军功勋章（Croix de Guerre）。

[2] 一等兵克莱德·沃克曼使用12.7毫米重机枪将德军坦克打着火的描述，看起来似乎不太可信。在未能查到相关资料或佐证的情况下，笔者认为此战例的记述，有4种可能。1.美军官方战史描述的这段记录中，所谓的"德军坦克"很可能是德军半履带式装甲运兵车。2.当时，美军坦克或火炮可能正巧击中了这辆德军坦克，导致人们以为是沃克曼的机枪扫射起了作用。3.德军坦克车体外部可能挂有坦克兵的个人物品，12.7毫米重机枪发射的穿甲燃烧弹或曳光穿甲弹可以点燃这些杂物。4.德军4号中型坦克车体后部，车体与炮塔顶部的装甲只有10~20毫米，发动机舱的散热则是更大的弱点。在200米距离上，M2式12.7毫米重机枪发射M2式穿甲弹，可以击穿15毫米的镍铬钢板。只要着弹角度合适，还是有可能击穿其薄弱部位装甲的。

1944年9月26日，萨兰堡，美军第37坦克营的M4"谢尔曼"式中型坦克车组，利用坦克车体搭建帐篷，准备过夜休息。

1944年9月26日，萨兰堡，美军第37坦克营的列兵肯尼思·博耶（Kenneth Boyer）与1辆105毫米炮型M4"谢尔曼"式中型坦克合影。

兵营呼叫了空中支援。德军以密集的防空火力应对，德国空军甚至破天荒地兑现了出动支援的诺言，派出了少量的战斗机。13时，第51装甲步兵营与第53装甲步兵营都发现上空有德军战斗机。他们以12.7毫米重机枪扫射，但未能击中目标。美军1架P-51被击落，坠毁在了第51装甲步兵营的阵地上，飞行员成功跳伞。

在第10装甲步兵营与第53装甲步兵营结合部，第110装甲掷弹兵团发起进攻，占领了桑克雷。16时，德军装甲掷弹兵正在集结时，美军野战炮兵突然发难，向桑克雷倾泻了榴弹与烟雾弹。随后，第35坦克营的M4发起反击，像饿虎扑食一样，径直冲入桑克雷。美军坦克枪炮齐鸣，并列机枪与航向机枪的弹道来回扫荡。第110装甲掷弹兵团损失135人，灰头土脸地撤出了桑克雷。第35坦克营有2辆M4损失于德军埋设的反坦克地雷。

曼陀菲尔意识到，对阿拉库尔突出部北部的进攻已经毫无希望了。他命令第110装甲掷弹兵团第2装甲掷弹兵营向南转移，参加对318高地的进攻。20时30分，尽管攻势一直没什么进展，曼陀菲尔依然自我感觉良好地向巴尔克报告——美军第4装甲师将继续

营，根据炮兵观察员的指示，上演了"隔山打牛"的好戏。105毫米与155毫米的榴弹越过318高地，像冰雹一样砸向拥挤在一起的德军坦克。剧烈的爆炸扬起的滚滚烟尘，瞬间吞没了战场。第691反坦克炮营的M5式76.2毫米反坦克炮，也瞄准目标猛烈开火。德军坦克还没抵达目标，就被炸得没了脾气，只好灰溜溜地撤退了。

在战斗中，第10装甲步

撤退，一直撤过默尔特河，第47装甲军将加强侦察，对撤退的美军进行追击。天知道曼陀菲尔的自信是从哪里来的！

21时50分，维特斯海姆少将准备偷袭265高地与318高地。他命令2个装甲炮兵营向前沿阵地移动6公里，第110装甲掷弹兵团第2装甲掷弹兵营也进入了阵位。在265高地，美军第10装甲步兵营A连的少量兵力被迫撤了下来。第704坦克歼击车营1个排与第166工兵营的1个排发起反击，在天亮之前收复了265高地。在318高地，第110装甲掷弹兵团第2装甲掷弹兵营的突击队悄悄地渗透进了第51装甲步兵营的阵地。经过激烈的战斗，德军装甲掷弹兵将美军装甲步兵赶下了318高地。22时15分，第58装甲军参谋长丁勒上校报告，第11装甲师对阿拉库尔突出部南部的进攻进展顺利。

在第51装甲步兵营的其他地段，装甲步兵听到阵地前方不远处有大量德军坦克与机动车辆的声音。美军野战炮兵向目标区域开火，但效果不明。第704坦克歼击车营报告，在夜间击毁德军1辆坦克、1门88毫米炮与2辆半履带式装甲运兵车。

当天结束时，德军第5装甲集团军还有14辆"黑豹"与7辆4号中型坦克尚可作战。德军估计消灭美军200多人。实际上，第4装甲师只有9人阵亡，86人负伤，38人疲劳过度。

旌旗十万斩阎罗

9月28日凌晨，德军炮兵持续轰击着美军阵地，MG42密集的弹道也不时涤荡而来。德军装甲掷弹兵组成的侦察队，试图渗透过第25机械化骑兵侦察营的警戒线，但屡遭击退。2时30分，德军侦察兵歪打误撞地摸进了第51装甲步兵营营属反坦克炮排的阵地。布里斯（Breece）中士发现敌情，用机枪猛烈扫射，并投掷手榴弹，赶走了德军侦察兵。随后，美军阵地归于沉寂。

天亮之后，265高地与318高地再次陷入双方的生死搏杀之中。

9时45分，在第10装甲步兵营A连防线正面，德军开始释放烟幕。美军装甲步兵透过烟幕，隐约地发现了德军的踪影。那是第113装甲旅残部的6辆坦克与第111装甲掷弹兵团第1装甲掷弹兵营正在溪谷中集结。德军坦克转动炮塔，以直射火力轻易地压制了第10装甲步兵营A连的机枪排。德军装甲掷弹兵一旦趁势掩杀上来，后果将不堪设想。一等兵默里（Murray）自告奋勇，志愿只身返回后方请求支援。他驾驶吉普车，在德军眼皮底下疾驰而过。德军炮火与机枪扫射追着他的吉普车横扫而来，却丝毫未能阻止他的行动。在默里的召唤之下，美军1个中型坦克连与几辆坦克歼击车抵达。12时45分，在P-47的支援下，它们隆隆地开过装甲步兵的阵地。在一片欢呼声中，这些M4与M18击毁了几辆德军坦克，解除了A连阵地遭受的威胁。

下午，德军准备先进攻小雷基库尔，以强大的榴弹炮与反坦克炮火力将美军逼回防御状态，再拿下265高地。第111装甲掷弹兵团从塞耶河畔维克出发，从阿拉库尔突出部以北横穿而过，抵达小伯藏格，再向西南方进攻小雷基库尔。

19时，弗里德里希·冯·埃格林（Friedrich von Eggeling）中尉指挥第15装甲团第3装甲连的6辆"黑豹"发起猛攻。这些张牙舞爪的钢铁怪兽冲上265高地，以坦克炮直射第10装甲步兵营A连第3装甲步兵排阵地。第3装甲步兵排开始撤退时，列兵艾伯特·纳普（Albert Knapp）跳出散兵坑，接管了1挺被遗弃的机枪。他坚守岗位，向27米外的德军装甲掷弹兵猛烈扫射，直至壮烈牺牲。后来，美军追授他1枚银星勋章。阿德里安·泰西耶（Adrian Tessier）少尉指挥A连第1装甲步兵排，试图维持住阵地。他亲自操作1挺机枪扫射，击毙了几个装甲掷弹兵，迫使德军坦克车长关闭了炮塔舱盖。然而，在缺乏重火力支援的情况，第1装甲步兵排还是被迫后撤，退到了反斜面阵地上。

格拉夫·冯·普法伊尔上尉与2个装甲掷弹兵登上了265高地，在山顶的橡树丛里找到了可以向高地下方的美军开火的阵地。在"黑豹"机枪火力的掩护下，埃格林中尉步行引导1辆"黑豹"开进阵位。这辆"黑豹"的车组发现了满眼的目标，并宣称击毁了"相当多的M4"。然而，美军作战报告或战史记录却无法支持这辆"黑豹"车组的战绩。实际上，他们击毁的都是美军半履带式装甲运兵车。在反斜面阵地上，美军装甲步兵呼叫炮火支援。美军装甲炮兵与野战炮兵的火力应声而至，无坚不摧的大口径榴弹击毁了3辆"黑豹"。

埃格林中尉座车的炮手没有严格遵守在坦克中用空炮弹药筒作为尿壶的规定，而是跑到车外小便，结果死在了美军的炮击之下。普法伊尔上尉与"7·20"事件的部分参与者有牵连关系。此时，盖世太保已经关押了他的父母。他知道自己也一定会受到牵连。在战斗中，他绝望地径直走向美军阵地，倒毙在了美军的弹雨之下。埃格林中尉记述道："我们不仅要遭受战争的劫难，有时还要遭到纳粹政治制度的迫害。"

夜间，在小雷基库尔东北方1000米处，德军突击队成功地渗透进了美军防线。他们打得美军措手不及，抓获13名俘虏，缴获了大量仪器装备与10辆装甲侦察车，其中7辆可以使用。当天，美军第10装甲步兵营也损失惨重，他们损失了1门57毫米反坦克炮、1门81毫米迫击炮、9支反坦克火箭筒与12辆半履带式装甲运兵车。其中，有9辆被击毁或缴获，3辆被击伤。

在265高地以南的战场上，318高地依然是双方争夺的焦点。拂晓，第51装甲步兵营发起反击，一举冲上了318高地。整个上午，制高点上的轻武器射击声与手榴弹爆炸声此起彼伏，响成一片。第119装甲炮兵团的2个装甲炮兵营在夜间转移了阵地，此时炮兵观察员尚未进入阵地，因此德军始终未能得到有效的炮火支援。10时20分，第2111装甲掷弹兵团抵达，支援第110装甲掷弹兵团的行动，向第51装甲步兵营防线中央发起进攻。

在318高地的山坡上，德军装甲掷弹兵像潮水一样冲向美军装甲步兵的阵地。在人数处于劣势的情况下，第51装甲步兵营仍然坚如磐石地守卫着阵地。M1919A4式重机枪居高临下地播撒弹雨，弹链随着喷吐的火舌不住地抖动，密集的扫射声中夹杂着M1式半自动步枪清脆的弹夹跳出声。美军装甲步兵接连击退了德军的两次进攻，然而德军再次发起冲锋，攻势异常凌厉。在关键时刻，美军炮兵观察员呼叫了火力支援，野战炮兵的火力拦阻，像死神的镰刀一般扫过战场，瓦解了德军的进攻。10时45分，德军第11装甲师师部收到了这条令人失望的消息——对318高地的三次进攻，全部以失败告终。11时30分，德军确认美军已经收复了318高地。

中午刚过，天气放晴。在比雷上空，美军飞行员发现了德军炮兵阵地与步兵集结地。8架P-47呼啸着俯冲下来，猛烈扫射与轰炸德军目标。当天，美军第19战术航空军出动了107架次战斗机，向比雷投掷了23颗272公斤炸弹，将其彻底夷为平地。第406战斗机大队对斯特拉斯堡-萨尔堡地区进行侦察，发现了满载坦克与弹药的德军军列。第512战斗机中队沿着长蛇一样的列车进行扫射，导致军列爆发了惊天动地的大爆炸。美军飞行员甚至夸张地报告，"方圆8公里范围的乡野都被炸平了"。还有1列20辆车厢的弹药列车，也在美军战斗机的空袭之下发生了剧烈爆炸，造成旁边运输坦克的列车燃起了大火。

下午，德军第119装甲炮兵团的2个装甲炮兵营向美军第51装甲步兵营A连与C连的阵地进行炮击。在11分钟内，德军发射的70发炮弹砸在了A连阵地上，造成了美军些许伤亡。美军判断，这些炮弹的口径都不低于105毫米。随即，美军装甲炮兵与野战炮兵向怀疑是德军炮兵阵地所在之处的比雷与帕尔鲁瓦还击。美军猜测，穆瓦延维克教堂的塔尖上一定有德军炮兵观察员，便以炮火将其彻底摧毁。双方的炮战过后，318高地逐渐平静了下来。

17时20分，维特斯海姆少将通知作战官，取消原计划中对318高地的进攻。他认为，在久攻不克的情况下，要么应该修改作战计划中的时刻表，要么应该更改主攻方向，总之第11装甲师的官兵已经精疲力竭，应该暂停进攻，并请求调拨更多的37毫米高射炮炮弹。就像之前那样，曼陀菲尔拒绝了他的提议。曼陀菲尔认为，如果因为战斗疲劳就暂停进攻，那将意味着进一步的行动要推迟24小时，美军将有足够的时间从防御转入进攻，而且柏林非常关注第5装甲集团军的进展，第11装甲师必须继续进攻。

当然，曼陀菲尔也知道，德军官兵正遭到美军野战炮兵暴风骤雨般的炮击。他请求巴尔克予以空中支援，压制美军野战炮兵，并告知空中支援抵达的准确时间。然而，24小时之前还出现在阿拉库尔上空的德军战斗机，已经成了昙花一现。巴尔克告诉曼陀菲尔，根本不会有什么空中支援了。第47装甲军也正处于美军的重压之下，没有多余的兵力来支援第58装甲军了。曼陀菲尔无奈地将巴尔克的回复转给了维特斯海姆少将，告诉他只能进行夜战，以抵消美军野战炮兵的绝对火力优势。克吕格尔命令维特斯海姆少将：天黑后先停止前进，巩固已经占领的阵地；22时，从富拉斯农场出击，拿下293高地与318高地，再以钳形攻势，攻占阿拉库尔。

夜幕降临后，德军对318高地进行了猛烈的炮击。美军装甲步兵躲在散兵坑或战壕中，看不到318高地南坡森林中的情况。在南坡的阵地上，本应该有工兵驻守，但协调却出了问题，工兵没有如期抵达。第51装甲步兵营不知道工兵根本没有来，导致其右翼彻底敞开。德军1个装甲掷弹兵营偷偷地爬了上来，利用战壕作为掩护，一直渗透到了距离C连阵地近在咫尺的地方。德军装甲掷弹兵突然投掷出了大量的手榴弹，炸得美军装甲步兵晕头转向，炮兵观察员负伤，不得不撤下火线。

随后，利用装甲掷弹兵打开的缺口，德军坦克也开上了318高地。在德军坦克与装甲掷弹兵的进攻之下，第51装甲步兵营C连撤到了318高地的北坡。然而，德军炮兵早已锁定此处，以炽烈的炮火狠狠地报复了美军。第602坦克歼击车营发现了318高地上的战况，M18纷纷开火，将德军坦克驱离了制高点。午夜之前，美军4个装甲炮兵营与野战炮兵营对318高地进行火力准备，第51装甲步兵营一跃而起，收复了318高地的南坡与制高点。

随后，德军对318高地进行了长达1小时的炮击，炸死炸伤美军35人。当天，德军报告缴获2辆M4，击毁2辆装甲侦

（上下图）1944年9月底，阿拉库尔地区，德军第111装甲旅的装甲掷弹兵正在休整。

察车与10辆轮式侦察车。美军上报，有10人阵亡、115人负伤、89人疲劳过度。

经过连日以来马不停蹄的厮杀，双方都已经气喘吁吁。相比之下，德军显然要比美军更为疲劳。但是，在巴尔克与曼陀菲尔的催促下，第58装甲军只能再次集结兵力。此时，第58装甲军有20辆"黑豹"、18辆4号中型坦克与11辆"旋风"式自行高射炮。克吕格尔以第11装甲侦察营、第110装甲掷弹兵团第2装甲掷弹兵营、第209装甲工兵营1个装甲工兵连、第111装甲旅与第113装甲旅残部，拼凑起了1个战斗群，共装备25辆坦克，准备咬紧牙关，进行最后一搏。

9月29日黎明，大雾再次弥漫阿拉库尔战场。8时10分，德军开始进攻318高地，并以反坦克炮与榴弹炮猛轰附近的320高地。利用雾气作为掩护，德军以短兵相接的战斗，将美军第51装甲步兵营、第24装甲工兵营与第25机械化骑兵侦察营C连逐退了450米。9时40分，第11装甲侦察营与第110装甲掷弹兵团第2装甲掷弹兵营，攻占了293高地与贝纳蒙树林（Bois de Bénamont）东端的制高点。10时15分，德军装甲掷弹兵已经攻上318高地顶峰，双方在制高点上展开对射。不过，慑于美军装甲步兵装备的大量反坦克火箭筒，德军坦克尚未敢开上制高点。

在前沿阵地上的美军装甲步兵节节后退之时，后方的B战斗群指挥部正酝酿着反击计划。美军第4装甲师转入防御以来，德军第11装甲师一直步步紧逼。现在，应该对"幽灵师"进行反戈一击，是时候杀杀这个"阎罗"的锐气了。B战斗群准备以第8坦克营突袭318高地，第51装甲步兵营跟进。在弥漫的大雾中，第8坦克营A连与C连开往318高地。美军坦克兵只能看到9米之内的景象，再往前则一片模糊。在雾气的遮蔽之下，美军坦克冲上318高地。德军装甲掷弹兵以步枪与机枪火力射击美军坦克，车长乔治·卡吉（George Carge）头部中弹而亡，其他车长纷纷关闭舱盖。美军坦克火力全开，打得德军装甲掷弹兵抬不起头，美军装甲步兵趁势收复了318高地。

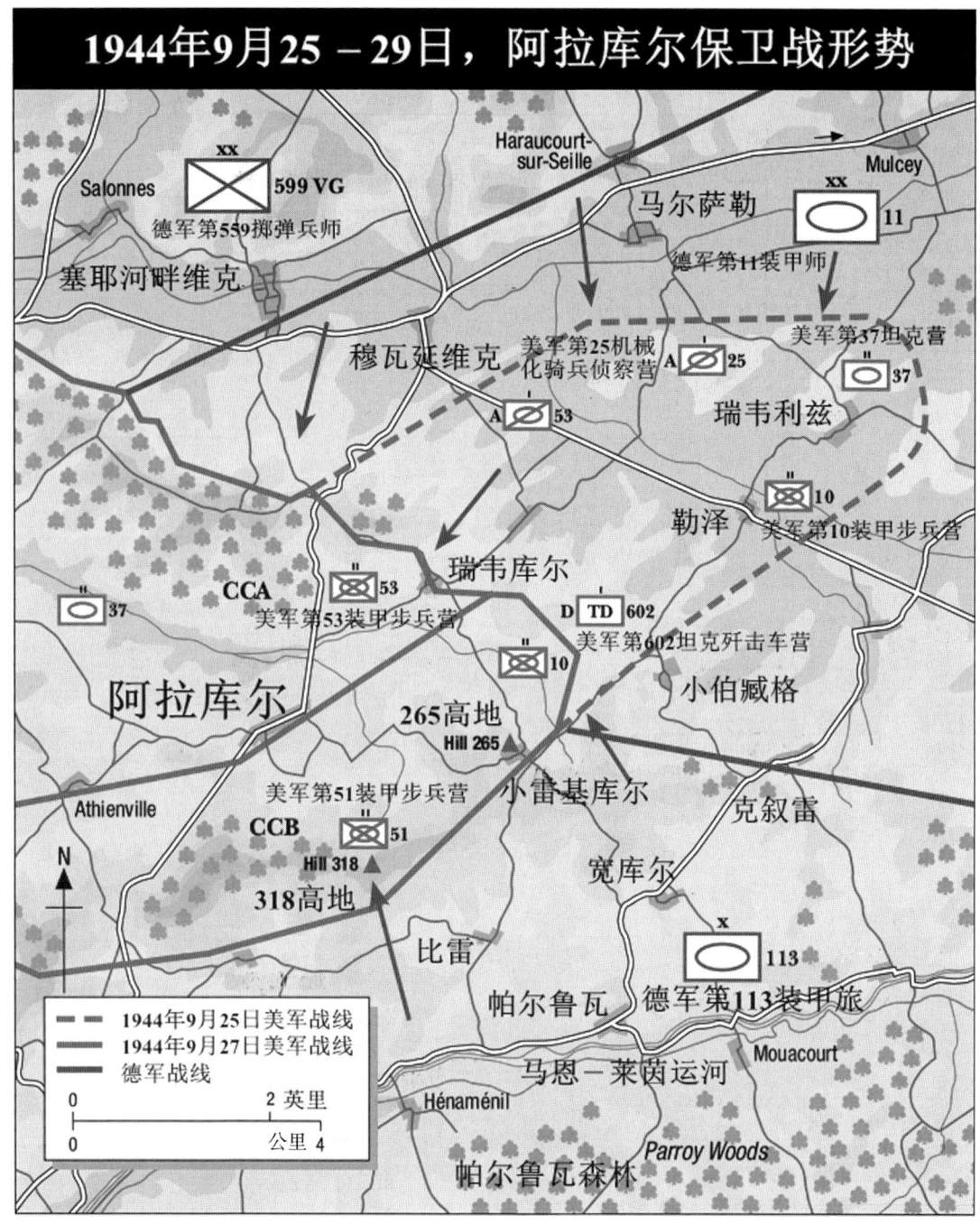

1944年9月25—29日，阿拉库尔保卫战形势

雾气散去后，德军坦克终于得到了发挥火力优势的机会，"黑豹"开始远程炮击318高地。德军炮兵进行了猛烈的火力准备后，坦克与装甲掷弹兵再次冲上318高地。第8坦克营C连严阵以待，M4居高临下，纷纷开火。在这场坦克战中，C连击毁德军8辆坦克，自身毫无损失。美军战斗机也应召而来，四处猎杀失去了大雾掩护的德军坦克。有些P-47是从前往梅斯上空的任务中调来的，因而将本该扔在梅斯的宣传弹，扔在了318高地下方

的德军头上。美军飞行员看到飘撒的传单，才发现扔错了炸弹。

在空地协同小组的指引下，美军战斗机再次发起进攻。第405战斗机大队的P-47来回穿梭，先后粉碎了德军的两次进攻，宣称炸毁11辆坦克，炸伤2辆坦克。第511战斗机中队将躲藏在树林中的6辆德军坦克驱赶到了开阔地。美军炮兵观察员敏锐地捕捉到了这些四处乱窜的目标，呼叫野战炮兵进行火力覆盖，将其炸成了扭曲燃烧的废铁。

11时30分，美军第24装甲工兵营，第25机械化骑兵侦察营C连、E连与F连1个轻型坦克排组成的特遣队发起反击，一举收复了320高地。德军第110装甲掷弹兵团第2装甲掷弹兵营与第11装甲侦察营的部分兵力，卡在了318高地与320高地之间。P-47从头顶呼啸着发起空袭，M8式75毫米自行榴弹炮与M18式坦克歼击车从侧翼射来致命的火力。在施奈德上尉的指挥下，德军凭借仅有的几辆坦克勉强守住了阵地。但是，他们已经陷入包围，并失去了与后方的无线电联系。

14时，美军已经彻底逐退了德军。此时，德军第11装甲师的官兵陷入了恐慌。他们的阵地正位于318高地与莱茵-马恩运河之间，美军一旦从高地上冲下来，德军就会被赶到河岸上，陷入进退两难的境地，成为美军射杀的"活靶子"。显然，士气已经降到极点的德军完全没有"背水一战"的勇气。在美军的狂轰滥炸之下，指挥突击队的卡尔·博德（Karl Bode）少校甚至已经精神崩溃。15时，德军兵败如山倒，蜂拥退向富拉斯农场。维特斯海姆少将不得不亲自上阵，试图将溃兵集结起来。最终，第15装甲掷弹兵师的几辆坦克赶来，制止了这场灾难性的溃退。在帕尔鲁瓦，第15装甲掷弹兵师的几辆坦克与第113装甲旅残部仅存的几辆坦克，收拢了第11装甲师的残兵败将，建立起了稀稀拉拉的防线。第11装甲师残存的"黑豹"退入了处于一片混乱中的比雷。在比雷与帕尔鲁瓦，德军幸存的"旋风"式自行高射炮，试图驱散四处追赶德军坦克的美军战斗机，但几乎毫无成效。

16时，美军第51装甲步兵营向B战斗群指挥部发出了充满自信的消息："一切尽在掌握之中。"17时17分，美军坦克继续进攻，打垮了德军第2113装甲掷弹兵团第2装甲掷弹兵营的1个排。17时35分，克吕格尔麻木地向曼陀菲尔报告："山脚失守，兵力耗尽，需要休整。"

第10装甲步兵营据守的265高地也遭到了进攻。美军一度被迫撤到了反斜面阵地上，但最终还是挡住了德军的进攻。德军装甲掷弹兵垂头丧气地撤到了小伯臧格。

当晚，维特斯海姆少将向克吕格尔报告，无论如何，第11装甲师都已经不可能集结兵力再战了。克吕格尔也认为，第58装甲军已经无法继续进攻，此时能做的就是转入防御，尽可能长时间地拖延美军进攻萨尔堡的脚步。不过，他仍然打算在夜间发起进攻，营救困在美军后方的兵力。曼陀菲尔却叫停了这次行动，他终于意识到德军已经无力再战了。当晚，不少困在美军后方的德军装甲掷弹兵，悄悄渗透过了美军防线，返回了己方阵地。

在318高地还处于激战中时，巴尔克抵达特克罗伊茨纳赫（Bad Kreuznach），造访了西线德军司令部。他向伦德施泰特报告，G集团军群至少需要46辆"虎"或"黑豹"、93辆4号中型坦克、50门反坦克炮与50辆牵引车、4个重型炮兵营的48门榴弹炮与4个工兵营，才可能恢复摩泽尔河防线。伦德施泰特表示——"这个真没有"。希特勒与德军最高司令部已经决定，将西线仅存的预备队投入到荷兰与比利时，以抵御英军第21集团军群的攻势。

伦德施泰特告诉巴尔克，尽管洛林反攻没能完成希特勒制定的目标，但他也能接受这次行动就此偃旗息鼓。23时，巴尔克命令曼陀菲尔取消进攻。第11装甲师拖着千疮百孔的躯体，向东南方撤到了更利于防御的地形上进行部署。

当天的战斗中，美军只有10人阵亡、55人负伤、34人疲劳过度。德军的损失情况说法不同，但诸个版本相差无几。美军认为，他们击毁了德军23辆坦克、7辆半履带式装甲运兵车、19辆卡车与3辆其他型号车辆，压制了2座炮兵阵地，炸毁1座弹药堆积点，击毙400人、击伤300人、俘虏50人。德军认可的坦克损失数量是18辆。第405战斗机大队宣称毁伤的13辆坦克，虽然号称得到了第4装甲师在地面上的确认，但肯定存在重复计算的问题。无论如何，第11装甲师损失惨重，无力再战，是毋庸置疑的事实。美军战斗机对战场上德军遗弃在战场上的所有坦克装甲战斗车辆，都进行了"补枪"。因此，德军坦克的损失几乎是确定无疑的。当天结束时，德军投入作战的坦克，只有4辆尚能行动。

9月26－29日，美军从第4装甲师正式转入防御开始，美军击毁德军22辆"黑豹"与14辆4号中型坦克，击毙700多人，击伤300多人。

9月29日，德军未能攻占两座高地与最后的溃退，标志着德军第5装甲集团军对美军第4装甲师最后一次大规模进攻的完全失败与洛林反攻计划的彻底破产。此时，希特勒的关注点已经转向了英军在西线北部发起的攻势与德军秘密筹划在阿登森林发起反攻的"守望莱茵"计划（Operation Watch on the Rhine）。虎头蛇尾的洛林反攻计划就这样不明不白地草草收场。对这次荒谬的失败，希特勒选择了"视而不见"。

9月30日，德军第47装甲军也接到了停止进攻的命令，在帕尔鲁瓦以西1.5公里处转入防御。当天，第11装甲师试探着发起了小规模的进攻。在265高地，德军坦克以直射火力压制了美军第10装甲步兵营，掩护装甲掷弹兵突入小伯藏格。第10装甲步兵营营部与宿营地遭到德军坦克炮击，3辆半履带式装甲运兵车被击毁，2辆被击伤。随后，美军坦克与坦克歼击车抵达，将德军坦克赶下了265高地。在318高地，第51装甲步兵营C连也发现了德军坦克与装甲掷弹兵的踪影，并召唤野战炮兵火力将其击退。至此，阿拉库尔之战正式结束，双方在相距几百米的阵地上掘壕固守，进入对峙状态。

任尔东西南北风

在洛林反攻的三场大规模坦克战中，规模最大的就是阿拉库尔坦克战。

9月13日，从美军第4装甲师突破迪耶于卢阿尔桥头堡开始，到阿拉库尔之战结束的17天时间里，第4装甲师马不停蹄地南征北战、东挡西杀，深入德军战线后方72公里。先后与德军1个装甲师、3个装甲旅、3个装甲掷弹兵师与2个掷弹兵师的全员兵力、主力或部分兵力交战。成功地践行了美国陆军对装甲师制定的作战教义，教科书式地完成了作战教义中极具传统骑兵色彩的扫荡任务，在德军纵深打赢了激烈的坦克战，粉碎了希特勒的装甲矛头。

后世的军事历史研究者或爱好者，习惯于通过对阵双方的损失比，说明强弱、胜负或成败等问题。诚如前文所说，战时的战绩统计，往往是不准确的。无论美军还是德军，都会出于各种原因，存在宣布的战绩有"水分"的问题。不同文献资料记载的数据会有差异，或不同的军事历史研究者，以不同的统计方法或标准，也会得出不同的数据结论。

有美军方面的文献资料显示：从突破摩泽尔河到攻占阿拉库尔，第4装甲师击毁德军107辆坦克、30辆自行火炮、32门大口径火炮与491辆其他型号车辆，击毙1589人、俘虏1884人。9月18－29日，在德军第5装甲集团军的262辆坦克与自行火炮中，美军彻底击毁了其中的86辆，打坏或打瘫了114辆，只剩62辆尚可作战。整个9月，第4装甲师以损失41辆M4、7辆M5A1与7辆M18，225人阵亡与648人负伤为代价，毁伤德军285辆坦克、自行火炮、半履带式装甲运兵车与装甲侦察车，击毙3000多人，俘虏3000多人。

仅以第4装甲师的战绩与第5装甲集团军的损失进行对比，数据必然无法严密相合。实际上，这种简单的比较方法，本身就不够科学。第4装甲师的损失中，并未包括第25机械化骑兵侦察营的损失。第5装甲集团军的损失中，包括了第4装甲师、第25机械化骑兵侦察营与第19战术航空军共同的战绩——尽管机械化骑兵对德军造成的损失，几乎可以忽略不计。这看起来仿佛说明了第4装甲师战绩的虚高。然而，这种缺乏全面考量的结论，显然忽略了在此期间第4装甲师的对手并非只有第5装甲集团军，还有隶属于第1集团军的第3装甲掷弹兵师、第106装甲旅与第559掷弹兵师。同样的道理，第4装甲师的损失，也并非都是第5装甲集团军造成的。第4装甲师以较小的损失，彻底打垮了德军，是不争的事实。后世军事爱好者口中无比"真实"的德军战绩统计，也并不比美军的战绩统计更准确。

在阿拉库尔之战中，德军的表现可谓一无是处。在兵力集结时期，迫于希特勒与德军最高司令部的压力，布拉斯科维茨、巴尔克与曼陀菲尔，只能在不等兵力完全集结完毕的情况下，火急火燎地将每支抵达前沿阵地的兵力迅速投入作战。第113装甲旅不等第111装甲旅抵达，就独自发起进攻。第11装甲师主力还在路上，前锋就卷入了战斗。从吕内维尔到阿拉库尔，德军装甲兵多次在浓密的大雾中，向美军发起进攻。对德军来说，这既抵消了美军航空兵的优势，也抵消了德军坦克的技术优势。在雾气的遮蔽之下，美军战斗机无法空袭德军坦克，但"黑豹"的火力、装甲优势，也无从发挥。双方接敌时，已经是"拼刺刀"的距离，坦克的机动灵活性、战术指挥与官兵的素养，更能决定胜负。当然，即使没有雾气的掩护，在上级的强令之下，第5装甲集团军也必须及时展开行动。德军指挥官迷信在东线与苏军作战的经验，命令装甲兵以密集的阵形发起进攻。一旦天气放晴，就遭到了美军航空兵与野战炮兵铺天盖地的火力打击。相比之下，第5装甲集团军没有空中掩护，炮兵、侦察兵与勤务兵力数量不足，战术协同的效果也很差劲。在没有预备队的情况下，G集团军群以"拆东墙、补西墙"的方式，为第5装甲集团军调来的第11装甲师，冒着美军的空袭与炮击，连续作战4天而得不到任何休息，最终在极度的疲劳之中彻底精神崩溃。

在阿拉库尔之战中，美军第4装甲师的表现堪称传奇。尤其是在深入德军后方的情况下，几乎独自抵御并挫败了第5装甲集团军孤注一掷的数轮猛攻。在此之前，第4装甲师的官兵只有过1个多月的实战经验。然而，无论是实战经验远比第4装甲师丰富的德军第11装甲师，还是两个初出茅庐的"44年装甲旅"，都不是他们的对手。美军认为，第4装甲师在阿拉库尔之战中进行的战斗，是"诸兵种协同"条件下"攻势型机动防御"（Aggressive Mobile Defense）作战的经典范例。他们的战斗力是如此之强，打得德军闻风丧胆，以至于德军将第4装甲师描绘成了十足的"恶魔"。这种专制政体下进行的宣传，带有强烈的"愚民政策"色彩，却又显得非常滑稽——第4装甲师的官兵，都是经过严格挑选的；在参军之前，他们都是黑帮的职业杀手，手上沾满了平民百姓的鲜血；他们每个人都是私生子，而且亲手杀死了自己的母亲；第37坦克营营长艾布拉姆斯中校是犹太教徒，他是在以复仇的心态残杀德军。

对德军的造谣生事，艾布拉姆斯中校既轻蔑又觉得可笑。实际上，他是新英格兰卫理公会的教徒，并不是什么犹太教徒。

德军并不肯承认在阿拉库尔的惨败。他们很快以"阿Q精神"，为第5装甲集团军找到了能证明其"成功"的理由。根据梅林津少将的记述，德军总结了阿拉库尔之战后，得出了"进攻第12军是正确之举"的结论。德军认为，巴尔克早已看出巴顿想要冲向萨尔河与莱茵河的企图。此时，"西部壁垒"空空荡荡，根本没有兵力进行防御。进攻第12军前锋，"使美军丧失了在随后的进攻中取胜的信心"。德军付出了极高的代价，但至少迫使第3集团军停止了前进，这是很值得的。战后，梅林津少将才知道，美军在阿拉库尔停住脚步的真正原因，是艾森豪威尔命令巴顿停止前进，他要将主要的补给调拨给蒙哥马利。无论如何，第3集团军停止前进的原因，都不是第5装甲集团军"伤敌一百，自损一万"的无效进攻。

然而，长期以来，阿拉库尔坦克战并不太为人所知。1947年，在罗伯特·艾伦（Robert Allen）出版的《幸运的前锋：巴顿第3集团军的历史》（Lucky Forward: The History of Patton's Third Army）中，充满了对第3集团军历次战役的赞美，却根本没有提及阿拉库尔之战。战后，很多军事历史学家都忽略了第4装甲师取得的这次辉煌胜利。直到坊间开始探讨二战时期美军坦克与德军坦克的优劣，人们才想起了这场被遗忘的坦克战。

中国的诸多军事研究者与爱好者，则只对德军装甲兵"以一当十"的"神话典故"津津乐道。对美军在阿拉库尔之战中的胜利，要么闻所未闻，要么视而不见，要么在没有任何深入研究的情况下，不屑地将德军装甲兵失败的原因归于"美军掌握了制空权"或"德军装甲旅没有经验"。对德军装甲兵的狂热崇拜与盲目迷信，使他们不愿意相信在阿拉库尔击败了"黑豹"的，是他们一直看不起的M4与M18；对德军第11装甲师这样的"老手"也惨遭失败的事实，他们则"选择性失明"。

外国军事历史学家忽略阿拉库尔之战的原因，则不会如此低级。他们忽略了这场坦克战的原因，更多是因为美军在阿拉库尔取得的胜利，缺乏足够的战略价值。如果第5装甲集团军出现在西线的北部，那么恐怕正在荷兰播撒空降兵的蒙哥马利，会连哭都来不及。然而，这也只能证明阿拉库尔坦克战的胜利，起到的只是牵制性的作用。即使没有第5装甲集团军的阻击，巴顿轻松地突破了"西部壁垒"，艾森豪威尔也会命令第3集团军停止前进。在盟军的既定战略计划中，第3集团军所在的位置，从来就不是主攻方向。

当然，从战术的角度看，阿拉库尔之战具有丰富的意义。在抗击第5装甲集团军的战斗中，第4装甲师任尔东西南北风，我自岿然不动。在数量与装备均处于劣势的情况下，以更卓越的战术与诸兵种协同作战的能力，战胜了优势之敌。

伊尔齐克少校评论道："阿拉库尔坦克战是二战中非常经典的坦克战，我们打得很漂亮。我对能参加这样的战斗，而感到无比骄傲。如果能再经历一次，我也情愿前往。我不敢相信，自己竟然经历过那样的战斗，简直恍如隔世。"

利奇上尉评论道："德军各条战线都在失守，他们肯定意识到了，己方几乎屡战屡败。我们步步为营地将德军逼回了老家。阿拉库尔坦克战是我们的重大胜利。在第3集团军内外，我们都名声大振。在坦克战与反坦克战中，我们都获得了宝贵的实战经验，我们将德军压得喘不过气来。"

5. 步履维艰

9月13日，美军第4装甲师A战斗群突破了德军对迪耶于卢阿尔桥头堡的封锁，一骑绝尘地冲向德军纵深。在第4装甲师身后，美军步兵仍然处于惨烈的激战中。为了保证第4装甲师侧翼与后方补给通道的安全，第35步兵师与第80步兵师步履维艰地殊死战斗，抵御了德军从3个装甲掷弹兵师、2个掷弹兵师与1个装甲旅抽调而来的兵力所进行的反复冲击。第4装甲师之所以能够在阿拉库尔杀得风生水起，是第35步兵师与第80步兵师，用血淋淋的代价换来的。

迪耶于卢阿尔桥头堡

9月13日，在迪耶于卢阿尔桥头堡，第4装甲师A战斗群穿过第80步兵师的防线，穿插德军纵深。在满目疮痍的阵地上，美军步兵一脸疲惫地看着长龙般的装甲纵队隆隆开过。轰鸣的发动机声远之后，阵地暂时恢复了平静。这种平静确实只是暂时而已。德军第1集团军正厉兵秣马，准备继续进攻迪耶于卢阿尔桥头堡。

德军第3装甲掷弹兵师师长黑克尔少将知道将有援兵抵达，但他并不准备等全部增员完成集结后，再进行整齐划一的进攻。每支援兵抵达后，他就命令其发起进攻，从而形成多个局部反击。9月14日凌晨，摩泽尔河上大雾弥漫，德军以雾气与黑暗作为掩护，蹑手蹑脚地进入阵地。在围绕桥头堡的各个制高点上，美军凭险据守。这看似美军占有地利之势，但实际上高低起伏的地形，造成了美军各前哨与路障之间的孤立。在暗夜中，德军先以耀眼的照明弹造成美军暂时的失明，再以机枪火力压制美军阵地，装甲掷弹兵一跃而起，包围制高点上的美军步兵。美军哨所或路障崩溃后，德军坦克与自行火炮一马当先，率领装甲掷弹兵从法奎森林或山岭后方一拥而出，突入桥头堡。在其后方，德军榴弹炮与迫击炮将压制制高点上的美军，为留守的装甲掷弹兵攻占制高点进行火力准备。

在朗德雷蒙，第317步兵团防线的中央遭到了猛烈进攻。德军装甲掷弹兵攻上了高地的前坡，但始终未能抵达山脊线。在第317步兵团左翼，德军将美军第2步兵营G连逐出了圣热讷维耶沃，G连损失了所有的机枪。在洛雷，第318步兵团属加农炮连以6门M3式105毫米榴弹炮进行平射，一度挡住了德军的进攻。最终，德军装甲掷弹兵还是攻占了洛雷，威胁到了桥头堡的侧后。不过，德军这些零敲碎打的局部反击，未能取得任何决定性进展。

10时，麦克布赖德少将命令第317步兵团东进。第1步兵营位于中央，其任务是攻占赛里耶尔（Serrières）及其以

1944年9月13日,迪耶于卢阿尔,在美军看押下,德军第3装甲掷弹兵师战俘列队走过。

东的土伦山与圣让山。这里也是桥头堡东部,德军据守的最后的制高点。左翼是第2步兵营,其负责收复并固守圣热讷维耶沃。右翼是第3步兵营,其任务是赶走法莱斯高地上第1119掷弹兵团的2个掷弹兵连。第3步兵营从南锡以北调来,刚从卡车上下来,就投入到了战斗中。埃迪少将与麦克布赖德少将都希望第317步兵团能尽可能远地推进,进抵诺梅尼与莱尔(Leyr)之间的铁路调车线。

战斗刚打响,第1步兵营就陷入了麻烦。领头的步兵连刚遭到了德军炮兵的猛轰,美军1个坦克排就将他们误认成了德军,造成了悲惨的误伤事故。第1步兵营不得不撤退到朗德雷蒙以东进行重组。随后,他们从北侧包围了小股德军,1个步兵连攻占了土伦山。傍晚,他们从土伦山上撤了下来。第1步兵营在土伦山与340高地之间展开防御。

第317步兵团东进时,第318步兵团向北进攻,以拓宽桥头堡的空间。第318步兵团第3步兵营进攻的目标是穆松高地。在穆松高地上,德军能够一览无遗地俯瞰桥头堡,指引炮兵火力打击美军目标。美军野战炮兵始终在发射烟雾弹,以遮蔽穆松高地上德军炮兵观察员的视线,但从未成功

383高地　卢瓦西　伯左蒙　　　维尔奥瓦　朗德雷蒙　摩泽尔河　　　　　法莱斯高地

迪耶于卢阿尔桥头堡航空照片。

过。第3步兵营向北进攻，收复了卢瓦西与阿通（Atton），以此为出发阵地进攻穆松高地。第702坦克营的M5A1率领步兵直接冲上制高点，M4则向穆松高地以东地形平缓处进行迂回。在进攻过程中，美军始终遭到法奎森林中德军的纵向射击。14时，美军攻占了制高点上的旧式古堡。第1步兵营在穆松高地上掘壕固守，击退了德军从法奎森林中发起的几次小规模反击。

当天夜间，德军第1集团军增援而来的兵力，已经陆续抵达。在桥头堡北翼的法奎森林中，第3装甲掷弹兵师部分兵力、第15装甲掷弹兵师第115装甲侦察营、党卫军第17装甲掷弹兵师第49装甲掷弹兵旅完成了集结。在桥头堡以南，第1119掷弹兵团的1个掷弹兵营、第92空军野战团的4－5个步兵连与1个补充营，也做好了战斗准备。他们能得到30－40辆坦克与突击炮的支援。此时，第3装甲掷弹兵师已经损失了部分突击炮，第15装甲掷弹兵师只有17辆坦克与突击炮尚可作战。在暗夜之中，德军像呲着牙围拢羊群的恶狼一样，从四面八方向桥头堡围拢了过来。

9月15日拂晓，德军榴弹炮与迫击炮进行了猛烈的火力准备。在桥头堡的边界处，德军的枪炮声四起，德军第1集团军对美军第80步兵师最大规模的反攻打响了。双方的战斗在数个方向上同时展开，战况十分激烈而混乱，甚至美军参战各营的记录都出现了不少矛盾之处。

5时，在桥头堡北翼，德军1个营的兵力从法奎森林发起进攻，兵锋直指阿通。第318步兵团第3步兵营的3门M1式57毫米反坦克炮成功地进行了伏击，击毁了德军领头的几辆装甲战斗车辆。德军步兵迅速散开，稳扎稳打地进攻美军反坦克炮阵地。美军57毫米反坦克炮很少装备榴弹，仅有的穿甲弹难以对分散的步兵产生有效的杀伤效果。德军步兵很快捣毁了美军反坦克炮阵地，攻占了阿通。德军趁势向卢瓦西进军，第319步兵团第1步兵营穿过桥头堡，抵达第318步兵团左翼，及时守住了卢瓦西。

在夜间，第317步兵团第2步兵营收到了混乱的消息，称将有1个步兵营来替换他们。在传说中的换防兵力还没抵达之前，他们就稀里糊涂地离开了圣热讷维耶沃，一路向南撤退了。德军发起进攻后，在没有遭遇任何抵抗的情况下，就占领了圣热讷维耶沃。这里一直是迪耶于卢阿尔桥头堡之战的焦点，美军就这样将其拱手让给了德军。

圣热讷维耶沃与阿通的失守，也使穆松高地上的第318步兵团第3步兵营与第610反坦克炮营A连第3排陷入孤立。德军坦克、突击炮与装甲掷弹兵包围了穆松高地，在山坡上寻找能冲上制高点的道路。第3反坦克炮排第1反坦克炮班成功地将M5式76.2毫米反坦克炮拖上了制高点，第2排的M3半履带式装甲运兵车却开不上陡坡。为了防止德军缴获并利用他们带不走的武器，第2排炸毁了2门反坦克炮之后，才撤出了阵地。德军冲上穆松高地后，遭到了美军机枪与迫击炮的迎头痛击。第314野战炮兵营射出的弹幕及时抵达，击退了德军的进攻。在战斗中，第80步兵师的师属炮兵司令埃德蒙·西尔比（Edmund Searby）准将阵亡。美军观测机始终在高地上空盘旋，为野战炮兵指示目标，为高地上的守军投掷弹药与医疗用的血浆。当天下午，德军进攻卢瓦西，以消灭圣热讷维耶沃与朗德雷蒙之间的美军。美军坦克、105毫米榴弹炮与战斗工兵支援第319步兵团第1步兵营拼死抵抗，以惨重的伤亡代价，击退了德军的进攻。

在桥头堡南翼，第317步兵团的3个步兵营也陷入苦战。4时30分，麦克布赖德少将命令第1步兵营从土伦山上撤了下来，向西转移。在转移途中，他们接到了前往圣热讷维耶沃岭的382高地增援第2步兵营的命令。此时，在圣热讷维耶沃岭的东南端，朗德雷蒙高地上的美军已经经受不住德军迫击炮精准的火力而撤了下去。在圣热讷维耶沃岭中央的382高地，第2步兵营正与德军打得难解难分。382高地较为平缓，山坡上没什么掩蔽物，

卢瓦西航空照片。

只零星地分布着几块菜畦。第2步兵营的火力严密地封锁了开阔的坡地，击退了德军的首次进攻。第1步兵营前锋抵达时，正赶上德军卷土重来。美军以交叉火力，再次击退了德军的进攻。中午，第1步兵营在圣热讷维耶沃岭中央就位。13时，第610反坦克炮营C连第1排抵达382高地。美军炮兵正在列放反坦克炮时，德军15辆坦克与突击炮从法奎森林中开了出来，冲向382高地。美军1门反坦克炮过早地开火，暴露了阵位。然而，炮兵们不辞辛苦地开着半履带式装甲运兵车，拖着反坦克炮在高地上来回机动，接连击毁了9辆坦克或突击炮，迫使幸存的德军坦克与突击炮寻找掩护进行躲避。15时，德军正准备再次进攻圣热讷维耶沃岭时，美军数个装备155毫米榴弹炮的野战炮兵营、第373战斗机大队与第406战斗机大队，对其兵力集结地进行了猛烈打击。在冰雹般砸落的弹雨之下，德军纷纷作鸟兽散状，攻势瞬间瓦解。第317步兵团第2步兵营E连艰苦奋战，在连续几天的战斗中成功地守住了382高地，荣获优异集体嘉奖令。

拂晓时分，德军榴弹炮与迫击炮的猛轰，迫使法莱斯高地上的第317步兵团第3步兵营后撤900米。在反斜面阵地上，他们掘壕固守，抵御德军的进攻。美军炮兵观察员呼叫了火力支援，4个野战炮兵营的炮火席卷而来，横扫德军进攻阵形。硝烟散去之后，美军步兵看到了山坡上成片成排倒下的德军尸体。下午，第3步兵营发起反击，将残存的德军赶下了法莱斯高地。然而，还是有少量德军顺利地向北推进，与法奎森林中的德军会师。

麦克布赖德少将一度认为桥头堡再次陷入危机，可能有失守的危险。11时30分，他联系第4装甲师A战斗群指挥官克拉克上校，希望A战斗群能归还318步兵团第1步兵营，并回援桥头堡，否则A战斗群的补给通道将危在旦夕。克拉克上校只好命令"基姆西"特遣队，包括第35坦克营C连与第318步兵团第1步兵营返回桥头堡。特遣队后方还跟着A战斗群的补给车队，其已经完成了运输物资的任务，卡车上运载着560名德军战俘。

18时30分，在诺梅尼附近，"基姆西"特遣队遭到了德军第106装甲旅的少量"黑豹"与反坦克炮的伏击。在战斗中，"基姆西"特遣队偶然遇到了第80步兵师的第80机械化骑兵侦察连的1个排。当时，他们正在德军后方执行远程侦察任务，却发现德军发起的反击，使他们无法再返回桥头堡了。此时，A战斗群已经失去了与"基姆西"特遣队的联系。基姆西少校担心特遣队中的补给车队与德军战俘，会成为作战的负担，因此命令第80机械化骑兵侦察连护送补给车队返回阿拉库尔。随后，"基姆西"特遣队奋力冲破第106装甲旅的阻击。在圣热讷维耶沃，第35坦克营C连从德军背后杀出，打得德军目瞪口呆，以损失3辆M4为代价，击毁德军7辆坦克或突击炮，俘虏150人。第318步兵团第1步兵营发动奇袭，将卢瓦西附近的德军打得四散奔逃。9月16日，A战斗群补给车队"意外"地出现在了阿拉库尔，克拉克上校才得知"基姆西"特遣队的消息。补给车队不仅如数地带回了出发时运载的560名德军战俘，还多带回了"基姆西"特遣队出发后俘虏的100多名德军官兵。

当天的战斗中，交战双方都元气大伤。第80步兵师的6个步兵营战斗力明显下降，士气低落。德军炮兵火力成功地切断了美军的部分有线通信。在支离破碎的地形上，美军1个步兵连或1个步兵排都很容易遭到德军的分割包围。严重的伤亡造成的减员，使前沿阵地的兵力越来越薄弱。美军步兵持续不停地作战，在夜间也要心惊胆战地进行警戒，导致普遍严重缺乏睡眠，纷纷疲劳过度。德军的日子也不好过，德军战俘向美军供述，他们的伤亡居高不下，官兵的作战意志摇摇欲坠。然而，德军始终掌握着进攻桥头堡的主动权，能够自由地选择时间与地点展开行动。第80步兵师却只能进行静态的线型防御，被动地挨打。此时，第115装甲掷弹兵团已经抵达法奎森林，德军又增添了新的胜算。

在关键时刻，"基姆西"特遣队却成了"半路杀出的程咬金"。第35坦克营C连与第318步兵团第1步兵营的奇袭，明显打破了桥头堡的攻守之势。9月16日，麦克布赖德少将命令第318步兵团第1步兵营与第319步兵团第1步兵营，前往营救困守穆松高地的第318步兵团第3步兵营。天还没亮，第319步兵团第1步兵营就收复了阿通，抵达了穆松高地。美军一路追击向东北方撤退的德军，一直打到了法奎森林北部的莱斯梅尼尔（Lesménils）。第318步兵团第1步兵营攻入法奎森林，驱逐第3装甲掷弹兵师的后卫兵力。第317步兵团继续牢牢守住中央防线，击退了德军的三次进攻。黄昏时分，德军炮兵密集地轰击了法莱斯高地，准备从东部的峡谷中发起反击。然而，美军11架P-51呼啸而至，在夕阳的余晖中俯冲下来，进行扫射与轰炸，野战炮兵也猛烈开火，将正在集结的德军步兵打散。

至此，第80步兵师终于稳固了迪耶于卢阿尔桥头堡，德军的反击功败垂成。第319步兵团第2步兵营与第3步兵营从南锡附近的战斗中脱身出来，作为预备队进入桥头堡。麦克布赖德少将终于得以重整第80步兵师，向东清剿桥头堡周围的德军。

9月17日，美军第80步兵师转入反攻，清剿了法奎森林中最后的德军。第3装甲掷弹兵师撤往西莱尼－塞耶河－塞耶河畔波尔（Port-sur-Seille）－朗德雷蒙一线，北部与党卫军第17装甲掷弹兵师连接，南部与第553掷弹兵师连接。第3装甲掷弹兵师的撤退，极大地减缓了第80步兵师北翼的压力，第319步兵团得以顺利推进。在南翼，第317步兵团仍然步履维艰。他们的

穆松高地航空照片。

目标是进攻吕蒙树林（Bois de la Rumont），进而清剿朗德雷蒙－莫雷（Morey）－米勒里（Millery）三角地。在进攻朗德雷蒙的战斗中，第317步兵团第1步兵营A连的霍华德·瓦格纳（Howard Wagner）中士陷入德军包围。他操作1挺机枪阻击德军，身负重伤却不愿投降，直至壮烈牺牲，美军追授他优异服役十字勋章。在第317步兵团侧后方跟进的第318步兵团也遭遇了顽强抵抗。在山地与森林的掩护下，德军小股兵力以机枪与迫击炮打击美军步兵。在夜间，德军突击队通过溪谷与沟渠渗透进美军阵地，进行无休止的袭扰。

9月19日，在吕蒙树林以东，第317步兵团进攻布拉特（Bratte）。在战斗中，第3步兵营的詹姆斯·拉皮诺（James Rapino）下士指挥1个步兵班，冒着德军密集的火力，发起了英勇的手榴弹攻势。他们投掷的手榴弹仿佛长了眼睛，准确地飞向目标，炸毁德军3辆半履带式装甲运兵车与4门迫击炮。美军授予拉皮诺下士优异服役十字勋章。

9月21日，在吕蒙树林，德军的反击切断了第317步兵团的2个步兵营。美军一度只能通过坦克向他们运送弹药与补给，人员则完全无法通过德军密集的弹雨。然而，在第35步兵师与第80步兵师的挤压之下，第553掷弹兵师还是撤退了。9月23日，第80步兵师的中央与右翼得以向东扩展。9月24日，在收复圣让山的战斗中，第318步兵团第2步兵营F连连长弗兰克·威廉斯上尉，率部与德军展开血腥的白刃战。在战斗中，他双臂与全身三处负伤，仍然坚持指挥作战，拒绝撤下火线。

当天，巴顿向埃迪少将传达了艾森豪威尔命令第3集团军停止前进的消息。但是，他还是赋予了第80步兵师"目标有限"的进攻任务——第80步兵师继续前进，一直推进到塞耶河，再组织防御。其完成任务的最佳方案，就是从穆瓦夫龙（Moivron）与让代兰库尔（Jeandelaincourt）进行迂回，绕过德军据守的山峦。为了使第80步兵师能够得到更多的火力支援，埃迪少将命令第404野战炮兵集群跨越摩泽尔河，在米勒里进入阵地。

9月26日，第80步兵师从新规划的路线发起进攻，却遭到了第553掷弹兵师的顽强抵抗。在坦克、榴弹炮与战斗机的支援下，第317步兵团第2步兵营进攻穆瓦夫龙，付出了惨重的伤亡代价，却始终无法得手。在圣让山，第318步兵团依然与德军纠缠，未能取得太大进展。

在距离塞耶河一箭之遥的地方，第80步兵师精疲力竭地停了下来。此时，第80步兵师已经将迪耶于卢阿尔桥头堡的宽度扩展到了17.6公里，纵深长6.4公里。整个9月，第80步兵师击毁德军46辆坦克与自行火炮，抓获1905名德军战俘；付出的代价是损失了2851名官兵，其中437人阵亡、657人失踪。第80步兵师击毙击伤的德军人数则难以统计。在迪耶于卢阿尔桥头堡之战中，一直与第80步兵师纠缠不休的第3装甲掷弹兵师，只有585人阵亡、负伤或失踪。当然，第80步兵师并非与其单打独斗。在这场耗尽了双方元气的桥头堡攻防战中，第80步兵师承受住了德军从3个装甲掷弹兵师、1个掷弹兵师与1个空军野战团抽调而来的兵力，发起的几乎永无休止的冲锋。

相看白刃血纷纷

9月15日，美军"西布里"特遣队解放了南锡，第12军完成了跨越摩泽尔河后的首要目标。在巴顿的建议下，布拉德利批准了他新的作战计划——第3集团军将主攻方向从东方转向东北方，从而使第12军与第20军，都能在更窄的正面上，以各师呈纵队阵形前进。

9月16日，埃迪少将命令第4装甲师与第35步兵师呈纵队阵形，向东北方挺进。第35步兵师的第134步兵团、第137步兵团与第320步兵团，分别在左、中、右位置，自东向西发起进攻。第134步兵团攻占了埃塞莱南锡（Essey-lès-Nancy）。在法国的军事地理学中，法军将埃塞莱南锡东北方的高原，称为"南锡窗帘"。第137步兵团与第320步兵团跨越了默尔特河河谷与马恩－莱茵运河。

9月17日，为了清除第80步兵师进攻道路上的首个障碍，"西布里"特遣队开始进攻"南锡窗帘"。高原上的制高点是座350米高的山丘，称为"派德苏克雷"（Pain de Sucre）。德军控制了山丘，能将方圆6.4公里的范围尽收眼底。此时，巴顿将从布列塔尼半岛赶来的第6装甲师B战斗群，分配给了第12军。他向埃迪少将保证，第6装甲师A战斗群一旦就位，也将归于第12军作战序列。第6装甲师师长格罗少将，也渴望尽快归队。在横扫布列塔尼半岛的战斗中，第6装甲师付出了900人伤亡的代价。与其要完成的任务与取得的辉煌战绩相比，这样损失毫不过分。第6装甲师东进洛林的速度太快，导致坦克需要更换新的履带与进行大量维修，A战斗群的抵达也将因此而延迟。

第6装甲师B战斗群就位，使埃迪少将有了足够的兵力，完成摩泽尔河以东的扫尾之战。当天，他改组了"西布里"特遣队，命令西布里准将指挥第6装甲师B战斗群与第134步兵团，清剿德福树林（Bois de Faux）与吕蒙树林中的德军，从而完成与第80步兵师的连接。第4装甲师B战斗群也就能从回援桥头堡的任务中脱身，与A战斗群一起继续前进了。

9月18日，美军第134步兵团遭遇德军第1120掷弹兵团、第3伞兵补充团与第199安保团。在只遭到零星抵抗的情况下，第134步兵团第1步兵营攻占了派德苏克雷高地。第2步兵营与第3步兵营，准备从"南锡窗帘"北部，进攻德福树林，挤压处于第35步兵师与第80步兵师包围之中的第553掷弹兵师。在阿芒斯（Amance）高地，德军野战炮与迫击炮以炽烈的火力，挡住了他们的去路。

9月19日凌晨，第553掷弹兵师的部分兵力，从阿金库尔（Agincourt）出发，进攻派德苏克雷高地。在榴弹炮与迫击炮的支援下，德军步兵将第1步兵营赶下了制高点。第1步兵营伤亡150人，机枪与迫击炮损失殆尽。D连的拉尔夫·格里利（Ralph Greeley）中士，以1挺机枪掩护战友撤退，坚守阵地直至阵亡。后来，美军追授他优异服役十字勋章。

埃迪少将不能接受派德苏克雷高地的失守，他命令西布里准将立即夺回制高点。上午，美军3个野战炮兵营对派德苏克雷高地进行狂轰滥炸。13时30分，第3步兵营乘车穿过第1步兵营前沿阵地，向派德苏克雷高地进发。第737坦克营出动少量坦克予以掩护。同时，第137步兵团进攻阿芒斯高地，防止高地上的德军炮击第134步兵团。美军12架P-47摧毁了阿芒斯高地西坡上处于半地下状态的德军炮兵阵地，有效地压制了德军炮火。在派德苏克雷高地，当第3步兵营冲上制高点时，才发现德军早已逃之夭夭了。

9月19日，第137步兵团进入尚庞乌森林（Forêt de Champenoux），以迂回阿芒斯高地的侧翼。两天之前，第320步兵团的巡逻队曾侦察了森林中的道路，认为可以自由通行。显然，他们的侦察并不彻底。在森林北部，第1120掷

尚庞乌森林　　　　　　　　　　至南锡　　　　尚庞乌

尚庞乌航空照片。

弹兵团与少量训练单位，已经构筑了防御阵地，以掩护第553掷弹兵师主力撤退。德军步兵用圆木加固了战壕、散兵坑与突击炮的掩体，120毫米迫击炮测算好了射击诸元，随时可以向试图穿过道路的美军倾泻弹雨。第2步兵营与第3步兵营从森林南部进入，几乎没有遭遇任何抵抗。18时30分，在森林北部的林间空地上，德军机枪与迫击炮火力暴风骤雨般地横扫而来。美军步兵才知道，森林中绝不是他们想象的那样"空旷"。

9月20日早晨，利用晨雾作为掩护，第137步兵团的3个步兵连，搭乘第737坦克营的M4，穿过公路，抵达了林间空地。德军步兵再次劈头盖脸地射来子弹与炮弹，3个步兵连匍匐在地，根本抬不起头。最终，只有2个步兵排勉强守住了公路以北的阵地。在德军密集的扫射之下，其中1个步兵排已经支离破碎了。当天，美军所有试图在森林北部建立阵地的行动，都惨遭失败。德军突击炮的火力又准又狠，美军甚至认为德军阵地上埋伏着"88毫米自行火炮"。其实，洛林的德军既没有"猎豹"（Jagdpanther）式坦克歼击车，也没有"犀角"（Nashorn）式自行反坦克炮。那不过是常见的3号G式突击炮而已。不过，德军突击炮与步兵也没有进行反击，只满足于原地固守。美军猜测，德军不进行反击的原因，可能是慑于美军野战炮兵的火力。

为了尽快清剿包围圈中的德军，美军第12军调集了6个野战炮兵营，对第1120掷弹兵团据守的阵地进行毁灭式的炮击。155毫米与105毫米的榴弹呼啸而至，像推土机一样席卷德军阵地。森林北部的德军阵地仿佛成了爆炸的火山口，剧烈的冲击波将树木炸成碎屑，将花草扬到空中，砂石与泥土四散飞射。圆木加固的战壕与散兵坑，正在森林中执行运输任务的德军弹药搬运组，都被炸得灰飞烟灭。美军炙热的炮火严重削弱了第1120掷弹兵团的兵力，德军步兵士气骤降，弹药搬运组毁灭之后，他们的弹药也跟不上了。美军步兵认为，在这样的炮击之下，已经没有人类可以幸存了。然而，当美军步兵小心翼翼地摸上德军阵地时，他们不可思议地发现，德军仍然射来了致命的火力！9月21日，第137步兵团仍然无法越雷池一步，第1120掷弹兵团坚如磐石地守住了森林北部的阵地！

在尚庞乌森林中迂回的战术行不通，导致美军据守的派德苏克雷高地与附近地区，都陷入了德军永无宁日的骚扰之中。9月20日，德军从阿芒斯高地与福德森林出发，收复了阿金库尔，打得第137步兵团第1步兵营的1个步兵连只剩下65人幸存。9月21日，经过逐屋争夺的激烈巷战后，第137步兵团第1步兵营才拉锯般地夺回了阿金库尔。

9月21日，埃迪少将在吕内维尔执行警戒任务的第6装甲师B战斗群调了出来，配属第35步兵师。此时，在阿拉库尔，位于第12军右翼的第4装甲师A战斗群激战正酣。埃迪少将迫切地希望第12军的中央与右翼能继续前进。第6装甲师B战斗群北上，从第4装甲师与第35步兵师的结合部穿了过去，在格雷梅塞森林中集结。

9月22日，第6装甲师B战斗群向西南方进发，准备从后方进攻阿芒斯高地，打通与第137步兵团的联系。当天早晨，B战斗群挺进塞耶河，并以无线电联系第35步兵师。德军非常惊讶身后突然冒出的美军坦克，但仍然及时地炸毁了塞耶河上的数座桥梁。B战斗群很快找到了渡口，在泥泞中挣扎着跨越了塞耶河。随后，B战斗群分成3个特遣队，向德军发起进攻。10时15分，第1特遣队突袭德军严密防守的阿尔莫库尔（Armaucourt）。在战斗中，德军反坦克炮击毁了6辆M4。中午，美军装甲炮兵对阿尔莫库尔进行了猛烈的火力准备，将德军反坦克炮兵炸得七零八落。随后，第2特遣队250人的兵力，包括1个轻型坦克连、1个坦克歼击车排、1个装甲工兵排与2个高射炮兵班，趁势攻入阿尔莫库尔。在茫然的德军从美军炮击造成的眩晕中恢复过来之前，第2特遣队已经冲上了街道，向一切德军目标倾泻火力。在一边倒的战斗中，美军击毁德军162

辆各型车辆,俘虏310人,街道上躺着182具德军的尸体。第3特遣队拦截了从阿尔莫库尔逃出的德军,以密集的火力将他们击毙。

第6装甲师B战斗群席卷德军后方时,第35步兵师却一直按兵不动。德军防线土崩瓦解时,巴德少将才命令第35步兵师出击。中午,第134步兵团的2个步兵营,冒着德军密集的火力,向德福树林中的德军第3伞兵补充团发起进攻。第137步兵团再次进攻尚庞乌森林北部的第1120掷弹兵团,却发现德军早已仓皇北撤。在莱特里库尔(Létricourt),第1120掷弹兵团找到了美军包围圈的缺口,争先恐后地向外涌出。然而,第19战术航空军没有给德军任何逃生的机会。美军战斗机漫天而来,像蜂群一般扑向撤退中的德军纵队,将恐怖的死亡散播到他们的头上。在6.4公里长的公路上,P-47的机枪像割麦子一样成片地撂倒德军步兵,12.7毫米子弹将人体打得四肢横飞;发射的火箭弹与投掷的炸弹,将满是弹孔的车辆与火炮炸成碎片;受惊的马匹在公路上嘶鸣着奔逃,却与那些哀嚎的德军步兵一样,淹没在了一片火海中……

9月22日夜间-9月23日凌晨,美军调集了240毫米与155毫米榴弹炮,彻夜地轰击德军撤退的公路。天亮之后,第35步兵师有条不紊地清剿了德福树林地区的第553掷弹兵师后卫兵力。克诺贝尔斯多夫命令第553掷弹兵师向屈斯蒂讷-莱尔-阿容库尔(Ajoncourt)

1944年9月22日,尚庞乌森林,美军第137步兵团向德军发起进攻。旷野上倒着美军阵亡官兵的遗体。

1944年9月,南锡,美军第6装甲师第68坦克营绰号为"中国快船"(China Clipper)的混装车体型M4"谢尔曼"式中型坦克。

地区发起反攻，收复摩泽尔河沿线的阵地。在第553掷弹兵师全面崩溃的情况下，这种命令简直就是异想天开。第553掷弹兵师师长勒施上校，命令主力向萨兰堡以西撤退。此时，正逢巴尔克新官上任。在巴尔克"不许撤退"的命令之下，勒施上校无异于顶风作案。克诺贝尔斯多夫气急败坏地向勒施上校发出了正式的惩戒令，将他送上了军事法庭。当天，B战斗群与第35步兵师抓获了1000多名德军战俘。9月以来，第553掷弹兵师有319人阵亡、1052人负伤、2125人失踪。这些失踪的德军，大多数都进了美军的战俘营。

格雷梅塞森林之战

9月20日，美军第4装甲师正在阿拉库尔痛打德军第111装甲旅，埃迪少将却为第4装甲师后勤补给线的安全焦虑了起来。他建议巴顿，应该调集兵力占领覆盖着南锡以东公路的格雷梅塞森林。9月22日，第6装甲师B战斗群的部分装甲步兵、装甲炮兵与机械化骑兵进驻于此，掩护第4装甲师与第80步兵师之间的结合部。

艾森豪威尔命令第3集团军停止前进后，第35步兵师从摩泽尔河以东持续的鏖战中解脱了出来。9月25日，第35步兵师前出，替换了格雷梅塞森林中的B战斗群。此时，第35步兵师的防线绵延19公里，左翼是南锡－诺梅尼公路，右翼是南锡－萨兰堡公路；主防线长8公里，在塞耶河以东的桥头堡北部，形成尖端位于格雷梅塞森林的突出部。美军防线沿着森林边缘部署，随着森林的轮廓，在森林的东北角形成直角。第134步兵团与第137步兵团呈犄角之势进行防御，第320步兵团在后方，作为第12军预备队。

德军控制着从莫朗日与迪约兹延伸而来的公路，美军突出的右翼正威胁着两条公路的交会点。德军集结兵力的萨兰堡森林，距离美军突出部也只有1.8公里。克诺贝尔斯多夫很想铲除如鲠在喉的格雷梅塞森林。他命令普赖斯中将指挥的党卫军第13军进攻格雷梅塞森林。普赖斯中将准备先攻占南锡－迪约兹公路上的蒙塞勒，在美军防线上打开突破口，第5装甲集团军再从阿拉库尔的缠斗中解脱出来，一路冲向南锡。为了完成这个任务，他调来了第559掷弹兵师、第19掷弹兵师第59掷弹兵团与第106装甲旅。第106装甲旅已经补充了部分坦克，但仍然没有达到满编。

9月26日，第137步兵团还没来得及挖掘战壕，萨兰堡森林中的德军炮兵将炮弹砸了过来。突如其来的德军炮击，使美军颇感意外，不得不进行了些许后撤。萨兰堡森林中的隆隆炮声，拉开了格雷梅塞森林之战的序幕。

9月27日早晨，在德军第559掷弹兵师与第106装甲旅都没有完成集结的情况下，普赖斯中将就以现有的兵力，向第35步兵师发起了进攻。第1127掷弹兵团第2掷弹兵营沿着尚布雷－佩通库尔（Pettoncourt）公路，打得美军措手不及。在佩通库尔以东，"黑豹"咆哮着冲垮了第137步兵团第1步兵营防御的路障，摧毁了4门57毫米反坦克炮。德军气势汹汹地冲向佩通库尔，随时可能切断美军在塞耶河上的补给线。在佩通库尔，第137步兵团属反坦克炮连的1个反坦克炮排、第219野战炮兵营的几门105毫米榴弹炮与1个轻型高射炮兵连，临时集结起来，挡住了德军的去路。美军炮手已经处于德军步兵的步枪火力之下，但他们仍然坚守着炮位，顽强地阻击德军的进攻。第320步兵团紧急增援而来，将德军逼回了尚布雷。美军野战炮兵测算了德军撤退的时间与路线，进行定时射击，消灭了德军1个负责后卫任务的步兵排。在格雷梅塞以东1.6公里处，美军野战炮兵的火力也挡住了"黑豹"与半履带式装甲运兵车的前进。

在格雷梅塞森林东部边缘，德军突破了第137步兵团第3步兵营的防线，威胁到了第137步兵团后方。第737坦克营的1个中型坦克连及时赶到，第752野战炮兵营以155毫米榴弹炮进行平射，帮助第3步兵营恢复了大部分阵地。美军4个野战炮兵营以密集的弹幕射击，封锁了萨兰堡森林与格雷梅塞森林之间的区域，阻止了德军援兵的抵达。

9月28日，第559掷弹兵师与第106装甲旅完成了集结，向第35步兵师发起全面进攻。

在第35步兵师东侧，第559掷弹兵师从北面与东面发起的同轴进攻。在佩通库尔以东，美军步兵挡住了德军的去路之后，野战炮兵再次瓦解了德军的企图。下午，德军从尚布雷出发，准备再次进攻佩通库尔。在行军途中，他们遭到了美军的空袭，尖啸的P-47将德军步兵赶得四散奔逃。

在格雷梅塞森林东北方，德军以榴弹炮与迫击炮火力，掩护坦克与步兵发起进攻，冲垮了第137步兵团的左翼。茂密的森林遮挡了美军炮兵的视线，使德军免遭直射炮火的打击。在植被的遮挡之下，美军也难以保持与邻近友军的接触。德军坦克与步兵迂回到了第137步兵团第3步兵营后方，威胁到了第320步兵团第1步兵营的阵地，迫使其后撤了900米。15时45分，第737坦克营与第654坦克歼击车营抵达。第737坦克营的M4与M5A1主要负责协助步兵维持防御阵地，第654坦克歼击车营的M10负责驱逐德军坦克。第654坦克歼击车营B连报告称，击毁德军3辆坦克与1门反坦克炮，付出的代价是损失2辆M10，其中1辆得到了回收。

在弗雷讷（Fresnes）与格雷梅塞森林之间，雷克斯·霍珀（Rex Hopper）中尉指挥的第137步兵团第3步兵营L连，驻守在能够俯瞰通往森林道路的282高地。德军发起进攻，将他们困在了制高点上。在战斗中，德军以大量装备StG44式7.92毫米突击步枪的步兵反复冲锋，却始终无法撼动L连的阵地。在多次击退德军进攻后，为了避免遭到孤立的不利局面，L连主动撤退到了森林东北角的树林里。

在第35步兵师西侧，第559掷弹兵师的进攻一无所获。第134步兵团第2步兵营与第6装甲师B战斗群连接。第103装甲侦察营与巴特贝格察伯恩（Bad Bergzabern）陆军士官学校的官兵，向其结合部发起了数次进攻，但均被美军轻易击退。第3步兵营的警戒哨，发现1200米外的雅洛库尔（Jallaucourt）有德军坦克与步兵进行集结。在炮兵观察员的引导下，野战炮兵将他们打得抱头鼠窜。随后，美军11个野

1944年9月29日，美军第278野战炮兵营的M1式240毫米榴弹炮正在开火，支援第12军作战。

战炮兵营集中火力，以TOT同时着弹战术，对雅洛库尔进行了火力覆盖。德军根本禁不住这种毁灭性的炮击，残部向东北方逃窜。

傍晚时分，第134步兵团阵地依然完好无缺，第137步兵团已经剿灭了大部分渗透进后方的德军。德军拼命抵抗，还是在森林中取得了小块的立足点。枪炮声停下来时，双方距离最近的散兵坑，只有180米。德军战俘供述：9月29日5时，德军将从弗雷讷发起大规模进攻。巴德少将决定先发制人，抢在德军之前行动。根据他的计划，4时30分，第320步兵团第3步兵营，将在第134步兵团与第137步兵团之间，沿着森林北部边缘，以窄正面发起进攻，收复282高地；30分钟后，第137步兵团第3步兵营与第320步兵团第1步兵营出发，进攻森林东部的德军。

美军如期地展开行动，却很快遭到了德军密集火力的阻挡。5时30分，德军神不知、鬼不觉地渗透进了美军阵地。在浓密的雾气中，德军坦克开到近处，美军步兵才听到了其发动机的噪音。第137步兵团第3步兵营L连首当其冲。8时30分，德军已经包围了L连。L连英勇奋战，从包围圈中杀出了一条血路，返回了第3步兵

德军第533掷弹兵师与第559掷弹兵师作战序列	
第533掷弹兵师	第559掷弹兵师
第1119掷弹兵团	第1125掷弹兵团
第1120掷弹兵团	第1126掷弹兵团
第1121掷弹兵团	第1127掷弹兵团
第1553炮兵团	第1559炮兵团
第553燧发枪连	第559燧发枪连
第1553师属运输队	第1559师属运输队

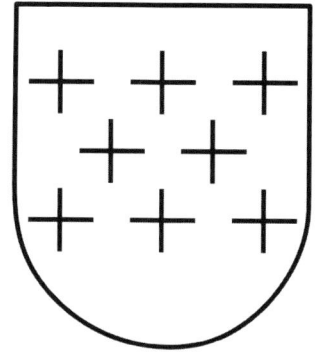

德军第553掷弹兵师军徽。

德军第559掷弹兵师军徽。

营主阵地，霍珀中尉负伤。副连长劳伦斯·马尔梅（Lawrence Malmed）中尉困在了作为连部的德军碉堡中，不幸被俘。然而，不可思议的是，他却凭借三寸不烂之舌，说服了俘虏他的12名德军步兵，跟随他返回美军阵地，向美军投降！不过，当天第137步兵团还是出现了严重的损失。德军将K连的1个步兵排"包了饺子"，第3步兵营有100多人被俘。

第320步兵团与德军展开白刃战，双方以连、排、班为单位，分散在森林各处进行血腥的肉搏。在战斗机与野战炮兵的支援下，美军步兵占据了上风。18时30分，在1个坦克连的支援下，第320步兵团第3步兵营打垮了德军机枪阵地，收复了森林北部边缘，在第134步兵团与第137步兵团之间进入防御。第134步兵团第2步兵营F连一鼓作气地攻占了汉恩（Han）。这里的石质建筑甚至能抵御美军105毫米榴弹炮的轰击。第1120掷弹兵团一如既往地向汉恩发起反击，但只是徒劳地增添了伤亡而已。

当天，第35步兵师师长巴德少将与第559掷弹兵师师长米伦都对战局感到头痛。

巴德少将走访了前沿阵地上7个步兵营的营长。每个营长都表示，自己所坚守的防线正面太宽，根本无法阻止德军的渗透；森林如此浓密，以至于林间小径都很少；德军更熟悉格雷梅塞森林，美军的防御不起作用；美军只有确定了渗透进来的德军都在什么位置，才可能将他们逐出森林。

普赖斯中将以零碎的方式将第559掷弹兵师逐次投入作战的方式，米伦少将感到无可奈何。与德军其他掷弹兵师相比，第559掷弹兵师有不少从东线归来的官兵，新补充的兵员中青壮年的比例也很高。但是，即使是以1944年的训练标准来看，第559掷弹兵师接受的训练也很不足，能得到的炮兵支援完全无法与美军相比，榴弹炮与炮弹都处于短缺状态。美军利用森林中第一次世界大战时期的战壕进行防御，也使德军难以彻底击溃美军。

对巴尔克来说，9月29日也充满了灰暗的色彩。德军第1集团军通过格雷梅塞森林与第5装甲集团军通过阿拉库尔冲向摩泽尔河的计划已经彻底破产。他无奈地命令普赖斯中

将，党卫军第13军停止对格雷梅塞森林的进攻。然而，普赖斯中将却没有立即执行命令。在他看来，党卫军第13军距离击溃第35步兵师的胜利，只有一步之遥。此时，从蒂永维尔开来的第19掷弹兵师第73掷弹兵团与第115装甲掷弹兵补充与训练营①已经抵达格雷梅塞森林。普赖斯中将以各种借口，顶住了西线德军司令部要他放行第106装甲旅前往支援第19集团军的命令。当晚，他只象征性地放走了第106装甲旅的1个装甲排。他准备集中新调来的兵力，对第35步兵师左翼的第134步兵团进行最后一搏。

9月30日凌晨，第115装甲掷弹兵补充与训练营携带大量机枪、突击步枪与冲锋枪，潮水般地拥向第134步兵团第3步兵营。德军装甲掷弹兵的自动火力非常密集，一鼓作气地冲到了L连后方。第134步兵团后方的勤务兵力也投入了战斗。在榴弹炮与迫击炮的支援下，第73掷弹兵团利用第115装甲掷弹兵补充与训练营打开的缺口，以更宽的进攻正面跟进。德军步兵越来越多地渗透过美

军防线，第134步兵团的右翼已经支撑不住了。

6时30分，第137步兵团的少量兵力与第320步兵团的2个步兵营向森林东部的德军进行反击。德军炸断树木，封锁了所有的林间小径，挡住了美军坦克的前进。德军榴弹炮与迫击炮发射的炮弹，在树冠处爆炸，飞散的尖锐木屑造成了美军不小的伤亡，甚至杀死了第320步兵团第1步兵营营长威廉·吉利斯（William Gillis）。10时30分，从早晨开始一直持续着的浓雾仍然没有消散。德军步兵利用浓雾作为掩护，在第137步兵团第2步兵营左翼找到了640米宽的缺口。德军步兵击溃E连1个排后，沿着森林中的沟谷向南挺进。巴德少将命令第133战斗工兵营与第737坦克营A连的1个坦克排，紧急驰援E连。在佩通库尔以北的开阔地上，他们牢牢地守住了制高点，挡住了德军的进攻。

巴德少将的预备队是第320步兵团第2步兵营与第737坦克营A连。最初，他准备以预备队稳固第134步兵团第2步兵营的阵地。然而，德军突破了第137步兵团的阵地后，他

---

① 第115补充与训练装甲掷弹兵营成立于德国第12军区。美军文献资料对其番号的记载有诸多混淆。美军官方的洛林战役战史，称其为"第15装甲掷弹兵师的第115燧发枪营"。实际上，第15装甲掷弹兵师的编制中并不存在"第115燧发枪营"。第134步兵团团史的德军战俘记录中，称其为"第115训练营"，但也是不够准确的。第15装甲掷弹兵师有1个装甲掷弹兵团、1个装甲营与1个装甲侦察营的番号都是"115"，美军就想当然地认为其隶属于第15装甲掷弹兵师。

赫尔曼·巴尔克

赫尔曼·巴尔克（1893年12月7日—1982年11月29日），德国陆军装甲兵上将，曾获得钻石宝剑橡叶骑士铁十字勋章。巴尔克被称为"天才般的"装甲兵指挥官，美军威廉·德普伊（William DePuy）上将表示，巴尔克"很可能是德国陆军中最优秀的师长"。

巴尔克出生于军人世家，父亲威廉·巴尔克（William Balck）是普鲁士陆军中将。他有英国血统，曾祖父曾在威灵顿麾下任参谋官。1913年，巴尔克加入汉诺威第10步兵营。1914年，进入汉诺威军事学院学习。第一次世界大战中，他担任机枪连连长，先后在东西两线作战。在战斗中，他曾七次负伤。1922—1934年，服役于第18骑兵团。

1939年10月，他担任第1装甲师第1摩托化步兵团团长。在法国战役中，第1摩托化步兵团是最早跨越默兹河的德军兵力之一。1941年，先后担任第3装甲团团长与第2装甲旅旅长，参加了入侵希腊的行动。7月，他返回德军最高司令部，担任装甲兵督察员。1942年5月，他前往东线，担任第11装甲师师长。在他的指挥下，第11装甲师多次打出了以少胜多、以弱胜强的佳绩，堪称东线的"消防队"。1943年，他担任"大德意志"装甲掷弹兵师师长。随后，他先后在意大利与东线担任第14装甲军军长与第48装甲军军长。1944年7月，他指挥第48装甲军抵御苏军的利沃夫—桑多梅日攻势。他试图解救布罗迪（Brody）包围圈中的第13军，但功败垂成。8月，担任第4装甲集团军司令。9月，前往西线，担任G集团军群司令。12月底，希特勒认为他未能阻止美军第3集团军的前进，将他解职。古德里安亲自干预，将他送往匈牙利，负责重建第6集团军。1945年5月8日，在奥地利，他向美军第20军投降。

1947年，美军释放了巴尔克。美军邀请他参与战史的编纂工作，但他予以谢绝。为了讨生计，这位昔日的装甲兵上将变成了仓库搬运工。1948年，他因为战时曾在未经军事法庭审判的情况下，下令枪毙失职的军官而被法庭判处3年监禁，最终提前1年半出狱。20世纪70—80年代，在美国宾夕法尼亚州的美国陆军军事学院，他与梅林津一起，参加了与北大西洋公约组织高级领导的研讨会。

只能将预备队用于救援第137步兵团。11时45分，第320步兵团第2步兵营前往进攻森林东南角的德军。他们要在崎岖不平的地形上行军4公里，才能抵达兵力集结地。

赫尔曼·普赖斯

赫尔曼·普赖斯（1901年5月24日—1985年2月2日），德国党卫军中将，曾获得宝剑橡叶骑士铁十字勋章。普赖斯凶狠残暴，堪称德军中的"刽子手"，与布拉斯科维茨大将形成了鲜明的对比。

普赖斯是农民之子，青少年时代除了上学就是帮助父亲干农活。1919年1月，作为志愿者，他参加了德国陆军。在波罗的海地区，他又加入自由军，在镇压叛乱的战斗中负伤。1934年，他加入党卫军特别机动部队，在党卫军"日耳曼尼亚"（Germania）步兵团担任第13步兵炮连连长。1939年，他参加了波兰战役。随后，他转入党卫军"髑髅"（Totenkopf）摩托化步兵师，晋升为少校，担任党卫军"髑髅"炮兵团第2炮兵营营长。法国战役后，担任党卫军"髑髅"炮兵团团长。1941—1942年冬季，在德米扬斯克的战斗中，他表现英勇。师长特奥多尔·艾克（Theodor Eicke）上将表示："如果没有普赖斯，我们早已死无葬身之地。"1943年2月，普赖斯晋升为准将，担任党卫军"髑髅"装甲掷弹兵师

师长。在第三次哈尔科夫战役中，他率部与苏军展开激战。7月，他率部参加了库尔斯克战役。10月，党卫军"髑髅"装甲掷弹兵师改编为装甲师。

1944年8月，他前往西线，担任党卫军第13军军长。10月，担任党卫军第1装甲军军长。在阿登战役中，他参与了对300多名美军战俘与100多名平民的屠杀。1945年2—3月，他再次前往东线，指挥党卫军第1装甲军与苏军作战，并参加了在匈牙利发起的"春醒"行动（Operation Spring Awakening）。5月，他向美军投降。

1946年7月，为了惩罚他犯下的屠杀战俘与平民的罪行，美军军事法庭判处他20年监禁。1954年10月，他得到了提前释放。

14时，在比翁库尔（Bioncourt），埃迪少将在第320步兵团团部召开会议。第3集团军参谋长加菲少将、第6装甲师师长格罗少将、巴德少将、西布里准将与第35步兵师的参谋官们参加了会议。突然，德军榴弹炮发射的几发炮弹，落在了会议所在建筑物边的街道上，炸死了几名警卫与传令兵，包括从北非战场以来就跟随埃迪少将的军部下属。参会的美军将校们给予了力所能及的帮助后，继续愁眉不展地思考战局。

这几发歪打正着的德军炮弹与老部下的牺牲，成了压死埃迪少将紧张神经的"最后一根稻草"。他焦虑地盯着地图上格雷梅塞森林的东北部，心急如焚地听着第137步兵团阵地遭受蚕食的报告。埃迪少将向第35步兵师每个在场的团长征求意见，他们都认为第35步兵师已经挡不住德军的渗透了。埃迪少将打算就此命令第35步兵师进行全面撤退，一直撤过塞耶河，再站稳阵脚。巴德少将不希望撤退，他表示还可以动用第35步兵师最后的预

备队进行反击。然而，加菲少将也同意埃迪少将的观点，巴德少将也就不好再说什么了。14时20分，埃迪少将越过巴德少将，直接命令第35步兵师各部，一旦夜幕降临，就尽快撤过塞耶河；第6装甲师将掩护第35步兵师撤退。

埃迪少将认为，德军一旦突破了第137步兵团的防线，将从后方包抄阿拉库尔，第4装甲师很可能会陷入包围。因此，他还向第4装甲师发出警报，命令其做好西撤的准备。有情报显示，德军准备炸毁迪约兹东南方的兰德尔湖（Étang de Lindre）大坝。第12军必须撤过塞耶河，否则汹涌的泄洪将拓宽塞耶河的宽度，将第12军防区劈成两半，使塞耶河以北的兵力陷入孤立。

然而，对巴顿来说，"撤退"是绝对不可能的。巴顿气恼地从埃泰恩飞到了南锡，来到第12军军部。他命令埃迪少将立即撤销第35步兵师撤退的命令，刺耳地高声咆哮道："你必须让第6装甲师行动起来，立即展开反击，解决这个问题！告诉第35步兵师，给我挺住！"同时，巴顿告诉伍德少将："第35步兵师将接着打下去，你们不许后退！"随后，斗志昂扬的巴顿又像不会停息的永动机一样，"裹胁"着仍然愁眉苦脸的埃迪少将，来到第6装甲师师部制订了反击计划。第6装甲师的战地日志记述道："巴顿将军强调，他不会让德军再前进一步。"

埃迪少将的担忧，实际上不无道理。他敏锐地注意到了第12军正面临的危险。但是，他的步兵兵种思维、优柔寡断的性格与谨小慎微的作战风格，决定了他宁可将第6装甲师的坦克用于掩护第35步兵师撤退，也不愿意以这支新锐的"虎狼之师"进行凌厉的反击。

16时50分，巴德少将迅速执行了巴顿的反击命令，投入了最后的预备队。黄昏时分，第35步兵师预备队的出现，扭转了格雷梅塞森林之战的局势。夜间，普赖斯中将不得不执行巴尔克停止进攻的命令，党卫军第13军功败垂成。第137步兵团终于松了一口气。战斗开始时，第137步兵团有900多人。连续4天的血战之后，他们只剩下了484人。

此时，第6装甲师正处于分散状态，执行着各种零散的任务。A战斗群正在南锡以东8公里处休整，B战斗群守卫着第35步兵师与第80步兵师之间的莱尔走廊，R战斗群刚从第20军预备队的任务中解脱出来，师属装甲炮兵正作为军属炮兵，对第12军进行总体支援。此时，第26步兵师正在赶来的路上。根据最初的作战计划，巴顿准备以第6装甲师与第26步兵师清剿塞耶河以西的德军。实际上，格罗少将早就做好了支援第35步兵师的准备，两天之前就命令作战官迈克尔·高尔文（Michael Galvin）中校前出至第137步兵团阵地，以考查进行增援与反击的区域。当晚，A战斗群在塞耶河畔布兰（Brin-sur-Seille）跨越了第25装甲工兵营架设的机械化桥，在阿兰库尔（Alincourt）过夜。R战斗群也跨越了塞耶河。在月光的照耀下，A战斗群与R战斗群的行动非常顺利。

在新制订的作战计划中，A战斗群与R战斗群，将协同第35步兵师，驱逐格雷梅塞森林东部与北部的德军。A战斗群将通过第35步兵师左翼，清剿森林西北边缘，攻占位于莱蒙库尔与弗雷讷之间的山脊。这座山脊能够俯瞰通往森林的公路网。R战斗群将从佩通库尔以东的第137步兵团阵地发起进攻，攻占尚布雷以北的制高点。第35步兵师负责清剿森林内部的德军，并接管第6装甲师夺取的阵地。

10月1日6时20分，A战斗群与R战斗群展开行动。9时，他们都抵达了各自的出发阵地。A战斗群似乎想要重演横扫布列塔尼半岛的壮举，以极高的速度推进。M4炮塔上的12.7毫米高射机枪响个不停，红色的曳光弹道横扫德军藏身的树林，打得德军步兵身首异处。美军坦克所过之处，德军尸横遍野。在奥森溪（Osson Creek），有些M4陷入了泥沼，前锋也遭到德军炮兵的打击，而停止前进。美军野战炮兵与装甲炮兵一直保持着准确的反炮兵火力，但依然未能压制住德军炮兵。装甲工兵运来圆木，为轻型车辆搭建便桥。美军装甲步兵从半履带式装甲运兵车上跳下来，在坦克后方躲避。随后，美军包围了雅洛库尔，德军步兵纷纷举手投降，显得毫无战意。

A战斗群攻占了莱蒙库尔-弗雷讷岭后，返回格雷梅塞森林，支援第35步兵师。第35步兵师清剿森林内部德军的战斗打响后，一直遭受德军炮兵准确而猛烈的轰击，巴德少将在炮击中负伤。在防御战中，德军也开始利用第一次世界大战时期的战壕阻击美军。美军步兵与德军步兵展开近距离混战，以至于A战斗群的坦克甚至误伤了友军。美军步兵立即在无线电中告诉A战斗群，暂时不要开火，等德军步兵被逐出森林，"你们再干掉他们！"傍晚，第134步兵团接管了A战斗群的阵地。天黑时，美军的进攻已经有几处抵达了森林边缘。

R战斗群刚越过步兵的阵地，就遭到了德军反坦克炮与地雷的伏击，2个坦克连的连长相继阵亡。然而，R战斗群仍然扫清了制高点。美军坦克歼击车、工兵与高射炮兵占领制高点后，R战斗群转向进攻尚布雷。德军拼死抵抗，甚至战至最后一人。45分钟后，美军坦克控制了街道。下午，在倾盆的大雨与德军不断的炮击之下，R战斗群牢牢地守住了尚布雷，并不断地击退德军的反击。20时，第137步兵团接管了R战斗群的阵地，在尚布雷以北构筑了警戒阵地。

在当天的战斗中，第6装甲师损失11辆坦克，伤亡200多人。在格雷梅塞森林中，少量德军步兵一直坚持到了10月2日，以掩护主力撤退。普赖斯中将命令德军在萨兰堡森林与向南通往尚布雷的溪谷中构筑防线。10月2日，第35步兵师肃清了格雷梅塞森林中的德军残兵，美军战斗机驱散了尚布雷以北的德军。战斗结束后，格雷梅塞森林恢复了宁静。

阿拉库尔与格雷梅塞森林战事的停息，标志着洛林战役第一阶段的正式结束。在洛林战役的第二阶段与第三阶段，更艰苦卓绝的战斗，还在等待着巴顿与他的第3集团军。随后两个半月的苦战，将是巴顿与第3集团军在二战时期经历过的最艰难的时期，辉煌渐渐远去，剩下的就只有泥泞了。

第六章　总结

1. 战绩与损失

后世的军事历史研究者与爱好者，往往会对双方的战绩与损失进行比较，并津津乐道地将其作为评价战役胜负、双方指挥成败与兵员素养优劣的依据。不同意见的各方，往往秉持着不同的文献资料、逻辑方式，甚至出于不同的"阵营喜好"，展开激烈的争论。

这种往往以各方不欢而散为结局的争论，很难使"真理越辩越明"。实际上，纠结于某场战役中多则上万人、几十辆坦克，少则几百人、十几辆坦克的伤亡损失记录差异，是没有太大意义的。后世的研究者与爱好者，距离当年战役的发生时间，已经有几十年之久。即使是参加过那场战役的官兵，也是置身于战场上，对整场战役的双方损失，不可能有准确的概念。双方军方的官方统计数字，也都是自下而上汇集而来，不同的统计时间结点、统计方法、统计标准或人为造成的误差，都可能导致战绩与损失数据的不准确。

当然，这并不意味着任何作战报告或后世研究得出的数据都"不可信"，以至于得出历史虚无主义的结论。只不过，在战争的复杂环境条件下，要求战绩与损失统计数据"精确还原历史"或"精确到小数点后几位"。这种对细枝末节的苛求，完全是无意义的。有些问题的答案，并非进行细枝末节的争论才能得出，只要着眼于宏观数据，就足以得出结论。

以洛林战役第一阶段的美军第3集团军为例。1944年9月，与第3集团军交战的德军单位，分别隶属于德军G集团军群的3个集团军，分别为第1集团军大部、第5装甲集团军全部与第19集团军少部。在这种情况下，统计这3个德军集团军的损失，与美军第3集团军进行对比，是毫无意义的。即使详细到师旅的损失，也会因为其游走于战线各处，与其他美军集团军发生过战斗，而使统计出来的数据，不足以用于说明问题。当月，德军第1集团军下辖的第106装甲旅，曾先后与美军第1集团军、第3集团军作战。在此期间，第106装甲旅的损失，就不能都算作第3集团军的战绩。如果以此种精确的方式进行统计，那么某场战役的战绩与损失统计工作，将变得无比复杂，工作量极为庞大。

这种令人挠头的统计工作，还需要具有原始资料准确而详实的前提，否则统计出来的数据依然没有意义。然而，种种因素都会造成统计数据与真实的历史不能精确相符。何况在瞬息万变的战场上，统计战绩与损失，本来就是非常困难的事。作战报告会因为统计标准的不同，而无法反映真实情况，那些看似生动，实则模

1944 年 9 月，美军第 3 集团军和与之对阵德军的伤亡损失比[1]

损失情况	美军	德军
阵亡/击毙	2171 人	13900 人
负伤/击伤	11820 人	87480 人
失踪/俘虏	2618 人	23500 人
合计	16609 人	124880 人
非战斗损失	7725 人	
总计	24334 人	124880 人
坦克损失	49 辆轻型坦克	406 辆中型坦克与自行火炮[3]
	151 辆中型坦克与坦克歼击车[2]	197 辆"黑豹"式中型坦克
火炮损失	20 门火炮	515 门火炮

[1] 此结论出自巴顿将军本人的记述，笔者计算整理而成。
[2][3] 在巴顿本人的记述中，美军损失的"中型坦克"只计算了 140 辆 M4 的损失，没有包括 15 辆坦克歼击车的损失；美军战绩中的"德军中型坦克"，包括各型自行火炮。

糊的回忆录，更不能作为说明双方损失情况的依据。

在洛林战役的第一阶段，交战双方都有各种离谱的战绩统计。美军第3集团军曾认为，德军第5装甲集团军下辖5个装甲师与5个装甲旅。这恐怕是因为每个装甲旅的"黑豹"装甲营，都是从装甲师的残部改编而来，美军不明就里，进行了重复的统计而导致的。在战时的宣传中，美军也曾发布过这样的统计数据：整个9月，第3集团军消灭德军611辆坦克，其中第4装甲师消灭了281辆坦克，第19战术航空军曾在4天内消灭了51辆坦克；仅在吕内维尔与阿拉库尔，第3集团军就消灭了德军

1944年9月29日，埃坦，布拉德利（左）、巴顿（右）与韦兰准将（中），在美军第3集团军司令部会面。巴顿将军的爱犬"威利"（Willie）正在座椅上睡觉。

1944年9月30日，埃坦，美军第3集团军部分指挥官的合影。在照片正中央，巴顿仪表威严。在他的左手边，身前是第20军军长沃克少将，身后是第3集团军副参谋长盖伊准将。在他的右手边，从右到左分别为第3集团军副参谋长哈金斯上校、第5步兵师师长欧文少将、后勤参谋马勒上校（只露出了脸）与第7装甲师B战斗群指挥官汤普森准将。

300辆坦克。

1944年9月，德军投入洛林的坦克与自行火炮总数，也只有616辆。根据美军的宣传数字，这几乎相当于洛林的德军损失了全部的坦克与自行火炮。这种明显夸张的数据只是宣传中的虚张声势而已。在没有进行详细的战场统计之前，各师得到的下级汇报数据，往往有大量的重复计算。美军控制战场后，往往会进行更准确的统计工作。这些数据要比战地记者一时兴起而发布的新闻更接近真实。当然，最准确的还是自身损失情况的统计。

在洛林战役的第一阶段，美军究竟击毙或击伤了多少德军，恐怕难以准确统计。第3集团军得出的结论是估算而成，只有俘虏德军的人数相对可靠。无论如何，第3集团军的损失也要比与之对阵的德军小得多。根据第3集团军的统计与估算，双方兵员的阵亡比达到1:6.4，伤亡比达到1:7.2，战斗损失比达到1:7.5；德军的非战斗损失与第3集团军的战绩没有关系，因而统计无意义。在美军掌握制空权，占有绝对火力优势与物资优势的情况下，这种悬殊的伤亡损失比，是很正常的。

相比之下，技术兵器的损失情况，则需要进行说明。1944年9月，第3集团军损失了200辆坦克与坦克歼击车，包括49辆M5A1、140辆M4、15辆M10与M18，先后补充了392辆坦克与坦克歼击车。美军统计，击毁德军603辆坦克与自行火炮。

实际上，德军在洛林投入了616辆坦克与自行火炮，损失了101辆4号中型坦克、118辆"黑豹"、221辆突击炮与坦克歼击车，共440辆坦克与自行火炮。10月1日，德军只剩127辆坦克与自行火炮尚可作战，另有148辆装甲战斗车辆处于战损状态，等待修理。这意味着美军与德军的坦克、自行火炮损失比，达到了1:2.2。

同样的是，美军处于进

攻状态，因此更能击毁或缴获德军牵引式火炮。美军与德军的牵引式火炮损失比，高达1:25，是双方最为悬殊的损失比。

除此之外，双方还有更多的其他损失，没有列入在内，包括半履带式装甲运兵车、装甲侦察车、卡车与吉普车等，德军还损失了大量的马匹与拖车。在这场战役中，德军行军纵队屡遭美军航空兵、机械化骑兵与坦克的袭击，损失了大量辅助型车辆。

无论如何，美军第3集团军都以极为悬殊的伤亡损失比，取得了洛林战役第一阶段的胜利。

2. 战役评析

后世所有对历史战役的评论，都会带有"事后诸葛亮"的色彩。对掌握了双方资料与明晰历史事件既定结果的人来说，这种评论未免显得"站着说话不腰疼"。毕竟，身处历史战役中的指挥官处于"战争迷雾"中，不可能实时感知双方的所有态势。后世的研究者与爱好者，却可以大言不惭地指责某位指挥官，为什么不向某个方向进攻或防御。不过，介绍了战役却没有评析，显然是不完整的，更何况前人已经做出了颇具真知灼见的总结。

战场综述

在洛林战役打响之前，巴顿的目标是指挥第3集团军跨越摩泽尔河，突破"西部壁垒"，冲向莱茵河。9月结束时，他只实现了跨越摩泽尔河的目标，尚未抵达"西部壁垒"，距离莱茵河就更远了。当然，巴顿未能实现目标，并不是因为任何战术上的失误。盟军的既定战略计划决定了，在补给运输存在瓶颈的情况下，只可能是英军第21集团军群与美军第1集团军优先获得补给，第3集团军只能居于人后。作为美军最著名的装甲兵将领，巴顿却落得如此次等的地位，可谓"李广难封"。

9月，第3集团军曾两次迫于补给的中断而停止前进，分别发生在9月初与9月末。梅林津少将认为，洛林与萨尔地区德军后备兵力虚弱得可以忽略不计，只要巴顿能获得足够的补给，他完全可以在9月中旬攻入德国本土。相比之下，德军第5装甲集团军对美军第12军进行的反攻只能算得上是"干扰"，而梅斯-蒂永维尔筑垒地域，也并非不可迂回的障碍。盟军既定战略计划对主攻方向的规划，导致的补给限制，才是巴顿无法如愿以偿的"罪魁祸首"。实际上，整个9月的攻势，第3集团军都是在补给时断时续的情况下进行的。

对盟军战略计划来说，选择阿登山脉以北的东北方向路线固然是最佳选择，以第3集团军的方向为主攻方向固然冒险。然而，这意味着德军也能轻易地看出盟军的战略意图，从而集中兵力层层阻击。根据盟军既定战略计划，艾森豪威尔放弃了让第3集团军在洛林与萨尔冒险，却选择了支持蒙哥马利在荷兰进行风险更大的赌博。梅林津少将表示，无论这个策略正确与否，德军G集团军群都松了一口气，利用几个星期的喘息时间，将"西部壁垒"变成了坚固的防线。最终，蒙哥马利的豪赌赔得血本无归，巴顿则不得不眼睁睁地看着德军充实了本无人防御的"西部壁垒"，后来付出惨重的代价才突破了这道防线。

在西线的德军反攻行动中，洛林反攻的规模仅次于阿登反攻，德军投入的坦克与自行火炮的数量，甚至超过了反攻莫尔坦的"列日"行动。在诺曼底战役中，英军第21集团军曾扮演了"磁铁"的角色，紧紧地抓住了德军装甲集群的注意力，美军的"眼镜蛇"行动才得以顺利实施。在洛林战役第一阶段，美军第3集团军变成了"磁铁"，牢牢地吸引了德军第5装甲集团军的注意力。然而，蒙哥马利的"市场花园"行动却未能因此而胜利。巴顿挫败德军洛林反攻的胜利所具有的战略意义，就这样在盟军的指缝中滑落了。

对德军来说，洛林反攻的失败，可谓五味杂陈。最初，希特勒制订洛林装甲反击的作战计划，意图是从侧翼切断第3集团军的攻势，防止其与第6集团军群会师，阻止其突破"西部壁垒"或攻入德国本土。盟军既定战略计划的"釜底抽薪"，倒是帮了希特勒的大忙，从根本上拖住了巴顿突破"西部壁垒"的可能。切断第3集团军的目标，则根本没能实现，第5装甲集团军自己却丧失了进攻能力。于是，德军只能退而求其次地认为，曼陀菲尔的攻势至少为重建"西部壁垒"争取了时间，第5装甲集团军的牺牲还是有意义的。然而，且不说第5装甲集团军的进攻并非巴顿未能突破"西部壁垒"的根本原因，只看德军这种心理安慰的方式，就是充满悲剧色彩的。苏联卫国战争初期，在德军装甲兵凌厉的攻势之下，苏军只能以巨大的牺牲，换取德军坦克的停滞，为后方组织防御或调遣兵力赢得时间。此时，被迫以巨大的牺牲换取布防时间的，却换成了德军。曾几何时，德军装甲兵咄咄逼人的进攻所向无敌，如今竟落入这般境地，真可谓"三十年河东、三十年河西"。更可悲的是，德军并没有苏军或美军所具有的数量优势，以装甲精锐的牺牲换取时间的方式，无异于饮鸩止渴，只能让德军败得更快。

希特勒执着地将新出厂的坦克集中于洛林反攻，导致西线其他各处频频告急。第3集团军停止前进后，希特勒也放下了击败巴顿的执念。伦德施泰特清醒地意识到阿登山脉以北才是盟军的主攻方向，苦口婆心地说服了希特勒，将主力调往亚琛地区。希特勒孤注一掷地进攻第3集团军，后果只是留下了散落在洛林各处的"黑豹"残骸与德军官兵尸骸，任其在连绵的阴雨中生锈或腐烂成泥。所谓"一将功成万骨枯"，德军屡战功不成，万骨犹枯。

从德军的角度来看，如果一定要赋予洛林反攻"积极"的意义，恐怕就是使希特勒明白了应该如何对抗强大的美军。从莫尔坦反攻到洛林反攻，希特勒计划的两次装甲反击，都试图切断巴顿的第3集团军，却全部宣告失败。然而，莫尔坦反攻与洛林反攻之于希特勒，相当于迪耶普（Dieppe）登陆战之于诺曼底登陆战。希特勒从这两次失败中吸取了经验教训，制订了反攻阿登的"守望莱茵"行动计划。在意识到了美军的实力后，他集结了26个师，对美军的4个师进行突破。当然，在德意志第三帝国气数已尽时，他才明白到这些，然而已经晚了。

同时，在洛林满目疮痍的战场背后，德国边境的防线确实建立了起来。1944年9月，德军成功地重建与恢复了"西部壁垒"。在作战指挥方面，布拉斯科维茨的能力远不如莫德尔与曼陀菲尔，但他的耐心却是组织修筑坚固防线的必要品质。德军惊叹地将"西部壁垒"的重建与恢复，称为"西线奇迹"（The Miracle in the West）。以第5装甲集团军的残废，换取"西部壁垒"，有些得不偿失，但起码有所得。相比之下，巴顿吸引住了第5装甲集团军，蒙哥马利却"碰了一鼻子灰"。无论如何，德军"以坦克换防线"，还是换出了成果，比盟军的"赔了夫人又折兵"要好得多。

美军指挥

在洛林战役第一阶段，

第3集团军下辖的3个军，作战进展最为顺利的是第15军，其次是第12军，最艰难的是第20军。

9月初，第3集团军刚补充了足够的汽油，得以继续前进时，第3集团军上下还依然沉浸在极度乐观的情绪中。巴顿因而雄心勃勃地制订了突向"西部壁垒"，奔袭莱茵河的作战计划。第12军与第20军恢复进攻后，就开始屡屡碰壁。不同的是，第12军试图跨越摩泽尔河时，才遭遇顽强抵抗；第20军是尚未抵达摩泽尔河，就碰上了"钉子"。

第20军之所以打得最差，是由多方面原因决定的。巴顿与沃克少将都没有意识到德军已经重整旗鼓，他们都希望能重演迅速跨越默兹河的战斗，以跨越摩泽尔河。在情报不足的情况下，第20军贸然发起进攻，却在摩泽尔河以西的复杂地形上遭遇了梅斯-蒂永维尔筑垒地域。巴顿一向鄙夷静态防御，他崇尚机动作战，认为坦克完全可以绕过坚固支撑点，再以步兵与炮兵围困即可。沃克少将是3个军长中唯一有装甲兵兵种背景的将领，其个性与作战风格也最贴近巴顿。此时，要塞攻坚却成了第20军绕不过去的任务目标。

处于严密防御之下的筑垒地域，快速绕过是可能的，快速攻克却是极难的。梅斯-蒂永维尔筑垒地域的德军兵力再弱，也占据了河流天堑、复杂地貌与坚固防御工事的地形优势。针对这样的堡垒，不占有"十则围之"的兵力数量优势，是很难取胜的。第3集团军想要相对顺利地完成包围梅斯的任务，恐怕需要同时调动2个军的兵力。

第20军正面进攻梅斯-蒂永维尔筑垒地域，最佳方案是以步兵师稳步推进，装甲师在后方待机支援；以步兵与炮兵为主，以坦克为辅，慢慢蚕食摩泽尔河西岸的德军筑垒地域；彻底剿灭摩泽尔河以西的德军后，再后顾无忧地进攻梅斯；必要时，第7装甲师可以从第12军防区跨越摩泽尔河，再北上进攻梅斯以南的第3装甲掷弹兵师，为步兵渡河清理出安全的登陆场。然而，在第3集团军下辖的3个军中，第20军的战线是最长的。在3个师全部置于前沿的情况下，战线上的兵力仍然拉得过薄。在德军第1集团军分兵封堵第12军的迪耶于卢阿尔桥头堡之前，第20军面对的德军规模是最庞大的，需要对抗德军从5个师与1个旅调集而来的兵力。蚕食筑垒地域的任务，带有明显的步兵色彩，更适合慢条斯理的埃迪少将来执行。当然，某个军执行怎样的战术任务，不可能由军长的性格与作战风格决定，而是由军所处的位置决定的。即使执行蚕食德军筑垒地域的方案，也至少还需要1个步兵师进行增援，但第3集团军根本没有多余的步兵师了。

更严峻的问题是，从布拉德利到巴顿，沃克少将面临逐级而下的渡河命令。他根本没有时机蚕食德军筑垒地域，只能在兵力不足的情况下，硬着头皮强渡摩泽尔河。这导致第20军自我分割在了摩泽尔河两岸，陷入首尾接敌的尴尬境地。又要围攻摩泽尔河以西大量德军驻守的要塞，又要试图从摩泽尔河以东的桥头堡达成突破。第90步兵师只能拉成薄线，第5步兵师在反复的强攻中付出了血的代价，第7装甲师在梅斯以南的桥头堡陷入泥潭。第20军的攻势就这样进退两难地结束了。

相比之下，第12军的进攻正面更窄，2个步兵师足以覆盖战线。埃迪少将稳妥地选择了以步兵师渡河开辟桥头堡，再以装甲师进行纵深突破的传统方式。随后，第4装甲师完成了教科书式的纵深穿插，横扫德军后方，并在阿拉库尔将第5装甲集团军打得满地找牙。第4装甲师的辉煌战绩，更多是巴顿、伍德少将、克拉克上校与艾布拉姆斯中校的功劳，与埃迪少将的关系不大。最初，他也赞成这样的纵深突击，而一旦桥头堡遭到威胁，他就转而担心第4装甲师后方的安全，并希望将纵深突击的战果转化为拯救桥头堡。如果第12军军长换成沃克少将，那么第4装甲师将更早进入桥头堡，甚至在德军后方冲得更远。

当然，这并不意味着埃迪少将所有的担忧都是杞人忧天。第4装甲师从迪耶自卢阿尔桥头堡冲出后，德军第1集团军已经成功地以少量兵力依托筑垒地域抵御住了美军第20军的进攻，再通过内线机动调遣兵力，前来围堵桥头堡。在德军的反复冲击之下，第80步兵师已经摇摇欲坠。如果第4装甲师在德军后方的更深远处与第5装甲集团军爆发坦克战，可能出现的变数恐怕也会更大。只能说，正是巴顿与伍德少将的坚持，才成就了第4装甲师的辉煌战绩。如果一切都依照埃迪少将的意见，第12军会丧失大量战机，并在以后的战斗中遭遇趁机完成了防御的德军。在格雷梅塞森林出现危机时，埃迪少将在手上握有第6装甲师尚未投入作战的情况下，却选择命令第35步兵师撤退，甚至要一路撤过塞耶河。如果不是巴顿及时厉声制止并以第6装甲师发起反击，第12军浴血奋战而来的成果，就要功亏一篑了。

当然，在洛林战役第一阶段，巴顿的表现并非完美无瑕。如果换成作战风格保守的指挥官，第3集团军很可能会在摩泽尔河陷入停滞，或在跨越摩泽尔河后满足于固守桥头堡。但是，巴顿的进攻精神却过犹不及。他执着于突破"西部壁垒"与冲向莱茵河的目标，甚至完全不顾可能发生的危险。在吕内维尔，美军抓获的德军战俘已经供述了德军大量坦克来袭的情报，他却轻描淡写地认为德军的目标是美军第7集团军。在萨兰堡，第106装甲旅与第559掷弹兵师进攻第4装甲师B战斗群之前，第25机械化骑兵侦察营与第42机械化骑兵侦察营就发现了德军的动向，上报给了第12军情报部。然而，巴顿却选择"视而不见"，也没有将这份情报发给第4装甲师B战斗群。如果不是第4装甲师的官兵作战神勇与P-47及时赶到，那么B战斗群必然是在措手不及的打击之下损失惨重。在横扫法兰西平原时期，巴顿"漠视"侧翼的安全，是因为有足够的航空兵掩护与脆弱的德军已经不构成威胁。在洛林战役中，这种自信恐怕就显得毫无来由了。在经常的晨雾与阴雨天之下，航空兵的行动非常受限。德军抵抗的激烈与援军的出现，更早已表明德军已经重整旗鼓了。

第15军的情况比较特殊，是洛林战役中第3集团军参战最晚的军，执行的是掩护第3集团军南翼的任务。海斯利普少将是优秀的战术指挥官，既不像埃迪少将那样保守，又不像沃克少将那样冒进，既有步兵出身的背景，又长于快速机动的机械化战术。第15军只有2个师，但面对的德军都比较脆弱，进攻的过程异常顺利。唯一的硬仗是对抗德军第112装甲旅，却成了法军第2装甲师的"神来之笔"，取得了完胜。如果第15军能以3个师的阵容出战，必定会对第47装甲军或第19集团军产生更严重的威胁。

德军指挥

G集团军群与第3集团军交战的3个集团军中，第1集团军的作战最为成功，第5装甲集团军与第19集团军只能算"半斤对八两"，打得都不怎么样。在此期间，德军的几位集团军群司令与集团军司令，都没什么出色的表现。

此时，德意志第三帝国日渐枯竭，已经很难维持战争所需的后勤系统了。第3集团军是在补给断断续续的情况下打赢的洛林战役第一阶段，主要缺乏的是汽油。相比之下，同时期的德军几乎什么都缺。无论武器、燃料、弹药、车辆、马匹、食物、药品、通信工具，都是入不敷出。美军的摩托化程度很高，至少物资都是以机动车辆运输，德军的马车可能都不够用，有时甚至需要以人力运输弹药。

德军的作战指挥也存在严重的问题。美军的指挥是逐级放权，前线指挥官具有很大的柔韧性。德军的指挥权管理则走向两个极端，要么严格到西线德军司令也无权调动1个师，或只能逐级机械地照搬命令；要么前线指挥官以欺上瞒下或故意曲解命令的方式，擅自调动兵力执行与上级命令相左的行动。在专制体制之下，出现这两种极端的状况，都不是稀罕事。最终，这两种极端的行为，都酿成了大祸。在战斗中，德军基层军官经常处于恐慌状态。巴尔克表示，G集团军群始终在积蓄预备队，以完成希特勒的反攻计划。然而，即使美军在德军防线上攻占了哪怕是面积很小的阵地，基层军官都会吓得紧急呼叫预备队前来封堵，丢失了领地或城镇，也不及时报告上级。同时，盟军战略轰炸造成的物资短缺，导致德军无线电机的质量很差，甚至用来翻译密码的密码机都很缺乏。德军基层军官的指挥与控制，很大程度上要依赖于野战电话或民用有线电话。在盟军空袭德军通信节点与法国抵抗组织不断进行破坏的情况下，如此简陋的通信也是时断时续。

克诺贝尔斯多夫是装甲兵上将，但在装甲进攻作战上，表现却很幼稚。美军的轻敌是战略上的，德军的轻敌是战术上的。克诺贝尔斯多夫也知道美军正大军压境，第1集团军兵力薄弱，却又相信区区1个装甲旅，就能击溃第3集团军北翼。遭遇惨败后，他就此失去了唯一的机动预备队。但是，在防御作战中，克诺贝尔斯多夫与普赖斯中将的表现都很不错。他们以有限的兵力依托地形拖住了第20军的进攻，再抽调兵力围堵第12军的突破，内线的兵力调动非常成功。普赖斯中将对格雷梅塞森林发起的进攻，则是整个洛林战役第一阶段，德军唯一一次真正对第3集团军造成过威胁的反击。在美军航空兵与野战炮兵的绝对火力优势面前，第1集团军无法阻止美军夺取桥头堡或从桥头堡突破，是再正常不过了。更何况第1集团军还将掌握各项绝对优势的美军，几度打得如此难堪。9月结束时，摩泽尔河以西依然有不少德军驻守的要塞群，梅斯更是依然牢牢地掌握在第1集团军手中。

德军第19集团军的第66军本来就是疲惫之师，自然抵御不住美军第15军的进攻。然而，第5装甲集团军以堂堂之阵出战，主力却毁在了美军1个装甲师的手上，就实在说不过去了。曼陀菲尔并不赞成这次毫无希望的进攻，说明他的头脑要比希特勒正常得多。然而，他却与替换了布拉斯科维茨的巴尔克一起，坚持东线作战的经验不放，终于把第5装甲集团军推进了火坑。在希特勒与德军最高司令部的强令之下，曼陀菲尔来不及完成集结，就将抵达的各部踢上了前线。二战初期，德军"闪击战"能屡战屡胜的原因之一，就是装甲兵的集中使用。其他国家多将坦克分散部署，因而不是德军的对手。在北非战场上，隆美尔更是评论道："你们英军的坦克是我们的两倍，但你们却将坦克一辆一辆地送到我面前挨打。"在洛林战役的第一阶段，却换成了德军零敲碎打地将坦克投入战场，致使美军将德军4个装甲旅各个击破。巴尔克与曼陀菲尔没能完成师旅级装甲兵的集结，却认为装甲营或装甲连应该发起密集阵形的进攻，结果招致美军航空兵与野战炮兵的火力覆盖。最终，第5装甲集团军在美军铜墙铁壁的防御面前流尽了鲜血。

那么，如果给德军重新选择的机会，德军是否有机会改写洛林战役第一阶段的历史进程呢？答案恐怕是"没有"。在美军的绝对优势面前，试图在摩泽尔河以西挡住巴顿的脚步，是根本不可能的。第1集团军最好的选择是不再愚蠢地以第106装甲旅主动招惹第90步兵师，而是将其投入到进攻多尔诺桥头堡或阿纳维尔桥头堡的战斗中。同时，第1集团军还可以更早地进入德里昂要塞群与其他筑垒地域，尽可能地恢复旧式要塞炮的功能，并建立更坚固的防御。第5装甲集团军则没有任何翻盘的希望。即使第111装甲旅与第113装甲旅能同时发起进攻，以"44年装甲旅"缺少炮兵与侦察兵的状况来看，德军占不到什么便宜。如果选择同时集结第111装甲旅、第113装甲旅与第11装甲师，再发起进攻，则需要更多的时间。这必然导致德军失去战机与出发阵地，毕竟美军不会等着德军完成集结之后再行动。第5装甲集团军迟迟不进攻，第4装甲师要么已经突破了"西部壁垒"，要么回身席卷了迪耶于卢阿尔桥头堡的德军。第12军的2个步兵师一旦跟上来，第5装甲集团军的进攻更没有希望了。同时，无论德军如何重新选择，都无法改变美军掌握制空权与野战炮兵火力绝对优势的事实。可以说，洛林战役第一阶段的德军失败，理所当然。

兵种战术

在洛林战役中，美军对德军优势最大的兵种是航空兵。德国空军与美军航空兵相比，已经不是优劣的问题，而是有无的问题。1944年9月，在西线各处的上空，德军战斗机与轰炸机都处于"缺席"状态。9月29日，第513战斗机中队遭遇德军30架梅塞施密特Bf-109式战斗机。P-47一如既往地将德军战斗机打得四散奔逃，美军飞行员认为，这些德军飞行员几乎毫无经验。

在大多数飞行任务中，第19战术航空军执行的都是对地攻击的近距离空中支援任务。空地协同小组召唤而来的战斗机，几乎成了美军对德国陆军的"杀手锏"。在坊间，很多军事爱好者都认为，德军坦克对美军坦克的战斗完全一边倒，美军是依靠航空兵才击败德军装甲兵的。在德军将领的回忆或作战报告中，这似乎也能得到印证。在阿拉库尔之战中，曼陀菲尔曾报告："我军缺乏空中掩护，官兵损失惨重，坦克的损失为甚。"

战后的调查研究表明，当时的战术航空兵发射火箭弹或投掷炸弹的命中率极低，根本不足以击中坦克大小的目标，要击中在田野上机动的坦克，就更困难了。所谓"盟军航空兵毁灭德军装甲兵"的说法，完全是毫无根据的臆想。德军将装甲兵的战败都归于美军战斗机的空袭，也只是在推卸责任。第4装甲师A战斗群指挥官克拉克上校对近距离空中支援的评价，与对美军空袭感到惶惶不可终日的曼陀菲尔，形成了鲜明的对比："如果有近距离空中支援，我们当然会很高兴。但是，其在任何地方都不能起决定性作用。"

这并非表示美军战术航空兵只是毫无用处的摆设。其真正作用的体现，不是P-47摧毁了多少辆"黑豹"，而是以下各方面：

1.美军战术航空兵打乱了德军装甲兵的组织与部署，使其无法有效发挥作用。美军战斗机在德军纵深上空四处游猎。德军甚至不敢在白天通过铁路或公路行军，坦克无法进行集结或及时投入作战。

2.美军战术航空兵对德军装甲兵形成了巨大的精神压力。即使当时的战斗机发射的火箭弹与投掷的炸弹"百发一中"，但哪辆德军坦克中的车组乘员敢毫不在意地原地等着挨炸？坦克对战斗机几乎没有有效的反制手段。多半被动挨打，无法还击，一旦被击中就全车玩完。为了躲避空袭，德军坦克只能像无头苍蝇一样到处乱撞，无法形成进攻阵形。德军坦克再厉害，在无序的状态下，也只能成为待宰的羔羊。梅林津少将对此评价道："显而易见，在美军战术航空兵的威胁之下，我军根本无从发挥坦克的优势。坦克战的常规原则，在西线根本不管用了。"

3.美军战术航空兵能极大降低德军士气，极大提升己方官兵的士气。德军需不间断地提防着美军战斗机的空袭，无论进攻、防御、行军、修理，乃至吃饭睡觉，都处于空袭的阴影之下。美军战斗机一旦出现，德军几乎没有反制能力，只能四处躲藏，士气必然遭受严重打击。对美军来说，无论召唤而来的战斗机是否摧毁了德军什么目标，德军的四散奔逃也都减小了美军的压力，更增强了美军打赢战斗的信心。

4.美军战术航空兵对德军行军纵队与勤务车辆造成了毁灭性打击。德军坦克一旦在铁路或公路上排成了密集的纵队，美军战斗机将其击毁的概率就会得到提升。战术航空兵难以击毁坦克，但对战斗室敞开的自行火炮、半履带式装甲运兵车、装甲侦察车与牵引式火炮来说，却是不折不扣的天敌。在沿着公路展开的空袭之下，德军脆弱的后勤车队更是在劫难逃。德军坦克失去了其他兵种的掩护，没有了运输弹药、燃料、备用零件、修理机械、食品与药品的勤务车辆，必然孤掌难鸣，没有持续的作战能力。

5.美军战术航空兵会对战场上所有的德军坦克或其他车辆残骸进行反复打击或"补枪"，导致德军没有回收战损车辆的机会。当然，美军飞行员经常将德军坦克残骸认成完好的坦克，或将其他车辆也认成坦克。这也是美军战术航空兵近距离空中支援任务战绩"虚高"的重要原因。

近距离空中支援不是"战斗机俯冲下去扫射轰炸"这么简单。如果战术航空兵与地面兵力各打各的，那么无论战斗机摧毁了多少目标，都不是真正的空地协同作战。这种立体化的协同作战模式，远比德军倚重坦克进行单打独斗式的装甲突击，要先进而复杂得多。完善的空地协同作战，需要飞行员与地面引导员，具备高超的作战技巧，紧密配合。二者所处的高度与位置都完全不同，决定了他们的视角差异极大，并不是地面引导员随便报个目标，飞行员就能找得到。美军近距离空中支援能够发挥巨大作用，意味着空地之间有着灵活、迅捷、高效的战术。

在栋派尔之战中，德军坦克使用了盟军的对空识别板，试图混淆美军飞行员的视听。托尔上校命令法军坦克撤掉对空识别板，再指示美军战斗机打击有防空识别板的目标。这种在危急关头的灵光一闪，是极富有创造力的战术。在萨兰堡之战中，P-47进行超低空掠袭与"跳弹"攻击，飞行员展现出的胆识与作战技巧，实在令人拍案叫绝。20世纪80年代，美国陆军对第4装甲师在南锡与阿拉库尔的战斗进行了研究。美军将第4装甲师与第19战术航空军的协同，与1982年FM 100-5号手册《作战行动：主动、纵深、灵活与协同》（Operations：Initiative, Depth, Agility and Synchronization）的指导进行对比后，发现二者如此相同。研究结论认为，第4装甲师在南锡与阿拉库尔的战斗，堪称"空地一体战"（Air-Land Battle）的雏形。这意味着在尚未提出"空地一体战"概念的30多年前，第4装甲师与第19战术航空军就已经实践了这种未来的军事思想。

当然，无论美军的近距离空中支援有多么先进，洛林战役第一阶段中德军装甲兵惨重的损失，也无法直接归于美军战斗机的空袭。细数第3集团军粉碎洛林装甲反击的战斗——麦利之战，战术航空兵没有参与；栋派尔之战，战术航空兵击毁的德军坦克，不超过德军坦克损失总数的20%；吕内维尔之战，战术航空兵没有参与；阿拉库尔之战，挫败第113装甲旅的战斗，战术航空兵没有参与；挫败第111装甲旅与第11装甲师的战斗，有很多也是在战斗机无法出动的雾天与雨天进行的。

既然美军战术航空兵没有直接摧毁那么多德军坦克，那么究竟是谁制造了遍布洛林的德军坦克残骸呢？答案就是美军坦克、坦克歼击车与野战炮兵。

在洛林反攻中，德军投入了616辆坦克与自行火炮，但这是逐次投入的总量，洛林德军坦克与自行火炮保有量的最高时段，也不过只有350辆。第3集团军装备的坦克与坦克歼击车，在数量上对德军形成了3倍的优势。这似乎又印证了所谓"美军装甲兵只能依靠坦克数量的优势，才能战胜德军装甲兵"的说法。那么，巴顿真的是以"车海"战术打赢了洛林坦克战吗？

参加过洛林反攻的第2112装甲掷弹兵团列兵阿尔特曼曾轻蔑而无奈地表示："美军雄厚的物资是其最大的优势。我们可能击毁了100辆'谢尔曼'，但转瞬间，又会冒出来120辆，根本打不完。"然而，现实情况表明，阿尔特曼根本没有资格这样说。在洛林坦克战中，无论德军坦克比美军多，还是比美军少，他们都不是美军装甲兵的对手。

二战时期，美国的坦克与自行火炮产量是德国的两倍，仅M4系列的产量，就相当于德军各型坦克与自行火炮产量的总和。但是，这种数量优势主要表现在战略层面——美军能迅速地补充坦克的损失，而并非表示在战术上，美军总试图以"车海"战术赢得胜利。即使美军有足够的坦克补充损失，补充过程也并非一蹴而就。

第3集团军的坦克装备量占有优势，也不代表美军在每场坦克战中有更多的坦克参战。在洛林坦克战中，反而是德军在战术上占据了局部的坦克数量优势。洛林战役第一阶段，双方装甲兵只有过4次规模相对较大的遭遇。无论是麦利之战、栋派尔之战、吕内维尔之战，还是阿拉库尔之战，德军都占有坦克数量的优势。在坦克数量与质量都占据优势的情况下，德军装甲兵却遭遇了四连败的惨剧。

希特勒的反攻强令与44年装甲旅的编制缺陷，是德军装甲兵惨败的原因之一。"人"的失误与缺陷，才是洛林装甲反击失败的根本因素。不仅巴尔克与曼陀菲尔死抱着东线经验不放，德军装甲兵的基层官兵亦是如此。有些观点认为，44年装甲旅的官兵没有经验且缺乏训练，作战素养与1939－1943年"黄金时代"的德军装甲兵，完全没有可比性。这当然是无可争辩的事实，他们低劣的作战素养，也确实在实战中暴露无遗。例如，"黑豹"装备液压炮塔动力回旋装置，但新兵进行的相关训练却很少。1944年9月，洛林的降雨量极不正常地达到了127毫米，导致很多坦克战都是在能见度极低的近距离展开的。德军新兵慢吞吞地旋转着"黑豹"的炮塔，与近在咫尺且灵活机动的M4对射。在"黑豹"瞄准目标之前，M4有机会向其发射4-5发炮弹，德军因而彻底陷入被动。

然而，4个装甲旅的"黑豹"装甲营，官兵的基干都是从东线归来的老兵，有着丰富的实战经验。然而，在这场德军几乎无还手之力的战斗中，他们也没有起到应有的作用。不仅巴尔克与曼陀菲尔死抱着东线经验不放，德军装甲兵的基层官兵亦是如此。他们还很蔑视美军或法军装甲兵的作战素养，认为其"缺乏经验、意志薄弱"，远不如东线的苏军。最终，在完全陌生的作战环境条件下，他们为自己的轻敌付出了惨重的代价。第3装甲掷弹兵师与第15装甲掷弹兵师，对第3集团军产生的威胁，都要比这4个装甲旅更大。这2个装甲掷弹兵师是从意大利战场调来，有丰富的与盟军作战的经验。他们只装备数量有限的4号中型坦克或3号突击炮，却对美军桥头堡造成过切实的威胁，而4个装甲旅新出厂的坦克，却只落得给美军与法军装甲兵"刷经验"的命运。

同时，美军装甲兵的指挥能力、战术水平与作战素养，也足以令人刮目相看。在英国驻扎时期，他们接受的训练远比德军44年装甲旅要充分得多。在短短1个多月的实战中，法军第2装甲师、美军第4装甲师与第6装甲师得到了迅速的成长。抛开所谓"没有经验且缺乏训练"的4个装甲旅不谈，第11装甲师既有丰富的东线作战经验，又在撤退途中反复对抗过北上的美军。在阿拉库尔的战斗中，第11装甲师却依然无法撼动第4装甲师的阵地。德军"菜鸟"不给力尚可理解，老牌劲旅也败下阵来，这就很能证明第4装甲师的作战素养了。第6装甲师参战时，依然带着猛冲猛打的劲头，因而迅速出现了损失，但其作为打破僵局的新锐力量，却立竿见影地改变了战局。唯有第7装甲师的表现较差，在进攻德军筑垒地域的战斗中伤亡惨重，一无所获。如果德军会为第106装甲旅进攻第90步兵师时的惨败而感到沮丧，那么他们完全可以从第7装甲师的拙劣表现中找到心理平衡。第7装甲师之所以失败，是因为第20军操之过急与战术不当，与德军装甲兵失败的原因几乎一样。

"黑豹"一直与T-34/85共同分享着"二战最优秀中型坦克"的美誉。在洛林坦克战中，"黑豹"的表现却令人"大失所望"，不仅损失惨重，而且战绩寥寥。只有在远距离时，"黑豹"才能发挥火力与装甲的优势，一旦离近就在劫难逃。坊间所谓"5辆M4或T-34的损失才能换取击毁1辆'黑豹'"的说法，在洛林坦克战中却完全倒了过来。反而是技术指标与M4相近的4号J表现得更好，在曼纳库尔坦克战中，与M4打出了1:1的损失比。这也是洛林坦克战中，德军对美军损失比最低的一次坦克战。有观点据此认为，4号J的性能比"黑豹"好，或德军装甲兵更熟悉4号。实际上，"黑豹"表现不如4号J的原因，往往是其屡屡打头阵，总是先遭遇美军伏击。44年装甲旅中装备4号J的装甲营，大多是新兵，也就无所谓更熟悉4号一说。

相比之下，法军第2装甲师与美军第4装甲师对M4、M10与M18的运用，简直出神入化。在坊间，M4经常被嘲笑为"郎森打火机"或"死亡陷阱"。美军坦克歼击车因为装备了旋转炮塔，而没有像苏军与德军坦克歼击车那样采用无炮塔式设计，而被认为"不是标准的坦克歼击车"，M18则因为"皮薄"而广受后世军事爱好者的诟病。然而，美军与法军正是以这些看起来并不怎么样的装备，将优势装备的德军打得满地找牙。在栋派尔之战中，法军击毁的"黑豹"，大多是M10的战绩，M4的损失则要多于其击毁的"黑豹"。在阿拉库尔之战中，第37坦克营却是以M4打垮了2个装甲旅的"黑豹"，战绩并不亚于第704坦克歼击车营的M18。值得注意的是，此时第3集团军的装甲师装备的M4，绝大多数都是"既打不过、又防不住"的75毫米炮型M4。这就更说明第37坦克营的战绩含金量有多高，堪称"王牌中的王牌"。M10与M18则多次以高速机动状态抵达出事地点，进入车体掩蔽状态伏击德军坦克，几乎完美地实践了美军坦克歼击车"搜寻、打击、歼灭"（Seek，Strike and Destroy）的作战教义。

在洛林坦克战中，美军坦克与坦克歼击车能屡屡击败德军坦克，或在曼纳库尔坦克战中，4号J能与M4打成平手，都是因为其使用了西线坦克战的正确战术——伏击。

西北欧战场的地形地貌，与开阔的东线或北非战场有很大不同。这里缺乏爆发大规模坦克战所必需的大面积开阔地。即使投入的坦克数量再多，坦克战也都是在支离破碎的地形上，以零散的方式展开的。美国陆军的弹道研究室曾研究第3装甲师与第4装甲师的作战记录，试图寻找西线坦克战的制胜因素。评估组收集了1944年8—12月，两个装甲师进行的98场可以确认战果的坦克战。研究显示，西线坦克战多为小规模交战，每次平均为美军9辆坦克或坦克歼击车，对抗德军4辆坦克或自行火炮。美军坦克或坦克歼击车击毁德军坦克或自行火炮的平均距离是817米，德军坦克或自行火炮击毁美军坦克或坦克歼击车的距离是865米，双方相差无几；在西线坦克战中，决定胜负的主要因素是"先敌发现，先敌开火，先敌击中"。这意味着处于隐蔽或伏击状态的防御方具有先天优势，可以选择开火的时机与距离。

研究数据表示，防御方有84%的概率能先敌开火；防御方先开火后，进攻方的损失往往是防御方的4.3倍；进攻方先开火，防御方的损失是进攻方的3.6倍。先敌开火并不只意味着1发炮弹先击中敌军坦克这么简单，其附近的友军坦克也会随之开火。西线坦克战往往烈度极高，但转瞬即逝，失势的一方往往会迅速撤退，以避免遭到全歼。在研究的样本中，有29场M4与"黑豹"的对抗，M4平均只占有1.2:1的数量优势。同样是在防御状态下，"黑豹"的作战效能是M4的1.1倍，M4的作战效能却是"黑豹"的8.4倍；在全部研究样本中，在各种状态下，M4的作战效能是"黑豹"的3.6倍。所谓"5辆M4或T-34的损失才能换取击毁1辆'黑豹'"的说法，也就不攻自破了。更有甚者表示，之所以会出现动用5辆M4对抗1辆"黑豹"的说法，是因为美军1个坦克排有5辆坦克，而坦克排是规模最小的行动单位——即使对抗1座碉堡，也要5辆M4。

总体来看，作战素养只处于平均水平的坦克兵操作1辆技术指标只处于平均水平的坦克，却处于伏击状态，要比作战素养优秀的坦克兵操作1辆技术指标优秀的坦克，却处于行进状态，要更具有优势。回顾洛林坦克战中的历次战斗，就会发现美军与法军装甲兵，几乎都是在车体掩蔽状态或机动防御状态，打赢的坦克战。更何况，此时他们的作战素养，早已不亚于德军装甲兵了。

正如前文所述，在洛林战役第一阶段，美军与德军坦克损失比为1:2.2。这个数字仍然不能代表双方在坦克战中的真实损失比。双方损失的坦克与自行火炮，有可能损失于敌军坦克或自行火炮的进攻,也可能损失于敌军榴弹炮、反坦克炮、反坦克火箭筒或反坦克地雷,德军还有少量坦克损失于美军航空兵。战斗结束后,控制了战场的阵营,更容易回收与修复己方战损的坦克,而不会将其列入永久性损失;失去战场控制权的阵营,即使战损的坦克只是丧失了机动能力,也会形成永久性损失。

然而,即使如此分析,德军在损失比上仍然占不到便宜。细数双方规模相对较大的坦克战,除麦利之战外,其他几场战斗,阻击德军装甲兵的主力,都是美军坦克与坦克歼击车。在德军坦克数量较少的情况下,美军装甲师或独立坦克营,却有大量进攻德军步兵与炮兵的任务。在这些战斗中,美军损失的坦克,与德军装甲兵无关。然而,在作战报告中,德军会反复强调美军战术航空兵与野战炮兵的火力是多么猛烈。只要某场战斗中,有美军战斗机参战,无论其击毁了多少目标,德军都会将坦克的损失一股脑地推给美军空袭。如果是在战斗机无法出航的雾天作战,德军装甲兵依然惨败,他们就会将坦克的损失推给美军野战炮兵。总之,仗打到这种程度,德军装甲兵指挥官依然不愿意承认,是美军坦克与坦克歼击车挫败了他们的进攻。阿拉库尔之战从双方对攻,打成了德军进攻,美军防御,德军并不缺乏回收与修复坦克的机会。美军认为,通常情况下,德军都能将战损坦克中的50%完成修复,并重新投入作战。同时,也正是因为双方都有不少战损的坦克重新投入作战,使有些坦克多次遭到"击毁",导致双方战绩虚高的效果。

当然,美军在阿拉库尔坦克战中的胜利,也掩盖了75毫米炮型M4的火力穿甲效能不足的缺陷。诺曼底战役以来,"黑豹"对美军造成的坦克战危机因此而降温,导致美军忽略了76.2毫米炮型M4的补充进度与高速穿甲弹的产量。在阿登森林,德军集结了更密集的"黑豹"对美军第1集团军发起反攻时,美军装甲兵为此付出了惨重的代价。毕竟,不是每个美军集团军都是第3集团军,霍奇斯也不是巴顿。

在炮兵方面,美军毫无疑问地占有明显优势。美军野战炮兵的总体技术装备水平、弹药储备量、指挥与调度、战术、兵员作战水平、炮兵观察员素养、与诸兵种协同作战的能力,都要高于德军炮兵。德军总是将美军恐怖的火力打击能力,归功于更显眼的美军战斗机。实际上,美军战术航空兵的作用更多是打击德军士气,美军野战炮兵才是真正在战场上收割德军生命的"死神镰刀"。无论是进攻中的炮火准备,还是防御中的弹幕拦阻射击,或是压制德军炮兵的反炮兵火力,美军野战炮兵的表现都堪称完美,将炮兵"战争之神"的美誉体现得淋漓尽致。在跨越摩泽尔河的战斗中,正是有了美军野战炮兵的火力支援,桥头堡上的步兵才能击退德军反复的凶猛反扑。美军甚至多次仅以野战炮兵的火力拦阻,就粉碎了德军坦克与步兵的协同进攻。即使密集的弹幕没有击中德军坦克,在坦克附近爆炸的大口径榴弹,也可能炸伤坦克,从而使之丧失战斗力;即使美军炮弹未能拦住德军坦克,也能彻底阻止德军步兵的跟进,导致坦克不敢独自继续前进,或因孤军作战而遭遇失败。

在东线,德军也遭遇过素有"大炮兵主义"的苏军。在进攻过程中,苏军炮兵往往无法及时跟进,也缺乏足够的通信设备,导致其炮火的恐怖主要体现在进攻之前的火力准备阶段,战术的局限性很大。德军甚至学会了如何抵御这样的火力准备——在后方阵地躲避,等苏军火力准备结束后,再进入前沿。在西线，德军却遭遇了机械化与摩托化程度极高，广泛装备大量通信设备，且战术极为灵活的美军野战炮兵。美军炮兵观测机与炮兵观察员几乎无处不在，野战炮兵的组织协调也更为高效与完善，能够进行即时性的炮火打击。随时随地可能落下的弹幕，使德军根本没有反应时间，完全防不胜防。

总体来看，德军炮兵无法与美军抗衡。美军认为，德军炮兵观察员还是比较称职的，但他们发挥的效果受到了多种因素的制约。德军有的师根本没有建制完整的炮兵，缺乏足够的火炮。为了解决这个问题，德军只能搜集各种型号的火炮予以补充。第3集团军发现，洛林的德军装备了70种不同型号的火炮。这些火炮的口径与弹道特征往往不同，相同口径的则可能弹药不通用，造成了组织协调与弹药补给的巨大困难。建制完整的炮兵，也囿于缺乏空中侦察、通信装备的简陋、没有足够的弹药、恐惧美军的反击炮火，而不愿意或不敢开火。只有前线十万火急地催促其向某个急需打击的目标开火时，他们才会开火。这些因素也导致德军重型火炮的远程干扰性炮击往往归于无效，过度依赖于自行火炮，或不得不将大量直射火炮用于间接火力支援。

德军炮兵并非毫无亮点。在梅斯-蒂永维尔筑垒地域，德军对旧式要塞炮的利用极为卓越；第1集团军的炮兵成功地打击了徘徊在摩泽尔河岸或桥头堡等狭窄地域中的美军；德军对大口径迫击炮的运用也十分娴熟，给美军造成了很大威胁。在面临诸多不利因素的条件下，德军炮兵已经最大程度地发挥了自己的价值。在美军官方战史中，经常能够发现美军对德军"猛烈的炮火"叫苦不迭。当然，这种"猛烈"完全无法与美军野战炮兵的火力相提并论。同时，德军炮兵的士气也很低落。在洛林战役第一阶段，美军装甲炮兵与野战炮兵都遭到过德军坦克的突袭，但他们往往会以惊人的勇气坚守阵地，以榴弹炮平射，并击退德军坦克。德军炮兵阵地遭到美军坦克突袭时，德军炮兵往往迅速溃败，完全没有拼死一战的勇气。

双方步兵的表现各有千秋。相比之下，美军步兵师的表现较为平均。第90步兵师最出色，表现出了步兵师少有的灵活性与机动性。第5步兵师、第35步兵师与第80步兵师都经历过跨越摩泽尔河与守卫桥头堡的激战。第5步兵师的环境最艰难，损失最大，表现也最顽强。第35步兵师与第80步兵师的表现则相对乏力。第79步兵师主要在打"顺风仗"，大部分时段都处于我强敌弱状态，后期在蒙东森林遭遇有组织的抵抗时，伤亡也较为惨重。

德军步兵师的表现参差不齐。第462训练师的梅斯候补军官团的表现最佳，是当之无愧的精锐。那4个像"扶不上墙的烂泥"一般的装甲旅，并未对美军构成实质性威胁。梅斯候补军官团神出鬼没的作战，才真正使美军感到头痛。在依托筑垒地域的情况下，第462训练师的老弱病残，甚至都打得很漂亮，挡住了远比他们强大的美军发起的进攻。第3装甲掷弹兵师与第15装甲掷弹兵师的整体作战素养更好。在己方炮火支援有限且美军炮火处于绝对优势的状态下，他们尚能严重地威胁到美军步兵师的安全。党卫军第17装甲掷弹兵师的作战意志最为狂热，往往以猛打猛冲的方式，不计伤亡代价地发起进攻，因而损失较大，但战术素养不如国防军的2个装甲掷弹兵师。第553掷弹兵师与第559掷弹兵师总体表现平平，只有第1120掷弹兵团据守格雷梅塞森林的防御战是个巨大的亮点。第16步兵师是疲敝之师，表现太差情有可原。值得注意的是，德军投入了不少杂牌的步兵营，包括补充营、安保营、国土警备营与装甲掷弹兵训练与补充营。他们的表现也是参差不齐，有的往往一触即溃，有的却表现得令人刮目相看。表现较好的杂牌步兵营，往往是因为利用了地形优势，处于筑垒地域的掩护下，或装备了大量突击步枪。

总体来看，美军步兵更倾向于以堂堂之阵在白昼作战，从而充分发挥野战炮兵与战术航空兵的火力支援优势。在夜间，美军步兵的作战能力较差，往往会在德军的突击之下陷入混乱。在跨越摩泽尔河的战斗中，美军步兵通常处于不利局面，要抵御德军优势兵力的围攻。在守卫桥头堡时，只要能得到少量坦克或坦克歼击车的支援，美军步兵就能守住阵地。在没有坦克或坦克歼击车支援的情况下，哪怕有野战炮兵的火力支援，防线也往往处于岌岌可危的状态。在有组织的防御之下，美军步兵则能够成功地抵御德军的进攻。在东线，德军集中坦克进攻苏军步兵阵地，往往能够达成突破。在西线，德军装甲兵面临的对手却大不相同。美军步兵装备大量反坦克火箭筒，召唤即时性火力支援的能力也更强，这都是苏军不具备的。

德军步兵比美军步兵更擅长丛林渗透战术与夜战。这恐怕也是在美军的绝对火力优势之下，德军不得已而为之的战术。在得不到足够炮火支援的情况下，德军步兵通常能充分发挥机枪、迫击炮与反坦克炮的火力，给美军步兵造成极大的麻烦。然而，进攻状态的德军步兵，一旦遭遇美军战斗机的空袭，士气就会迅速瓦解。即使德军步兵处于防御状态，一旦遭到美军坦克的突击，有组织的防御也往往会立即崩溃。

此外，双方也都有己方几乎彻底忽视，而对方恰恰发挥极好的兵种或战术。德军对筑垒地域的利用极为成功，老旧的要塞体系却发挥了意想不到的价值。美军并不缺乏攻坚手段，但对德军筑垒地域的轻视，导致其并未做好攻坚战的准备，因而受到了惨痛的教训。德军非常忽视侦察，装甲兵经常贸然发起进攻。相比之下，美军的机械化骑兵却对挫败德军的装甲反击，起到了至关重要的作用。美军机械化骑兵只装备轻型装甲战斗车辆，与德军披坚执锐的"虎豹军团"相比，根本不吸引人的眼球。但是，他们却起到了"千里眼"与"顺风耳"的作用。从吕内维尔之战到阿拉库尔之战，几乎每场坦克战的模式都惊人地相似，那就是德军坦克的每次突袭，都被执行警戒与屏护任务的美军机械化骑兵发现，并及时呼叫援军，挫败了德军的进攻。在坊间对德军那些"重量级"的坦克与自行火炮啧啧称奇之时，人们却忽略了，在缺乏足够轻型辅助作战车辆的情况下，这些"钢铁巨兽"是根本无从发挥作用的。同样是毫不起眼的美军炮兵观测机，却能使德军遭到毁灭性的火力打击。维特斯海姆少将表示："慑于美军航空兵与野战炮兵火力的威胁，尤其是美军炮兵观测机的侦察，我军已经不可能再部署装甲师，以装甲集群发起进攻了。美军可以集结大量坦克，我们却不能。"

最后，美军制胜的因素，还包括法国抵抗组织与法国人民的协助。法国抵抗组织与法国人民竭尽所能地对美军进行了支援，甚至多次直接投入作战，为美军侧翼与后方的安全，做出了不可估量的贡献。

综上所述，美军之所以能够在洛林坦克战中取得胜利，打赢洛林战役第一阶段，并不仅仅因为美军拥有更优秀的装备或更雄厚的物资，更因为美军已经从战争中得到了学习与进步,变得更有经验,更具主动进攻的精神,并秉承着更先进的军事思想,能以更小的代价,取得更大的胜利。德军从最高司令部到前线指挥官,都愚蠢地死守东线的作战经验,以对苏军行之有效的战术对抗美军。最终,美军以诸兵种协同与火力合成化的"空地一体战"雏形,击败了德军倚重装甲突击的"闪击战"。

第七章 战争纪念与遗迹

在法国洛林地区，并没有关于洛林战役的大型博物馆。与几个世纪以来洛林地区发生的其他战争相比，洛林战役的军事规模与历史意义并不算大，也就不那么受重视。相比之下，洛林地区纪念第一次世界大战的设施，远多于纪念二战的设施。洛林既是法国与德国之间传统的战场，也是两国之间传统的贸易中心与商业枢纽。二战结束后，随着重建工作的开始，1944年时的战争遗迹，大多迅速消失了。然而，洛林的城市或乡野地区，仍然有不少相关的纪念碑与武器装备，可供后人予以凭吊。本书介绍的内容，只涉及洛林战役

在蒂奥库尔－雷尼埃维尔（Thiaucourt-Regniéville），D3号公路与D75号公路的交会处，有美军第5步兵师的纪念碑。纪念碑上部有第5步兵师的军徽；中部的文字纪念的是第一次世界大战中第5步兵师的功绩；下部的文字写着："第5步兵师从诺曼底滩头出发，进击700英里（1126公里）于此，并首先突破摩泽尔河防线。1944年9月，第5步兵师。"

（左右图）在摩泽尔河畔科尼（Corny-sur-Moselle）以北1公里处，摩泽尔河东岸的D657号公路上，有美军第5步兵师的纪念碑。1944年9月8日，第5步兵师第11步兵团一等兵杰尔姆·蒂恩（Jerome Deneen）阵亡于此。纪念碑上写着："我们将铭记，那些在1944年9月，为了我们的自由而在此艰难地渡过摩泽尔河的美军第5步兵师官兵。"

在多尔诺与诺韦昂之间，D6号公路与D6C号公路交叉路口，有关于多尔诺－科尼之战的展示牌，以图片与文字的形式，介绍了多尔诺－科尼之战的进程。

在麦利，当地人为了纪念美军第90步兵师的解放与打垮德军第106装甲旅的战斗，将村中的一条街道命名为"1944年9月8日"路（Rue de 8 Septembre 1944），亦称"第90步兵师路"（Rue de la 90EME Division d'Infantry）。这条乡间小路，看起来与其他任何法国乡间的道路都没有区别。对不知道这段历史的人来说，即使走在这条道路上，也不会意识到这里曾经有过怎样的历史，或这条道路为什么会有这样的名称。

在蒂永维尔的戴高乐将军大街（Avenue General de Gaulle）北端的巴顿将军广场（Place Général Patton）上，有座树木与灌木丛包围着的纪念碑，以纪念美军第3集团军的第90步兵师解放蒂永维尔的功绩。

中美军第3集团军在1944年9月的相关纪念与遗迹。洛林境内还有大量关于美军第7集团军、第8航空军与第9航空军的纪念与遗迹，但与本书内容无关，因而并未收录。

栋派尔之战是法军第2装甲师获得的胜利，法国人民自然会更多地纪念这场战斗。在栋派尔与拉默雷之间，原本陈列着第12非洲猎兵团第2坦克中队第3坦克排的"科西嘉"号M4A2，底盘序列号420050。1945年，法军第2装甲师将1辆75毫米炮型M4A1陈列于此，改成了"科西嘉"号的名字。真正的"科西嘉"号M4A2转移到了法国索米尔坦克博物馆（Saumur Musée des Blindés）。

在栋派尔之战中，法军将3辆缴获的"黑豹"运往巴

（上下图）在西莱尼市政厅的埃格利斯广场（Place de l'Eglise）上，有美军第7装甲师的纪念碑。2009年9月19日，美军第7装甲师退伍军人协会与当地政府在此竖立了这块纪念碑。上面写着："纪念1944年9月19—21日，西莱尼之战中美军第7装甲师的英雄们。我们铭记你们。"

陈列于栋派尔镇和拉默雷村之间的"科西嘉"号M4A1"谢尔曼"式中型坦克。

陈列于法国索米尔坦克博物馆的"科西嘉"号M4A2"谢尔曼"式中型坦克。

在伊伦河畔维尔，陈列着"香槟"号M4A3"谢尔曼"式中型坦克，车体左后方的发动舱侧面，还有德军穿甲弹留下的弹孔。在栋派尔之战中，它在伊伦河畔维尔被击毁，但坦克残骸非常完整，也就成了战争纪念设施。

在伊伦河畔维尔，外国军事爱好者举办的栋派尔之战纪念活动，与"香槟"号M4A3"谢尔曼"式中型坦克合影。

外国军事爱好者扮演的法军第2装甲师乍得行进步兵团"巴祖卡"式反坦克火箭筒小组。装填手右手拿着的M3"海德"式11.43毫米冲锋枪是美军/法军装甲步兵半履带式装甲运兵车司机的标准配备武器。

黎。在运输途中,3辆完好无损的"黑豹"突然出现在美军后方,多次引起虚惊。终于,美军还是发生了误击事件,击毁了1辆"黑豹"。法军将这辆遭到误击的"黑豹",沉入了帕尔鲁瓦湖。最终,只有2辆"黑豹"完好无损地运抵巴黎。1944年9月开始,这2辆"黑豹"就一直陈列于荣军院军事博物馆(Invalides military museum)门外,车体正面涂有法军第2装甲师的标志。1976年,法国政府将这2辆"黑豹"转移到了索米尔坦克博物

在昂德洛,陈列着1辆M8式75毫米自行榴弹炮,车体上涂有法军第2装甲师的标志,以纪念1944年9月11—12日解放昂德洛的战斗。

在索米尔坦克博物馆，陈列着"热风"号M10"狼獾"式坦克歼击车。1944—1945年的战斗中，其击毁了德军9辆坦克。在栋派尔之战中，击毁了3辆"黑豹"。它的车况很好，至今仍能开动，经常在索米尔坦克博物馆的各种活动中披挂上阵。

1976年之前，陈列于荣军院军事博物馆门前的"黑豹"G式中型坦克，缴获自栋派尔之战中的德军第112装甲旅。

荣军院军事博物馆门前的那辆"黑豹"G式中型坦克,在索米尔坦克博物馆进行维修保养。

在索米尔坦克博物馆,陈列着法军第2装甲师在栋派尔之战中缴获的另1辆"黑豹"G式中型坦克。

在吕内维尔的洛林路63号,吕内维尔堡(Chateau de Lunéville)后方的树丛公园(Parc des Bosquets)侧门,有美军第79步兵师的纪念牌,上面写着:"纪念1944年9月20日,在收复吕内维尔的战斗中阵亡的美军第79步兵师官兵。"

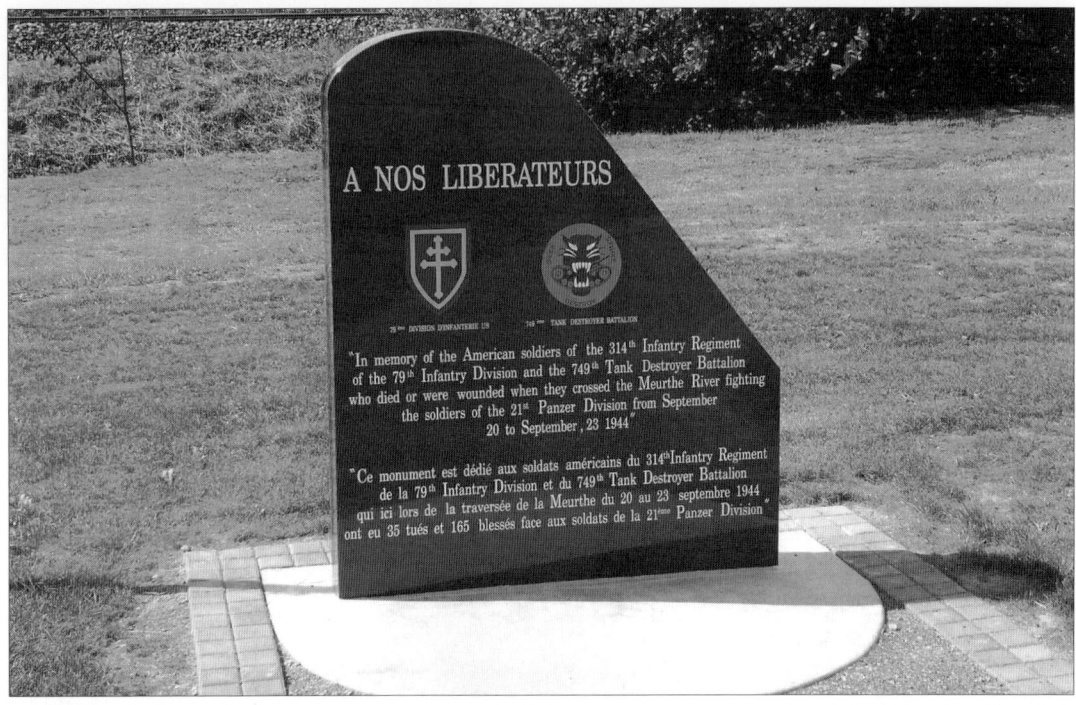

在吕内维尔－莱斯－蒙塞勒（Moncel-lès-Lunéville）东南方3公里处，位于590号公路北入口，矗立着当地居民为解放者建造的纪念碑。纪念碑上分别用英语与法语写着："我们的解放者：纪念1944年9月20—23日，在跨越默尔特河的战斗中，与第21装甲师交战而伤亡的第79步兵师第314步兵团与第749坦克歼击车营的美军官兵。"纪念碑上配有第79步兵师的"洛林十字"标志与美军坦克歼击车的兵种标志。然而，当地的法国平民犯了考证不严的错误。当时，美军从未有过第749坦克歼击车营，解放他们的应该是第749坦克营。

在蓬塔穆松市镇中心河流的西岸，圣洛朗路（Rue Saint-Laurent）的迪罗克广场（Place Duroc），有美军第80步兵师的纪念牌。在直面广场的情况下，左侧建筑物拱门与窗户之间的墙壁上，有块铜制牌匾。1970年7月，美军第80步兵师退伍军人协会将它挂在此处，以纪念他们解放蓬塔穆松的战斗。上面写着"1944年9月，美军第80步兵师曾在此作战并解放了蓬塔穆松。向他们的勇气致敬，并作以纪念"。

（组图）摩泽尔河畔弗拉维尼（Flavigny-sur-Moselle）西北方2公里处的D570号公路上，有座桥的两侧有两处美军第35步兵师第134步兵团的纪念碑。1987年，当地政府修建了纪念碑，纪念1944年9月10—11日的"地狱之夜"（Night of Hell）。当晚，美军第134步兵团第2步兵营遭到了德军的毁灭性打击，500—600人阵亡、负伤、被俘或失踪。第60战斗工兵营与第110医护营也遭受了严重的损失。纪念碑上写着："美国陆军第35步兵师，1944年9月，纪念在此作战，为了我们的和平与自由而献出生命的人们。"在桥的北端，墙壁上有块铜制纪念碑，上面有美军第3集团军与第35步兵师的标志，旁边镶嵌着十字架。1944年9月10—11日夜间的战斗中，第134步兵团第2步兵营的拉尔夫·布伦南（Ralph Brennan）中尉在此阵亡。1946年，他的家族成员将十字架竖立于此。多年后，当地的平民询查了十字架的来源，得知这场战斗就发生于此后。1998年，当地市民在此安置了纪念碑。纪念碑上写着："以此纪念拉尔夫·布伦南中尉与他的第35步兵师为了自由而战并献出生命的战友们。1944年9月10—11日。"

在阿金库尔，矗立着美军第35步兵师的纪念碑，纪念第35步兵师第134步兵团第1步兵营与第3步兵营、第60战斗工兵营、第161野战炮兵营与第737坦克营解放阿金库尔的功绩。

（上下图）在阿尔莫库尔（Armaucourt），D70号公路与城堡路（Rue du Chateau）交会的十字路口，市政厅附近教堂正门的东侧，有美军第35步兵师的纪念牌。2001年9月16日，第35步兵师解放南锡47周年之际，当地政府挂上了牌匾。牌匾上写着：纪念在给予我们自由的战争中献出了生命的列兵理查德·哈伦·埃文斯（Richard Harlan Evans）与他的战友们，以及他们牺牲后留下的遗孤。1944年9—10月。

在南锡近郊拉克苏（Laxou）的斯坦尼斯拉斯（Stanislas）广场，陈列着1辆76.2毫米炮型M4A1"谢尔曼"式中型坦克，车体上带有美国陆军的标志。其是否参加过二战，目前尚不清楚。

在瓦耶市镇中心的主街（Grand Rue）与塞尔路（Rue de Serres）的交会处，有纪念美军坦克兵的纪念碑。上面写着："美军第37坦克营A连，车长约瑟夫·萨多夫斯基中士、驾驶员菲奇（Fitch）、炮手约瑟夫·罗格夫斯基（Joseph Rogowski）、炮手奥韦尔·维尔巴（Orvel Verbal）与航向机枪手拉塞尔·海。在1944年9月14日的战斗中，他们长眠于此。"

馆。后来，法国政府又将帕尔鲁瓦湖中的那辆"黑豹"残骸也打捞了出来，送给索米尔坦克博物馆保存。

在栋派尔的大马士革，当地的铁匠从甜菜地里捡回了M1式57毫米反坦克炮开火之后遗留的炮弹药筒。他将这些炮弹药筒切割成了十字架，刻上了勒克莱尔少将打了胜仗的几处地点，挂在了大马士革的教堂里。1984年9月13日，法军第2装甲师在世的官兵齐聚栋派尔，参加了纪念栋派尔之战胜利40周年的活动。

作为洛林坦克战中规模最大的坦克战，阿拉库尔之战的纪念却很少。在阿拉库尔，陈列着1辆M4A4"谢尔曼"式中型坦克，涂有美军第4装甲师第37坦克营A连的标志，底盘序列号为3034142S。其车体左侧有战损的伤痕，车体右侧模仿艾布拉姆斯中校的座车，写有名称"霹雳"。实际上，除了在国内进行训练时之外，美军并不装备M4A4。二战时期，M4A4主要装备英军、法军与中国驻印远征军。法军将这辆M4A4放置于阿拉库尔，"扮演"第37坦克营的M4"谢尔曼"式中型坦克。

在吕内维尔的卡姆广场（Place des Carmes）17号，位于广场北侧的住宅楼外墙上，有美军第2机械化骑兵战斗群的纪念牌，纪念第42机械化骑兵侦察营的詹姆斯·皮特曼少校。2009年9月19日，吕内维尔解放65周年时，当地政府挂上了这块牌匾。牌匾上面写着："为了纪念1944年9月18日在此阵亡的詹姆斯·皮特曼少校与美军官兵。洛林战役纪念碑。"

在阿拉库尔大街（Arracourt Grande Rue）的D914号公路，路南的53号是1辆M4A4"谢尔曼"式中型坦克与第4装甲师师长伍德少将的纪念碑。纪念碑上用法语写着："向阿拉库尔坦克战的胜利者，美军第3集团军第4装甲师师长约翰·伍德少将致敬，1944年9月19—29日。"

在阿拉库尔大街（Arracourt Grande Rue）的D914号公路，路北7号是美军第704坦克歼击车营的纪念碑，以纪念第704坦克歼击车营在1944年9月18—29日的战斗中解放了阿拉库尔。

在阿拉库尔附近,公路边的阿拉库尔之战战场指示牌,画着美军M4"谢尔曼"式中型坦克与德军"黑豹"式中型坦克的黑色剪影。

参考书目

[1] Richard Barnes: Arra-court September 1944, Fort Leavenworth, U.S. Army Command and General Staff College, 1982.

[2] Lonnie Gill: The Combat History of the 704th Tank Destroyer Battalion, Lancaster, Baron Publishing Company, 1982.

[3] Vic Hillery & Emerson Hurley: Paths of Armor: The Fifth Armored Division in World War II, Nashville, Battery Press, 1986.

[4] Hugh Cole: The Lorraine Campaign: U.S.Army in World War II: The European Theater of Operations, Washintong, D.C., Center of Military History United States Army, 1993.

[5] Steven Zaloga & Peter Sarson: Sherman Medium Tank 1942-45, Oxford, Ospery Publishing Ltd, 1993.

[6] George Patton & Paul Harkins & Rick Atkinson: War As I Knew It, Boston, Houghton Mifflin, 1995.

[7] Thomas Evans: Reluctant Valor: The Oral History of Captain Thomas J. Evans, United States Third Army, 4th Armored Division, 704th Tank Destroyer Battalion, Latrobe, Saint Vincent College Center, 1995.

[8] Steven Zaloga: The M4 Sherman at War: The European Theatre, 1942-1945, Hong Kong, Concord Publication Co, 1996.

[9] Steven Zaloga & Tony Bryan: Lorraine 1944: Patton Vs Manteuffel, Oxford, Ospery Publishing Ltd, 2000.

[10] Lorrin Bird & Robert Livingston: World War II ballistics: armor and gunnery, New York, Overmatch Press, 2001.

[11] Steven Zaloga: The Sherman at War, Vol. 2: The Us Army in the European Theater 1943-1945, Hong Kong, Concord Publication Co, 2001.

[12] Steven Zaloga & Jim Laurier: M4 (76mm) Sherman Medium Tank 1943-65, Oxford, Ospery Publishing Ltd, 2003.

[13] Steven Zaloga: US Tank Battles in France 1944-45, Hong Kong, Concord Publication Co, 2003.

[14] Steven Zaloga: US Armored Divisions: The European Theater of Operations 1944-45, Oxford, Ospery Publishing Ltd, 2004.

[15] Steven Zaloga: US Tank and Tank Destroyer Battalions in the ETO 1944-45, Oxford, Ospery Publishing Ltd, 2005.

[16] John Sayen: US Army Infantry Divisions 1944-45, Oxford, Ospery Publishing Ltd, 2007.

[17] Don Fox: Patton's Vanguard: The United States Army Fourth Armored Division, Jefferson, McFarland & Company,

2007.

[18] Clayton Donnell & Brian Delf: The German Fortress of Metz 1870-1944, Oxford, Ospery Publishing Ltd, 2008.

[19] Steven Zaloga & Howard Gerrard & Jim Laurier: Panther vs Sherman: Battle of the Bulge 1944, Oxford, Ospery Publishing Ltd, 2008.

[20] Jr. Samuel Mitcham: Panzer Commanders of the Western Front: German Tank Generals in World War II, Mechanicsburg, Stackpole Books, 2008.

[21] Roman Jarymowycz: Tank Tactics: From Normandy to Lorraine, Mechanicsburg, Stackpole Books, 2008.

[22] Gordon Rottman & Peter Dennis: World War II US Armored Infantry Tactics, Oxford, Ospery Publishing Ltd, 2009.

[23] Harry Yeide: The Tank Killers: A History of America's World War II Tank Destroyer Force, Philadelphia, Casemate Publishers, 2010.

[24] Steven Zaloga & Adam Hook: Defense of the Rhine 1944-45, Oxford, Ospery Publishing Ltd, 2011.

[25] Steven Zaloga & Steve Noon: Metz 1944: Patton's fortified nemesis, Oxford, Ospery Publishing Ltd, 2012.

[26] Gordon Rottman & Peter Dennis: World War II US Cavalry Groups: European Theater, Oxford, Ospery Publishing Ltd, 2012.

[27] Joachim Ludewig & David Zabecki: Rückzug: The German Retreat from France 1944, Lexington, University Press of Kentucky, 2012.

[28] Chris McNab & Ramiro Bujeiro & Alan Gilliland: German Automatic Rifles 1941-45: Gew 41, Gew 43, FG 42 and StG 44, Oxford, Ospery Publishing Ltd, 2013.

[29] Gordon Rottman & Johnny Shumate & Alan Gilliland: Panzerfaust and Panzerschreck, Oxford, Ospery Publishing Ltd, 2014.

[30] Harry Yeide: Fighting Patton: George S. Patton Jr. Through the Eyes of His Enemies, Minneapolis, Zenith Press, 2014.

[31] R. P. Hunnicutt: Sherman: A History of the American Medium Tank, Vermont, Echo Point Books & Media, 2015.

[32] Aaron Elson: The Armored Fist: The 712th Tank Battalion in the Second World War, Gloucestershire, Fonthill Media, 2015.

[33] Louis Gruntz: A Tank Gunner's Story: Cpi Gruntz of the 712th Tank Battalion, Gloucestershire, Fonthill Media, 2015.

[34] Steven Zaloga & Richard Chasemore: Panzer IV vs Sherman: France 1944, Oxford, Ospery Publishing Ltd, 2015.

[35] Harding Ganz: Ghost Division: The 11th "Gespenster" Panzer Division and the German Armored Force in World War II, Mechanicsburg, Stackpole Books, 2016.

后 记

童年时代,通过电影《巴顿将军》,我知晓了这位美军将领的传奇。此后,巴顿将军的传记与电影一直贯穿了我的少年时代与青年时代,成为了回味无穷的精神座右。每逢人生低谷之时,境遇落魄之际,正是巴顿将军一往无前的精神,鼓励与支持着我像那壮丽的钢铁洪流一样"进攻!进攻!再进攻!"向跌宕起伏的命运不自量力地还手,至死方休。

自从出版过军事历史类的书籍以来,一直希望有生之年能有机会撰写巴顿将军指挥过的战役。然而,在自知资质平庸、才疏学浅、水平有限的情况下,从未敢动笔一试。生怕用思拙劣、文笔愚钝,有辱巴顿将军之名。后来,偶然受武汉大学出版社之托,战战兢兢地写完了这本《辉煌与泥泞——洛林坦克战》,但愿将军与读者都能满意。

在国内,本书并非首部介绍洛林战役的书。2013年,潘学基先生出版的著作《梅斯战役——巴顿第3集团军的攻坚战》,应该是国内首部专门介绍洛林战役的书籍。潘学基先生向来治学严谨,对第20军进攻梅斯-蒂永维尔之战的介绍,也比本书更为详尽。如果想对巴顿将军本人有全面的了解,首选自然是他的各种传记,首推《狗娘养的战争》,也就是由巴顿亲著的《我所知道的战争》(War As I Knew It)改编的中文版。

在国外,有关于洛林战役的文献资料,可谓汗牛充栋。美军官方的战史文献资料,是第3集团军参谋部史官科尔的著作《二战欧洲战区的美国陆军——洛林战役》(United States Army in World War Ⅱ-European Theater of Operations:The Lorraine Campaign)。在很大程度上,本书也参考了这部文献。不过,这部文献对德军状况的记述,存在一定差错,有些德军部队的番号也不够准确。在编写本书的过程中,已经尽可能地对错误进行了纠正。如果认为科尔的著作太过冗长,还可以选择扎洛加编写的《洛林1944——巴顿对决曼陀菲尔》(Lorraine 1944-Patton vs Manteuffel)。当然,这部普及性质的资料,也存在细节上的问题。在本书编写的过程中,也已经对其进行了纠正。

2016年,扎洛加出版了《巴顿对决德军装甲:1944年9月,阿拉库尔之战》(Patton Versus the Panzers: The Battle of Arracourt, September 1944)。在这部书中,不知道扎洛加是否修正了在《洛林1944——巴顿对决曼陀菲尔》中的错误。此外,约翰·里卡德(John Rickard)的著作《低谷中的巴顿:1944年,洛林战役》(Patton At Bay: The Lorraine Campaign, 1944),很可能比科尔的著作更为详尽或准确。

在本书的编写过程中，未能参考到这两份文献资料，实为遗憾。

笔者当然不曾参加过二战，亦没有参军或从事作战指挥的经历。本书的编写，纯粹是搜集、翻译、整理、加工、润色与稍作评论的舞文弄墨之举。所谓"文人论武，多为纸上谈兵；武人论文，多为道听途说"，大抵如此。如果说记述战史，尚能应付得来，那么后来笔者以一介平凡之辈，去评论一群西点军校毕业的将校军官，在70多年前的战争中表现几何，就纯属贻笑大方的班门弄斧了。希望本书能够抛砖引玉，为以后更多研究巴顿将军、美军战史、洛林战役或坦克战的人士，提供资料，进行参考与批判，从而推陈出新，吾心足矣。

王 法

2017年2月19日

作者简介

王法，1985年生于辽宁省鞍山市，法学本科毕业，军事研究爱好者，现任职于辽宁省盘锦市司法行政系统。生而平凡，但不甘平庸。出版过《二战盟军牵引式反坦克炮》《双塔奇兵——M3"格兰特"/"李"中型坦克技战史》《挡车之螳——第二次世界大战中的日军反坦克战》《屠虎驱豹——英国"萤火虫"中型坦克技战史》等多本军事历史类图书，在《海陆空天惯性世界》《现代兵器》《世界军事》《飞碟探索》《看电影·周刊》《看电影·午夜场》《环球银幕》等多种杂志上发表过40多篇文章，共逾百万字。军事历史研究的主攻方向为二战时期北非、西线和太平洋战场的陆战，西方盟军的装备、人物与战史。愿以笔为枪，以墨为剑，努力再现那段历史的烽烟，以飨读者。